HISTÓRIA ECONÔMICA GERAL

"A maioria dos erros básicos cometida correntemente na análise econômica, resulta mais da falta de experiência histórica, do que de qualquer outra deficiência do instrumental do economista".

Joseph Schumpeter, *History of Economic Analysis*

"A exigência de uma aproximação entre a ciência econômica e a história, faz-se sentir de uma maneira cada vez mais forte, ainda que de uma forma confusa. Esta exigência sugere uma *confrontação* – que é o contrário de "oposição" – de duas formas de pensar, de dois tipos de análise – a análise histórica e a análise econômica – estimuladas muitas vezes por curiosidades muito próximas, mas baseadas em hábitos e atitudes bastante distintos. Quando um economista chama um trabalho de "histórico" ou "descritivo", condena-o. Quando um jovem historiador emprega a palavra "teoricamente", sente-se fulminado pelo olhar de seus professores. Este divórcio é fatal para a edificação de uma ciência das sociedades humanas em movimento".

Pierre Villar, *Crecimiento y Desarrollo*

À Zélia,
que deu cor ao amor

HISTÓRIA ECONÔMICA GERAL

CYRO DE BARROS REZENDE FILHO

Copyright© 1992 Cyro de Barros Rezende Filho
Todos os direitos desta edição reservados à
Editora Contexto (Editora Pinsky Ltda.)

Ilustração de capa
Moedas hebraicas, do livro *Jerusalém*,
de T. Kollek e M. Pearlman

Revisão
Maria Aparecida Monteiro Bessana
Rosa Maria Cury Cardoso
Texto & Arte Serviços Editoriais

Composição
Veredas Editorial
Texto & Arte Serviços Editoriais

Dados Internacionais de Catalogação na Publicação (CIP)
(Câmara Brasileira do Livro, SP, Brasil)

Rezende Filho, Cyro de Barros.
História econômica geral / Cyro de Barros Rezende Filho. –
10. ed., 1ª reimpressão. – São Paulo : Contexto, 2025.

Bibliografia.
ISBN 978-85-7244-011-0
1. Economia. I. Título II. Série

91-2422   CDD-330
330.1

Índices para catálogo sistemático:
1. Economia   330
2. Economia: Sistemas e teorias   330.1
3. Sistemas econômicos   330.1

2025

Editora Contexto
Diretor editorial: *Jaime Pinsky*

Rua Dr. José Elias, 520 – Alto da Lapa
05083-030 – São Paulo – SP
PABX: (11) 3832 5838
contato@editoracontexto.com.br
www.editoracontexto.com.br

Proibida a reprodução total ou parcial.
Os infratores serão processados na forma da lei.

SUMÁRIO

INTRODUÇÃO	9
1. PRIMEIROS SISTEMAS ECONÔMICOS	12
– As Civilizações Hidráulicas	13
Mesopotâmia	13
Egito	16
– As Civilizações Comerciais	19
A Civilização Minoica de Creta	19
As Cidades Fenícias	20
2. A ESCRAVIDÃO CLÁSSICA	24
– A Economia Grega	25
O Período Arcaico	26
O Período Clássico	28
O Período Helenístico	30
– A Economia Romana	33
A Criação do Estado Itálico	33
O Estabelecimento do Império Mediterrâneo	34
O Apogeu e a Crise da Escravidão Clássica	37
A Economia de Dirigismo Estatal	40
3. SISTEMA ECONÔMICO FUNCIONAL	43
– A Economia Dominial	46
Vida Urbana, Comércio Externo e Monetarização	50
As Transformações na Técnica Agrícola	54
– A Economia Senhorial	56
– O Comércio, a Urbanização e a Monetarização	60
4. SISTEMA ECONÔMICO COMERCIAL	67
– A Crise Agrária	69
– A Crise Demográfica	70
– A Crise Monetária	71
– Os Resultados da Depressão	73

A Reconversão Agrícola e a Crescente Especialização
da Produção 77
A Decadência dos Eixos Econômicos Tradicionais 80
A Expansão Ultramarina Europeia 83

5. A MODERNA ECONOMIA-MUNDO 87
– As Áreas Periféricas da Economia-Mundo 91
O Sistema Colonial do Oriente 92
O Sistema Colonial Americano 97
A Grande Propriedade Rural 105
A Especialização Produtiva 107
A Produção para o Mercado Externo 108
As Colônias de Povoamento 110
A Europa Oriental e a Especialização Produtiva 112
A Decadência Econômica da Europa Central e
Mediterrânea 114
– As Áreas Centrais da Economia-Mundo 115
A Fase de Expansão do Século XVI 116
A Fase de Depressão do Século XVII 119
O Mercantilismo 120
A Prática Mercantilista na Fase de Depressão 126
A Recuperação Econômica do Século XVIII 129

6. SISTEMA ECONÔMICO CAPITALISTA 138
– A Revolução Industrial Inglesa 140
– A Segunda Revolução Industrial 145
– A Industrialização fora da Inglaterra 149
A Alemanha 152
A Itália 154
Os Estados Unidos 155
O Japão 157
– A Questão do Liberalismo Econômico 158

7. O NOVO COLONIALISMO 162
– O Capital Monopolista 163
– O Imperialismo 166
– As Formas do Imperialismo 172
O Imperialismo Informal 173
O Imperialismo Formal 176
– As Formas de Trabalho Sob o Imperialismo 180
– A Sociedade de Massa 185

8. O TESTE DO CAPITALISMO 187
– A Primeira Guerra Mundial 188
   A Economia de Guerra 189
   Os Efeitos da Primeira Guerra Mundial 192
– A Década de 1920 197
   A Europa e os Anos 20 198
   Os Estados Unidos durante a Década de 1920 202
   A Crise de 1929 206
– A Grande Depressão 208
   Reação à Grande Depressão: O Neoliberalismo 210
   Reação à Grande Depressão: Autoritarismo e
   Industrialização 216
   Reação à Grande Depressão: Os Estados Autoritários ... 219
   Reação à Grande Depressão: A Segunda Guerra Mundial . 223
– Os Problemas da Reconstrução 229
   O Plano Marshall 232
   A Recuperação do Japão 234
   Os Efeitos da Reconstrução para o Sistema Capitalista .. 237

9. ALTERNATIVA AO CAPITALISMO 241
– Socialismo: A Via Industrializada 243
   Da Rússia à União Soviética 244
   O Comunismo de Guerra 247
   A Nova Política Econômica 249
   O Socialismo Planificado 252
   Os Três Primeiros Planos Quinquenais 253
   A Economia de Guerra 261
   Planos Quinquenais IV e V 263
   As Modificações no Modelo 267
   A Era de Khruschev 268
   A Era de Brezhnev 272
   A Era de Gorbatchev 277
– Socialismo: A Via Agrícola 281
   A China dos Soviéticos 283
   O Período de Reconstrução 284
   O Plano Quinquenal I 285
   O Plano Quinquenal II 286
   A China dos Chineses 288
   A Revolução Cultural e as Quatro Modernizações 289
   A Nova Política Econômica 292
– As Variantes Nacionais 293

A Iugoslávia 295
A Albânia 297
A Falência Econômico-Política na Década de 1980 299

10. O CAPITALISMO NA TERCEIRA REVOLUÇÃO
INDUSTRIAL 302
– O Novo Papel do Estado 305
As Formas de Intervenção Estatal 306
O Estado nas Áreas Periféricas 311
– A Internacionalização do Capital 314
As Empresas Multinacionais 316
As Relações Estados-Empresas Multinacionais 320
– A Formação de Blocos Econômicos Supranacionais..... 322
A Hegemonia Norte-Americana 324
A Emergência do MCE e do Japão 329
– Projeções e Perspectivas 332

GLOSSÁRIO 335
ORIENTAÇÃO BIBLIOGRÁFICA 344
O AUTOR NO CONTEXTO 356

INTRODUÇÃO

O presente trabalho foi elaborado tendo em vista um duplo objetivo: primeiro, constituir-se em um *livro de apoio* (em um "manual"), para os cursos de história econômica geral, ministrados nas faculdades de ciências econômicas, administração de empresas e ciências contábeis, e nos departamentos de história; segundo, fornecer subsídios para todos aqueles que, no decorrer de suas atividades profissionais, necessitarem recorrer a modelos comparativos sobre crescimento econômico, inflação, distribuição de renda, problemas monetários, salários, alocação de recursos e políticas de desenvolvimento econômico, como forma de melhor entender a realidade e/ou viabilizar a tomada de decisões estratégicas na área de planejamento econômico.

Consoante esse duplo objetivo, procurou-se dotá-lo de uma linha metodológica única e coerente, na análise dos diversos sistemas econômicos. Para tanto, efetuou-se uma opção entre as diversas interpretações existentes atualmente, ou procurou-se elaborar construções teóricas originais que permitissem uma maior reflexão, e mesmo a abertura de novos caminhos de análise dos fenômenos econômicos abordados. Outro objetivo foi tornar este trabalho o mais "atual" possível. Isso equivale a *privilegiar* a análise do sistema econômico capitalista, mesmo correndo grande risco, ao apontar seus mais que prováveis rumos de desenvolvimento nas próximas décadas, sob a rubrica "Projeções e Perspectivas".

Desta forma, optou-se por centrar a análise no espaço europeu, área privilegiada da assunção do sistema capitalista. E ampliar esse espaço, na medida em que os países europeus alargavam seus espaços econômicos com a ampliação dos contatos comerciais com áreas geográficas outras, que a partir deste momento passam também a fazer parte do presente objeto de análise. Em outras palavras, buscando preservar uma clareza conceitual e um rigor metodológico, deliberadamente omitiu-se o estudo dos sistemas econômicos da Ásia e da África vigentes antes do processo de colonização europeia, bem como os da América pré-colombiana.

Assim, o capítulo 1 trata brevemente dos primeiros sistemas econômicos que se desenvolveram na área mediterrânea marcando os pontos fundamentais; o 2, aborda o sistema econômico escravista, que caracterizou o período da Antiguidade Clássica, desde suas origens gregas, até sua maximização sob Roma, passando por sua crise e superação; o capítulo 3, trata com uma maior riqueza de detalhes, a organização econômica do período denominado Idade Média, desde o século V até o XIII. A partir do capítulo 4, ingressa-se no que se poderia denominar a "esfera do capitalismo". Abordam-se as crises do final da Idade Média, e a emergência de uma nova forma de organização econômica, que pode ser vista como "gestadora" do sistema capitalista, enquanto o capítulo 5 trata da ampliação do espaço econômico europeu, efetuada em nível mundial, ação viabilizadora das pré-condições para a concretização do capitalismo. O capítulo 6 aborda a assunção do sistema capitalista, durante o período 1760-1913, matizando os dois processos de Revolução Industrial pelos quais ele passou; o 7, trata das novas relações econômicas internacionais que se estabelecem durante o período coberto pelo capítulo anterior. O capítulo 8 cobre o período 1914-1955, analisando as sucessivas crises por que o capitalismo passou, em sua evolução da "infância" para a idade "adulta". O capítulo 9 trata especificamente das tentativas práticas de se instalar um sistema econômico rival e/ou alternativo ao capitalismo – o socialista – em diferentes partes do mundo, desde finais da década de 1910, até a crise geral que estas soluções alternativas vivenciam em inícios da década de 1990. O capítulo 10, finalmente, trata dos mecanismos do capitalismo em sua fase "adulta", desde 1955 até 1990, enfatizando as profundas mudanças que a Terceira Revolução Industrial acarretaram ao sistema.

Embora uma opção conceitual tenha sido efetuada, algumas posições conflitantes, quer pelo seu peso específico, quer pelas suas implicações analíticas, não poderiam deixar de constar deste trabalho. No entanto, para não se perder a linha narrativa, quando se julgou necessário comentá-las no decorrer do texto, seus autores não foram especificamente identificados dentro de cada capítulo, mas sim na "Orientação Bibliográfica", quando, então, suas posições estão marcadas por um breve comentário esclarecedor.

Finalmente, uma vez que a motivação primeira, para a elaboração deste trabalho, foi a ausência de um manual em língua portuguesa com as características específicas que se quis imprimir a este, para ministrar o curso de história econômica geral no Departamento de Ciências Econômicas, Contábeis e Administração, da Universidade de Taubaté, uma sugestão é feita: à exceção dos cursos lecionados nos departamentos de história, os demais deveriam ter início a partir do capítulo 4, garantindo-se, deste modo, sua atualidade e possibilidade de compreender os fenômenos econômicos contemporâneos e/ou tomar decisões em termos de política estratégica de desenvolvimento.

No mais, procurou-se ser o mais didático possível, na exposição e sequência dos temas tratados, inclusive com a proposital utilização de vocabulário econômico específico, para o que se pede a indulgência do leitor.

1. PRIMEIROS SISTEMAS ECONÔMICOS

*"Possa ele tornar os campos produtivos como o cultivador,
Possa ele multiplicar os rebanhos como um pastor de confiança,
Sob seu reinado, que haja plantas e grãos,
Que, no rio, haja água de sobra,
Que no campo possa haver uma segunda colheita".*

Oração mesopotâmica do III° milênio a.c., para celebrar o ritual da união do rei com a deusa da Terra.

Foi no decorrer do período neolítico (7000-3000 a.C.), que o homem adotou uma radical mudança em seu relacionamento com a natureza. De um comportamento puramente *predatório*, baseado na caça, pesca e coleta de frutos e plantas comestíveis, que lhe impunha uma existência nômade e impedia seu crescimento demográfico, ele lentamente passou a ser um *produtor*, modificando, com sua intervenção, a seleção natural das espécies animais e vegetais, favorecendo a reprodução daquelas que lhe poderiam servir de alimentos.

Esta mudança, que recebeu a tradicional denominação de Revolução Neolítica, consistiu basicamente na domesticação de animais e no aparecimento da agricultura.

Foi a atividade agrícola, principalmente, que permitiu que o homem passasse a viver em comunidades estáveis, sedentarizando-o, e introduzindo a noção de trabalho coletivo e regular.

Paralelamente, com o crescimento demográfico decorrente do controle que o homem passou a ter sobre suas fontes de alimentação, começou a ocorrer uma diferenciação social do trabalho – possibilitando o desenvolvimento de novas técnicas, como a cerâmica, a tecelagem e a fabricação de instrumentos de pedra polida, que contribuíram para o sucesso das comunidades sedentárias – ao mesmo tempo em que as ligou por meio de um sistema de trocas, precursor da atividade comercial.

A crescente liberação de braços da atividade básica de prover o sustento da comunidade, aliada à progressiva diferenciação social do trabalho, levou à formação de diferentes ritmos de produção e acumulação de bens econômicos, o que acabou por produzir o conceito de propriedade, e diferenciar diversos segmentos dentro da comunidade, de acordo com suas posses.

E a difusão do conceito de propriedade levou à necessidade de se demarcar com precisão os limites dos lotes de terras, de se registrar o tamanho dos rebanhos, e de se mensurar o volume da produção agrícola, o que induziu à invenção da escrita, com a consequente passagem para a história.

AS CIVILIZAÇÕES HIDRÁULICAS

O aparecimento da agricultura, com a introdução do trabalho coletivo e regular, levou o homem a se fixar nos locais mais adequados ao desenvolvimento desta atividade: às margens dos grandes rios. Por volta de finais do neolítico, as primeiras civilizações nasceram em torno dos vales dos rios Tigre e Eufrates, na Mesopotâmia; do Nilo, no Egito; do Ganges e do Indo, na Índia; e do Amarelo, na China.

Na área que engloba a Mesopotâmia e o Egito, denominada de Crescente Fértil, apesar das cheias dos rios fertilizarem anualmente o solo, permitindo uma alta produção agrícola, ou precisamente por causa de sua ocorrência, houve a necessidade de um grande volume constante de trabalho coletivo, para a construção e manutenção de diques, barragens, canais e reservatórios, que levou à formação de sociedades urbanizadas e complexas, baseadas na irrigação.

Estas sociedades, denominadas de acordo com sua característica básica, de civilizações hidráulicas, ou de regadio, produziram um tipo de Estado bastante burocratizado, que pode ser chamado de *monarquia-teocrática*.

Mesopotâmia

Densamente habitada, devido à alta produtividade agrícola, a "região entre os rios" – que corresponde ao Iraque atual, conheceu,

13

desde finais do quarto milênio a.C., uma urbanização crescente, com o desenvolvimento de prósperas cidades-Estados.

Embora frequentemente invadida por populações nômades, e apesar das várias tentativas de suas cidades-Estados mais poderosas imporem-se umas às outras, estabelecendo impérios de maior amplitude (Lagash, 2500-2360 a.C.; Agade, 2350-2230 a.C.; Assur, 1800-1375 a.C.; Babilônia, 1728-1686 a.C.), a Mesopotâmia não presenciou alterações significativas em seu sistema econômico original: a *dualidade palácio real* e *templos*.

A base da economia mesopotâmica sempre foi a produção agrícola, e produção que dependia de um constante e numeroso trabalho em obras de irrigação, para seu sucesso. Some-se a isso, os fatos de:

1. ser a região cercada por populações hostis, que constantemente a invadiam, o que obrigou ao emprego de mão de obra em atividades bélicas, com a formação precoce de exércitos profissionais;

2. essa região depender do comércio exterior para a obtenção de matérias-primas como madeiras, pedras e metais, o que levou à necessidade de uma considerável produção artesanal, para poder ser trocada por estas matérias-primas.

Nesse quadro, garantir a sobrevivência das camadas urbanas (burocratas, militares, artesãos, comerciantes, sacerdotes) e dos grupos dominantes (família real, chefes militares, altos sacerdotes), era um problema fundamental.

Sua solução baseou-se na imposição de períodos de trabalho compulsório, e de requisições de produtos, às aldeias que abrigavam a grande maioria da população. Assim, formaram-se enormes e estáveis sistemas econômicos em torno do palácio real e dos templos, que englobavam terras, rebanhos, barcos, granjas, estábulos, celeiros, oficinas e trabalhadores dependentes, fossem pessoas cumprindo suas cotas de trabalho compulsório, fossem escravos.

Com respeito aos escravos, seu número não foi significativo, e parecem ter sido utilizados apenas em moinhos, e nas tecelagens reais. A razão para seu reduzido emprego deve ter sido menos seu alto custo (equivalente ao preço de um boi, por volta de 1700 a.C.), e mais devido ao sucesso do sistema de extração de excedente econômico, via trabalho compulsório e apropriação de parcelas de produção, imposto à quase totalidade da população mesopotâmica.

Esta razão torna-se mais evidente, quando se observa os limites impostos à escravidão: a escrava que procriava, com a morte de seu senhor adquiria para si e seus filhos, a condição de livre; a escravidão por dívidas estava limitada a um período máximo de três anos.

Neste sistema econômico composto por uma multidão de homens livres, embora articulados ao redor de grandes complexos produtivos – o palácio real e os templos, aos quais deviam períodos de trabalho obrigatório e não remunerado (denominados *corveia real*), e aos quais entregavam anualmente partes de sua produção, a monetarização avançou muito.

Desde finais do quarto milênio a.c., adotou-se o conceito de moeda, como um bem que serve de medida comum de valor e de instrumento de troca. Do uso da cevada, como elemento de referência padrão, avançou-se para a utilização dos metais – ouro e prata, principalmente a última.

Também os bancos fizeram parte da vida econômica da Mesopotâmia, desde seus inícios. As primeiras referências são de 3400 a.C., do Templo Vermelho da cidade de Uruk, que juntando aos seus próprios recursos, as oferendas e donativos recebidos, emprestava-os a juros, para agricultores e comerciantes. A instituição difundiu-se muito, a ponto de em meados do segundo milênio a.c. serem os bancos comuns às maiores cidades da região, e realizarem operações padrão de empréstimos, a juros anuais que alcançavam 33% para os cereais e 20% para os metais; e por volta de 800 a.C., o sistema bancário havia evoluído a ponto de operações como pagamento de juros sobre depósitos, débitos em conta-corrente, e transferências de fundos para outras praças, tornarem-se prática comum.

Esta economia mesopotâmica bastante monetarizada foi fundamentalmente de base agrícola, dependendo do cultivo de cevada, trigo e centeio; e seu artesanato pujante deve ser visto como uma atividade complementar à economia rural, uma vez que as matérias-primas transformadas eram basicamente de origem vegetal e animal: da cevada fazia-se cerveja; da seiva da tamareira fermentada obtinha-se vinho; da palha fazia-se móveis, cestos, esteiras e demais objetos afins; da semente de sésamo extraía-se óleo, utilizado para cozimento e iluminação; das fibras do linho e da lã dos ovinos produziam-se tecidos; e do leite, produziam-se laticínios.

Rica portanto, em recursos agrícolas, a Mesopotâmia era desprovida de minérios, pedras e mesmo de madeira, já que a palmeira – abundante na região – era um péssimo material de construção.

A argila, misturada com palha picada e posta para secar ao sol (quando se transformava em resistentes tijolos), foi seu típico material de construção, largamente utilizado em palácios, templos, muralhas e demais edifícios. Não só os objetos de uso diário (jarros, potes) eram predominantemente feitos de cerâmica, como ela era também utilizada na forma de azulejos vitrificados e coloridos, para a decoração de palácios e templos. A argila foi, ainda, o material utilizado para a escrita: os caracteres eram impressos em placas de argila úmida que, depois de cozidas, adquiriam uma notável resistência.

Baseada na produção agrícola e restrita à argila, como material básico para a vida cotidiana, a Mesopotâmia desenvolveu, desde os primeiros tempos de sua ocupação sistemática, um ativo comércio exterior, destinado a supri-la das matérias-primas que não possuía: da África importava marfim e ouro; da Síria e do Líbano, madeiras, mármore e basalto; da Ásia Menor, prata, cobre, e depois ferro; da Pérsia e do Elam, madeiras, cobre, estanho e lápis-lazúli; da Arábia e da Índia, ouro, pedras preciosas e marfim.

Quanto a seu comércio interno, centrado nas cidades, ele sempre foi muito ativo e diversificado, oferecendo desde produtos alimentícios até ferramentas e demais utensílios de uso cotidiano, como reflexo natural de um sistema econômico composto por homens livres e bastante monetarizado. Os bazares que existem até hoje, em todas as cidades do Oriente Médio, podem dar uma ideia bastante real do que foi a economia da Mesopotâmia.

Egito

Localizada ao longo do vale do rio Nilo, a civilização egípcia foi corretamente denominada pelo historiador grego Heródoto, como sendo "uma dádiva do Nilo". O rio corre pelo platô desértico do norte da África, estendendo-se por cerca de 1.200 km por território egípcio. Torna agricultável uma faixa de terra de não mais de 20 km de largura, a não ser em seus últimos 150 km, quando se abre em sete braços que desembocam no Mediterrâneo, formando uma região repleta de canais naturais, charcos e pântanos, denominada Delta.

São as cheias anuais do Nilo, de julho a novembro, que fazendo o rio transbordar de seu leito, inundam suas margens e depositam uma camada de húmus de alto poder fertilizador. Isso possibilitou o desenvolvimento de uma economia agrária, nesse oásis alongado, cercado por um vasto deserto.

Embora a civilização egípcia fosse baseada na irrigação, suas características diferem bastante das da Mesopotâmia, por várias razões.

Primeiro, as cheias do Nilo são regulares, e muito menos destruidoras que as do Tigre e Eufrates, o que fez com que seu sistema de irrigação artificial demorasse mais para se desenvolver e nunca fosse tão complexo como o da Mesopotâmia.

Segundo, os desertos protegiam a região de ameaças externas, o que produziu uma sociedade isolacionista e conservadora.

Terceiro, o Egito não era tão dependente do comércio exterior para a obtenção de matérias-primas, como a Mesopotâmia: possuía ouro, cobre, estanho e pedras para construção, o que não incentivou o crescimento da produção artesanal para trocas, nem levou à monetarização da economia

E quarto, o Egito não se desenvolveu a partir de cidades-Estados independentes, mas sim através de um Estado precocemente unificado (já em 2850 a.c. existe uma monarquia unificada, centralizando a administração de todo território egípcio), o que fez com que o sistema econômico fosse extremamente centralizado, concentrando-se na corte real, notadamente na pessoa do *rei-deus*, o faraó.

A somatória dessas quatro características, principalmente o fato de o Estado unificado ter precedido tanto a urbanização plena, como a completa divisão social do trabalho, acabou por produzir um sistema econômico altamente estatizado, com ênfase no trabalho coletivo e ordenado, e com um espaço muito estreito para as iniciativas individuais.

Toda a economia egípcia foi orientada no sentido de assegurar a sobrevivência do faraó e das camadas superiores da sociedade – família real, sacerdotes e uma multidão de funcionários administrativos.

Em princípio, toda a terra pertencia ao faraó, e era cultivada por camponeses livres, que lhe deviam a *corveia real* e entregavam ao Estado parcelas de sua produção. Como na Mesopotâmia, o número de escravos sempre foi bastante pequeno, uma vez que eles eram supérfluos, dado o bom funcionamento desse tipo de sistema econômico.

A propriedade privada jamais chegou a se constituir plenamente, pois ela dependia da ratificação do faraó em caso de transmissão por testamento. O que ocorria com frequência era simplesmente a concessão, por parte do faraó, da posse de certa extensão de terra a alguém, durante sua vida.

É erro considerar-se a existência, no Egito, de um dualismo palácio real – templos, como o que ocorreu na Mesopotâmia. Se os templos detinham extensões de terra, eles o faziam enquanto órgãos do Estado, e de um Estado que se confundia com a pessoa do faraó, que tinha pleno acesso aos frutos do trabalho compulsório e das parcelas de produção que a população dedicava aos templos. A prova de que os templos eram parte integrante e inseparável do aparelho de Estado, cumprindo meramente uma função administrativa, é a reforma religiosa efetuada pelo faraó Akhenaton (1377 – 1358 a.C.). Ele, enquanto senhor absoluto dos bens do Estado, fechou todos os templos e confiscou seus bens, redistribuindo-os aos santuários do seu novo deus Aton, *sem encontrar qualquer resistência*, seja por parte dos sacerdotes destituídos, seja por parte da população.

Nesse sistema altamente estatizado, a economia era de base agrária. Cultivavam-se cereais, principalmente trigo e cevada, frutas, verduras e legumes, o linho, e o papiro, largamente utilizado. Dada a exiguidade de terras férteis, os rebanhos de bovinos não foram numerosos, prevalecendo os de gado suíno, ovino e caprino, bem como a sistemática criação em cativeiro de aves (patos, gansos, pombos e codornas).

O artesanato egípcio, centrado em suas poucas cidades de grande porte (Tebas, Mênfis, Tânis), tinha sua produção quase que totalmente destinada ao Estado, seja para a decoração de palácios e templos, seja para o consumo da família real e dos altos funcionários da administração.

A economia egípcia não conheceu a monetarização. Os objetos eram trocados por outros objetos, e o Estado remunerava seus funcionários em espécie. Concorreu muito para isso, o fato de não haver diversificação regional da produção, o que inibia o desenvolvimento do comércio interno.

Quanto ao comércio exterior, na medida em que o Egito era praticamente autossuficiente em relação às matérias-primas de que sua economia necessitava, ele nunca foi muito ativo, restringindo-se basicamente à importação de madeiras, das cidades fenícias – a única matéria-prima de que o Egito realmente carecia – e de algumas mercadorias de luxo – como ébano, marfim e incenso da Somália, e ouro, pedras preciosas e marfim da Núbia.

AS CIVILIZAÇÕES COMERCIAIS

Algumas civilizações, devido a condições geoclimáticas pouco propícias ao desenvolvimento da agricultura, foram obrigadas a voltarem-se para o exterior, a fim de conseguir os produtos alimentícios básicos, que não conseguiam produzir em quantidade suficiente. Isto forçou-as a desenvolverem uma urbanização precoce e uma economia artesanal baseada na transformação das poucas matérias-primas de que dispunham em abundância, voltada para a exportação e altamente comercial.

A Civilização Minoica de Creta

Localizada no Mediterrâneo Oriental, entre o Egito, a Ásia e o continente grego, rica em madeira e favorecida por uma conjuntura de correntes marítimas e ventos favoráveis, a ilha de Creta pôde desenvolver a primeira economia concentrada na produção artesanal para exportação, e no comércio à longa distância.

Povoada em finais do neolítico, suplementava com a pesca, sua parca produção agrícola proveniente de vales estreitos. Explorando as riquezas naturais da ilha – cobre e madeiras –, desenvolvendo sua atividade pesqueira, e passando a cultivar vinhas e oliveiras, a civilização minoica criou as condições para o estabelecimento de comunidades urbanas, onde não existiam terras aráveis em grande quantidade, mas sim bons portos naturais.

Essas comunidades, povoadas por ferreiros, carpinteiros e artesãos, e principalmente por comerciantes e marinheiros, passaram a produzir vinho e azeite, e objetos de cerâmica (potes, jarros e ân-

19

foras) finamente decorados, e a comercializar esses produtos pelas ilhas do mar Egeu, no continente grego, no Egito e nos portos da Ásia Menor.

Infelizmente, não se conhece com precisão os detalhes da história minoica, devido às dificuldades que até hoje se encontram, para a decifração total de seu alfabeto.

Valendo-se da arqueologia e de várias lendas disseminadas pelos povos indo-europeus (aqueus e jônios), que posteriormente ocuparam a região, pode-se traçar um esboço do desenvolvimento da economia minoica.

Por volta de 1600 a.C., a ilha contava com uma série de cidades em sua costa leste (Cnossos, Phaitos, Mallia, Gournia, Hagiha Triada), todas com um elevado grau de divisão do trabalho, e economicamente voltadas para a produção artesanal de exportação.

As cidades espalhavam-se em torno de grandes palácios não fortificados, que menos que centros de culto ou meras residências reais, funcionavam como centros da produção artesanal, e grandes depósitos e armazéns, para os produtos a serem exportados (vinho, azeite e objetos de cerâmica).

O período áureo da ilha parece ter sido entre 1570 e 1425 a.C., quando a cidade de Cnossos deve ter se imposto às demais, iniciando um período de centralização administrativa, e estabelecendo uma hegemonia marítima (talassocracia) sobre as rotas comerciais do Mediterrâneo Oriental, suprimindo a pirataria e a concorrência das ilhas Cíclades, e obrigando mesmo, algumas áreas do continente grego, ao pagamento regular de tributos.

Em inícios de 1400 a.C., as cidades da ilha são submetidas à invasão dos aqueus, que em curto espaço de tempo conquistam-nas, levando à desestruturação e virtual destruição da primeira economia puramente comercial de que se tem notícia.

As Cidades Fenícias

No início do terceiro milênio a.C., populações de origem semítica estabelecem-se ao longo da costa do Líbano atual. Essa região, pouco propensa para a agricultura, com estreita faixa de terras agricultáveis, com relevo bastante acidentado, formando estreitos vales dependentes unicamente das precipitações pluviométricas como fonte de irrigação, forçou essas populações – fenícios, como vieram a ser conhecidos –, a se dedicarem à pesca, como meio de garantir sua sobrevivência.

Aproveitando sua precoce familiaridade com o mar, a existência de grandes florestas de cedros – madeira excelente para a construção naval –, e bons portos naturais, os fenícios voltam-se definitivamente para a atividade comercial, passando a cultivar vinhas e oliveiras, culturas nada exigentes quanto à fertilidade do solo.

As condições geográficas – relevo muito acidentado e pouca extensão contígua de terras aráveis –, levaram ao isolamento das populações e à sua concentração em pontos dispersos do litoral – os portos naturais. Isso fez com que a Fenícia nunca se constituísse em um Estado unificado, mas se desenvolvesse a partir de cidades-Estados independentes.

Ugarit, Aradus, Trípoli, Biblos, Sidon e Tiro constituem-se em importantes centros manufatureiros e comerciais, na passagem do terceiro para o segundo milênio a.c. Aproveitando-se do colapso da civilização minoica de Creta, após 1400 a.c., chegam a controlar virtualmente todo o comércio mediterrâneo.

Além da produção de vinho e azeite, e de objetos de cerâmica e metal, que tenderam ao estágio de uma produção em série, o principal produto de exportação das cidades fenícias foi o corante de púrpura. Obtido de um molusco comum em seu litoral (o múrex), permitia o tingimento indelével dos tecidos, desde os tons rosa até o roxo. O corante de púrpura constituiu-se, durante toda a Antiguidade, em uma de suas mercadorias mais caras e procuradas, chegando mesmo a ser sinônimo de titularidade real.

Não se limitando à exportação de suas próprias mercadorias, os fenícios tornaram-se *intermediários*, comercializando e transportando mercadorias provenientes de todo o mundo mediterrâneo.

A fim de maximizar os benefícios de sua atividade comercial, as cidades fenícias procederam à fundação de *feitorias* (pontos de apoio localizados no litoral das regiões com as quais comerciavam, para facilitar o escoamento das mercadorias provenientes do interior), que se estendiam pelo Mediterrâneo, alcançando inclusive as costas do Marrocos e Espanha atuais.

Uma dessas feitorias, fundada no século IX a.c. na costa da atual Tunísia, deu origem à cidade de Cartago, que se transformou na potência econômica dominante do Mediterrâneo Ocidental, até ser derrotada por Roma, após longas guerras, em finais do século III a.c.

Em que pesem a extensão e o volume de seu comércio, a economia das cidades fenícias não conheceu a monetarização: as primeiras cunhagens de moedas dão-se apenas no decorrer da segunda metade do século V a.c., primeiro em Tiro, e depois em Sidon, Biblos e Cartago.

O fato de a economia das cidades fenícias não ter evoluído rapidamente para um estágio de monetarização, obriga a que se teçam algumas considerações sobre esta, e outras questões pertinentes ao funcionamento destes sistemas econômicos analisados.

Primeiro, pode parecer um contrassenso que uma economia altamente dependente de importações, como a mesopotâmica, tenha desde cedo conhecido a monetarização, enquanto outra, como a das cidades fenícias, que fazia das transações comerciais o *motor* de toda sua atividade econômica, não o tenha feito.

Na verdade, a difusão da moeda apenas facilita a atividade mercantil, não se constituindo em pré-requisito, nem para seu aparecimento, nem para seu posterior desenvolvimento, como bem prova a ativa rede de trocas que as comunidades do final do neolítico estabelecem entre si.

Em segundo lugar, as razões da passagem ou não para a monetarização devem ser buscadas na estrutura e dinâmica internas, de cada sistema econômico específico, e não nas relações – mesmo que fundamentais –, que ele mantenha com outras áreas, *externas a seu espaço econômico*.

Neste sentido, o Egito não conheceu uma economia monetária, menos em função de sua autossuficiência em matérias-primas básicas, e homogeneidade de sua produção em nível local, e muito mais em função do extremo estatismo que caracterizou sua economia, centralizando-a, e dando um peso absoluto à noção de trabalho coletivo.

Em terceiro lugar, quando se analisa estes primeiros sistemas econômicos, sejam os hidráulicos, sejam os comerciais, não se encontram traços de *contradições internas*, que supostamente seriam maximizadas pelo seu bom funcionamento, levando à sua desestruturação.

Esses sistemas funcionaram, e funcionaram bastante bem. Os hidráulicos, cumpriram perfeitamente a razão de sua constituição: assegurar a sobrevivência das camadas não diretamente envolvidas na produção de alimentos. E o fizeram, produzindo um tipo de Estado no qual a pessoa do governante confundia-se com a divindade, que tendeu a permanecer inalterado através dos séculos, mesmo sob a dominação posterior estrangeira.

Quanto às cidades fenícias, pois o sistema minoico foi destruído precocemente por uma ocorrência externa, elas também não experimentaram mudanças significativas em suas estruturas econômicas, mesmo sob a dominação seguida de vários invasores estrangeiros.

Figura 1 – Centro de Civilização Primitiva no Crescente Fértil.
(Fonte: Mapa adaptado do *Atlas Historique*, Librairie Stock, 1968).

2. A ESCRAVIDÃO CLÁSSICA

"De todas as coisas, a primeira, e mais indispensável, a melhor e mais necessária à nossa fazenda, é o ser humano."
Aristóteles, Economia *(Livro I)*

Foram as cidades-Estados gregas que, pela primeira vez na história, tornaram a escravidão absoluta na forma e dominante em extensão, transformando-a, de forma de trabalho auxiliar e complementar, em um sistemático modo de produção.

Alguns séculos mais tarde, o Estado Romano, dominando e unindo política e economicamente o "mundo civilizado" da Antiguidade Clássica, que se estendia ao redor do mar Mediterrâneo, tendo como eixo a península Itálica, desenvolveu, no limite, o modo de produção escravista, pioneiramente tornado preponderante pelas cidades gregas.

Quando de sua progressiva difusão pelo mundo Mediterrâneo, o sistema econômico escravista alterou significativamente a noção de trabalho.

As civilizações hidráulicas, que haviam submetido suas populações a formas de trabalho compulsório, fizeram-no nominalmente em razão de uma necessidade coletiva, transformando-o em partes integrantes de um rito religioso. E o que foi mais importante, este trabalho compulsório era temporalmente limitado e regular, o que fez com que os homens que o prestavam, continuassem a ser, sob todos os aspectos, livres, quer fossem camponeses, quer fossem artesãos.

A escravidão clássica, ao contrário, tornando-se a forma de trabalho preponderante, dissolveu os sistemas econômicos mais primitivos do Mediterrâneo Ocidental, e acentuou o caráter de obrigatoriedade do trabalho nos do Mediterrâneo Oriental, tornando-o mais permanente. Ao mesmo tempo, dissociou completamente o homem dos resultados de seu trabalho, tornando-o nada mais que mera ferramenta (o *objeto falante*, na terminologia latina) e acabando por separar, de modo definitivo, as noções de trabalho manual e liberdade. Fazendo isso, bloqueou o espaço necessário para o desenvolvimento técnico, impedindo a Antiguidade Clássica de conhecer significativas invenções que visassem aprimorar os processos produtivos. Levou-a, também, a considerar o trabalho simplesmente como formas de adaptação da natureza, nunca de sua transformação. O filósofo grego Platão foi singularmente claro: "o trabalho permanece alheio a qualquer valor humano, e em certos aspectos, chega mesmo a ser a antítese do que é essencial ao homem".

Desta forma, a única via que restou ao sistema escravista, para seu desenvolvimento, foi a *horizontal*, mediante a contínua expansão territorial, e a crescente incorporação de escravos à área abrangida pelo sistema.

Duas características da escravidão clássica merecem particular atenção:

1. apesar da própria existência da escravidão ser um fator que limita a constituição de um forte mercado interno, o sistema conheceu uma ampla monetarização;

2. embora a civilização greco-romana fosse basicamente organizada em torno de núcleos urbanos, suas cidades foram, originalmente, núcleos de proprietários de terras, e não centros de artesãos e comerciantes.

Assim, o sistema escravista clássico, com uma economia monetária e sendo um universo essencialmente urbano, foi basicamente sustentado por uma produção agrícola, notadamente cereais, azeite e vinho, enquanto teve um nível técnico baixo, uma demanda limitada e custos de transporte e distribuição exorbitantemente elevados.

Para sua análise, adotou-se o critério didático de dividi-lo em duas partes: uma compreendendo a economia grega, e outra a romana.

A ECONOMIA GREGA

A civilização grega foi profundamente condicionada pelas particularidades geográficas: exiguidade de terras férteis, relevo bastante acidentado e península profundamente penetrada pelo mar. Que os gregos tenham se organizado politicamente, em cidades-Estados independentes e com um estado de permanente rivalidade entre si, e que sua economia fosse, desde cedo, orientada para a navegação e para o comércio exterior, foi resultado natural dessas características geográficas, às quais se somam a existência de inúmeros portos naturais, e de arquipélagos vizinhos à sua costa (Cíclades, Ésporas, Dodecaneso). Pode-se ver a economia grega, como marcada por três fases bem distintas de evolução.

O Período Arcaico
(século VIII – meados do V a.c.)

A economia grega adquire seus traços básicos – preponderância da produção de azeite e vinho, urbanização, monetarização e introdução da escravidão –, durante um período que vai do século VIII a meados do V a.c., como consequência da desestruturação de sua base econômica anterior, centrada na atividade agropastoril e na propriedade comunal da terra.

Originariamente a economia foi organizada como um sistema econômico rudimentar, que se baseava no cultivo de cereais e na criação de gado bovino, sob um regime comunal de propriedade da terra, dividida em clãs (ou *genos*), composta por homens livres, e complementando suas necessidades através da guerra e da pirataria. Essa economia correspondia ao denominado período homérico (séculos XII-IX a.c.) e não pôde suportar um natural crescimento demográfico, que se inicia em finais do século IX a.C.

Esse crescimento demográfico acabou por produzir uma reação em cadeia, cujos efeitos foram visíveis a partir do século VIII a.c. A necessidade de alimentar a população crescente, levou à expansão da área destinada à produção cerealífera, em detrimento das zonas de pastagens, sem que os resultados fossem satisfatórios. A crescente pressão demográfica, mais o desaparecimento paulatino da carne como alimento cotidiano, tornaram premente a obtenção de grandes volumes de cereais. A solução foi o cultivo quase absoluto da oliveira e da vinha – muito adaptáveis às condições de solo e clima da Grécia –, para a produção de azeite e vinho, que passaram a ser as mercadorias-padrão da economia grega, destinadas à exportação em troca de cereais, cultivados fora da Grécia, em áreas mais propícias.

Também o crescimento demográfico, aliado às dificuldades para a produção equivalente de alimentos, dada a exiguidade de terra agricultável, pressionaram a forma comunitária de propriedade do solo, dissolvendo-a e dando origem à propriedade privada da terra, que acabou subdividida por pequenas unidades familiares.

A desagregação da propriedade comunal, deixando muitos excluídos da terra, em uma época de produção insuficiente de alimentos, levou à emigração em massa, no que se denomina colonização grega do Mediterrâneo.

Durante 775-675 a.c., as áreas de solo fértil da Sicília e do sul da Itália foram ocupadas por populações vindas da Grécia Continental, que fundaram inúmeras cidades, cuja atividade básica porém, era a produção cerealífera.

A essa primeira onda de colonização agrícola sucedeu-se outra, de 675 a 500 a.c., de caráter diverso. Denominada de colonização comercial, sua intenção foi a de complementar a economia das cidades-Estados da Grécia Continental, fornecendo-lhes matérias-primas para a produção manufatureira que durante esse período havia se desenvolvido.

Em nenhum dos dois períodos de colonização, as cidades fundadas tiveram uma relação de dependência – quer política quer econômica – com suas cidades-mães. A única relação que se estabeleceu foi de ordem cultural e religiosa, podendo as cidades fundar elas próprias outras colônias e comerciar livremente como lhes aprouvesse.

Paralelamente a esse processo de colonização, a Grécia viu o desenvolvimento político e econômico de suas cidades-Estados, herdeiras naturais das antigas unidades de produção durante o período anterior de propriedade comunal (os *oicos*, organizados em torno de uma grande casa patriarcal). Embora voltando-se naturalmente para atividades manufatureiras e comerciais, os núcleos urbanos gregos nunca deixaram de ser prioritariamente dependentes dos produtos de uma economia rural.

Com a colonização, também, que pode ser vista como um processo de especialização produtiva em nível regional, gerando uma particular divisão social do trabalho, difundiu-se rapidamente

27

uma economia de base monetária, desde inícios do século VII a.C. A partir das cidades-Estados da costa da Ásia Menor (Jônia), as demais *polis* gregas passaram a cunhar moedas de prata, estabelecendo um monometalismo, graças à relativa abundância desse metal nas áreas gregas, em relação ao ouro.

E com a predominância do regime de propriedade privada, aliada ao fim das pressões demográficas e do quase absoluto cultivo da oliveira e da vinha – culturas que requeriam uma mão de obra substancial, devido aos cuidados constantes que demandavam –, a escravidão, que sempre estivera presente, como forma auxiliar de trabalho, adquiriu uma grande relevância. O seu crescente uso, levou-a a se impor às demais formas de trabalho, devido à identificação que a escravidão fazia entre o exercício do trabalho manual e a condição de não livre.

O Período Clássico
(meados do V – finais do século IV a.C.)

As tendências desenvolvidas durante o período arcaico, cristalizaram-se na fase clássica, levando a economia grega a seu período de maior prosperidade, e tornando a escravidão a forma de trabalho padrão.

A grande prosperidade econômica que as cidades-Estados gregas usufruíram durante essa época, não produziu mudanças significativas na esfera da produção. A técnica continuou rudimentar, e a base da economia como um todo permaneceu sendo a produção de azeite e vinho, enquanto a difusão da escravidão fez com que mesmo os pequenos proprietários agrícolas passassem a utilizar regularmente o trabalho de escravos.

A escravidão possuía três fontes: o nascimento, a condenação judicial por inadimplência (abolida na Ática desde o século VI a.C.), e principalmente a guerra. A ausência de um Estado unificado em território grego, com sua subdivisão em inúmeras cidades-Estados independentes e rivais (as *polis*), fazia da guerra externa uma constante da vida grega. Ao mesmo tempo em que condenadas a dependerem do exterior para a obtenção de gêneros alimentícios e matérias-primas essenciais, elas desenvolveram uma agressiva política imperialista, para garantir a posse desses mercados externos.

Esse estado de guerra constante tornou-se a principal fonte abastecedora da escravidão grega, e enquanto permitiu que o preço dos escravos se mantivesse baixo, estimulou também uma atividade comercial específica e paralela dedicada ao tráfico de escravos, procedentes principalmente da Trácia, Frígia e Síria.

A assunção da escravidão como força de trabalho dominante não acarretou que a mesma fosse empregada de modo concentrado, caracterizando-se mais pelo seu uso generalizado, que pelo seu emprego massivo em unidades produtivas.

A mais pujante das cidades-Estados gregas, a Atenas do século V a.C., mesmo tendo cerca de 140 mil escravos, dentro de uma população total de 230 mil habitantes, tinha como sua maior manufatura uma unidade produtora de escudos que empregava 120 escravos, quando eram consideradas de grande porte, manufaturas que utilizavam o trabalho de 20 ou 30 escravos.

A generalização do uso do trabalho escravo tornou-se patente pelo emprego que os próprios Estados gregos faziam deles, fossem em atividades de trabalho pesado, como na mineração, fosse em atividades administrativas, como garis, policiais, arautos e escrivãos.

Portanto, excetuando-se o Estado, que se transformou naturalmente no maior empregador individual da mão de obra escrava, embora cada vez mais dependente da produção artesanal e de sua comercialização exterior, a economia grega não conheceu grandes concentrações manufatureiras, sendo caracterizada pela dispersão e descentralização.

Mesmo nos mais importantes centros de produção manufatureira, como Atenas, Samos, Corinto e Mileto, a *pequena oficina*, dirigida pessoalmente por seu proprietário, e contando com poucos escravos e alguns artesãos assalariados, foi a forma padrão. Estas pequenas unidades produtoras requeriam parcos investimentos de capital, uma vez que as ferramentas eram rudimentares, as matérias-primas compradas quase na medida exata do volume de encomendas recebidas, e o custo dos escravos tinha permanecido baixo, devido ao estado de guerra constante.

A produção manufatureira grega compunha-se predominantemente de tecidos, cerâmica, mobílias, armas, objetos de vidro e utensílios de metal. A demanda sendo limitada – em razão mesmo do crescente avanço da escravidão –, e as distâncias, mais que a divisão social do trabalho, fixando, em última análise, os custos da produção, houve um natural impedimento para a constituição de conglomerados manufatureiros. O transporte passou a ser feito quase exclusivamente por via marítima, infinitamente mais barato que por rotas terrestres.

Essa necessidade da comercialização depender do transporte marítimo, levou a atividade comercial a se associar intimamente à pirataria, enquanto estimulou as rivalidades entre as *polis* gregas, no sentido de obter o controle sobre as rotas do Mediterrâneo Oriental, absolutamente necessárias para a sua sobrevivência.

Os navios de Atenas, o principal centro manufatureiro e comercial da Grécia, partiam no início da primavera, com uma carga de figos secos, lã, prata, armas, objetos de cerâmica e principalmente azeite e vinho, e retornavam com gêneros alimentícios (trigo, peixe seco, carne salgada) e matérias-primas (ferro, cobre, madeiras, cera, marfim, peles, linho), até o final do outono, pois o inverno praticamente fechava o Mediterrâneo à navegação regular.

Atenas, bem como Corinto e Mileto, importava mais do que exportava, devendo cobrir o déficit de sua balança comercial, com moedas de prata. Dado o volume do comércio, isso contribuiu para o rápido desenvolvimento de uma economia monetária, por todas as regiões costeiras do Mediterrâneo Centro-Oriental.

**O Período Helenístico
(finais do século IV – meados do II a.C.)**

A permanente rivalidade entre as cidades-Estados gregas, sobretudo a Guerra do Peloponeso (431-404 a.C.), que opôs Atenas e seu império marítimo a Esparta e suas aliadas – inaugurando um período de fugazes tentativas de diversas cidades-Estados imporem-se hegemonicamente sobre o território grego –, acabou por permitir que a Grécia Continental fosse dominada pela Macedônia, região até então periférica ao universo grego. Sob a liderança de Alexandre Magno, os gregos conquistaram, em um curto espaço de tempo (334-325 a.C.), um enorme império, que englobava Grécia, Macedônia, Egito, Fenícia, Síria, Mesopotâmia, Pérsia e a Índia a oeste do rio Indo.

Embora não tendo conservado sua unidade política, fragmentando-se em vários reinos após a morte de seu fundador (323 a.c.), a conquista grega dessas regiões orientais propiciou o nascimento de uma nova civilização, conhecida como helenística, fruto da fusão dos valores gregos (ou helênicos) com os das culturas orientais. Este mundo helenístico, embora dividido politicamente, conservou uma unidade cultural e acarretou um grande alargamento do espaço econômico grego, levando a uma ampliação dos mercados e incentivando a atividade comercial. Por sua vez, isso pressionou os setores produtivos para um considerável crescimento quantitativo. O resultado foi a cristalização, em uma proporção muitas vezes maior, da especialização produtiva em nível regional, característica da economia grega, desde o processo de colonização dos séculos VIII-VI a.c.

Pela primeira vez, áreas marcadas por diferentes sistemas econômicos (civilização hidráulica da Mesopotâmia e do Egito, economia comercial fenícia, e escravidão grega), veem-se reunidas em um espaço econômico comum, precursor da centralização político-econômica que os romanos imporiam à Antiguidade Clássica.

Neste vasto universo econômico, menos de meio século após seu estabelecimento, a Grécia, inicialmente beneficiada com um grande afluxo de riquezas, graças à abertura de novos mercados para sua produção manufatureira e às pilhagens obtidas por seus soldados, deixou de ser seu eixo econômico, passando a uma condição periférica no mundo helenístico. Foi incapaz de competir com os superiores recursos demográficos e administrativos dos Estados que se organizam no Oriente, notadamente a Mesopotâmia-Ásia Menor dos selêucidas, e o Egito ptolomaico.

A escravidão, forma de trabalho absoluta na Grécia, apesar de largamente difundida nas áreas orientais do mundo helenístico, não se tornou a forma de trabalho dominante, ao menos nas regiões nucleares das civilizações hidráulicas – Mesopotâmia e Egito. Nestas, as antigas relações agrárias de produção permaneceram basicamente inalteradas, embora sujeitas a um reforço em suas características de trabalho compulsório.

As cidades foram fundadas às dezenas, para permitir a fixação de centros econômicos destinados a melhor canalizar as riquezas dos territórios recém-conquistados. Ali, o uso do trabalho escravo adquiriu rapidamente um caráter predominante, tanto em atividades manufatureiras de iniciativa privada, como no âmbito do Estado.

A principal característica da economia helenística foi a adaptação da centralização econômico-administrativa das civilizações hidráulicas, a um sistema eminentemente comercial, produzindo uma nova forma econômica de *dirigismo estatal*, que se estendeu até mesmo a áreas que nunca conheceram Estados intervencionistas, como os Reinos de Pérgamo e da Macedônia.

Em todos os reinos helenísticos, atividades como mineração, cantaria, extração de sal, produção oleira e cerâmica de materiais de construção eram monopólios estatais. No Egito, por exemplo, até mesmo a produção e a comercialização de óleos e tecidos de linho eram de exclusividade real. Por toda parte, o Estado procurou reunir os artesãos em corporações fechadas, para conseguir um melhor controle sobre a mão de obra, e mesmo sobre os custos da produção. Também na área agrícola, enormes extensões de terras passaram a ser propriedade direta dos reis, o que permitiu que o Estado estendesse seu controle sobre um setor primordial: o da produção de gêneros alimentícios. Naturalmente, esta interferência estatal em todos os setores da atividade econômica foi acompanhada pela criação de uma numerosa burocracia composta por homens livres, que se constituiu em um poderoso instrumento de dominação social, fenômeno que esteve completamente ausente na Grécia clássica. E esta burocracia estatal assalariada, presente em uma economia comercial e bastante monetarizada, foi importante fator para impulsionar ainda mais sua característica mercantil e monetária.

Esse impulso foi plenamente correspondido pela colocação em circulação da imensa reserva metálica (ouro e prata), continuamente entesourada pelo Império Persa. Isso acabou provocando uma alta generalizada dos preços, que só retornaram ao nível do período clássico, em inícios do século II a.C.

O monometalismo grego baseado nas moedas de prata foi substituído por um sistema bimetálico de ouro e prata, ao mesmo tempo em que a abundância de capitais pôde manter a taxa de juros relativamente baixa, por quase todo o período helenístico, e contribuiu primordialmente para o desenvolvimento de seu sistema econômico.

A ECONOMIA ROMANA

Sob qualquer prisma que se olhe, a história de Roma reflete um percurso único: de pequena cidade-Estado de uma confederação de povos afins (latinos), em poucos séculos ela se torna capital de um Império que se estende por toda costa do mar Mediterrâneo.

O Mediterrâneo se torna um *lago romano*, que absorve não só os antigos centros de civilização da Ásia e norte da África, como as regiões interiores do que é hoje a Europa Ocidental, até o rio Reno, e mesmo a atual Inglaterra.

Estabelecendo este Império, Roma deu unidade político-econômica à Antiguidade Clássica. E tornou predominante um sistema econômico que tinha por características, a *escravidão* como forma de trabalho, a *monetarização* como padrão de troca, o *comércio* como atividade motora, e a *cidade* como unidade produtiva, sem, no entanto, jamais deixar de ter como base, um substrato econômico *rural*.

A evolução da economia romana – sinônimo de economia da Antiguidade Clássica –, estando intimamente ligada ao desenvolvimento histórico de Roma, será mais bem visualizada acompanhando-se as cronológicas fases do estabelecimento, apogeu e decadência do Império Romano.

A Criação do Estado Itálico
(século VIII – inícios do III a.C.)

Roma, pequena cidade-Estado latina, localizada na região central da península Itálica, desde seus primórdios adquire uma relativa importância em relação a suas congêneres, devido à posição geográfica que ocupa. Situada nas alturas que dominam a embocadura do rio Tibre, em um dos seus poucos vaus naturais, torna-se uma "ponte" para a rota comercial que ligava o sul ao norte da Itália.

Apesar de sua precoce familiaridade com atividades comerciais, a economia romana foi, e permaneceu até o século III a.C., essencialmente agrária. Baseava-se na cultura cerealífera (principalmente trigo), e na criação de gado bovino, com um regime de propriedade da terra em que predominavam pequenas e médias unidades produtivas.

A principal fonte da riqueza romana foi a comercialização do sal, extraído de áreas circunvizinhas, e que foi usado como unidade padrão para as trocas comerciais, dando origem às palavras *salário* e *assalariado*.

O regime de trabalho era caracterizado pela existência de produtores livres, que pagavam ao Estado impostos em espécie, e prestavam-lhe serviço militar gratuitamente, em épocas de necessidade. A escravidão existia em proporções diminutas, sendo mais de natureza doméstica, que utilizada comercialmente. Em 367 a.C. ocorreu mesmo uma formal proibição de que os devedores inadimplentes fossem vendidos como escravos, a fim de saldarem seus débitos. A estrutura econômica romana da época não podia suportar uma escravidão em larga escala, e o Estado não podia ver diminuído o número de seus cidadãos, dos quais dependia para o desempenho de funções administrativas e militares.

Foram a dependência da economia romana das atividades agrícolas, e a necessidade de ampliar suas áreas agricultáveis as razões básicas que levaram Roma a partir de meados do século IV a.C., a se envolver em uma série de guerras de conquista contra seus vizinhos.

Em inícios do século III a.C., Roma era a capital de um território que englobava toda a península Itálica ao sul do rio Arno, sem que sua economia sofresse alterações, a não ser uma progressiva monetarização, com a substituição das informes barras de bronze, usadas como moedas, pela cunhagem das primeiras moedas de prata, em 269 a.C.

Completando a unificação da Itália, com a incorporação das cidades gregas do sul da península (Magna Grécia), nas primeiras décadas do século III a.C., Roma inicia um processo radical de transformação, que a levará de núcleo agrícola a centro financeiro, aberto a todas as influências da economia helenística.

O Estabelecimento do Império Mediterrâneo (séculos III-I a.C.)

Com a conquista da Magna Grécia, o Estado Romano vê-se naturalmente compelido ao envolvimento na secular disputa entre as cidades gregas do sul da Itália e Cartago (antiga colônia fenícia), pelo controle das rotas comerciais do Mediterrâneo Ocidental.

A esse primeiro envolvimento, segue-se como uma reação em cadeia, a progressiva sujeição ao domínio romano, na condição de províncias, das ilhas do Mediterrâneo Ocidental; da África do Norte e da península Ibérica; da Grécia, da Macedônia e da Ásia Menor; da Síria-Palestina, da Gália e do Egito.

O estabelecimento desse Império trouxe profundas alterações ao sistema econômico romano.

Em primeiro lugar, o Estado romano recebeu um afluxo de capitais sem precedentes na história. Saques, indenizações pagas pelos povos submetidos, impostos regularmente cobrados nas províncias, e a exploração de jazidas minerais (só as minas da Ibéria produziam cerca de oito toneladas de prata anualmente), canalizaram para a península Itálica imensos volumes de capital, transformando Roma no mais importante centro financeiro da época.

Essa repentina expansão dos estoques de metais preciosos, além de gerar uma inflação de demanda, consolidou uma economia monetária bimetálica (ouro e prata), permitindo o aparecimento de um sistema bancário, tanto privado como público, e o desenvolvimento de sociedades por ações para a exploração dos recursos econômicos provinciais.

Em segundo lugar, esse fortalecimento de uma economia monetária, mais o alargamento do espaço econômico romano com o domínio das regiões helenísticas, permitiu que o sistema econômico romano reproduzisse, em uma escala muito ampliada, a especialização produtiva regional ou divisão internacional do trabalho, que a economia grega estabelecera desde o processo de colonização dos séculos VIII-VI a.C.

Dessa forma, o trigo era fornecido pela Sicília, África do Norte e Egito; o vinho e o azeite, pela Itália e Grécia; os minérios, pela península Ibérica; o gado, pela Itália e Ásia Menor; e os manufaturados, pela Gália e Síria. A produtividade da economia romana como um todo, pôde alcançar um grande crescimento, pois as diferentes regiões do Império não competiam entre si, mas se especializaram na produção dos artigos mais propícios às suas condições específicas.

Naturalmente, essa extrema especialização produtiva regional levou ao desenvolvimento do comércio, que continuou sendo predominantemente marítimo, tendo como centro a península Itálica. Paralelamente ao intenso e necessário intercâmbio entre as diversas províncias, a Itália passou a ser exportadora privilegiada de vinho, azeite, lã, cerâmica e objetos de metal, e importadora em larga escala, de cobre, estanho, chumbo e prata (península Ibérica), trigo (Sicília e Egito), madeiras (Ásia Menor), e manufaturados (Gália).

Em terceiro lugar, o estabelecimento do Império foi feito em benefício do Estado itálico que tinha a cidade de Roma como capital, de tal forma que, tanto os tributos regulares extraídos das províncias – que representavam agora a totalidade do mundo mediterrâneo –, como os enormes rendimentos provenientes dos monopólios estatais (minas, salinas, transportes), foram canalizados para a Itália e distribuídos entre os *cidadãos romanos*. E mais, o Estado romano torna-se o maior latifundiário do período, acumulando imensas extensões de terras, propriedades pessoais dos reis vencidos, ou áreas confiscadas a cidades e populações hostis, que passam também a ser exploradas em benefício de seus cidadãos. Em pouco tempo, a simples condição de cidadão romano garante ou a sobrevivência na ociosidade, ou a acumulação de imensas fortunas pessoais, pelo exercício de cargos administrativos nas províncias.

A esse estímulo à ociosidade, aliou-se a destruição física do que fora, até o século III a.C., a base militar-administrativo-econômica do Estado romano: o campesinato itálico. Os pequenos e médios proprietários rurais eram obrigados a ficar longos anos distantes de suas terras, empenhados em intermináveis guerras de conquista. Os quinze anos em que os exércitos cartagineses permaneceram lutando na Itália (218-203 a.C.), provocaram na península uma enorme devastação. Somada a isso a concorrência que a Itália enfrenta na sua produção básica – o trigo –, com relação à Sicília e ao norte da África (onde ela era várias vezes mais barata), acaba por provocar a ruína do campesinato itálico. Os camponeses abandonam os campos, migrando em massa para as cidades, e a agricultura italiana passa de cerealífera e baseada na pequena e média propriedade, para produtora de azeite e vinho, constituída por grandes latifúndios cultivados por mão de obra escrava de procedência não itálica.

Em quarto lugar, tanto a integração à economia helenística, como a destruição do campesinato itálico tiveram como correspondente, uma extraordinária difusão da escravidão. As guerras de conquista proporcionaram um constante suprimento de mão de obra escrava, e em tal volume, que seu preço manteve-se extremamente baixo: em 256 a.c., 50 mil escravos cartagineses são enviados à Itália; em 167 a.c., 150 mil epirotas; e em 104 a.c., 140 mil cimbros e teutões, só para citar alguns exemplos. A partir de meados do século III a.c., nos cem anos seguintes, a Itália recebeu cerca de 2,5 milhões de escravos, a ponto de, em finais do século I a.c., sua população apresentar três escravos para cada cinco homens livres.

Uma tal concentração de mão de obra escrava, no eixo econômico de um Império que englobava todo mundo "civilizado" da época, tornou o modo de produção escravista a forma de trabalho dominante, ao mesmo tempo em que inibiu, tanto o progresso técnico, como separou definitivamente a noção de trabalho manual da condição de liberdade.

O Apogeu e a Crise da Escravidão Clássica (séculos I-III d.C.)

Os dois séculos que se seguiram ao estabelecimento do Império Romano presenciaram o apogeu do modo de produção escravista, ao mesmo tempo em que desenvolveram, no limite, suas contradições internas, levando-o a uma crise generalizada em inícios do século III d.c.

O Império Romano no século II d.c. possuía uma população de 90 milhões de almas, concentrada em núcleos urbanos, onde os homens livres desempenhavam apenas funções militar-administrativas, sendo todas as outras feitas com mão de obra escrava.

Essa concentração populacional nas cidades resultou da sujeição e adaptação dos povos conquistados, aos valores romanos. A cidade era o universo romano por excelência, sendo não só a morada do cidadão, mas principalmente o lugar onde ele exercia magistraturas e funções administrativas a serviço do Estado. Esse *processo de romanização do Império*, incentivado desde seus inícios (só o Imperador Augusto, 27 a.C. – 14 d.C., licenciou 130 mil legionários, estabelecendo-os em novas colônias por toda extensão do Império), produziu um *êxodo rural*, com os campos despovoando-se de seus elementos mais romanizados, e levando à concentração da propriedade fundiária e à expansão da escravidão rural.

Como a predominância da escravidão impedia que os homens livres se dedicassem ao trabalho manual, essas crescentes massas humanas, que "incharam" as cidades romanas, tiveram que ser mantidas por donativos dos cidadãos mais ricos, ou diretamente pelo Estado. Só em Roma existiam mais de 200 mil pessoas nessas condições. Assim, tanto a existência da escravidão, como a de considerável número de pessoas improdutivas, limitou a demanda global do sistema, representando um freio para o crescimento da produção.

A progressiva queda do volume total da produção, em quantidade, mas não em valor, atingiu diretamente o Estado, quando suas despesas aumentavam e seus recursos diminuíam. Sustentar considerável número de cidadãos na ociosidade; manter um exército profissional; realizar obras públicas; drenar seus metais preciosos para o Oriente, devido a uma balança comercial desfavorável graças à crescente importação de artigos de luxo; e, ver sua arrecadação de impostos progressivamente diminuir, devido ao cada vez menor número de seus cidadãos ativos; ter sua produção e circulação de mercadorias atingidas por contínuas invasões bárbaras e intermináveis guerras civis; conviver com uma crescente inflação, originária de seguidas manipulações monetárias (as moedas de prata com 88% de conteúdo metálico em 54-68 d.C., passaram a 70% em 161-180 d.C., e a menos 2% em 260-268 d.C.); não era uma combinação que se pudesse manter por muito tempo.

Toda base do sistema econômico romano repousava sobre a escravidão: eram os escravos que trabalhavam os campos, garantindo o abastecimento das cidades, e nelas, encarregavam-se das atividades manufatureiras. Ocorreu que o setor mais dinâmico dedicado ao suprimento de mão de obra escrava – a sistemática escravidão dos prisioneiros de guerra estrangeiros –, encontravase bloqueado devido ao final das guerras externas de conquista (a última aquisição territorial permanente dera-se em 43 d.C., com a incorporação da atual Inglaterra; desde então, o Império adotara uma postura defensiva). O comércio de escravos e sua reprodução natural, mais o recurso de se permitir que tribos inteiras de bárbaros germânicos se instalassem como agricultores no Império, puderam manter o sistema funcionando, mas nunca no volume requerido para repor as pesadas perdas ocasionadas por seguidas epidemias de peste e sangrentas guerras civis.

A ação conjunta desses fatores acabou por colocar todo o arcabouço da economia romana (do qual dependia não só a vitalidade do Estado, mas também seu equilíbrio social), e a sobrevivência de suas cidades, em um estado de precário equilíbrio, que qualquer movimento mais brusco poderia romper.

E esse equilíbrio foi rompido em 235 d.C., fazendo com que por mais de cinco décadas o Império vivesse uma situação de constante desequilíbrio. Desequilíbrio entre a força dos exércitos romanos e a massa de bárbaros invasores, entre as despesas do Estado e sua arrecadação, entre a produção e o consumo, entre os campos e as cidades, e entre a proporção de escravos e de homens livres.

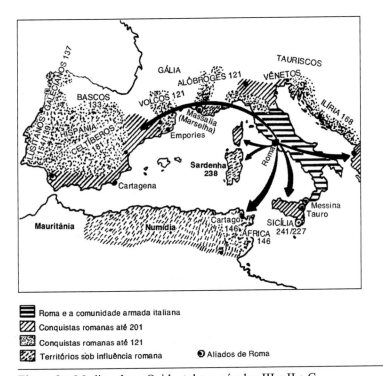

Figura 2 – Mediterrâneo Ocidental nos séculos III e II a.C.
(Fonte: Mapa adaptado do *Atlas Historique*, Librairie Stock, 1968).

Em finais do século III d.C., quando o Império recobrara sua integridade territorial, e encetava a árdua tarefa de sua reconstrução interna, o modo de produção escravista, por seu lado, encontrava-se em crise, incapaz de continuar impondo-se como forma de trabalho dominante, notadamente pela insuficiência de manter sua autorreprodução.

A Economia de Dirigismo Estatal (séculos IV-V d.C.)

Os esforços de reconstrução interna, pelos quais passa o Império Romano após a crise do século III d.C., moldam uma economia marcada pela extrema intervenção do Estado em todos os setores da vida econômica, enquanto se assiste à superação da escravidão, como forma de trabalho dominante.

A crescente intervenção do Estado Romano no exercício das atividades econômicas, que tinha como objetivo principal assegurar a continuidade do funcionamento regular dos serviços essenciais, acabou por criar um sistema econômico exclusivamente baseado em um *dirigismo estatal*. Os problemas estruturais da escravidão clássica não foram solucionados; teve início sua desagregação como modo de produção; e se manteve inalterada a distinção entre trabalho manual e liberdade.

As linhas mestras dessa economia de dirigismo estatal foram estabelecidas por dois imperadores: Diocleciano, 285-305 d.C.; e Constantino, 324-337 d.C. E constituíam-se basicamente das seguintes medidas: os artesãos e comerciantes eram obrigados a se inscreverem em corporações de ofícios, onde, em troca da licença do exercício de suas atividades profissionais, deviam prestar serviços gratuitos ao Estado; todos os que cultivavam a terra eram indissoluvelmente ligados a ela, conservando sua condição teórica de livres, mas não podendo abandoná-la, mesmo em caso de venda da propriedade – sistema denominado *colonato*; o Estado passa a receber seus impostos em espécie, e a remunerar seus funcionários da mesma forma, tanto da produção urbana e da circulação de mercadorias, como da produção agrícola – sujeita a um imposto de captação; a hereditariedade das funções profissionais é estabelecida de forma permanente por todo Império; e mais de mil artigos e serviços têm seu preço máximo fixado, embora, na prática, o Édito do Máximo de 301 d.C., fosse letra morta.

Os esforços estatais em criar um sistema estático e rígido levaram a resultados completamente opostos, que permitiram a desagregação do universo econômico romano baseado na escravidão clássica. Seja pela incapacidade do Estado em impor ao conjunto da sociedade, de forma eficaz, suas novas diretrizes econômicas, seja pela impossibilidade de se fazer reviver a escravidão em larga escala dos séculos I e II d.C., ou pela ação conjunta das duas condições, o resultado foi que a economia do Império – centrada em núcleos urbanos –, sofreu uma notável retração, condenando as áreas ocidentais do Império a um persistente processo de *ruralização*.

Organizado em torno de cidades, o sistema econômico romano volta-se naturalmente para elas, quando da implantação do dirigismo estatal, fazendo com que seus habitantes sejam diretamente responsáveis por tarefas como: manutenção de tropas, conservação urbana, pagamentos para funcionários estatais, construção de muralhas, prestação dos serviços gratuitos devidos pelas corporações de artesãos e comerciantes, e recolhimento dos impostos em espécie. A crescente pressão estatal sobre municipalidades dependentes de um abastecimento regular de produtos agrícolas (quando os campos romanos passavam por uma crise crônica de falta de mão de obra, devido à falência da escravidão em autorreproduzir-se adequadamente), provocou um *êxodo urbano*, invertendo uma tendência secular.

As classes mais abastadas abandonam as cidades, fugindo de suas crescentes responsabilidades, ocupando suas propriedades rurais, onde era mais difícil para o Estado alcançá-las. Elas são seguidas pelo proletariado urbano, que tendo vivido dos gastos e donativos dessas camadas abastadas, encontrava-se órfão. Ocorre um amplo processo de ruralização, que se amplia muito no decorrer do século V d.C., marcando de modo indelével o desenvolvimento econômico das regiões ocidentais do Império – a atual Europa Ocidental–, durante os sete séculos seguintes.

É necessário que se faça uma clara distinção, entre os efeitos que a economia de dirigismo estatal provocou nas partes ocidental e oriental do Império Romano.

41

A ruralização, como acima descrita, circunscreveu-se ao Ocidente, basicamente por duas razões. Primeira: as áreas ocidentais eram regiões essencialmente rurais, e suas cidades eram artificiais, criadas segundo necessidades militares (colônias de veteranos ou acampamentos de legiões) ou administrativas (sedes de governos). Segunda: a escravidão rural, absoluta nessas áreas, sentiu muito cedo a carência de mão de obra que o final das sistemáticas guerras de conquista acarretou.

No Oriente, as coisas passaram-se de modo diverso. Suas cidades não eram artificiais, mas produto de uma evolução secular, que as integrara à economia rural, e acabaram por produzir um contexto socioeconômico orgânico e pujante. Assim, as cidades orientais puderam suportar as novas exigências do Estado, enquanto suas áreas agrícolas, onde a escravidão jamais fora absoluta, convivendo com antigas formas de trabalho compulsório, não foram tão afetadas pelo bloqueio da capacidade do sistema escravista em autorreproduzir-se.

Em poucos anos, essas diferenças estruturais fazem com que o centro econômico do Império se desloque para o Oriente, relegando o Ocidente a uma situação de decadência econômica: com um Estado incapaz de coordenar a produção e a circulação de mercadorias; com núcleos urbanos que se esvaziavam continuamente; com uma atividade agrícola marcada por uma carência crônica de mão de obra; e com uma forma de trabalho que embora tivesse perdido sua condição de dominante, ainda continuava a se constituir em empecilho à livre adoção do trabalho manual.

3. SISTEMA ECONÔMICO FUNCIONAL

"A cidade de Deus, que é tomada como una, na realidade, é tripla: alguns rezam, outros lutam e outros ainda trabalham; os três são unidos e não podem estar separados, porque sobre a função de um, repousam as obras dos outros, e todos ajudam-se mutuamente."

Europa, 998 d.C.

O desaparecimento do Império Romano da atual Europa Ocidental, em finais do século V, devido a seu desmembramento em vários reinos bárbaros rivais, aprofundou a decadência econômica dessa região, inaugurando uma época de acentuada anarquia.

Aos poucos, produz-se uma síntese entre as formas de produção dos invasores germânicos, e o modo de produção escravista em dissolução, que resultará na formação de um novo sistema econômico: o *funcional*.

A característica básica desse novo sistema (comum e imprecisamente denominado de feudal ou mesmo de senhorial), é a redução de todo aquele que realiza uma tarefa manual, a uma condição implícita de perda da liberdade individual, uma vez que desempenhando sua tarefa, ele estará necessariamente permitindo que outros possam se dedicar com exclusividade a duas outras funções: lutar e rezar.

A formação social que esse sistema econômico definiu, comportou essencialmente três distinções, e integrou-as na medida em que cada uma delas devia ser corretamente cumprida, para que as outras duas também o pudessem ser.

Para que o guerreiro pudesse defender o religioso e o trabalhador, era necessário que o primeiro intercedesse junto a Deus pelo seu sucesso, e que o segundo lhe fornecesse os meios necessários para tal; para que o religioso pudesse pedir a proteção divina para a sociedade, era necessário que o guerreiro o defendesse e que o tra-

43

balhador o sustentasse; e para que o trabalhador conseguisse realizar sua tarefa produtiva, era necessário que o guerreiro o protegesse dos perigos terrestres, e que o religioso o salvasse do desagrado divino.

Esse sistema econômico, constituindo-se em uma época em que a atual Europa Ocidental passava por um amplo processo de ruralização e de recuo demográfico, se por um lado acentuou de maneira decisiva essa característica econômica rural, por outro procedeu a um notável alargamento da camada dos não livres, para que através da compulsão do trabalho, a produção pudesse, ao menos, manter-se em um volume mínimo para a satisfação das necessidades básicas, em uma fase cujo traço dominante foi descrito como sendo uma *escassez endêmica*.

O sistema econômico funcional pode ser visto como a resposta natural da falência em se organizar Estados estáveis, que pudessem garantir o funcionamento regular das atividades econômicas, em uma época de profunda instabilidade – guerras internas, invasões externas, epidemias de peste, e também como herdeiro de quatro tendências que se afirmaram durante a economia de dirigismo estatal romana, nos séculos IV e V: a hereditariedade das funções profissionais, e a vinculação dos homens às terras que cultivavam, por um lado; e a situação privilegiada que a Igreja ocupava com a elevação do cristianismo a religião oficial do Império em 395, e o crescente monopólio que os bárbaros germânicos – os herdeiros políticos do Império Romano –, adquiriram da atividade bélica.

Tanto a hereditariedade das atividades profissionais como a vinculação dos camponeses à terra foram formas de compulsão do trabalho, com limitação à liberdade individual, em um período em que a escravidão não conseguia autorreproduzir-se no volume necessário. A progressiva convivência entre escravos, camponeses obrigados e colonos bárbaros acabou por iguálá-los na limitação à liberdade, acentuando o caráter compulsório e necessário de seu trabalho. Acrescente-se que estes trabalhadores tornaram-se os segmentos dominados pelos invasores germânicos, que passaram a depender dos resultados de seu trabalho para assegurar sua sobrevivência em uma época de regressão econômica.

Por outro lado, os dois herdeiros do Império Romano – a Igreja, administrativa e culturalmente, e os germânicos invasores, política e militarmente –, constituíram-se desde cedo em detentores de grandes extensões de terras, cultivadas por mão de obra dependente. A primeira, graças a doações e heranças, tanto do Estado romano como de particulares, e com a vantagem adicional proporcionada pelo celibato clerical, de ver seus domínios nunca subdivididos, mas sempre aumentados; os segundos, quando de sua instalação nos territórios imperiais, receberam grandes porções de terras, também com mão de obra dependente, para habilitá-los a cumprirem uma função específica: a defesa das fronteiras imperiais contra novas invasões. Além disso, ambos desempenhavam tarefas que pressupunham uma condição explícita de homens livres,

É no âmbito mesmo das relações entre esses homens livres, que se encontra o maior óbice em se designar esse sistema econômico como feudal.

Em primeiro lugar, o feudo era uma concessão feita por um senhor a seu vassalo, para que esse pudesse prestar-lhe um determinado tipo de serviço, quase sempre de natureza militar. Embora a maioria dos feudos fosse constituída por propriedades rurais, podiam também ser castelos, ou mesmo ter funções públicas (receber impostos), e até mesmo certos direitos (cunhar moedas). Ocorre que o feudo estabelecia compromissos recíprocos entre iguais, criando uma solidariedade horizontal apenas entre homens livres.

Em segundo lugar, além de o feudo não ter atingido a totalidade da Europa Ocidental, ele não pode ser visto nem mesmo como definidor das relações hierárquicas entre homens livres – suzerania e vassalagem –, uma vez que não foi pequeno, durante o período em questão, o número de vassalos sem feudos, que dependia diretamente de seus senhores, para sua manutenção.

O feudo, portanto, deve ser corretamente visto como uma manifestação político-jurídica da sociedade funcional, restrito aos homens livres – minoria no período –, e nunca emprestar seu nome a todo um sistema econômico.

Da mesma forma, denominar o sistema de senhorial, seria desconsiderar todo um longo período de cinco séculos – a Alta Idade Média – e perder de vista a essencial característica de funcionalidade, que o sistema como um todo, sempre possuiu.

O sistema econômico funcional pode ser mais bem visualizado segundo uma divisão em dois períodos, que correspondem, respectivamente, a sua gestação, e a sua cristalização/expansão.

A ECONOMIA DOMINIAL
(séculos VI-X)

Em um Ocidente que sofria um amplo processo de ruralização, o motor da economia passa a ser, necessariamente, a atividade agrícola. Se a escravidão clássica, mesmo em seu período de apogeu, continuou em última análise, a depender do bom resultado da produção agrícola, o sistema funcional, em sua fase de gestação, apoiou-se quase totalmente na agricultura. E organizou um sistema de produção – os *domínios* –, que além da produção agrícola, centralizou a manufatureira, tornando-se a alternativa econômica para os declinantes núcleos urbanos. Chegou a determinar, pelo volume e especificidade de sua produção, tanto a circulação de mercadorias, como até mesmo a solidez do sistema monetário.

O domínio pode ser descrito como uma grande propriedade agrária, trabalhada basicamente por mão de obra dependente. Sua vasta extensão (era considerado grande aquele com mais de mil ha, médio o com cerca de trezentos, e pequeno o por volta de cem), deveu-se principalmente a dois fatores. Primeiro: à rudimentar técnica de cultivo, herdada da agricultura romana. Segundo: à existência de mão de obra dependente, o que implica o aumento da produção somente pela via horizontal, com a necessária existência de uma reserva de terras agricultáveis.

As técnicas de cultivo do solo continuaram rudimentares, como na Antiguidade Clássica: a maior parte dos instrumentos era de madeira, com o uso bastante limitado do ferro, e o animal padrão para o trabalho no campo era o boi, confiável mas lento.

Como consequência, ou as terras eram cultivadas intensamente por alguns anos, até sua exaustão, quando eram abandonadas, ou adotava-se o sistema bienal, que consistia em dividir as terras férteis em duas partes, cultivando-se uma durante um determinado ano, enquanto a outra permanecia em pousio, invertendo-se o processo no ano seguinte.

Os resultados dessa técnica rudimentar e desses sistemas de cultivo, que demandavam a utilização de mão de obra em larga escala, não poderiam ser uma alta produtividade agrícola.

Essa necessidade de utilização de muita mão de obra, em um período em que a Europa Ocidental sofria um claro processo de recuo demográfico, teve como consequência imediata o fortalecimento da compulsão do trabalho, e mediata, o recrudescimento da escravidão.

Não há dúvida de que a população europeia diminuía a partir do século II, embora as causas desse declínio sejam controversas. De qualquer modo, guerras seguidas, devastações, incertezas quanto ao futuro, e principalmente contínuas epidemias de peste fizeram a população da Europa Ocidental declinar de cerca de 70 milhões de habitantes no século III, para menos de 30 milhões por volta do ano 700. E as invasões e posteriores migrações dos povos germânicos para o interior do Império Romano não resultaram em qualquer reforço demográfico significativo, pois os grupos invasores não contavam com mais de 100 mil pessoas. Na verdade, sua instalação, por via de regra, provocou o desaparecimento e/ou deslocamento das populações nativas, deixando várias regiões praticamente despovoadas.

Dessa forma, o sistema romano do *colonato* tendeu a se tornar generalizado, em sua característica de considerar o cultivador como parte integrante da terra que lavrava, tornando regra comum a hereditariedade das funções, ao menos no que dizia respeito à atividade agrícola.

A pequena propriedade rural cultivada por unidades familiais, o trabalho assalariado, e mesmo propriedades de camponeses sem qualquer vínculo ou obrigação (os *alódios*), coexistiram durante o período, mas a regra geral foi a obrigatoriedade do trabalho agrícola, transformando o camponês em mão de obra dependente.

O aspecto mais marcante desse fato foi a mudança de significado que a palavra latina designativa de escravo (*servus*) sofreu. Ela passou a definir o servo, o camponês preso à terra, tirando-lhe a condição de mercadoria, já que ele não podia mais ser transacionado livremente.

Em uma época em que o trabalho agrícola revestia-se de um componente compulsório, e se atentarmos que o limite da compulsão do trabalho é a escravidão, nada mais natural que ela sofresse um incentivo, em que pesem as dificuldades e impedimentos. A Igreja não aceitava a escravidão de cristãos, e o tráfico de eslavos e bálticos escravizados era irregular e caro devido à distância em que deveriam ser capturados.

Não se pode descartar o papel que a escravidão desempenhou durante a época em questão, como componente da força de trabalho agrícola. As indicações são múltiplas: seguidas vezes, durante o século VI, houve proibições formais por parte da Igreja, de que fossem libertados os escravos existentes em domínios recebidos de particulares como doações; papas compraram escravos para propriedades eclesiásticas, durante o século VII; Carlos Magno, no século VIII, determinou que os escravos, estabelecidos em propriedade fundiárias, fossem considerados bens imóveis; no século IX, uma ordenação imperial alertou sobre o risco de se viajar sozinho, e ser apresado e vendido como escravo.

Escravos, servos ou camponeses obrigados, o fato marcante é que essa mão de obra era basicamente dependente, e se articulava produtivamente em torno dos domínios.

Herdeiros dos latifúndios romanos trabalhados com mão de obra escrava (as *villae*), independente de seu tamanho, o que caracterizava essencialmente os domínios era sua divisão em duas partes. Uma, explorada diretamente pelo proprietário, denominada *reserva senhorial*, compunha-se de várias construções (casa do senhor, oficinas, manufaturas, celeiros, estábulos, moinhos), de pastagens, bosques e uma área de terras agricultáveis, que representava até 50% do total disponível no domínio. A outra, chamada de *área dos mansos*, dividia-se em pequenas parcelas exploradas pelos camponeses.

O manso pode ser definido como uma unidade de exploração familiar, ou seja, uma parcela de terra suficiente para garantir a sobrevivência de uma família camponesa. Bastante variável em extensão, o manso possuía, em média, 15 ha, e continha, além das terras aráveis, uma casa e uma horta. O camponês adstrito ao manso completava sua parca dieta com o usufruto das pastagens e dos bosques da reserva senhorial. Não se pode deixar de assinalar a importância dos bosques: além da lenha, eles eram largamente usados para a criação de suínos – o único tipo de carne que os camponeses podiam obter regularmente –, que se alimentavam de bolotas de carvalho e de trufas.

Os camponeses deviam ao proprietário do domínio, em troca do usufruto hereditário do manso, dois tipos de obrigações: parcelas da produção de seus mansos e pagamentos em dinheiro, e prestação de serviços gratuitos na reserva senhorial.

Essa dupla extração de excedente econômico a que o camponês dependente estava sujeito, parece ter sido muito mais pesada, na obrigatoriedade do trabalho não remunerado, que nos pagamentos em produtos e em dinheiro. As fontes disponíveis falam em alguns ovos, aves, porcos, cargas de lã, litros de centeio, e poucas moedas, como pagamentos anuais. O que equivale a dizer que a função primordial do manso era garantir a sobrevivência do camponês, habilitando-o ao cumprimento da tarefa na qual ele se tornara absolutamente indispensável, dada a exiguidade de mão de obra da época: o cultivo compulsório das áreas agricultáveis, concentradas na reserva senhorial.

Em outras palavras, o trabalhador rural conseguia a reprodução de sua força de trabalho, sem ônus para o proprietário da terra – e ainda lhe pagava por isso, capacitando-se para desempenhar um trabalho do qual não colhia resultado algum: a totalidade da produção conseguida na reserva senhorial era entregue ao proprietário da terra.

Além da atividade agrícola propriamente dita, os domínios foram também centros de produção manufatureira. As matérias-primas de origem rural eram produzidas e transformadas dentro dos próprios domínios, tornando-os autossuficientes em óleo, vinho, queijo, manteiga e farinha. Mas também objetos que requeriam processos de transformação mais elaborados, como tecidos, utensílios de madeira e de metal, e armas eram normalmente produzidos, geralmente com mão de obra escrava em oficinas próprias, enquanto o trabalho não remunerado dos camponeses dependentes era utilizado largamente nessas atividades manufatureiras, com especial destaque para o feminino, usado na fabricação de tecidos.

Domínios contando com vários especialistas em tarefas artesanais e mesmo em prestação de serviços, tais como tecelões, alfaiates, ferreiros, armeiros, sapateiros, fundidores, carpinteiros, pedreiros e médicos eram a regra geral para o período, principalmente durante os séculos VIII e IX, tipificando as *villae* carolíngias, sendo responsáveis pelo grosso da produção manufatureira da Europa Ocidental.

Embora a economia dominial tendesse para a autossuficiência, as próprias limitações da produção, gerando situações localizadas de escassez de determinados produtos, contribuíram para desenvolver uma circulação comercial nada desprezível. Que a mão de obra dependente dos mansos devesse anualmente *pagamentos em*

49

dinheiro, mesmo que reduzidos, é prova de que mesmo sua atividade de sobrevivência gerava excedentes comerciáveis, aos quais se somavam os resultantes da produção da reserva senhorial. Em última análise, isso mostra uma Alta Idade Média convivendo com uma economia monetarizada, integrada em circuitos comerciais.

Já no século VI, documenta-se a criação da feira de Saint-Denis, especialmente criada para que a abadia que lhe dava o nome – um grande domínio eclesiástico –, comercializasse o excedente econômico que regularmente criava. Durante a época carolíngia (séculos VIII e IX), as feiras e os mercados locais multiplicaram-se, com os grandes domínios reais chegando mesmo a se especializarem na produção de determinados produtos, destinados à comercialização.

Um produto largamente transacionado durante todo esse período, foi o sal. Imprescindível para a alimentação diária e para a conservação de alimentos, mas não disponível em toda parte, seu comércio manteve-se ao longo das antigas rotas romanas, e estabeleceu novas rotas além do rio Reno.

Problemas de conservação das estradas romanas, e da lentidão e pequena carga útil das carroças, determinaram que as rotas comerciais fossem estabelecidas principalmente ao longo dos rios, pela navegação de cabotagem, tanto no Mediterrâneo como no mar do Norte.

Esses excedentes comercializados, como o atestam as fontes, eram transacionados dentro de uma economia monetarizada. Até o século VII, manteve-se o bimetalismo de ouro e prata, com a disseminação das oficinas de cunhagem de moedas, e a consequente perda do monopólio estatal; a partir do século VIII, com os carolíngios empenhados em reunificar o ocidente europeu, adotou-se o monometalismo de prata, restabelecendo-se o monopólio real de cunhagem.

As razões dessa mudança, dadas as controvérsias entre os especialistas, e seu entrelaçamento tanto com o papel econômico dos núcleos urbanos, como com o comércio externo da Europa Ocidental, devem ser tratadas à parte.

Vida Urbana, Comércio Externo e Monetização (séculos VI-X)

A intensidade da vida urbana durante a Alta Idade Média parece ser a questão que mais tem contraposto os especialistas sobre o período. Com certeza a questão poderia ser mais bem visualizada se a indagação básica fosse outra: *qual foi o peso econômico* que as cidades tiveram no sistema como um todo?

Para respondê-la, deve-se ter presente que as cidades ocidentais, na época romana, foram mais centros administrativos e militares, que núcleos de produção manufatureira, e extremamente dependentes dos produtos da economia rural. Além disso, a adoção da economia de dirigismo estatal nos séculos IV e V, esvaziou as cidades de sua população mais ativa, e elas foram substituídas quanto à atividade manufatureira, pelas *villae* rurais, conservando, porém, suas características nucleares de centros administrativos e militares.

Se os domínios foram os herdeiros da atividade econômica das *villae*, não parece que as primeiras dinastias germânicas, e mesmo os carolíngios tenham mudado o caráter das cidades que dominaram. Ao contrário, durante todo o período a atividade produtiva tendeu de maneira crescente a concentrar-se nos domínios, dada a proximidade das fontes produtoras de alimento, e da necessária concentração de mão de obra para tal fim.

Portanto, nem as cidades eclipsaram-se no século VIII, devido ao fechamento do Mediterrâneo ao comércio cristão pelas conquistas muçulmanas, nem começaram a renascer nesse mesmo século, graças ao afluxo do ouro muçulmano obtido principalmente através do comércio de escravos. Elas simplesmente continuaram a existir como durante o Baixo Império Romano: com um peso econômico muito diminuto.

O que ocorreu durante o século VIII foi um fenômeno de natureza completamente alheia a qualquer implicação por parte dos muçulmanos, quer quanto à navegação europeia pelo Mediterrâneo, quer quanto ao afluxo de ouro para a Europa cristã.

Tratou-se da primeira tentativa bem-sucedida, se bem que efêmera, de reunificação da Europa Ocidental, por parte dos carolíngios, sob um Estado centralizado. O fim das guerras internas e uma sistemática política de expansão territorial determinaram o surgimento de um período de estabilidade, permitindo que os excedentes econômicos gerados fossem comercializados com maior desenvoltura. No entanto, não se pode falar em renascimento urbano, uma vez que ocorreu um notável reforço da economia dominial, com as cidades passando simplesmente a desempenhar melhor sua função administrativa: o recolhimento dos direitos reais sobre o comércio, o *portus*.

E se essa função revitalizou as antigas cidades romanas, principalmente as localizadas ao longo dos rios (Rouen, Amiens, Tournai, Verdun), ela também permitiu o estabelecimento de simples postos de pedágio fluviais (Dinant, Huy, Valenciennes, Quentovic, Duurstede), cuja única função era a cobrança das taxas reais, em um contexto de ampliação do comércio interno, baseado nos resultados da produção dominial.

Quanto ao comércio exterior, não há dúvidas de que seu principal eixo tenha sido o Mediterrâneo. Quanto à sua intensidade, e quanto aos efeitos que a expansão muçulmana provocou, as explicações divergem muito. Vão desde a permanência de um ativo comércio mediterrâneo até o século VIII, e completamente interrompido então, pelo domínio muçulmano desse mar; até sua insignificância até o século VIII, quando foi revitalizado pela expansão muçulmana, graças à sua procura de escravos, peles e madeiras; passando pelo domínio que a esquadra bizantina exerceu sobre o Mediterrâneo Central, tornando segura a ligação Itália-Império Bizantino, mesmo após o avanço muçulmano.

Em meio a essas teses conflitantes, a pergunta básica que deve ser feita é: qual a real importância que o comércio externo tinha para uma região que tendia à autossuficiência, marcada por uma escassez endêmica? A essa deve-se somar outra indagação: o que a Europa Ocidental tinha para oferecer como produto indispensável ao Império Bizantino?

A resposta à primeira pergunta deve ser necessariamente, *nenhuma*, e à segunda, *nada*.

E essas respostas adquirem um significado pleno, quando se atenta para as importações europeias: papiros, marfim, seda, especiarias, joias, vinhos da Síria – todos objetos de luxo e artigos supérfluos –, que só poderiam encontrar um mercado consumidor extremamente limitado. E, ainda, a presença de mercadores judeus e principalmente sírios, nos portos mediterrâneos europeus, como relatam as crônicas da época, refletem não a pujança do comércio exterior, mas ao contrário, seu pequeno volume, uma vez que esses estrangeiros vêm preencher uma lacuna: a ausência de mercadores europeus, em seus próprios portos.

Quanto às exportações europeias, elas consistiram de peles, madeiras e principalmente escravos. Quanto aos escravos, é necessário que se assinale que seu destino privilegiado era o mundo muçulmano, o que equivale a dizer que seu tráfico adquire maior relevância a partir de finais do século VII. E antes dessa data, teria sido significativo o comércio de escravos? Dificilmente uma Europa que lutava contra uma escassez crônica de mão de obra poderia se dar ao luxo de exportar quantidades substanciais do que lhe era mais raro.

De qualquer forma, a exportação de quantidades limitadas de peles, madeiras e escravos, não poderia criar uma balança comercial favorável, frente à importação de objetos de luxo, mesmo se em quantidade ainda menor. Forçosamente o ouro, que a Europa tinha em pequeno volume, proveniente das minas da península Ibérica, foi drenado para o Mediterrâneo Oriental, provocando o aviltamento das moedas cunhadas pelos reinos bárbaros, e uma tendência geral para seu entesouramento.

E mesmo a partir do século VIII, quando uma das mercadorias de exportação europeia – os escravos –, encontra um mercado consumidor ampliado no mundo muçulmano, quando eram transacionados por moedas de ouro, seu volume não pode ter sido tão significativo, uma vez que é exatamente a partir dessa data, que a Europa abandona o bimetalismo, adotando um monometalismo de prata.

O ouro, sem dúvida, tendeu a ser entesourado. O ingresso do ouro muçulmano através do comércio de escravos não pode ter compensado a perda das minas ibéricas, e sua circulação era mais adequada a uma economia que convivesse com grande volume de excedente econômico. A adoção do monometalismo da prata era o correspondente lógico da necessidade de uma moeda de valor mais baixo, que podendo circular rapidamente, maximizasse a mobilização dos diminutos excedentes econômicos gerados, efetuada por um Estado mais estável que os anteriores, centralizado e com área geográfica considerável, mas que principalmente, possuía reservas substanciais de prata: as minas da atual Baviera

Mas, mesmo essa reforma monetária carolíngia não pode ser vista como sinônimo de grande desenvolvimento econômico, uma vez que a própria moeda não cumpria plenamente durante o período, senão uma de suas três funções básicas dentro de uma economia monetarizada.

Menos que instrumento de medida de valor e de troca, a moeda foi muito mais mero instrumento de reserva de valor. Embora muitas vezes, o preço das mercadorias fosse expresso em outras mercadorias e serviços, e a troca acabasse sendo realizada diretamente entre mercadorias e serviços, a moeda sempre conservou seu valor intrínseco, expresso pela quantidade de metal nobre que possuía. Por essa razão, ela acabou supervalorizada, o que resultou em um entesouramento crescente e na exiguidade da circulação monetária.

Cidades com pouco peso econômico, comércio exterior limitado e monetarização incompleta foram o reflexo de um sistema econômico exíguo, baseado na produção agrícola. Seu desenvolvimento acabou totalmente dependente do bom resultado da economia dominial, e das transformações que nela ocorressem.

As Transformações na Técnica Agrícola
(séculos IX-X)

A baixa produtividade agrícola que a economia dominial apresentava devido ao uso de técnicas rudimentares e ao sistema de cultivo bienal, pode ser alterada devido à disseminação de uma série de inovações técnicas, que acabaram levando a um consistente crescimento da produção agrícola, durante os séculos IX e X.

A primeira delas foi a adoção do sistema trienal de cultivo. A terra agricultável passou a ser dividida em três partes, permitindo que duas delas fossem semeadas anualmente, uma com cereais de inverno (trigo e centeio), outra com cereais de primavera (cevada e aveia), enquanto a terceira permanecia em repouso. A adoção de tal sistema permitiu que 66% do total da área produtiva fosse anualmente aproveitado, contra os apenas 50% sob o sistema bienal.

Na esteira da adoção do sistema trienal, ocorreu a difusão do uso do moinho-d'água, o que facilitou a moagem do trigo e o preparo do azeite, e principalmente a substituição do arado romano pela charrua germânica, e um novo tipo de atrelagem dos animais de tiro.

A charrua, um tipo de arado com rodas e lâminas de metal, era o instrumento ideal para os solos mais pesados da Europa não mediterrânea. Eles puderam ser mais bem revolvidos e oxigenados, o que resultou em colheitas mais abundantes, e no cultivo intensivo de espécies vegetais com alto valer proteico (vagens, favas, lentilha, grão-de-bico). A adoção generalizada da charrua permitiu tanto uma melhora em termos de nutrição, na dieta básica dos camponeses dependentes, como resultou em uma economia da mão de obra diretamente envolvida na produção de alimentos, uma vez que ela dispensava o trabalho adicional de cavar os campos antes da semeadura.

E a nova técnica de atrelagem – a adoção do arnês, em substituição do colar de pescoço que sufocava os animais –, levou ao uso generalizado do cavalo como animal de tiro, em substituição ao boi. Mais rápido e mais resistente ao uso contínuo que o último, o cavalo – antes reservado às atividades bélicas –, teve seu poder de tração aumentado com a adoção do arnês, resultando em uma aceleração dos trabalhos agrícolas e da circulação terrestre de mercadorias.

Por outro lado, o cavalo necessita de cuidados especiais, que os bovinos dispensam: durante os longos invernos europeus, quando a neve cobre as pastagens naturais, ele precisa ser nutrido com forragens, previamente armazenadas para tal fim. Em outras palavras, terras agricultáveis, que não se tem em quantidade ilimitada, e mão de obra, que se tem em quantidade limitada, devem ser orientadas para garantir a sobrevivência de um animal de tiro.

É lógico que a generalização do uso do cavalo, como animal de tiro, implicava uma maior disponibilidade de terras agricultáveis, o que foi viabilizado pelo movimento espontâneo por parte da população camponesa, de alargamento da área agrícola, pela derrubada de florestas, drenagem de pântanos e semeadura em terrenos baldios, denominado *arroteamento*, que se acelera durante o século X.

Paralelamente, parece ter havido uma inversão da secular tendência de recuo demográfico, com a população europeia voltando a crescer cumulativamente, a partir também do século X.

Embora as seguidas invasões vikings e magiares, desagregando as estruturas administrativas carolíngias, tenham em parte obscurecido os efeitos dessas transformações técnicas, elas acabaram fornecendo a base para todo o posterior desenvolvimento do sistema econômico funcional. E em o fazendo, permitiram sua cristalização e consequente expansão, paralelamente à decadência da economia dominial, sinônimo de uma sociedade altamente ruralizada.

A ECONOMIA SENHORIAL
(séculos XI-XIII)

Por volta do século XI, uma nova Europa emerge das ruínas da frustrada tentativa de centralização econômico-administrativa carolíngia. Marcada pelo apogeu da formação social funcional, ela empreende uma notável expansão geográfica em direção aos quatro pontos cardeais: ao norte, alcança a atual Inglaterra; ao sul, a Itália meridional e a Sicília, a Palestina e partes da Síria; a oeste, a Espanha central; e a leste, a planície centro-europeia até o rio Oder e o litoral do mar Báltico.

Essa expansão foi possibilitada basicamente pelas transformações na técnica agrícola, ocorridas nos dois séculos anteriores, aliadas a uma lenta suavização do clima europeu a partir do ano mil, quando se tornou mais quente e seco, o que permitiu o cultivo em regiões antes impróprias – *vinha* na Inglaterra, e *cereais* na Escandinávia.

E essas transformações – denominadas exageradamente de "Revolução Agrícola" –, encontrando uma conjuntura favorável marcada pela ausência de grandes surtos epidêmicos entre os séculos X e XIII, por um tipo de guerra que causava poucas mortes (a feudal), e pela abundância de recursos naturais (a existência de maior extensão de terras inexploradas, que de já cultivadas), possibilitaram um constante crescimento da população europeia, levando-a de 42 milhões de habitantes no ano 1000, a 61 milhões em 1200, e a 73 milhões em 1300, também exageradamente denominado de "Revolução Demográfica".

Se esse constante aumento da população europeia permitiu, por um lado, a cristalização e a expansão do sistema econômico funcional, por outro, levou à suavização das formas de compulsão do trabalho.

A escravidão praticamente desaparece, e os proprietários de terras – os senhores, laicos ou eclesiásticos –, deixam de basear sua extração de excedente econômico no trabalho não remunerado e obrigatório, que o camponês dependente prestava na reserva senhorial.

Não que o camponês deixasse de ter obrigações para com o seu senhor; nem que o trabalho manual tivesse se libertado da implícita condição de perda da liberdade individual. No entanto, aqui reside uma das principais características da economia senhorial; os resultados do trabalho do camponês passaram a ser apropriados pelos senhores, e não mais o próprio trabalho.

Essa mudança na forma de o excedente econômico ser extraído, só pode ser compreendida dentro de um contexto de desenvolvimento da economia, gerado pela combinação das transformações técnicas com o crescimento populacional. No entanto, se por um lado ela permitiu que o sistema econômico funcional se alargasse no limite (a categoria fundante para a extração de excedente passou a ser simplesmente a propriedade da terra, não importando se sob forma feudal ou alodial, e/ou o direito de administração da justiça sobre determinada área), por outro, incentivando organicamente a industriosidade do campesinato dependente, ela acabou por fazer aflorar a *contradição interna*. Essa contradição maximizada, levou à desagregação do sistema funcional: a possibilidade de, graças ao acúmulo de parcelas do excedente econômico não apropriado, o camponês resgatar suas obrigações servis, e tornar-se mão de obra não dependente, desmontando toda funcionalidade do sistema.

Nessa economia senhorial, embora houvesse particularidades regionais e variantes temporais, pode-se identificar dois tipos básicos de senhorios: o fundiário e o banal.

O primeiro, herdeiro direto dos domínios, dividia-se entre a reserva senhorial e as parcelas ocupadas pelos camponeses. Mas, ao contrário dos domínios, as parcelas da produção dos mansos e o pagamento de certas taxas era muitas vezes mais importante que o trabalho obrigatório dos camponeses na reserva senhorial, que passou a ser exigido somente em casos específicos: construção de fossos e celeiros, conservação de estradas, pontes e demais edificações de uso comum. Essa dependência do proprietário de terras do bom desempenho do trabalho agrícola camponês, fez com que a reserva senhorial – que desde o século XI era predominantemente cultivada com mão de obra assalariada –, fosse sendo reduzida em extensão, subdividida em lotes entregues a camponeses que passaram a cultivá-los hereditariamente, em troca de quantias fixas, em dinheiro (*censo*) e em partes da produção obtida. Paralelamente, a pressão demográfica fez com que os mansos tradicionais perdessem sua característica de unidade de produção familiar, sendo subdivididos em duas e até mesmo em quatro partes, para acomodar o aumento da população que as transformações na técnica agrícola propiciaram.

Enquanto o senhorio fundiário tendeu a se concentrar nas áreas nucleares do antigo Império Carolíngio, o senhorio banal, ao contrário, estendeu-se a toda Europa Ocidental, alcançando mesmo os Estados cristãos estabelecidos no Oriente Próximo, em virtude das Cruzadas, caracterizando a expansão máxima do sistema econômico funcional.

Sua origem está no poder de *ban* da tradição germânica (jurisdição), que o senhor possuía sobre determinado território, que lhe concedia o direito de ordenar, tributar, julgar e punir. Com a falência da administração centralizada carolíngia no século X, frente às invasões vikings e magiares, os senhores mais poderosos substituíram o Estado, assegurando proteção às populações ameaçadas, mas ampliando em muito seu antigo direito de *ban*. O resultado foi a constituição de vastas áreas, englobando várias aldeias camponesas e diversos senhorios fundiários, sob a jurisdição de aristocratas locais, que tinham sobre elas poderes políticos, militares e econômicos.

Englobando vários senhorios fundiários – o que sujeitava os camponeses a uma dupla extração de excedente –, ou mesmo estabelecendo-se em regiões onde eles não se constituíram, o senhorio banal foi a forma padrão de expansão do sistema funcional, acentuando pelo seu lado econômico, a noção de que a partir do século XI, o que se pretendia eram os frutos do trabalho camponês, e não o próprio trabalho.

Na verdade, a maior parte dos recursos da economia senhorial passou a ser obtida mais pelas cargas impostas a todos os habitantes do senhorio banal, que viabilizada através do cultivo da terra. Algo como 50% do total da produção camponesa era apropriado pelos senhores, na forma de tributo. Esses tributos iam desde a cobrança de pedágios sobre a circulação de mercadorias, taxas sobre transações comerciais, taxas arbitrárias sobre a produção (talhas), ajudas excepcionais (pagamento do resgate do senhor), multas impostas pelos tribunais, taxas para a utilização do forno, do moinho e do lagar – monopólios do senhor (banalidades) –, até a cobrança de três taxas especiais que incidiam sobre os servos. Eram estas as três taxas: a *chevage*, paga anualmente em dinheiro, simbolizando a dependência pessoal para com seu senhor; a *formariage*, paga quando do casamento com uma pessoa livre, ou residente em outro senhorio; e a *mainmorte*, paga pelos herdeiros para terem a posse dos bens pessoais de um servo (animais, ferramentas, implementos agrícolas).

Além desses encargos devidos aos senhorios banais, os camponeses dependentes deviam entregar anualmente à Igreja, 10% de sua produção agrícola (dízimo). Originariamente instituído pelos soberanos carolíngios no século VIII, como forma de indenizar a Igreja pela perda de propriedades fundiárias entregues a vassalos com função militar (vassalagem de benefício), e restrito apenas às terras apropriadas, o dízimo, na passagem dos séculos X/XI, estende-se arbitrariamente a toda Europa Ocidental.

Embora pesadamente onerado por um sistema que muitas vezes o sujeitava a uma tripla tributação (senhorio fundiário, senhorio banal e dízimo eclesiástico), e preso a um método de produção pouco desenvolvido (as únicas melhorias técnicas do período foram a adoção do moinho de vento e o uso da argila calcária como fertilizante), o campesinato dependente pôde, no decorrer do período, alcançar uma melhoria em suas condições materiais e mesmo emancipar-se de sua condição servil. Isso devemos, principalmente, a dois fatores: os encargos tenderam a se transformar em parcelas fixas, e houve um permanente desequilíbrio entre a oferta e a demanda dos produtos agrícolas.

Os encargos impostos pela economia senhorial, por via de regra baseavam-se em antigos costumes (eram *consuetudinários*). E durante um período de expansão geográfica, qualquer pressão senhorial no sentido de impor novas obrigações ao campesinato provocava a inevitável evasão para as novas áreas, onde justamente por serem regiões de colonização recente, os encargos que recaíam sobre os camponeses eram estabelecidos de maneira clara e fixa. Assim, para impedir uma evasão maciça e frequente, os encargos senhoriais mais pesados e arbitrários – notadamente as talhas –, foram aliviados e tornados fixos, sendo escritos em documentos denominados *fueros*, *statuti* ou *Weistümer*, dependendo do local.

A combinação entre crescimento demográfico contínuo e baixa produtividade agrícola, provocou uma demanda de gêneros alimentícios que a oferta global não conseguia suprir, resultando em um crescente aumento dos preços dos produtos agrícolas. Esse desequilíbrio entre a oferta e a demanda permitiu ao camponês dependente comercializar lucrativamente parte de sua produção,

59

principalmente depois que os encargos senhoriais, a que estava sujeito, tenderam a ser fixos. Penalizado em anos de más colheitas, o camponês conseguia, no entanto, nos anos de colheitas regulares ou abundantes, acumular reservas monetárias que usava para resgatar sua condição servil.

Se bem que em algumas regiões – Inglaterra e norte da Itália –, os pagamentos em dinheiro foram substituídos por prestações em espécie, com os senhores querendo se beneficiar da alta dos preços dos produtos agrícolas, a norma geral nos séculos XII e XIII foi a comutação da condição servil camponesa em troca de pagamentos em dinheiro.

Esta crescente possibilidade de os camponeses comercializarem os excedentes de sua produção agrícola foi basicamente resultado do crescimento demográfico que, por sua vez, foi viabilizado pelas transformações na técnica agrícola, ocorridas nos séculos IX e X. O sistema econômico funcional viu-se forçado a empreender uma expansão geográfica, quer dentro de suas próprias fronteiras – através dos arroteamentos, quer externamente – através do *impulso para leste*, da Reconquista e das Cruzadas. Isto porque as únicas formas de aumento do volume da produção global, em sistemas de trabalho compulsório, são a ampliação do número de trabalhadores (o que já ocorria), e do espaço físico da área produtora.

E essa expansão necessária, se por um lado ampliou em muito as áreas sujeitas à economia senhorial, notadamente ao senhorio banal, que persistiu por vários séculos em várias regiões europeias, por outro, acabou por destruir a noção de funcionalidade econômica que dava coerência a todo sistema, permitindo a emancipação do trabalhador de uma implícita condição servil, através do estabelecimento de uma economia comercial e muito monetarizada, que possibilitava mobilidade social pelo trabalho livre e assalariado.

O COMÉRCIO, A URBANIZAÇÃO E A MONETARIZAÇÃO (séculos XI-XIII)

Atingindo no século XI o estágio de *consumo agrícola indireto*, a Europa Ocidental pôde sustentar um crescimento demográfico substancial, enquanto liberava mão de obra para outras tarefas que não a produção de alimentos, e para manter uma notável expansão geográfica.

A atividade comercial, que sempre esteve à margem do sistema funcional, vista como um "mal necessário" adquiriu nessa nova conjuntura de maior produtividade agrícola + crescimento demográfico + expansão geográfica, um notável impulso.

Uma camada mercantil formada por homens livres, originária de antigos agentes comerciais dos senhores, de proprietários alodiais ou também de agentes-residentes de mercadores dedicados ao comércio à longa distância, logo tornou-se peça fundamental para a camada senhorial, nesta época de alargamento dos mercados. Os senhores passaram a depender dessa camada mercantil, para abastecerem-se de artigos de luxo, cuja demanda aumentava devido à crescente existência de excedentes agrícolas comercializáveis. E para a conversão desses excedentes agrícolas em dinheiro, devido à pobreza de rede de comunicações interna, e da grande disparidade regional de preços, principalmente quando da ocorrência de calamidades naturais localizadas.

Enquanto tornava-se indispensável para os senhores, essa camada mercantil transformou-se em alavanca propulsora da emancipação camponesa de sua condição servil. Ela viabilizava uma extensa rede de comercialização regional dos excedentes agrícolas (as feiras). No entanto, os altos custos do transporte terrestre, a exiguidade das comunicações, e a existência de inúmeros pedágios impostos pelos senhorios banais limitaram o período a um comércio regional, ou um comércio a longa distância, em prejuízo do estabelecimento de uma sólida rede comercial inter-regional ou mesmo nacional.

Nesse universo comercial bipolarizado, o setor mais dinâmico foi, desde o início, principalmente pelos custos suportáveis do transporte marítimo e pela crescente demanda senhorial de artigos de luxo, o comércio a longa distância, estruturado em torno de dois eixos, o mediterrâneo e o nórdico.

Foram as cidades italianas – Nápoles, Gaeta, Salerno, Pisa, Amalfi –, e principalmente Veneza e Gênova, que a partir do século XII lutam pela hegemonia no Mediterrâneo Oriental, as grandes beneficiadas por esse crescimento da atividade comercial. Além de sua condição geográfica favorável como elo de ligação entre o Ocidente e o Oriente, e da presença de enclaves bizantinos e árabes (ambas civilizações comerciais), basicamente todo o comércio exterior europeu, durante os séculos VI-X, ocorreu através da Itália, o que lhe dava uma forte tradição comercial. Portanto, suas cidades puderam beneficiar-se primeiro da reativação dos circuitos comerciais europeus, além de desempenharem um papel importantíssimo e necessário, no eixo de expansão aberto pelas Cruzadas. Enquanto Veneza, apoiando-se em suas antigas relações com o Império Bizantino, transforma-se no importador e redistribuidor europeu privilegiado de artigos de luxo orientais (especiarias, tecidos de seda, perfumes), além de contar com um império colonial mediterrâneo que lhe fornecia trigo, vinho, azeite, açúcar, madeiras, mástique e alume, mel e cera, Gênova, por sua parte, consegue, no século XIII, o controle econômico do mar Negro, ponto terminal de uma das rotas comerciais do Extremo Oriente, além de se constituir em grande exportadora de cereais, peles, cera, pescado e escravos.

No norte europeu, as cidades comerciais alemãs formam, no século XII, uma associação destinada a proteger seus interesses mercantis e marítimos comuns, denominada Liga Hanseática ou Hansa, que monopoliza todo comércio ao longo do Atlântico norte e do mar Báltico. Concentrando-se em mercadorias mais volumosas e pesadas que os artigos de luxo, leves e de alto valor unitário importados pelas cidades italianas, o comércio nórdico, embora superasse o mediterrâneo em volume, mobilizava menores quantias de capital. Seu eixo básico centrava-se na rota Novgorod-Reval-Lübeck-Hamburgo-Bruges-Londres, e envolvia mercadorias como peles, mel, cera, trigo, madeira, pescado, cobre, ferro, sal, lã, tecidos e principalmente vinho, largamente consumido em toda Europa.

Essa reativação geral do comércio europeu contribuiu juntamente com o crescimento demográfico, para que as cidades do interior do continente deixassem de ser meros centros administrativos, para concentrarem a produção manufatureira antes restrita aos domínios, ou para se constituírem em centros comerciais.

Na verdade, as antigas cidades romanas ou as medievais, que se formaram ao redor de fortalezas (*burgus*), características da Europa não mediterrânea, embora reativadas pela conjuntura propícia do período, não tiveram mais que algumas dezenas de milhares de habitantes, possuindo as maiores cidades em finais do século XIII cerca de 100 mil habitantes (Milão, Veneza, Nápoles, Florença, Paris).

A real importância dessa urbanização que se inicia no século XI, foi menos o número de habitantes que os núcleos urbanos tiveram, e mais a condição de homens livres trabalhando sob salários, que as cidades logo proporcionaram a seus habitantes, livrando-os dos encargos senhoriais.

Duas atividades urbanas, tanto pela quantidade de mão de obra empregada, como pelo volume de capital imobilizado, formaram o esteio da atividade econômica das cidades: a manufatura têxtil e a construção. Além da maior necessidade de moradias, devida ao reativamento da vida urbana, ocorreu uma maciça e generalizada construção de edifícios públicos, notadamente catedrais, algumas de proporções monumentais, como a de Amiens, que podia abrigar em seu interior 10 mil pessoas, ou seja, toda a população da cidade.

A manufatura têxtil, centrada nos tecidos de lã (enquanto os de linho tinham relativa importância, os de seda encontravam-se em plano secundário), foi a mais importante das atividades econômicas urbanas, presente em praticamente todas as cidades médias e grandes da Europa, constituindo seus centros mais significativos em Flandres, Itália do norte e Inglaterra. O processo produtivo dos tecidos de lã comportava cerca de trinta operações diferentes, indo desde a lavagem da lã para retirar sua gordura, até o tingimento dos panos e o corte das felpas, cada uma efetuada por mão de obra especializada, recebendo salários diferenciados. Essa particular divisão do trabalho implicava que do custo total da produção, 60% fosse representado pelo pagamento de salários.

Essa preponderância dos salários na composição dos custos de produção, que tendeu a ser padrão para toda atividade manufatureira urbana, não significou, no entanto, que o trabalhador especializado pudesse se impor aos proprietários das manufaturas. Ao contrário, a crescente oferta de mão de obra, aliada à libertação dos encargos senhoriais que as cidades propiciavam, atuaram no sentido de manter os salários relativamente baixos, mesmo em um período de alargamento do mercado consumidor. A própria forma como a produção manufatureira foi organizada, auxiliou os proprietários de manufaturas e a camada mercantil a manterem um rígido controle sobre seus empregados assalariados.

Toda produção urbana foi organizada localmente em associações profissionais, denominadas corporações de ofício. Tendo como

63

unidade produtiva a oficina, empresa individual cujo proprietário, conhecido como mestre, era dono tanto da matéria-prima como das ferramentas, cada corporação urbana estabelecia os regulamentos de sua atividade (procedimentos técnicos, condições de emprego da mão de obra), e zelava pelo seu cumprimento. Dominadas pelos mestres, cuja condição tendeu a se tornar hereditária e sujeita a uma série de entraves para que trabalhadores comuns a alcançassem, as corporações estabeleceram uma regulamentação protecionista contra a concorrência, que fazia com que todos os mestres operassem segundo um princípio de igualdade (mesma condição de obtenção de matérias-primas, mesmos procedimentos técnicos de fabricação, mesmas condições de emprego da mão de obra e venda sem publicidade) e um princípio de exclusividade (reserva do mercado local aos mestres, perseguição à produção caseira e vigilância às corporações paralelas para que não saíssem de sua especialidade).

Dessa forma, essa organização absolutamente hostil a toda forma de concorrência, pôde manter os preços de seus produtos artificialmente elevados. Impediu o desenvolvimento do espírito inventivo, organizando a produção em uma estrutura piramidal, com cada oficina contando com um mestre, um aprendiz e poucos trabalhadores assalariados (companheiros ou jornaleiros) e controlando a mão de obra mediante acordos individuais de salários. Puniu as greves com pesadas multas e até com a morte.

De qualquer forma, a reativação da produção urbana e o alargamento do mercado, levaram à necessidade de uma expansão dos meios de pagamento. Essa expansão necessária teve que enfrentar dois problemas: a diversidade das moedas em circulação e seu baixo valor intrínseco. A fragmentação do Império Carolíngio fizera com que em inícios do século XI, houvesse literalmente centenas de diferentes moedas senhoriais, cada uma circulando em uma área restrita. Isso se constituía em um entrave para as trocas, enquanto todas elas eram de prata, com um baixo valor, o que freava uma maior velocidade de circulação, necessária em um período de crescentes demanda e trabalho assalariado.

O progressivo fortalecimento dos poderes centrais a partir do século XII, mais as pressões da camada mercantil (a decantada aliança rei-burguesia), levaram ao desativamento progressivo das oficinas de cunhagem senhoriais, passando a haver uma maior homogeneização do meio circulante, ao menos nos Estados mais centralizados, como a França. Por outro lado, a expansão do comércio transaariano de ouro que atinge a Europa através dos árabes, mais a entrada em circulação dos metais entesourados durante a Alta Idade Média, permite que se passe ao bimetalismo: em 1252, Gênova e Florença cunham moedas de ouro.

No entanto, nem o afluxo de ouro árabe, nem o aumento da produção das minas de prata da Europa Central, e nem o desentesouramento de reservas metálicas foram suficientes para compensar o aumento do volume de moeda que a reativação econômica demandava.

O caminho natural – o recurso ao crédito com o desenvolvimento do sistema bancário –, encontrava-se, em parte, bloqueado pela Igreja. Esta combatia a usura, encarando-a como a pior maneira de lucrar, uma vez que o único fim do dinheiro era satisfazer as necessidades dos consumidores, sendo portanto estéril, e não devendo pois frutificar. E ainda que a Igreja tivesse evoluído de sua postura original de que *nenhum cristão devesse ser mercador*, para uma concepção em que o comércio era visto como uma necessidade para promover o bem-estar comum, assegurando vantagens para o comprador e para o vendedor, essa evolução, na verdade, não incentivou seu desenvolvimento. Ela introduziu a noção do *preço justo*, visto como a determinação do custo da produção pelo que fosse necessário para a manutenção do produtor, o que acabou redundando na ideia de que só deveriam trocar mercadorias que contivessem quantidades iguais de trabalho e custo.

Não que os cristãos cumprissem à risca esses preceitos religiosos, uma vez que eram os lombardos e os naturais de Cahors (cidade do sul da França) os principais emprestadores de dinheiro do período, normalmente sob a penhora de bens imóveis e a uma taxa de juros da ordem de 40%. Os judeus, como vulgarmente se divulgou, concentravam-se nas áreas economicamente menos ativas da Europa Central, constituindo-se, em sua maioria, na típica figura do usurário da aldeia, transacionando pequenas quantias com a população camponesa.

Também contrariando essas proibições, os bancos acabaram desenvolvendo-se, e a atividade bancária como se conhece hoje – o empréstimo a juros de parte dos valores em depósito –, nasceu da reativação do comércio interno europeu em uma época de extrema diversificação monetária. Isso acabou obrigando o mercador a buscar uma uniformização de valor que facilitasse as trocas.

Nas cidades italianas, particularmente em Gênova, os mercadores de dinheiro (cambistas), personagens cada vez mais necessários, passaram a ser conhecidos também como banqueiros, e a efetuar transações que incluíam o aceite de depósitos de particulares, as transferências de fundos para outras praças comerciais, e os empréstimos a juros. Os produtos tinham seu preço estabelecido em uma moeda, mas no ato da venda, normalmente efetuada em outra região, eram pagos em moedas diferentes, e as figuras do cambista e do banqueiro terminaram associadas em uma mesma pessoa.

O que faltava, no entanto, para um maior desenvolvimento do sistema bancário-creditício, era a afirmação de outra forma de extração do excedente econômico, que não a senhorial, justificada pela existência de duas especializações profissionais restritas: a de guerreiro e a de religioso, caracterizando, ambas, um sistema econômico funcional, onde as ocupações que envolviam a troca e a moeda tinham sempre um espaço marginal.

O aparecimento dessa nova forma de extração do excedente, através da comercialização de mercadorias e do trabalho assalariado, acabou sendo viabilizada pela própria expansão do sistema funcional. Se no século XIII, esse sistema atinge seu zênite, não deixa de apresentar as primeiras fissuras em sua própria essência de funcionalidade. Trata-se do aparecimento das ordens militares de monges-soldados, como reflexo de uma corrente de pensamento da Igreja que reabilita a noção de trabalho manual, caracterizando o cristão ideal como o homem que unisse a fé à ação; da aceitação generalizada do serviço militar remunerado dos cavaleiros feudais, reflexo de uma economia cada vez mais monetarizada; e da difusão ampla do serviço militar especializado, na forma de arqueiros, mineiros, sapadores e piqueiros, mediante o pagamento de um soldo.

4. SISTEMA ECONÔMICO COMERCIAL

"Se você for um mercador ou um artesão, não tenha uma mente inábil. Observe cuidadosamente ao seu redor, dia e noite, e pese bem suas decisões. Seja cauteloso com respeito às estações, que você então saberá quando dar e quando tirar; porque o modo como você compra, indica a maneira como você vende. E quando alguém for à sua loja, abra seus olhos e fique atento. Não confie em toda espécie de pessoas, preste atenção às suas mãos."
Anônimo, escrito em dialeto genovês, no final do século XIII.

A contínua expansão do sistema econômico funcional a partir do século XI encontra, em finais do século XIII, seus "limites naturais", mergulhando a Europa em uma profunda depressão. Nos dois séculos seguintes, o sistema funcional entra em fase de desagregação em razão direta dessa longa depressão, enquanto uma nova forma de extração do excedente econômico afirma-se cada vez mais. É significativo que essa nova forma de extração do excedente (a comercial), que acabará por se constituir no sistema econômico europeu vigente até meados do século XVIII, tenha sido viabilizada pelo próprio movimento de contínua expansão do sistema funcional.

É preciso que se tenha sempre em mente, que o fator primordial concorrente para a expansão europeia foi a adoção de algumas inovações técnicas que, permitindo uma maior e melhor produção de alimentos, levaram a um contínuo crescimento demográfico, que por sua vez impôs um alargamento geográfico das áreas agricultáveis, a fim de que a produção fosse suficiente para garantir a sobrevivência dessa população maior.

Ocorreu, no entanto, que mesmo tendo atingido a fase de consumo agrícola indireto no século XI, a Europa Ocidental não foi capaz de produzir alimentos em volume suficiente para alimentar sua crescente população. A demanda por produtos agrícolas se manteve maior do que sua oferta. A única alternativa viável para superar esse desequilíbrio, dadas as técnicas rudimentares e a extração de excedente de forma compulsória e extramercado, era a manutenção de uma contínua expansão das áreas agricultáveis. Essa necessária expansão contínua esgotou-se já a partir da segunda metade do século XIII. A Reconquista cessa em 1260, deixando um Estado árabe ainda na península Ibérica. E em 1291 são perdidos os últimos pontos de apoio europeus, no que foram os Estados fundados pelas Cruzadas. No século XIV, a Europa contrai-se. Ocorre um abandono generalizado das áreas tornadas agricultáveis pelo movimento dos arroteamentos. Grande parte das áreas cultivadas era de terras marginais, de baixa produtividade (pântanos, florestas), que necessitavam de cuidados especiais, não disponíveis pelo nível técnico do período, para continuarem férteis.

O início do século XIV conheceu, também, uma mudança climática, que tornou a Europa Setentrional mais fria e úmida, provocando o fim da cultura de cereais na Islândia, seu recuo na Escandinávia, e o desaparecimento do cultivo da vinha na Inglaterra.

Essa retração global de uma oferta já menor que a demanda, acentuou uma situação de desequilíbrio estrutural, que se agravou muito, pois a população europeia continuava a crescer durante a primeira década do século XIV. O resultado foi o surgimento de períodos prolongados de fomes violentas e generalizadas, que provocaram uma crise agrária e brecaram o crescimento populacional.

Em meio a essa situação de crise, dois fenômenos negativos atingem a Europa: a Guerra dos Cem Anos (1337-1453), que envolve três importantes regiões econômicas: Inglaterra, França e Flandres; e a Peste Negra (1347-1350), que assola todo continente europeu, atingindo a Islândia e até mesmo a Groenlândia. A ação desses dois fenômenos, combinada à crise agrária, acabam por provocar duas outras crises, a demográfica e a monetária, e mergulhar a Europa em uma profunda depressão econômica, que perdurou até o final da primeira metade do século XV.

A partir de 1450, quando a economia europeia apresenta seus primeiros sinais de recuperação, o sistema funcional estava virtualmente liquidado, a secular preponderância do eixo comercial mediterrâneo condenada, e toda a economia orientada segundo um sistema que fazia da diferença entre os preços de compra e de venda, a realização máxima de lucro.

A afirmação dessa forma de extração do excedente econômico através do comércio pode ser mais bem compreendida, visualizando-se as três crises do período individualmente, e os efeitos que sua ação causou à economia europeia.

A CRISE AGRÁRIA

Além do descompasso entre a oferta e a demanda de produtos agrícolas, que se acentua em inícios do século XIV, com o abandono dos arroteamentos, houve guerras constantes. Elas envolveram grande número de regiões (Inglaterra, França, península Ibérica, Escócia, Irlanda, Itália, Alemanha, e margens do Báltico), causando grandes destruições nos campos, e problemas climáticos (chuvas torrenciais ou secas prolongadas). Também levaram a uma série de períodos de escassez, provocando fomes generalizadas, carestias locais e surtos epidêmicos, e desorganizaram a produção regular de alimentos, principalmente a de cereais.

A primeira dessas fomes cíclicas, é a de 1315-17, provocada por um verão extremamente chuvoso, que impediu o amadurecimento dos cereais. Ela atingiu toda a Europa ao norte dos Alpes, levando ao abate sistemático dos animais domésticos, e à prática do canibalismo, deixando em seu rastro várias epidemias.

A primeira metade do século XIV conheceu uma série de más colheitas, que levaram a ciclos de fome e epidemias: em 1338, na França; em 1343 no sul da França e na Áustria; em 1347-1348, na Inglaterra, norte da Itália, Áustria e Alemanha.

Em um primeiro momento, essas crises determinaram enormes altas dos preços dos cereais, principalmente do trigo – alimento básico europeu –, que teve seu preço elevado em mais de 300% no período 1315/1316. A posterior normalização da produção, aliada à redução da demanda que o próprio ciclo fomes/epidemias causara determinou, em um segundo momento, a queda do preço abaixo dos níveis anteriores, enquanto os salários continuavam a subir, prejudicando toda a economia rural.

De um modo geral, a partir de 1350 os preços do trigo baixaram continuamente, com exceção dos períodos 1361-1362 e 1374-1375, quando uma fome assolou as regiões mediterrâneas da Europa. De 1350 a 1450, *grosso modo*, o trigo sofreu uma baixa de 35% na Áustria, 63% na Inglaterra e 73% na Renânia.

Incidência cíclica de más colheitas, surtos de fomes e epidemias, populações subnutridas, abate generalizado de animais domésticos, retração demográfica, queda sistemática do preço dos cereais, e destruições propositais de áreas cultivadas, fizeram com que a economia rural europeia passasse por uma prolongada crise, que só apresentará sinais de recuperação durante o século XV, graças à reconversão agrícola e uma mudança no regime de mão de obra.

A CRISE DEMOGRÁFICA

Apesar dos impactos negativos causados na população europeia, tanto pelos ciclos fomes/epidemias, como pela ação de guerras constantes que deixaram de ser, desde inícios do século XIII, embates limitados entre cavaleiros feudais, a verdadeira crise demográfica que o período sofreu foi provocada pela Peste Negra.

Ela foi uma devastadora epidemia que atingiu a Europa em 1348-1350, manifestando-se sob três formas: a *bubônica*, caracterizada pelo aparecimento de inchaços (bubões), principalmente nas axilas e virilhas, sendo mortífera em 70% dos casos; a *septicêmica*, quando o bacilo (*Pasteurella pestis*) passa diretamente para a corrente sanguínea, letal em 100% das incidências; e a *pulmonar*, ocorrendo preferencialmente nas estações frias, como uma espécie de pneumonia, sendo mortífera em quase 100% dos casos.

Essa epidemia de peste do século XIV, começou na China por volta de 1333-34, após uma série de calamidades climáticas, sendo levada à Europa por comerciantes e viajantes que cruzavam as rotas comerciais do Império Mongol. Em 1346 ela atinge Caffa, feitoria genovesa nas costas do mar Negro, de onde foi disseminada através dos marinheiros genoveses, pelas ilhas do Mediterrâneo, em 1347. No ano seguinte, ela atinge a Itália, península Ibérica, França e Irlanda, passando em 1349 para a Inglaterra, Alemanha, Áustria e Hungria, atingindo em 1350 a Escócia, Escandinávia, Islândia e até a Groenlândia.

Apesar da rapidez de sua propagação, a Peste Negra dificilmente penetrou em regiões de fraca densidade populacional, atingindo mais os pobres que os ricos (que puderam fugir dos locais contaminados), mais as cidades que os campos e especialmente as comunidades religiosas (dada a concentração populacional).

No total, pode-se calcular que a epidemia de 1348-50, na verdade uma *pandemia*, eliminou de 25 a 35% da população europeia, embora seus efeitos tenham sido desiguais, com regiões mais poupadas, como a Lombardia e a Alemanha, e outras, como o sul da França, onde as mortes alcançaram quase 70% da população.

Depois dessa pandemia de 1348-50, seguiram-se várias epidemias da mesma doença, mas com um caráter mais localizado, atingindo determinada região europeia e poupando as outras: cinco no século XIV e dez no XV (na verdade, a Europa só se livrará definitivamente da peste, no século XVIII).

Os efeitos mais marcantes da Peste Negra foram provocar um retrocesso demográfico abrupto e em larga escala – que só apresentará os primeiros sinais de recuperação por volta de 1470 –, que aprofundou a crise agrária e desorganizou toda atividade produtivo-administrativa, levando a um completo desequilíbrio entre oferta e demanda, e entre preços e salários.

A CRISE MONETÁRIA

A reativação da produção urbana, o crescimento demográfico e o alargamento do mercado consumidor, com a difusão da mão de obra assalariada, desde o século XI pressionavam por uma expansão dos meios de pagamentos.

Embora as monarquias nacionais procurassem racionalizar a cunhagem de moedas, e o recurso ao crédito, com o progressivo desenvolvimento bancário, fosse uma constante, a verdade é que os estoques de metais amoedáveis europeus, que já eram insuficientes, pela combinação fomes/epidemias tornaram-se ainda mais escassos. A crise agrária, restringindo a oferta de bens, tornava-os mais caros, enquanto a retração da procura pela crise demográfica diminuía a velocidade de circulação da massa monetária. Acabou acontecendo uma reação em cadeia, com a alta dos produtos agrícolas levando à diminuição da demanda de produtos manufaturados, e de bens e serviços, pressionando inclusive uma baixa na taxa de juros, enquanto a exiguidade de mão de obra levava a uma alta constante nos salários.

Nesse quadro, a passagem de uma economia de paz para uma de guerra, envolvendo três regiões de grande importância econômica – França, Flandres e Inglaterra –, levou a uma exacerbação fiscal por parte dos Estados, que se revelou deletéria. Com as despesas públicas atingindo três ou quatro vezes a mais as receitas normais com que contavam Inglaterra e França, o recurso foi a brutal elevação da taxação, quer na forma de impostos diretos (subsídios, captação), quer na de indiretos (monopólio do sal, circulação de mercadorias, taxas alfandegárias), determinando a retração do poder aquisitivo da população.

Outro recurso largamente utilizado pelos Estados em guerra, foi o de recorrer a empréstimos a juros, junto a banqueiros italianos, o que acabou produzindo uma série de falências de banqueiros na década de 1340, dado o estado de insolvência dos soberanos.

Os soberanos mostram-se incapazes de contar com fontes regulares de crédito, e sofrem violentas contestações de seus súditos devido à elevação dos impostos. A *jacquerie*, de 1358, foi uma revolta camponesa contra a coleta de um subsídio extra para o pagamento do resgate do rei João e de numerosos senhores franceses e a revolta camponesa de 1381 foi um movimento direto contra a cobrança do imposto de captação inglês. Assim, adotam com muita frequência a prática das manipulações monetárias, recebendo moedas com razoável teor de metais nobres, e refundem-nas em outras com teores muito mais baixos, com as quais efetuam seus pagamentos.

Como não podia deixar de ser, as moedas com maior valor intrínseco passaram a ser entesouradas, saindo de circulação, expulsas pelas de valor adulterado (lei de Gresham), levando os monarcas a recorrer, cada vez mais, às manipulações monetárias.

O resultado final foi que em um período de retração da oferta e da demanda, de elevação dos custos da mão de obra, e de uma alta sem precedentes nas despesas dos Estados, as moedas em circulação tornaram-se de valor intrínseco baixíssimo, o que estimulou o entesouramento, e pressionou os preços dos produtos, agrícolas ou manufaturados para baixo, configurando uma época de depressão acentuada.

OS RESULTADOS DA DEPRESSÃO

A ação conjunta dessas três crises, sobre um sistema econômico que realizava uma contínua expansão há três séculos, teve como efeito provocar uma crise geral desse sistema. Na verdade, era uma *crise de crescimento*, uma vez que a combinação economia senhorial/critério de funcionalidade, não podendo mais sustentar essa expansão, abriu espaço para uma depressão.

O resultado foi a desagregação do sistema econômico funcional, não em sua característica acidental – economia senhorial –, mas em sua característica essencial – o critério de funcionalidade. Houve sua substituição enquanto sistema econômico pela forma alternativa de extração de excedente econômico, que sua própria expansão viabilizara: D – M – D' (dinheiro compra mercadorias que são revendidas com lucro).

Na verdade, o cenário não poderia ter sido outro, dadas as características essenciais da depressão dos séculos XIV-XV. Ou seja, a redução da população global levou a uma alta dos salários, o que significou uma mudança na composição da demanda, transferindo parte dos excedentes dos senhores para os camponeses e, portanto, assegurando que menor parcela deles fosse entesourada. Ademais, um retraimento demográfico dentro de uma economia que é basicamente dependente da produção agrícola, acarretou uma paralela redução nos níveis da oferta e da demanda. Como os produtores agiram no sentido de reduzir a produção, eliminando o cultivo nas áreas menos produtivas, ocorreu na verdade, um aumento de produtividade, o que pressionou para uma baixa generalizada dos preços dos produtos agrícolas. Ora, esses desdobramentos nunca poderiam ter resultado em uma situação de estagnação comercial; ao contrário, só levaram a uma situação de encorajamento das atividades comerciais.

É sem dúvida que o período crítico da depressão, que pode ser localizado entre 1347-1365, desorganizou completamente a vida econômica europeia, afetando bastante a atividade comercial. No entanto – e isso foi fundamental –, ele marcou três pontos balizadores do cenário econômico dos séculos XV e XVI: a falência da funcionalidade dos senhores laicos e da Igreja; a crescente intervenção dos Estados na vida econômica; e o apogeu das sociedades comerciais privadas.

A ação devastadora que a primeira fase da Guerra dos Cem Anos (1337-60) causou nos campos franceses, e principalmente a pandemia de peste que se abateu sobre a Europa em 1347-50, marcou de forma clara a incapacidade das duas categorias de homens livres cumprirem as funções específicas, que lhes garantiam sua própria condição de liberdade. Os cavaleiros feudais não conseguem proteger seus camponeses dependentes das depredações dos inimigos e, ainda mais, falham combatendo um exército profissional, recrutado entre camponeses livres em 1346. Em 1356 deixam-se aprisionar em massa: rei da França, treze condes, cinco viscondes, dezesseis barões e incontáveis senhores menores. A Igreja, por seu lado, é vista como incapaz de proteger a sociedade da ira divina, uma vez que a Peste Negra foi vista como um claro castigo dos céus, pelas populações dependentes europeias, levando ao desenvolvimento de heresias populares e de práticas ascéticas extremadas, como a dos *flagelantes*.

Essa perda progressiva na exclusividade da prestação das funções funcionais, por parte dos senhores e da Igreja, facilitou os progressos da centralização administrativa empreendida pelas monarquias nacionais. Os Estados Nacionais, em sua dupla luta contra o particularismo – a jurisdição autônoma senhorial, com seus tribunais, moedas, pedágios, e contra o universalismo – a pretensão da Igreja em representar o universo dos fiéis, regulando todas as esferas da vida comum, da econômica à cultural, adquirem novo impulso. Isso ocorre principalmente devido à necessidade extrema de assegurar a sobrevivência de suas populações, agora órfãs de seus tradicionais protetores, em um período de crise extrema.

Os reis, procurando viabilizar o abastecimento de seus países, suspendem a cobrança de taxas alfandegárias para a importação de trigo – Portugal em 1397-1400 –, impedem que determinados produtos sejam exportados sem a correspondente importação de outros – sal de Portugal em 1403 –, proíbem a saída de ouro e prata – Inglaterra em sete vezes durante o século XV – e acabam tornando a intervenção estatal na economia uma prática comum, reforçando em muito seu papel centralizador.

De particular importância são as intervenções do Estado nos níveis de preços e salários, denominadas *Estatutos dos Trabalhadores*. O francês de 1349, e o inglês de 1351 estabelecem um teto para os preços e os salários, reajustando-os em 30% a mais dos praticados em 1347. Obrigam ao trabalho a população com menos de sessenta anos e estabelecem sérias medidas punitivas para o desrespeito de suas regulamentações.

Legislações semelhantes foram promulgadas por vários outros países, visando enfrentar a crise e terminando por fortalecer o poder do Estado. Isso acabou sendo visto como natural, tanto pela nobreza, como forma de solucionar os problemas da economia rural, como pelo povo, como forma de garantir sua sobrevivência, e tendo o implícito (senão explícito) endosso dos setores urbanomercantis, como forma de reativar a economia.

Mesmo que as características da depressão favorecessem a atividade comercial, ela só seria impulsionada devidamente se houvesse um aumento substancial no volume dos meios de pagamento, tanto para provocar o alargamento do mercado consumidor, como para baratear os custos de produção e desenvolver adequadamente o sistema creditício. Em outras palavras, a exiguidade de capitais leva a uma imperiosa procura de metais nobres, seja através da exploração de minas de prata de rendimento marginal – a partir de 1360 as da Bósnia e Sérvia –, seja através da reativação do comércio de artigos de luxo do Oriente, visando provocar o desentesouramento do ouro e da prata retidos pelos grandes senhores e pela Igreja.

Dessa forma, uma aliança de ocasião acaba delineando-se. De um lado, os burgueses, que premidos pela insuficiência de capitais associam-se em empresas comerciais que controlam através de bancos, transportes, manufaturas e minas, toda atividade econômica (produção, distribuição e consumo). De outro, os Estados, sejam nacionais sejam regionais, que premidos também pela insuficiência de recursos, em um período em que eles se fazem mais do que nunca necessários, só podem manter sua crescente centralização e intervenção na vida econômica, se forem capazes de sustentar uma burocracia civil e militar, forte o suficiente para taxar adequadamente suas populações, e poder financiar uma ainda maior estrutura burocrática.

Com o apoio e encorajamento dos Estados – na forma de concessão de monopólios comerciais sobre determinados produtos, como sobre as exportações de lã inglesa em 1347 à companhia de Walter Cheriton; ou sobre a exploração do alume à companhia

Médici; e do mercúrio aos Fuggers – os setores burgueses conseguem superar o maior obstáculo ao desenvolvimento econômico: a exiguidade de capitais. Atingem isso com a formação de sociedades comerciais privadas, na verdade *grandes companhias de comércio*, que se estendem pelo interior da Europa – sul da Alemanha e Lombardia –, e pelas suas costas – Inglaterra e Holanda.

E o que é significativo, é o fato de essas grandes companhias de comércio terem uma estrutura tipicamente capitalista: os lucros são repartidos na razão direta do capital investido, como em uma moderna sociedade anônima. Se os seus sócios mudam em períodos de seis ou sete anos, provavelmente dadas as realizações de lucro, seus diretores permanecem por dez ou quinze anos. Recebendo depósitos de particulares, elas atuam como verdadeiras instituições bancárias, gerando fontes de crédito por longos períodos. Sua área de atuação é extremamente diversificada, estando presentes em qualquer setor que possa proporcionar lucros, como o comércio a atacado e a varejo, os transportes terrestres e marítimos, a venda de todo tipo de serviços, a atividade bancária e o câmbio. A partir de uma matriz, elas se fazem presentes em toda a Europa, através do estabelecimento de uma rede de filiais e firmas correspondentes. Como exemplo temos a *Grosse Gesellschaft* de Ravensburg, que em finais do século XIV, além de sua sede social, tinha três subsedes, treze sucursais e trinta e duas filiais menores, cobrindo a Alemanha, Suíça, Itália, Espanha, França e Flandres, com uma estrutura que em nada a diferenciaria de uma *holding* atual.

A ascensão dessas grandes companhias de comércio, se por um lado revitalizou a economia europeia, dentro de um sistema econômico comercial, e favoreceu a política de centralização administrativa real, por outro provocou o deslocamento do eixo econômico do continente, da área mediterrânea e em menor escala da área báltica, para regiões determinadas: Alemanha do sul, Inglaterra, Holanda e Lombardia, preparando o caminho para a grande mudança dos séculos seguintes, a primazia do comércio Atlântico.

Esse deslocamento econômico, bem como a atuação do sistema econômico comercial, poderão ser mais bem compreendidos se tratados em tópicos distintos.

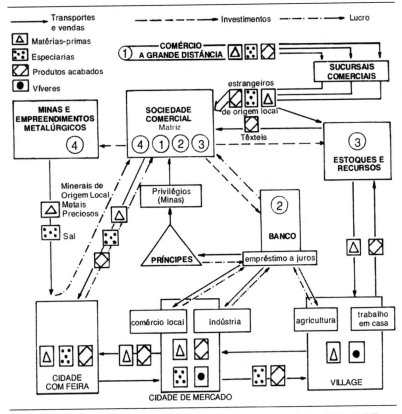

Figura 3 – Desenvolvimento de um empreendimento nos séculos XV e XVI.
(Fonte: Esquema adaptado do *Atlas Historique*, Librairie Stock, 1968).

A Reconversão Agrícola
e a Crescente Especialização da Produção

A crise por que passa a economia agrícola durante a primeira metade do século XIV – desequilíbrio brutal entre a oferta e a demanda, baixa generalizada dos preços dos produtos tradicionais, alta contínua dos salários –, provocou um processo de reconversão agrícola, ou seja, um redimensionamento visando a uma maior produtividade, através da fixação monocultora em nível regional.

O abandono das áreas marginais de baixa produtividade, traduzido pelo final da expansão dos arroteamentos em inícios do século XIV, abriu o caminho desse processo. Como resultado houve o abandono da tradicional policultura europeia, onde cada parcela de terra agricultável, mesmo as menos adequadas à cultura cerealífera, devia procurar alimentar o melhor que pudesse a respectiva aldeia. Adotou-se uma atividade agrícola regionalmente especializada, em que aparecem áreas exclusivamente dedicadas à cultura de cereais, outras onde predomina a vinha, áreas dedicadas às plantas têxteis e tintoriais, e outras onde a pecuária se faz absoluta.

Enquanto a cultura de cereais – trigo, cevada, centeio, aveia –, tendeu a se concentrar nas áreas mediterrânea e báltica, a da vinha ocupou a Itália, a Borgonha, a Alsácia e a Renânia, e norte da França. Extensos pomares são plantados na Ligúria, Portugal, Espanha e Grécia. A cana-de-açúcar é cultivada nas ilhas de Creta e Sicília, na Andaluzia e em Algarves. A amoreira, introduzida na Calábria e em Granada, transforma essas regiões em grandes produtoras de seda. As plantas têxteis, o linho e o cânhamo, passam a ser cultivados no Hainaut, vale do rio Lys, na região napolitana e no Piemonte; as regiões do lago Constança e os vales dos rios Ródano e Saona, dedicam-se quase exclusivamente à cultura do linho. A pecuária torna-se muito difundida, mas regionalmente especializada: porcos no Jura e Haguenau, mulas no Poitou e na Provença, cavalos na Frísia, Romagna e Béarn, gado vacum na Noruega, Suécia e Dinamarca, ovinos na Espanha e Inglaterra.

O desenvolvimento em larga escala da pecuária – só na Espanha, o rebanho ovino passou de 1,5 milhão de cabeças em meados do século XIV para 2,7 milhões por volta de 1450 – pôde favorecer a agricultura, fornecendo grandes quantidades de adubo animal. Isso forçou o declínio do plantio do trigo em benefício da aveia, sorgo e plantas leguminosas, necessários para a alimentação do gado durante os meses de inverno. E provocou um aumento geral no consumo de carne e laticínios (com a manteiga produzida na Escandinávia substituindo o toucinho). No entanto, como a carne era salgada para fins de conservação, passou-se a beber muito, o que incentivou a produção de vinho e cerveja, alargando as áreas dedicadas ao plantio de vinhas e de cevada.

Essa notável reconversão da agricultura europeia, feita basicamente para viabilizar uma maximização dos lucros através do aumento da produtividade da terra, levou a um natural desenvolvimento da atividade comercial, dado seu caráter de crescente especialização produtiva em nível regional, mas teve um efeito distinto quanto ao regime de mão de obra rural.

De um modo geral, por toda a Europa Ocidental o sistema senhorial – agora destituído de seu caráter de funcionalidade –, descaracterizou-se, procurando adaptar-se à crescente especialização agrícola. Fosse pelo decréscimo demográfico que levou ao abandono de vastas áreas, fosse pela queda dos rendimentos senhoriais, pagos em parcelas fixas e basicamente dependentes do cultivo do trigo, fosse pela crescente desproporção entre os preços dos produtos agrícolas e dos manufaturados, ou fosse pela constante alta dos salários, o fato é que as áreas de reserva tenderam a desaparecer, e as corveias foram substituídas por rendas monetárias.

Em lugar dos antigos camponeses obrigados, aparece uma vasta camada de camponeses arrendatários, de assalariados que trabalhavam sob a supervisão direta dos proprietários, e de médios e mesmo pequenos proprietários que puderam aproveitar-se do abandono dos campos. A especialização regional obrigou a uma mudança de mentalidade: não se procura mais o trabalho, nem os resultados do trabalho camponês em termos quantitativos, mas sim, seu rendimento qualitativo.

Ao contrário, nas duas áreas que se especializaram na produção de cereais, mantendo suas culturas tradicionais – Europa Mediterrânea e Europa Oriental–, ocorreu uma drástica redução no nível de liberdade da população rural. Houve também o agravamento de sua condição de dependência frente aos grandes proprietários de terras, que é comum e erroneamente denominada de "reação senhorial" ou "segunda servidão".

O que na verdade aconteceu foi a combinação de vários fatores: ocupação pelos senhores das terras despovoadas, anulação das concessões feitas nos séculos XII e XIII, ausência de um poder real centralizador e fraqueza dos núcleos urbanos, aliados à especialização produtiva em gêneros que tiveram seu preço em baixa durante todo o período – os cereais. Isso forçou os proprietários de terras a se apropriarem de maiores parcelas do trabalho camponês, visando a um aumento quantitativo da produção.

Não se tratou de uma volta ao passado, com o renascimento da servidão dos séculos IX-XI, nem à escravidão clássica, embora o trabalho escravo tenha sido largamente utilizado nas ilhas do Mediterrâneo e no sul da península Ibérica, mas simplesmente uma adaptação econômica que estas áreas foram forçadas a fazer dentro do sistema econômico comercial.

Essa adaptação econômica, com seus efeitos permanentes sobre a Europa Mediterrânea e Oriental, marcou o rompimento entre um padrão clássico de desenvolvimento e o que se pode denominar de mundo moderno.

A Decadência dos Eixos Econômicos Tradicionais

O processo de reconversão agrícola que se acelera a partir da segunda metade do século XIV, levou os dois eixos econômicos tradicionais europeus – o Mediterrâneo e o Báltico –, a uma crescente especialização na produção de cereais. Por essa razão, no decorrer do século XV, eles perderam sua prévia condição de polos de desenvolvimento, e se transformaram em áreas economicamente dependentes da Europa *moderna* que surgia: a centro-atlântica.

Enquanto a produção agrícola europeia caminhou para uma extrema especialização da produção, com o cultivo regional de espécies mais adaptáveis a condições geoclimáticas específicas, com o consequente incremento da procura do trabalho camponês em termos qualitativos, a adaptação econômica a essa especialização produtiva feita pelas duas regiões comerciais tradicionais, produziu a formação de áreas periféricas. Ali o trabalho camponês voltou ou continuou a ser apropriado em termos quantitativos, ao mesmo tempo em que condenou essas regiões à decadência econômica, dado o estabelecimento de uma relação de trocas desiguais com o restante da Europa.

As ilhas mediterrâneas – Sicília, Sardenha –, e as áreas do sul da Itália – Apúlia, Calábria –, transformaram-se em produtoras em larga escala de cereais, comercializados no continente europeu por mercadores florentinos, genoveses e venezianos. Uma vez que os preços dos cereais mantiveram-se baixos por todo o século XV, as companhias comerciais italianas só poderiam manter seus lucros aumentando as quantidades produzidas. Isso levou à crescente deterioração das condições de trabalho das populações nativas, com o predomínio de formas de trabalho compulsório. A situação foi idêntica nas costas bálticas. Os comerciantes hanseáticos estabeleceram o virtual monopólio do fornecimento de cereais – *centeio*, produzido na Prússia e Polônia, *trigo* e *aveia*, originários da Alemanha Oriental e Boêmia-Morávia, para a Escandinávia, Ilhas Britânicas e Países Baixos. A ausência de núcleos urbanos significativos, com uma ativa camada comercial-manufatureira, e a decorrente dependência dos portos hanseáticos para a comercialização de uma produção que se fazia mais volumosa, foram as causas principais da anulação de uma série de regalias que as camadas camponesas usufruíam nessas regiões produtoras, e de sua redução econômico-legal à condição de trabalhadores obrigados.

Em resumo, a partir da segunda metade do século XIV, os dois setores econômicos tradicionais da Europa destinaram vastas áreas à cultura intensiva de cereais, abarrotando os mercados europeus com uma produção maciça, obtida por meio de trabalho compulsório. Essa produção maciça mantém, durante o século XV, os preços dos cereais em baixa e alarga o emprego de mão de obra obrigada. Enquanto favorece a especialização produtiva da Europa Ocidental, essa produção maciça faz com que essas áreas mediterrânea e europeia oriental tornem-se periféricas economicamente, em relação ao restante da Europa. Além disso, leva os setores que monopolizam essa comercialização – as cidades italianas e a Hansa –, a manter uma *relação de trocas desiguais*: produtos com grande volume e preços baixos, contra produtos com maior valor unitário, o que marca sua paulatina decadência.

Se no Báltico, as cidades hanseáticas são ameaçadas em seu monopólio comercial pelas frotas rivais de Inglaterra e Holanda, o que acentua sua decadência econômica, no Mediterrâneo as condições mostram-se ainda piores para as antigas cidades italianas.

Seu tradicional papel de intermediárias no tráfico de produtos orientais de luxo (especiarias, sedas), sofre contínuos abalos frente ao avanço dos turcos. Estes conquistam seguidamente uma série de portos importantes para o comércio mediterrâneo – Tessalônica em

81

1430, Constantinopla em 1453, Pireu em 1455, Caffa em 1475 – e anexam a península Balcânica. Com isso cortam da Europa a produção das minas de prata da Sérvia e da Bósnia, e estabelecem, a partir da segunda metade do século XV, um verdadeiro bloqueio do Mediterrâneo Oriental às frotas italianas.

Paralelamente, as cidades italianas sedes de importantes centros manufatureiros – Florença, Bolonha e Parma –, são duramente atingidas por um processo que se difundiu por toda a Europa, adotado como reação a uma maior rigidez por parte das corporações de ofícios: o aparecimento do artesanato rural.

Tanto a alta relativa dos preços dos produtos manufaturados, em relação à baixa dos preços agrícolas, como a crescente especialização agrícola, liberando mão de obra, funcionaram no sentido de atrair numerosos contingentes de camponeses para as cidades, onde enfrentaram uma crescente intransigência das corporações de ofícios na defesa de seus privilégios, temerosas da concorrência que os recém-chegados pudessem representar. E essa crescente oferta de mão de obra também levou os burgueses proprietários de manufaturas, a tentarem maximizar seus lucros, através da redução ou do congelamento dos salários dos artesãos, que tinham um peso considerável na composição dos custos de produção. Isso degenerou em uma série de conflitos abertos entre burgueses e artesãos, desorganizando a produção.

A alternativa encontrada por vários burgueses-mercadores foi contratar mão de obra rural, fornecendo-lhe as matérias-primas necessárias e pagando-lhe por unidade produzida. As vantagens de tal sistema, que se pode denominar de artesanal rural ou manufatureiro doméstico, com um melhor controle da mão de obra que se encontrava dispersa, o barateamento do custo final de produção, e a possibilidade de um aumento no volume dos artigos produzidos, frente às rígidas e estáticas corporações de ofícios urbanas, explicam a grande difusão que ele conheceu, principalmente no setor têxtil. As regiões do lago Constança e dos vales dos rios Ródano e Saona concentraram a produção de tecidos de linho, enquanto na Inglaterra e em Flandres a produção de artigos de lã, no sistema manufatureiro doméstico, difundiu-se praticamente por todas as regiões rurais.

Dessa forma, os antigos eixos econômicos europeus, que desde o século XI concentravam o movimento comercial do continente (em virtude da adaptação econômica que faz frente à crescente especialização agrícola), adentram o século XV, o século de pleno desenvolvimento do sistema comercial, condenados à decadência.

Isso pelo fato de precisarem mobilizar a maior parte de suas frotas e seus navios de grande porte, no transporte de produtos que têm seu preço constantemente em baixa. Essa situação se agrava, pela concorrência anglo-holandesa no Báltico, e pela combinação avanço turco/difusão da manufatura doméstica no Mediterrâneo.

Seu lugar é ocupado por duas outras áreas: a Europa Central, com suas minas de cobre, ouro e principalmente prata, e a Europa Atlântica, com seus portos marítimos – Sevilha, Lisboa, Bordeaux, Bristol, Londres e Amsterdã.

A Expansão Ultramarina Europeia

Uma Europa que especializa sua produção agrícola em nível regional, desenvolve suas manufaturas em um sistema de descentralização da produção e tem seu espaço econômico diminuído a leste, devido ao bloqueio turco, necessita cada vez mais de uma eficiente rede de circulação comercial. Essa rede, por outro lado, deve ser a mais rápida e barata possível, para que os custos do transporte não onerem em demasia os preços finais das mercadorias.

Não é por acaso que o século XV é o século do transporte marítimo. Mais veloz e muito mais barato que o terrestre, só pelo fato de se esquivar das inúmeras alfândegas internas, e sendo auxiliado por uma série de invenções, que permitiram um aumento de tonelagem e melhores condições de navegabilidade, o transporte marítimo domina o universo econômico europeu.

No interior do continente, as tradicionais rotas terrestres dos séculos anteriores que permitiram o florescimento das feiras, notadamente as da Champagne, são substituídas pelas fluviais. Cada vez mais, mercadorias são transportadas através dos rios Meno, Reno, Danúbio, Sena, Loire, Saona, Ródano, Pó. Isso é feito sob o crescente controle de sociedades mercantis, com sedes nas cidades da Alemanha do sul e central. Estas sociedades mercantis alemãs puderam beneficiar-se do controle que exerciam sobre as minas de prata da Turíngia, Harz, Boêmia e Hungria, cuja produção sofreu um notável aumento, quintuplicando nos setenta anos após 1460, graças à adoção de progressos técnicos nos métodos de perfuração, drenagem e ventilação.

Nas costas atlânticas, as melhorias nas técnicas de navegação possibilitaram o progressivo abandono da navegação de cabotagem, com a adoção da de longo curso. Todo esse incremento do transporte marítimo agravou duplamente um secular problema europeu: a escassez de metais preciosos. Se o transporte marítimo levava a circulação de mercadorias a se acelerar, imprimindo maior velocidade de circulação da moeda, a própria essência do transporte marítimo, com a necessidade de grandes investimentos e concentração de capital, para a construção, reparos e equipagem dos navios, bem como o assalariamento de técnicos e tripulações, pressionava também no sentido de alargar o suprimento de metais preciosos.

Apesar do enorme aumento da produção das minas da Europa Central, ela não foi suficiente para compensar a perda das minas balcânicas para os turcos, nem para satisfazer a crescente necessidade de metais preciosos que o florescente comércio marítimo impunha à economia europeia.

As raízes da expansão ultramarina do século XV estão primordialmente na *fome de metais preciosos* que a Europa tinha, desde o século XIII, e cuja não satisfação foi componente da crise de desenvolvimento que desestruturou o sistema econômico funcional. Após a crise geral do século XIV, a economia comercial, altamente monetarizada do século XV, retomou a expansão europeia, dirigindo-a para a aquisição de metais preciosos. Não é por mero acaso que o marco inicial dessa expansão foi a conquista de Ceuta em 1415, ponto terminal das rotas transaarianas de ouro.

Se a crise geral do século XIV foi, como tudo parece indicar, uma crise de crescimento, também a busca de alimentos constituiu-se em importante causa da expansão. Na verdade, os fatos apontam para essa direção: durante o último quartel do século XIV, marinheiros ingleses, portugueses e escandinavos ampliam suas zonas de pesca aventurando-se no Atlântico, e Ceuta é também importante centro produtor de trigo. Isso é forte motivação para um Portugal que sofreu nada menos do que 21 crises de subsistência, devido à quebra de colheitas, de meados do século XIV a finais do XV. E ainda mais, são os venezianos que, de certa forma, inauguram essa retomada da expansão europeia, introduzindo a sistemática plantação de cana-de-açúcar nas ilhas mediterrâneas, e abastecendo a Europa com um alimento novo e rico em calorias.

Ao lado dos metais preciosos e dos alimentos, também as especiarias motivaram, embora de forma secundária, a expansão europeia. As especiarias, termo genérico com que se denominava uma gama de produtos de origem vegetal e animal, compreendiam principalmente a pimenta, a canela, a noz-moscada, o gengibre, o cravo, o açafrão, o âmbar, o almíscar, o aloés, o sândalo, o incenso e a cânfora, usados sobretudo como medicamentos, condimentos e cosméticos. Embora muito procurados, tinham um mercado restrito devido a seu alto custo. O bloqueio que os turcos estabelecem no Mediterrâneo Oriental, a partir de 1450, ativa a ideia de se obter essas mercadorias diretamente nas fontes produtoras, localizadas no Extremo Oriente. Talvez esse bloqueio explique a razão que levou a circunavegação portuguesa da África, estacionada desde 1473 no Golfo da Guiné, em torno de uma região denominada Costa do Ouro, a se acelerar bruscamente em 1482, para atingir a costa da Índia, região de especiarias, em 1498.

Se as razões básicas dessa expansão europeia foram a necessidade de um maior suprimento de metais preciosos e de alimentos, principalmente de trigo, a viabilização da expansão foi permitida pela concentração de uma série de elementos favoráveis nos países ibéricos, pioneiros do processo, especialmente em Portugal. Neste país havia: condições geográficas privilegiadas para a navegação atlântica, escassez de terras propícias ao cultivo do trigo, antiga associação comercial com Veneza na redistribuição de especiarias para o norte europeu, espírito cruzadista, que via a expansão como uma continuação da Reconquista, e principalmente um Estado pobre e precocemente centralizado, baseado desde finais do século XIV, em uma aliança de interesses de ordem comercial entre a monarquia e os elementos burgueses.

De fato, desde a tomada de Ceuta em 1415 até a descoberta dos Açores em 1439, o ouro norte-africano e principalmente os cereais estiveram na razão primeira das motivações portuguesas, que introduziram o cultivo do trigo sistematicamente nos arquipélagos atlânticos. Depois, até 1473, a busca de escravos – importantes em um país de baixa densidade demográfica – intensificou-se, bem como a de ouro, pimenta e marfim. E só nas

85

duas últimas décadas do século XV, as especiarias podem ter-se tornado o móvel da expansão portuguesa.

Ouro + trigo + especiarias, impulsionando uma expansão baseada em um sistema econômico comercial, que deles necessitava em maior ou menor escala, para poder manter seu ritmo de crescimento, acabaram por revelar à Europa um novo universo econômico em fins do século XV: um continente circunavegado, um oceano produtor de especiarias, e um continente completamente novo.

A ampliação sem precedentes do universo econômico do sistema comercial levou a uma divisão social do trabalho em escala mundial, e à maximização da forma de extração de excedente. Isso foi feito via diferença nos preços de compra e de venda, que por sua vez possibilitou uma acumulação de capital geradora de um novo sistema econômico: o capitalista.

5. A MODERNA ECONOMIA-MUNDO

"Nossos navios estão carregados de especiarias, de óleos e de vinhos; nossos quartos estão repletos de pirâmides da China, e adornadas com artesanatos japoneses; nossos repastos matinais chegam-nos dos mais remotos cantos da Terra; curamos nossos corpos com drogas da América, e repousamos sob dosséis da Índia."
F. Addison, Secretário de Estado da Inglaterra, inícios do século XIII.

Os mais de dois séculos e meio que se seguiram à expansão ultramarina europeia, promovida pelo sistema econômico comercial, marcaram de modo quase definitivo o lugar que as diferentes regiões do mundo passariam a ocupar, em termos de desenvolvimento, dentro do novo sistema econômico que eles gestaram, o capitalista.

A descoberta de um continente novo em 1492, a circunavegação de outro e o acesso direto a outro ainda em 1498, colocaram o sistema comercial europeu na privilegiada posição de ter seu espaço econômico definido não mais em termos de países ou regiões, mas sim em termos de "mundo". Isso permitiu que ele se desenvolvesse em um ritmo sem precedentes, e acabou por provocar uma radical ruptura nas formas tradicionais de apropriação. O capitalismo, viabilizado enquanto sistema econômico por esse desenvolvimento comercial, graças à divisão internacional do trabalho e à acumulação primitiva de capitais, mantém para com o trabalho uma relação particular que dispensa toda e qualquer forma de compulsão do trabalho, para a extração de excedente econômico.

Em outras palavras, o sistema econômico comercial deve ser corretamente chamado de *pré-capitalista* e nunca de "capitalismo comercial" uma vez que ele antecedeu e viabilizou a constituição do capitalismo. O capitalismo não pode ser definido por meio de uma adjetivação, que meramente privilegie os setores econômicos que se mostram momentaneamente mais dinâmicos – comercial, industrial, financeiro. Muito menos pode ser definido pelo grau de monetarização que uma economia comportou em determinado momento.

A civilização hidráulica da Mesopotâmia, por exemplo, sempre foi altamente monetarizada, como o foi também, a escravidão clássica. O que distingue o capitalismo de outros sistemas econômicos, e permite, em última análise, tratá-lo como um sistema distinto, é a relação que ele estabelece com o trabalho, transformando-o não em simples mercadoria, mas em fornecedor de um subproduto, a *força de trabalho*. A força de trabalho, sim, é mercadoria essencial a seu desenvolvimento, a ponto de prescindir totalmente de qualquer mecanismo de compulsão para a extração de excedente econômico, quer quanto ao trabalho em si, quer quanto aos resultados do trabalho.

Portanto, o sistema econômico comercial não é uma mera fase, ainda que inicial, do capitalismo. Ele é um sistema econômico autônomo, que extrai excedente econômico através das diferenças entre os preços de compra e venda das mercadorias, que se utiliza largamente de diversas formas de trabalho compulsório, e que procura maximizar sua extração de excedente através do estabelecimento de monopólios comerciais em nível nacional.

E se a atuação do sistema comercial nos séculos XVI, XVII e a maior parte do XVIII, merece tratamento em capítulo específico, é tão somente pela amplitude que a expansão que ele efetuou no século precedente, proporcionou-lhe em termos de desenvolvimento econômico, e não por se tratar de outro sistema, distinto do dos séculos XIV e XV.

O termo *economia-mundo* deve ser compreendido como uma articulação econômica, de caráter preponderantemente comercial, que se estabelece a partir do século XVI, entre a Europa Ocidental, a Oriental, a Ásia, a América e a África. Ela é centrada na Europa Ocidental, que procura estabelecer uma relação de trocas desiguais a seu favor, com essas diferentes áreas, mediante sua especialização produtiva e regimes de monopólios comerciais, recorrendo, somente quando for necessário, à dominação política direta.

Essa articulação econômica mundial, tornada possível pela expansão ultramarina europeia, faz com que as diversas áreas envolvidas acabem especializando-se produtivamente, passando a produzir não para seus mercados internos, mas em muitos casos, exclusivamente para abastecer a Europa Ocidental com determinadas mercadorias. Essa dependência quase absoluta do mercado externo transforma algumas dessas áreas – a América e a África –, em meras unidades produtoras, que realizam apenas a primeira etapa do ciclo econômico – a produção –, dependendo inteiramente da Europa Ocidental, para que o ciclo econômico iniciado por sua atividade produtiva se complete, mediante a distribuição e o consumo.

Ou seja, a análise das economias americana e africana durante os séculos XVI, XVII e maior parte do XVIII só pode ser feita levando-se em consideração a existência de um sistema maior, o comercial, em sua fase de economia-mundo. Esse sistema dá sentido e completa um ciclo econômico, mediante a realização de suas três etapas constitutivas – a produção, a distribuição e o consumo – e nunca pelo simples estudo, por mais detalhado que seja, das condições de produção e de trabalho dessas duas áreas isoladamente. Na verdade, elas nem produzem mercadorias, simplesmente bens econômicos, pois o resultado de sua produção só se transforma em mercadoria, quando distribuído e consumido externamente, pela absoluta ausência de mercado consumidor interno para sua produção.

Essa dependência estrutural da circulação de sua produção, que a América e a África, e em menor escala a Ásia e a Europa Oriental têm, e que é feita pela Europa Ocidental valoriza enormemente o transporte marítimo, agora medido em termos transoceânicos; e coloca a segurança e a prosperidade dos Estados europeus, em termos de assegurar o controle das rotas marítimas nos vastos espaços dos oceanos Atlântico e Índico, atrelando as decisões políticas a razões de ordem econômica.

A crescente vinculação da política com a economia acelerou o processo de intervenção estatal na vida econômica, prática comum desde a depressão do século XIV, viabilizando uma forma de Estado absolutista. Esse Estado era o único a ter condições de garantir, pelo peso dos recursos com que podia contar, o bom funcionamento de um sistema econômico que necessitava da segurança de rotas comerciais transoceânicas, de pontos de apoio em diferentes continentes, da sujeição de populações em áreas diversas, e de mercados privilegiados.

E se esse Estado absolutista, com sua onipresença em todas as esferas da atividade econômica, acabou por esgarçar a antiga aliança entre a realeza e setores burgueses, seu desenvolvimento, durante esse período, não pode ser visto separadamente do desenvolvimento da economia-mundo. Isso fica evidente pelas formulações teóricas desta sua intervenção econômica, denominadas de Mercantilismo.

É no âmbito dessa economia-mundo, onde os diferentes Estados da Europa Ocidental procuram conquistar posições hegemônicas assenhoreando-se, tanto de grandes áreas não europeias, como da comercialização monopolista, mesmo no nível interno, dos diferentes produtos oferecidos pela economia-mundo, que se processa um fenômeno que se constitui em uma de suas principais características: a acumulação de capitais.

Em uma escala sem precedentes, graças em grande parte aos regimes de monopólio que os Estados europeus (Portugal, Espanha, Holanda, França e Inglaterra) estabelecem para a comercialização dos produtos da economia-mundo, a Europa Ocidental passa por uma aceleração no processo de acumulação de capital em detrimento das demais regiões. Esse processo é baseado na concentração de capital resultante de um significativo aumento de preços e lucros, e do declínio dos salários reais.

Essa acumulação, que acabou por viabilizar a assunção do sistema econômico capitalista, deve ser corretamente denominada de *acumulação primitiva de capital*. E isso tanto por ter dado origem ao capitalismo, como por ter sido efetuada do modo padrão como o sistema comercial extraía excedente econômico: compulsoriamente e extramercado. Ou seja, ela não se deu da forma como o capitalismo acumula capitais – outra razão para descaracterizar o sistema econômico comercial como "etapa comercial do capitalismo" –, mas sim, baseando-se na força, no saque, na compulsão do trabalho e na imposição de mercados monopolistas.

E para facilitar essa acumulação de capitais, o sistema comercial impôs uma divisão social do trabalho em nível mundial, com cada uma das áreas que abrangeu e sujeitou sofrendo alguma forma de compulsão do trabalho. Em sua área central – a Europa Ocidental –, permitiu que a forma mais barata de trabalho, a assalariada, se tornasse dominante.

Desta forma, impôs diferentes ritmos de desenvolvimento às diversas áreas mundiais, que passaram a ser caracterizadas em termos de centro e periferias. Na medida em que a área central só pode crescer acumulando capitais em detrimento das áreas periféricas, o controle dessas áreas periféricas passa a ser de vital importância para os diversos Estados da área central. Isso explica a série quase ininterrupta de guerras que ocorre durante esse período, culminando com a passagem de alguns Estados, de áreas centrais para semiperiféricas, como os vem encontrar o capitalismo, em finais do século XVIII.

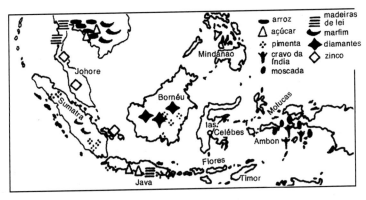

Figura 4 – Índia holandesa no século XVII.
(Fonte: Mapa adaptado do *Atlas Historique*, Librairie Stock, 1968).

Para uma melhor visualização da atuação do sistema comercial em sua abrangência de economia-mundo, bem como das transformações que ele causou à Europa Ocidental, fez-se uma divisão entre as diversas áreas periféricas, e entre os três momentos econômicos por que ele passou: a expansão do século XVI, a depressão do XVII, e a retomada do crescimento no século XVIII.

AS ÁREAS PERIFÉRICAS DA ECONOMIA-MUNDO

A expansão ultramarina que a Europa Ocidental realizou durante o século XV permitiu que seu comércio exterior ganhasse uma dimensão realmente mundial, com a incorporação de novas e vastas áreas a seu universo econômico. Esse universo econômico ampliado caracterizou o que se pode chamar de economia-mundo, coordenado e controlado pela Europa, para seu exclusivo benefício.

O tripé que impulsionou essa expansão – metais nobres, alimentos e especiarias –, pode ser adquirido agora em quantidades crescentes, de diferentes partes do mundo. Como essas eram as mercadorias que os europeus preferencialmente procuravam, criou-se uma enorme demanda, externa às áreas produtoras, que naturalmente levou a uma especialização produtiva, que os europeus também trataram de forçar, acabando por constituir regiões monocultoras em nível mundial.

Essa dependência com relação à Europa Ocidental, quanto à comercialização da produção especializada, foi acompanhada por toda sorte de imposições de ordem político-militar, no sentido de fazer essa comercialização ainda mais vantajosa.

No correr dos séculos, essas áreas periféricas tiveram canalizada para a Europa Ocidental a riqueza que produziram. E viram suas populações sujeitas a diversos tipos de coações visando a uma maior produtividade, e/ou à adoção de formas de trabalho ou atividades econômicas que melhor servissem às necessidades da Europa

Nesse sentido, seu desenvolvimento natural foi abortado, e elas transformaram-se em regiões periféricas ao desenvolvimento europeu, dependentes economicamente sempre, e também politicamente em muitos casos, formando o que se pode chamar de sistemas coloniais.

Enquanto a economia-mundo constituiu dois sistemas coloniais – o do Oriente e o americano –, ela paralelamente forçou a redução de outras áreas à condição de periferias – a Europa Central, a Oriental e a Mediterrânea –, que embora não fossem politicamente dependentes, tornaram-se economicamente sujeitas a uma relação de trocas desiguais. Em outras palavras, a Europa Ocidental concentrou a acumulação primitiva de capitais que a economia-mundo propiciou, através da exploração econômica das demais regiões que a integraram, relegando-as a uma condição de periferias.

O Sistema Colonial do Oriente

O chamado Sistema Colonial do Oriente compreende geograficamente o oceano Índico, as regiões costeiras da Índia, da Birmânia

92

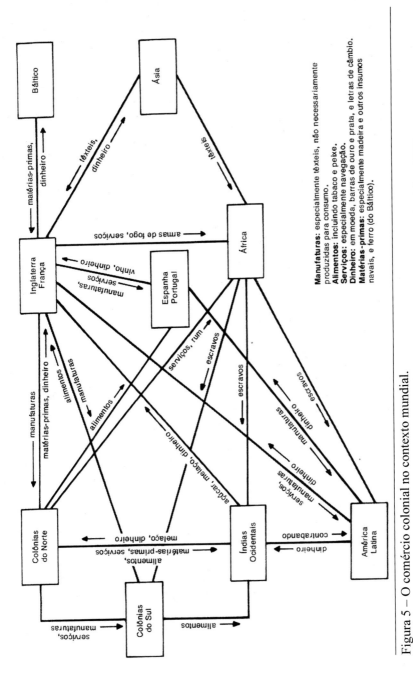

Figura 5 – O comércio colonial no contexto mundial.
(Fonte: FRANCO Jr., Hilário e PAN CHACON, Paulo. *História Econômica Geral*. São Paulo, Atlas, 1989).

93

e da península Malaia, a atual Indonésia e as Filipinas. Embora outras regiões orientais mantivessem relações comerciais com os europeus, seu diminuto volume e principalmente o fraco impacto que os ocidentais lhes causaram durante o período em questão, fez com que elas não se incluíssem nesse sistema colonial. É o caso da China e do Japão em que apesar da presença portuguesa na primeira já em 1514, e no segundo por volta de 1540, o comércio europeu sempre ocupou uma posição marginal. Na China, os portugueses estabelecem-se em Macau em 1557, enquanto os comerciantes holandeses e ingleses têm sua atividade restringida ao porto de Cantão, nas primeiras décadas do século XVII; no Japão, em 1638, toda a presença e comércio europeus são banidos, com as notáveis exceções dos portos de Hirado, reservado aos holandeses, e de Nagasaki, franqueado ao comércio com a China, onde os portugueses se mantêm como intermediários, transportando seda chinesa em troca de prata japonesa.

O principal item desse comércio oriental constituiu-se sempre nas especiarias, que devido a seu alto valor unitário e crescente procura, pôde proporcionar altos lucros, como os da viagem de Vasco da Gama em 1498, calculados em 6.000% sobre o capital investido. O consumo europeu de especiarias, em que a pimenta ocupava uma posição privilegiada, cresceu constantemente. Passou de 3.600 toneladas anuais no século XV, para 6.000 no XVI, e cerca de 9.000 no século XVII; e provocou um progressivo barateamento em seus preços na Europa. Isso redundou em um maior esforço para se obter o monopólio do fornecimento, por parte dos Estados envolvidos em seu comércio. Além das especiarias, esse comércio oriental fornecia diamantes, pérolas, seda chinesa, tecidos de algodão indianos, tapetes, salitre e porcelana.

Apesar dos enormes lucros que o comércio oriental aparentemente proporcionava, sua função primordial – viabilizar a acumulação de capitais nos Estados da Europa Ocidental –, não pôde ser cumprida devido ao *padrão de troca* que o caracterizou. As áreas orientais, a Índia, a China e a Indonésia, tradicionalmente trocavam suas especiarias e demais produtos por metais preciosos, principalmente prata, que *entesouravam*, retirando de circulação. Acrescente-se a esse dado, o fato de a Europa não ter realmente nenhum produto imprescindível para oferecer às economias orientais, o que fez com que a prata, de que a Europa carecia, acabasse tornando-se o principal item de suas exportações para o Oriente, para poder comprar especiarias em um ritmo crescente.

Embora esse fato não fosse percebido, pelo menos até inícios do século XVIII, grande parte da produção de prata das minas da Europa Central, e das minas exploradas no continente americano, foi drenada para as áreas orientais, quer através das rotas tradicionais pelo oceano Índico, quer através do Pacífico, onde os espanhóis a transportavam diretamente da América para as Filipinas, no denominado *Manilla Galeón*. O resultado foi uma descapitalização progressiva dos Estados diretamente envolvidos com esse comércio oriental – principalmente Portugal e Holanda –, que acabou fazendo com que esse sistema colonial funcionasse às avessas.

Cronologicamente, o sistema colonial do Oriente pode ser dividido em duas fases distintas: a do monopólio português no século XVI, e a da aberta competição anglo-franco-holandesa visando obter o controle do maior número possível de áreas produtoras, a partir do século XVII.

Durante o século XVI, os portugueses conseguem se transformar nos virtuais monopolizadores do fornecimento de produtos orientais à Europa, mediante o estabelecimento de uma rede de pontos de apoio – as *feitorias* –, ao longo da costa do oceano Índico (Diu, 1509; Goa, 1510; Málaca, 1511; Ormuz, 1515). São reforçados pela presença permanente de uma esquadra de batalha, que expulsa os tradicionais mercadores árabes da região.

Consoante o caráter exclusivamente comercial do sistema econômico que engendra o estabelecimento dessa área colonial, a feitoria se transforma no padrão de ocupação europeia da região (com a notável exceção do sistema híbrido estabelecido pelos holandeses). Misto de entreposto comercial e porto fortificado, a feitoria visa assegurar o embarque das mercadorias orientais, localizando-se em pontos terminais das tradicionais rotas comerciais asiáticas. Não houve maiores preocupações por parte dos portugueses no século XVI, e depois pelos ingleses e franceses, pela forma com que as mercadorias que demandavam eram produzidas, desde que fossem entregues para comercialização em suas diversas feitorias. Na verdade, houve pouca penetração pelo interior dos territórios asiáticos. A preocupação maior era controlar mais os portos de embarque e as rotas oceânicas do que as áreas produtoras em si, as quais foram deixadas mais ou menos intocadas quanto as suas tradicionais formas de produção e sistemas de dominação política.

No século XVII, o monopólio português foi quebrado pela concorrência anglo-holandesa, e depois francesa, restando-lhes apenas alguns pontos de apoio na Índia (Goa, Damão e Diu), na China (Macau) e nas ilhas das especiarias (Timor). Os novos conquistadores, através de *companhias de comércio* – a holandesa data de 1601, a inglesa de 1608 e a francesa de 1666 –, inauguram um período de acirrada competição pelo controle do oceano Índico e do comércio da Índia, que só foi vencido de forma decisiva pelos ingleses após a segunda metade do século XVIII. À exceção dos holandeses que puderam apossar-se da atual Indonésia (ilhas de Java, Bornéu, Sumatra, Célebes, Molucas e Flores), tanto franceses como ingleses deram prosseguimento ao padrão de estabelecimento de feitorias, inaugurado pelos portugueses.

A Companhia Holandesa das Índias Orientais estabeleceu um sistema de dominação indireta sobre as diversas ilhas da Indonésia, deixando os poderes locais teoricamente intactos, acobertando-lhes a autoridade, desde que permitissem à companhia exercer o monopólio da comercialização e explorar os recursos econômicos da região. Em pouco tempo, o volume da produção de especiarias (pimenta, cravo-da-índia, mostarda, sândalo), de café, açúcar e arroz, foi condicionado à demanda mundial, com a sistemática proibição do aumento das áreas cultivadas, destruição de colheitas e especialização forçada regional. Ao mesmo tempo, as populações nativas foram obrigadas a períodos de trabalho compulsório, e a entregar sua produção exclusivamente à Companhia, com preços arbitrariamente fixados. Esse "sistema híbrido" holandês permitiu que os preços mundiais dos produtos indonésios fossem mantidos artificialmente altos, em benefício exclusivo da companhia, que se tornava virtualmente um departamento de Estado, ao mesmo tempo em que barateava incrivelmente os custos da dominação sobre a principal área produtora de especiarias.

Em resumo, com exceção do caso holandês, o sistema colonial do Oriente teve um impacto marginal sobre as áreas envolvidas, não afetando suas estruturas de produção, e revelou-se contrário a seu objetivo primário – a acumulação de capitais na Europa Ocidental, devido ao padrão de troca que comportou.

O Sistema Colonial Americano

Foi na América (o Novo Mundo) que o sistema econômico comercial pôde operar com maior eficiência. Montou toda uma estrutura de produção baseada no *trabalho compulsório*, e operou comercialmente em um *regime de monopólio*, cuja finalidade primeira foi maximizar a extração de excedente econômico, concentrando-o na Europa Ocidental.

Com exceção do nordeste dos atuais Estados Unidos, todo continente americano foi dividido em *colônias de exploração*. Eram dependentes politicamente de metrópoles europeias e tinham suas economias dinamizadas a partir dos centros decisórios metropolitanos, com o fim único de serem exploradas por eles, viabilizando a acumulação primitiva de capitais.

Os dois mecanismos básicos utilizados pelos Estados metropolitanos, a fim de possibilitar essa acumulação, foram o regime de monopólio – também chamado de exclusivo comercial –, e o trabalho compulsório, presentes em todas as colônias de exploração, fossem de Portugal ou Espanha, fossem da Inglaterra, França ou Holanda.

O regime de monopólio estabelecia que as colônias só poderiam vender sua produção para sua respectiva metrópole (oligopsônio), e dela comprar com exclusividade os produtos de que necessitassem (oligopólio), através dos mercadores e/ou companhias de comércio expressamente autorizados pelos Estados metropolitanos. Esse sistema de oligopólio bilateral foi peça fundamental para a acumulação de capitais, na medida em que permitia uma tripla geração de lucros. Os mercadores metropolitanos tinham a exclusividade da compra dos produtos coloniais, podendo pagá-los quase no nível dos custos de produção. Como detinham também a exclusividade de sua revenda na metrópole, podiam comercializá-los a preços bastante altos, incorporando sobrelucros. Somava-se a isso o fato de serem fornecedores exclusivos para as colônias dos produtos metropolitanos. Assim, vendiam-nos aos preços mais altos que as colônias tinham condições de absorver. É significativo que a partir do século XVII os produtores coloniais declarem-se permanentemente endividados, apesar das grandes safras que colhiam, em razão direta das distorções que o regime de monopólio permitia que as metrópoles fizessem nos preços.

No caso brasileiro, por exemplo, a adesão dos grandes proprietários de engenhos ao movimento de expulsão dos holandeses do nordeste (Insurreição Pernambucana, 1644-54), deveu-se basicamente à promessa portuguesa de cancelamento das dívidas contraídas junto à Companhia das Índias Ocidentais, para a reconstrução dos engenhos e ampliação das áreas de cultivo de cana-de-açúcar. E a Revolta de Beckman em 1648, no Maranhão, foi dirigida expressamente contra os preços abusivos, que a Companhia de Comércio do Maranhão – detentora do monopólio de comercialização da região –, cobrava pelo fornecimento de escravos africanos.

Na verdade, os produtores coloniais tiveram sempre seus lucros drasticamente deprimidos, em razão dessa comercialização obrigatória, a preços de monopólio, que as metrópoles lhes impunham. Não podiam se aproveitar das flutuações favoráveis de preços no mercado e tinham que recorrer frequentemente a empréstimos, vivendo uma falsa condição de *status* superior, graças à posse de grandes extensões de terras e de numerosos escravos.

Naturalmente, o regime de monopólio, pelo seu caráter impositivo aos produtores coloniais, só daria resultado se fosse estritamente regulado e aplicado. Portugal, Inglaterra, Holanda e França exerciam o monopólio através de companhias de comércio privilegiadas. A Espanha adotou o sistema de porto único (primeiro Sevilha, depois Cádiz). E permitiu que apenas três portos de seu império americano, que se estendia da Califórnia à Patagônia (Vera Cruz no México, Porto Belo no Panamá, e Cartagena na Colômbia), importassem mercadorias metropolitanas e exportassem as coloniais, regulando todo comércio de suas colônias americanas através de um organismo oficial, a Casa de Contratação. Esse sistema de monopólio criava, sem dúvida, situações absurdas como, por exemplo, o da região do rio da Prata, que apesar de possuir um extenso litoral atlântico com bons portos naturais (Buenos Aires), tinha todas as suas exportações e importações centralizadas em Porto Belo, Panamá, de onde eram transportadas em lombo de mulas através dos Andes. Elas eram coerentes com a lógica do sistema, que necessitava de um permanente e rígido controle para poder funcionar.

Aliás, toda e qualquer incapacidade das metrópoles, ainda que temporária, em atender adequadamente aos mercados coloniais, gerava de imediato o florescimento de um comércio intercolonial, através de circuitos mais lógicos. Isso demandava um esforço suplementar metropolitano em suprimir esse comércio e logicamente fazia do contrabando uma atividade largamente difundida e lucrativa. Ao contrário do que comumente se acreditou, a existência do contrabando não negaria o funcionamento do regime de monopólio, mas só existia em função deste, uma vez que era a exclusividade dos mercados coloniais que fazia do contrabando uma atividade lucrativamente interessante. Na América Espanhola, dada a fraca estrutura manufatureira da Espanha, e do extremo controle através de poucos portos autorizados, já em finais do século XVII o volume do comércio de contrabando superava o oficial.

A existência do regime de monopólio comercial, fundamental para a acumulação metropolitana, tornou as áreas coloniais americanas dependentes politicamente de suas metrópoles europeias. Só a ausência de autonomia política podia sujeitar os produtores coloniais a terem toda sua atividade comercial reservada às metrópoles, com condições estabelecidas exclusivamente por elas.

É interessante observar-se que o grau de dominação metropolitana, sobre determinada colônia, variou de acordo com o peso econômico que ela desempenhou em diferentes momentos. Portugal, inicialmente mais interessado em suas possessões no Oriente, adotou no Brasil o sistema de capitanias hereditárias, já testado com sucesso nas ilhas do Atlântico (Madeira e Açores). Reduzia-se em muito os gastos administrativos metropolitanos, esse sistema mostrou-se pouco eficiente em termos de controle efetivo. Com o progressivo desenvolvimento da economia açucareira brasileira, foi criado, em 1548, o Governo Geral, o que representava um domínio político mais rígido, com a correspondente centralização administrativa. Junto com o Governo Geral, Portugal também se fez representar na colônia pelas figuras do *ouvidor-geral*, encarregado da aplicação da justiça, do *provedor-mor da fazenda*, incumbido da cobrança dos impostos e direitos da Coroa, e do *capitão-mor*, responsável pela defesa da colônia, completando a estrutura administrativa de sua colônia americana.

Já a Espanha, tendo encontrado, desde os primeiros tempos, metais preciosos em suas áreas coloniais, implantou um sistema político-administrativo bastante rígido. Havia a *Casa de Contratação*, que regulava todas as atividades comerciais – inclusive as frotas que a ligavam às colônias, e o recebimento das rendas reais, e o

99

Conselho das Índias, que legislava e nomeava os funcionários para as colônias. Estabeleceu-se uma hierarquia administrativa, que comportava quatro *vice-reis* (México, Peru, Nova Granada e Rio da Prata); passava pelas *audiencias* – tribunais com funções administrativas auxiliares, e pelos *corregimientos* – subdivisões das audiências; e chegava aos *cabildos* – conselhos municipais.

Os franceses, que aparecem na América no século XVI por meio de iniciativas individuais, no século seguinte adotam o método de companhias comerciais privilegiadas, para em seguida passarem a constituir uma administração mais centralizada para suas colônias, com governadores e funcionários nomeados pelo Estado. Inglaterra e Holanda seguem, *grosso modo*, a evolução francesa, devendo-se destacar o maior peso que suas companhias comerciais tiveram no controle colonial. No caso holandês, isso foi levado ao limite: a presença holandesa no nordeste brasileiro, durante 1630-1654, por exemplo, foi obra e responsabilidade exclusiva de uma iniciativa privada, a Companhia Comercial das Índias Ocidentais.

O segundo mecanismo básico utilizado pelos Estados metropolitanos, para promover a acumulação primitiva de capitais, foi a imposição do trabalho compulsório às suas colônias americanas.

A adoção do trabalho compulsório não dependeu absolutamente da situação demográfica das metrópoles, sendo imposto meramente por razões de ordem econômica. No entanto, as tradicionais explicações para sua adoção – a abundância de terras inapropriadas e o parco povoamento europeu –, não são suficientes para aclarar completamente a questão, embora ressaltem pontos importantes. Não há dúvida de que a ação combinada das duas levaria os colonizadores a se transformarem em pequenos proprietários, o que alargaria o mercado consumidor dos produtos metropolitanos, mas traria o inconveniente de parte da produção colonial ser consumida na própria colônia. Isso retrairia o volume global da oferta de produtos coloniais, que era a base da extração de excedente do sistema, através da comercialização monopolista. Também a existência de uma vasta parcela de pequenos produtores e de trabalhadores assalariados coloniais geraria a necessidade de diversificação produtiva e de comércio interno, acabando por concentrar renda na própria colônia, o que não era em absoluto, a função que a metrópole lhe reservara.

A principal razão, que levou à imposição do trabalho compulsório nas colônias americanas, foi seu custo mais elevado. Esta razão torna-se patente, quando se atenta para a forma de trabalho compulsório padrão adotada na América: a escravidão africana. Os espanhóis impuseram inicialmente às populações indígenas que submeteram, outras formas de trabalho compulsório, como a *mita* no Peru – o trabalho obrigatório nas minas –, e a *encomienda* principalmente no México – fornecimento de determinado número de indígenas por aldeia, para a prestação de serviços gratuitos durante um período fixo de tempo. Isso deveu-se basicamente ao fato de eles terem se fixado nas áreas nucleares de população americana, que já estavam condicionadas à prestação de períodos de trabalho obrigatório a seus Estados mais centralizados, o Asteca no México, e o Inca no Peru. Também os ingleses inicialmente utilizaram uma forma de "escravidão temporária", com o emprego em suas colônias americanas dos *indented servants*. Eram criminosos, órfãos, desempregados, arruinados, que assinavam um contrato pelo qual trabalhariam alguns anos (em média cinco), gratuitamente, para quem lhes pagasse os custos da viagem até a América. Mas, e isto é fundamental, essas diversas formas de trabalho compulsório foram sendo paulatinamente relegadas a um segundo plano, senão completamente abandonadas – como no caso dos *indented servants* ingleses e dos *engagés* franceses dos primeiros tempos da colonização das Antilhas e do Canadá, em favor da adoção generalizada da forma limite da compulsão do trabalho, a escravidão. O acentuado declínio da população indígena nas colônias espanholas, sem dúvida deve ter influído na maciça adoção da escravidão africana. O México, por exemplo, passou de uma população de cerca de 25 milhões de indígenas em inícios do século XVI, para pouco mais de 1,5 milhão em 1650-70, devido, principalmente, à ausência de anticorpos para certas doenças muito comuns entre os europeus, como a gripe, a varíola ou o sarampo.

No entanto, a população indígena das colônias espanholas estava sujeita a ciclos demográficos próprios, que fizeram com que em finais do século XVIII, elas correspondessem a cerca de 45% da população total da América Espanhola, sem que esse crescimento fosse seguido pelo abandono da escravidão africana. Ao contrário, uma simples consulta ao que se poderia chamar de geografia da escravidão africana na América mostraria que, se no século XVI ela

101

se restringia à América Portuguesa, no século XVII ela já se fazia presente também na América Espanhola (maciçamente a partir de 1630), na América Britânica a partir de 1619, e nas colônias antilhanas de França e Holanda depois da segunda metade do século. Desde inícios do século XVIII, esteve presente, como forma de trabalho dominante, em todas as colônias americanas, não importando de que metrópole europeia.

Qualquer mercadoria produzida por trabalho escravo tem um custo superior a sua similar produzida por trabalho assalariado, pois ela incorpora em seus custos de produção dois elementos extras: o custo de aquisição do escravo e o salário do elemento que deve vigiá-lo. Como o escravo está totalmente apartado dos resultados de seu trabalho, sendo ele mesmo uma mercadoria como outra qualquer, ele só cumprirá sua tarefa produtiva se for obrigado e mantido sob estreita vigilância. Ou seja, a escravidão tem a paradoxal característica de depender de uma forma de trabalho mais evoluída, a assalariada, para poder funcionar corretamente.

Uma simples conta aritmética permite visualizar com clareza essa questão dos custos de produção, como a que se segue, tomando como exemplo o Brasil açucareiro.

Trabalho Escravo
CE + CM + CF + CV = Total
10   02   50   08   = 70

Trabalho Assalariado
CV' + CF =   Total
10   50   = 60

Sendo: CE, o custo de aquisição do escravo;
CM, seu custo de manutenção;
CF, o custo fixo, representado pelo engenho, plantações, etc.;
CV, o custo de vigilância, representado pelo salário do feitor;
CV', os custos variáveis, representados pelo salário do trabalhador.

No exemplo acima, mesmo deprimindo-se os custos de manutenção do escravo (alimentação, roupas, moradia), e o salário do feitor, e valorizando-se o salário do trabalhador, o resultado do trabalho escravo será sempre mais caro que o do trabalho livre, residindo essa diferença exatamente no preço de aquisição do escravo.

Uma vez que o mercador metropolitano tem o monopólio da comercialização dos produtos coloniais também em sua respectiva metrópole, ele transferirá para o consumidor europeu o sobrepreço que a produção escravista tem, o que concorre para maximizar a acumulação primitiva de capitais.

Na verdade, o trabalho escravo colonial permitiu uma dupla extração de excedente econômico, na medida em que era o mercador metropolitano quem vendia esse escravo ao produtor colonial, lucrando uma primeira vez; e depois comprava, a preço de monopólio, a produção encarecida por esse escravo, revendendo-a com exclusividade ao consumidor metropolitano, lucrando uma segunda vez.

Esse duplo lucro sem dúvida só podia ser realizado sob o regime de monopólio comercial. E além disso, era fundamental que o escravo fosse uma mercadoria externa à colônia, comercializado nela por um mercador metropolitano, a preços de monopólio.

Aqui estava a razão fundamental de a escravidão indígena ser dificultada, e mesmo proibida pelas metrópoles, com a concordância da Igreja. Esta estabeleceu uma diferença conceitual entre o indígena, considerado *gentio*, e portanto passível de catequização, e o africano, considerado *apóstata*, e portanto passível de escravidão. Estando o indígena no interior da colônia, sua comercialização só poderia ser feita por elementos coloniais, o que geraria uma indesejável concentração de renda na colônia, além de impedir o desenvolvimento de um ativo novo ramo do comércio metropolitano, o tráfico de escravos africanos.

Não houve qualquer problema de "inadaptabilidade" indígena ao trabalho contínuo, nem questões de "sua pouca resistência física", e muito menos razões de sua pouca densidade demográfica, para a não escravidão intensiva dos indígenas. A questão foi uma opção puramente de ordem econômica, como bem o demonstra a denominada fase do bandeirantismo de apresamento, 1632-48. Com o domínio holandês do nordeste açucareiro e das rotas do Atlântico sul, e sua posterior ocupação dos entrepostos portugueses na África, as áreas coloniais ainda sob o domínio português – principalmente a Bahia –, viram-se privadas do fornecimento de mão de obra africana. A solução encontrada foi o ataque, apresamento e venda dos indígenas concentrados pelos jesuítas nas *reduções* localizadas nos atuais Uruguai e Paraguai, como escravos para as lavouras de cana-de-açúcar. Mas, tão logo os portugueses retomaram suas possessões africanas, restabelecendo um fluxo regular de mão de obra escrava africana, esse emprego dos indígenas como escravos extinguiu-se naturalmente.

As razões da "escolha" dos africanos como a mão de obra escrava padrão para a América são também de ordem econômica, não havendo qualquer implicação de inferioridade racial, e muito menos questões de preconceito. E uma série de razões secundárias explicam essa opção pelos africanos: o interesse metropolitano em desenvolver outro setor comercial; a localização geográfica da África, que permitia integrar o comércio atlântico por meio de triângulos, Europa, África, América, em um período em que o transporte marítimo era um dos setores mais importantes da economia; a ausência de Estados fortes na costa atlântica da África, que pudessem oferecer resistências.

No entanto, a razão fundamental da opção pelos africanos, foi o fato de se necessitar de uma fonte de mão de obra localizada em uma região razoavelmente bem povoada, acessível e relativamente perto da área em que ela seria utilizada; e, principalmente, que fosse uma área externa à economia-mundo, de modo que o sistema não fosse penalizado por inevitáveis consequências econômicas, que a remoção em larga escala de mão de obra fatalmente produziria. E a África, em inícios do século XVI, cumpria todas essas condições, pois a única mercadoria realmente de valor que os europeus nela encontravam – o ouro –, sempre foi encontrado em diminutas quantidades, sendo largamente suplantado pelas minas de metais preciosos da América Espanhola. Assim, não havia entre a África e a Europa, qualquer vínculo comercial importante, o que permitiu que a primeira fosse reduzida, dentro do contexto da economia-mundo, a uma especialização produtiva única: o fornecimento de mão de obra escrava para a América.

É impossível se fazer um estudo estatístico do volume do tráfico de escravos africanos para a América, dada a exiguidade das fontes, e mesmo estimar-se com precisão o preço dos escravos, ou o lucro que seu tráfico gerou.

De qualquer forma, pode-se estimar que mais de 12 milhões e meio e menos de 15 milhões de africanos foram introduzidos no continente americano, do século XVI a meados do XIX. Quanto ao lucro que tal comércio proporcionou, ele foi sem dúvida considerável, ainda mais que se deu segundo um sistema de monopólio, que funcionava em favor do vendedor; uma estimativa razoável calcularia o lucro que cada viagem proporcionava, na ordem de 150%, podendo em alguns casos atingir até 300%. Tais margens de lucros, podem ser explicadas pelo fato de serem os custos fixos (navios, salários da tripulação, seguros) invariáveis em relação ao tamanho da carga. Isso levava à prática generalizada da superlotação dos navios, na expectativa de que qualquer queda na mortalidade dos escravos durante a viagem oceânica (estimada em cerca de 20% da carga), pudesse elevar significativamente os lucros.

Os altos lucros, proporcionados pelo tráfico de escravos, explicam a rivalidade entre os diferentes Estados europeus pela obtenção dos contratos de *asiento*. Como a Espanha não possuía fontes próprias de aprovisionamento na África, o fornecimento de escravos às suas colônias era feito por mercadores estrangeiros, que adquiriam da Coroa espanhola o direito exclusivo de comerciá-los, mediante o pagamento de determinada quantia. Durante o século XVI, os portugueses foram os maiores fornecedores de escravos africanos para a América Espanhola, mas ao longo do século XVII, ingleses, franceses e holandeses travaram inúmeras guerras para obter os direitos de *asiento*. Essas guerras foram vencidas finalmente no século XVIII pela Inglaterra, que transformou o porto de Liverpool no maior centro do comércio de escravos, concentrando nele 5/8 do tráfico inglês e 3/7 do total europeu.

Além dos dois mecanismos básicos do sistema colonial americano – o regime de monopólio e o trabalho compulsório –, e da dominação política metropolitana, as colônias americanas tiveram ainda três características comuns: a grande propriedade rural, a especialização produtiva, e a comercialização externa de sua produção.

A Grande Propriedade Rural

Como o objetivo primário da colonização europeia da América foi promover uma acumulação de capitais, a tendência dominante passou a ser a grande propriedade rural, na medida em que a existência de poucos proprietários centralizava a renda, facilitando sua transferência para a metrópole.

Ademais, os altos custos fixos da implantação dos complexos produtivos, como os necessários para a produção do açúcar ou do algodão, fizeram com que as propriedades coloniais fossem naturalmente grandes, a fim de poderem operar com um mínimo de lucratividade. Nas Antilhas francesas, por exemplo, calculou-se que para uma produção de dez barris de açúcar, o gasto com moendas, animais e demais utensílios era o mesmo que para se produzir cem barris; nas Antilhas inglesas, um canavial só seria lucrativo se tivesse no mínimo 160 hectares, enquanto os engenhos de açúcar brasileiros de porte médio, tinham cerca de mil hectares.

Também o uso de mão de obra escrava resultou na constituição de grandes propriedades. Como as metrópoles incentivavam uma produção sempre crescente de gêneros tropicais, dada a presença da escravidão, o aumento da produção só poderia ser conseguido graças à ampliação da área cultivada. Acrescente-se a abundância de terras virgens, e culturas que esgotam rapidamente os solos, como a da cana-de-açúcar e do tabaco, e o quadro estará completo.

As grandes lavouras adquiriram um caráter itinerante, cultivando-se intensivamente as mesmas áreas alguns anos, e depois devido ao esgotamento dos solos, transferindo-se as plantações para novas áreas, abandonando simplesmente as antigas, ou relegando-as a cultivos secundários, principalmente de gêneros alimentícios. Este procedimento foi padrão para toda América, desde as colônias inglesas do sul dos atuais Estados Unidos, onde o tabaco era cultivado por não mais de quatro anos no mesmo local, até o Maranhão, onde a cada três anos transferiam-se as plantações de algodão para terras virgens. Esse padrão contribuiu naturalmente para a existência de uma crescente concentração fundiária, principalmente nas regiões açucareiras: na colônia insular francesa de Guadalupe, os cinquenta proprietários iniciais reduziram-se a seis, no início do século XVIII, o que sem dúvida interessava às metrópoles, para quem o modelo ideal de colônia deveria comportar apenas um grande proprietário, e uma multidão de escravos. Modelo aliás, que esteve bem próximo, na região das Antilhas, nas ilhas de ocupação inglesa, francesa e principalmente holandesa.

Na América Espanhola, região de precoce descoberta de metais preciosos, a existência da grande propriedade rural foi ainda mais acentuada. Além da ação da Coroa espanhola, que devido à enorme extensão de terras que lhe coube e sua pequena população, sempre atuou no sentido de facilitar aos particulares a ocupação de grandes áreas, mediante o pagamento de uma pequena quantia – a *composición* – com o declínio da atividade mineradora a partir de 1640, os colonizadores voltam-se para a pecuária, constituindo enormes *haciendas*, com milhares de hectares, onde o gado era criado extensivamente, alimentando-se das boas pastagens naturais, como também se observa nas *estancias* na região do rio da Prata.

Fosse na forma de grandes fazendas de criação de gado, fosse na forma de *plantation*, propriedade especializada na produção de um gênero tropical, de grande extensão, e trabalhada por mão de obra, a concentração fundiária foi uma constante na América, abertamente estimulada pelas metrópoles.

A Especialização Produtiva

Economia complementar à europeia, a americana cumpria uma função específica: a de produzir gêneros tropicais impossíveis de serem cultivados nas metrópoles europeias, por questões geoclimáticas.

Assim, ocorreu desde o início da colonização, uma especialização produtiva que levou as grandes propriedades rurais à atividade *monocultora*, com a concentração dos escassos capitais disponíveis na produção de um único gênero destinado à exportação.

Por outro lado, como a colônia também devia funcionar como consumidora dos produtos metropolitanos, houve um rígido controle no sentido de impedir uma diversificação produtiva no interior de cada colônia. Só se permitiram bens suplementares a sua atividade econômica principal, que não eram produzidos na Europa, principalmente gêneros alimentícios tropicais, como milho e mandioca.

A unidade produtora colonial típica, a *plantation*, constituiu-se desde os inícios da colonização, chegando a caracterizar toda uma colônia como produtora de uma única mercadoria, como o Brasil dos séculos XVI e XVII, denominado com razão por muitos historiadores como o "Brasil do Açúcar".

107

Também a condição dos setores produtivos – em que a terra era praticamente gratuita, e só poderia ser cultivada empregando-se um elemento bastante caro, o escravo –, mais o exíguo mercado interno que a existência da escravidão constituía, agiam como impedimentos suplementares à diversificação produtiva.

Grosso modo, pode-se considerar o continente americano como produtor de pouquíssimos gêneros tropicais, durante a maior parte do período colonial. O açúcar foi, sem dúvida, sua principal produção, concentrando-se em algumas colônias insulares espanholas e principalmente no Brasil, durante o século XVI, e a partir da segunda metade do XVIII, estendendo-se às colônias antilhanas de Inglaterra, França e Holanda; o tabaco foi cultivado na Bahia, de onde era exportado para a África, constituindo-se no padrão de troca para o comércio de escravos do golfo da Guiné, e intensivamente nas colônias espanholas e no sul dos atuais Estados Unidos; e o algodão sempre foi o produto padrão da América Continental Britânica, sendo introduzido no Maranhão durante o século XVII.

Essa monocultura colonial no limite, só se compreende quando se atenta para o caráter complementar e dependente da economia colonial americana.

A Produção para o Mercado Externo

Mesmo que se constituísse, por razões aleatórias, como no caso da atividade mineradora, um mercado interno colonial ativo, seria extremamente difícil para a economia americana operar uma reconversão agrícola, no sentido de abastecê-lo, orientada que foi, desde seus inícios, exclusivamente para uma atividade produtiva exportadora, e dependente de suas metrópoles para o fornecimento da mão de obra indispensável para a realização de sua produção.

E artificialmente estimulada pelas metrópoles, para operar em um crescente volume de produção, nunca houve condições para que o montante da produção americana fosse consumido internamente. Se por qualquer razão, uma metrópole não pudesse transportar a produção de sua colônia, ela era simplesmente perdida, não realizada, dada a exiguidade de seu mercado interno. Eis aqui realmente o caráter colonial da economia americana.

Não se pode deixar de afirmar essa dependência econômica estrutural das colônias americanas, com relação ao mercado externo, e em mais de um sentido: sua produção destina-se à exportação para as metrópoles, e é através dessa exportação que os produtores coloniais têm sua única fonte de renda, necessária para adquirir toda uma gama de mercadorias indispensáveis, mas cuja produção era restrita às suas metrópoles.

Desse modo, uma colônia de exploração ideal era aquela que produzia simplesmente gêneros tropicais, não sendo rica em metais preciosos. A atividade mineradora naturalmente criava um mercado interno e estimulava a diversificação da produção, fosse pela maior dificuldade de se controlar o enriquecimento ilícito dos colonos e o contrabando, fosse pela facilidade com que a mineração podia ser exercida. Como aconteceu no caso brasileiro durante o século XVIII, em que o ouro de aluvião demandava poucos investimentos de capital para sua extração, possibilitando o desenvolvimento de toda uma camada de pequenos proprietários de lavras.

Na América Espanhola, passada a fase inicial de aberta pilhagem dos metais preciosos acumulados pelos indígenas, que os transformavam simplesmente em objetos de adorno, a atividade mineradora que se desenvolveu, notadamente a extração de prata no norte do México e em Potosi, na atual Bolívia, por demandar procedimentos técnicos elaborados – uso do mercúrio para amálgama, construção de túneis, intensas obras de drenagem, que implicavam maiores volumes de capital –, impediu que se constituísse uma grande camada de pequenos e médios mineradores. Não obstante, desenvolveu-se desde os primeiros tempos da colonização, uma vasta urbanização, com o consequente impulso para as atividades comerciais, artesanais e de serviços, o que levou à criação de um mercado interno, em que pesem todos os impedimentos levantados pela Espanha.

No Brasil do século XVIII, com a descoberta de ouro no interior da colônia, vê-se o florescimento de uma civilização urbana, centrada nas cidades mineiras de Vila Rica, Sabará, São João Del Rei, Congonhas do Campo. Isso leva a metrópole portuguesa à imprescindível promulgação do alvará de D. Maria I, de 1785, proibindo terminantemente a instalação de qualquer manufatura na colônia, à exceção das que fabricavam panos rústicos destinados aos escravos.

Desta forma, exceto nos casos de atividade mineradora, o mercado interno praticamente inexistiu nas colônias americanas, que tiveram, não por acaso, suas sedes administrativas em seus principais portos.

As Colônias de Povoamento

Na região nordeste dos atuais Estados Unidos, ocorreu um processo de colonização diverso do que foi padrão para o continente americano, constituindo-se o que se denomina de colônias de povoamento.

Sua ocupação ocorreu a partir da segunda década do século XVII, por elementos que imigravam de uma Inglaterra conturbada por questões político-religiosas, com o reforço do Absolutismo sob os Stuarts, e a imposição de uma nova religião oficial, o anglicanismo, na segunda metade do século XVI. Perseguidos por suas fés diferentes, calvinistas (também conhecidos como puritanos) e católicos, dirigem-se para a América, buscando um refúgio para se fixarem definitivamente. Os primeiros fundaram a colônia de Massachusetts em 1620, e os segundos a de Maryland em 1634. Foram seguidos por outros grupos religiosos minoritários, ou por descontentes políticos, sobretudo após as Guerras Civis que se estenderam de 1640 a 1651. Esses políticos estabelecem várias colônias, denominadas Nova Inglaterra ou Colônias do Norte (New Hampshire, Connecticut, Rhode Island e Massachusetts), e Colônias do Centro (Nova York, Nova Jersey, Delaware, Pensilvânia e Maryland).

Como esses imigrantes foram motivados por segurança e liberdade, e não por razões mercantis, suas colônias escapam ao controle metropolitano, principalmente devido ao fato de se localizarem na mesma latitude da Europa, o que implicava transformá-las em produtoras das mesmas culturas europeias, e não de gêneros tropicais.

Apartadas do sistema colonial americano por esse condicionamento geoclimático, elas se tornam colônias de povoamento, onde seus povoadores procuram se estabelecer definitivamente e preocupam-se com seu próprio desenvolvimento e não em enriquecer sua metrópole. Embora formalmente fossem colônias da

Inglaterra, na prática possuíam uma condição de territórios livres, tendo, inclusive, assembleias próprias.

Assim, nelas predominou, desde o início, o trabalho em unidades familiais ou o assalariado – mais barato que o escravo –, a pequena propriedade, um dinâmico mercado interno, e uma grande diversificação produtiva. Enquanto as colônias da Nova Inglaterra cultivavam legumes, verduras, cereais, criavam gado, pescavam bacalhau e baleia, construíam navios, e fabricavam tecidos e utensílios domésticos, as do Centro cultivavam extensivamente cereais, tinham uma pecuária bastante desenvolvida, e principalmente eram importantes centros de produção manufatureira.

Foi fundamental para o desenvolvimento dessas colônias de povoamento o papel de metrópole informal que desempenharam com relação às demais colônias inglesas da América, as do sul dos atuais Estados Unidos e as das Antilhas. Devido à maior proximidade geográfica com essas áreas, o que barateava os custos do transporte, com relação à Inglaterra, elas desenvolveram um ativo comércio atlântico, fornecendo gêneros alimentícios e manufaturados às Antilhas, e estabelecendo um triângulo comercial próprio: comprando melaço nas Antilhas, que era transformado em rum na Nova Inglaterra, sendo então trocado por escravos na África, que por sua vez eram vendidos aos produtores antilhanos e das colônias do sul. O resultado foi que essas colônias de povoamento acabaram realizando a sua própria acumulação de capitais, em detrimento da metrópole inglesa.

Essa situação anômala foi tolerada pela Inglaterra, fosse pelas contínuas guerras em que se envolveu na Europa, fosse pela presença francesa na América, no Canadá e ao longo do rio Mississippi, até sua grande vitória de 1763, quando conquista as colônias continentais francesas. A partir dessa data, a Inglaterra passa a taxar as colônias de povoamento, visando alterar sua posição privilegiada. Impôs um imposto sobre o melaço e outro sobre todos os jornais, livros e documentos coloniais, o que acabou produzindo um descontentamento generalizado. Em 1774, proibindo a penetração dos colonos no interior do continente, lançou as colônias do sul em uma união de interesses com as do centro-norte, contrárias à metrópole. Isso culminou com a declaração de independência em 1776, e no nascimento dos Estados Unidos da América.

É importante que se assinale que a colonização de povoamento constituiu-se em um processo restrito à área analisada. Não existiu qualquer semelhança com a ocupação francesa do Canadá, onde apesar das condições climáticas impróprias para a produção de gêneros tropicais, desenvolveu-se um ativo comércio de peles para exportação, através de companhias de comércio monopolistas. Nem foi semelhante ao caso da Capitania de São Vicente, no Brasil, em que se tentou a instalação de uma área produtora de açúcar, que por condições adversas – exiguidade de solos cultiváveis, maior distância da metrópole – foi abandonada, regredindo então a região a uma economia de subsistência.

A Europa Oriental e a Especialização Produtiva

O estabelecimento de uma economia-mundo durante o século XVI acelerou um processo duplo que já ocorria na Europa Oriental, desde a reconversão agrícola encetada na Ocidental, em finais do século XIV e início do XV: a crescente especialização no cultivo de cereais para exportação, e a generalização do emprego do trabalho compulsório camponês.

Não há dúvida de que a especialização produtiva e o trabalho compulsório foram fenômenos paralelos. Durante a depressão do século XIV, os grandes proprietários de terras cancelaram as concessões feitas à população camponesa na época do povoamento da região, ao mesmo tempo em que procuraram intensificar o volume de suas produções tradicionais (cereais, madeiras, ceras). Esta atitude dos grandes proprietários pode ser vista tanto como uma forma de tentar superar a depressão econômica, como uma reação ao monopólio da comercialização que as cidades hanseáticas praticavam, graças ao controle que exerciam sobre todos os portos da área báltica. Logo, a Alemanha a leste do rio Elba, a Polônia, a Boêmia, a Silésia, a Hungria e a Lituânia estavam exportando maciçamente seus produtos tradicionais – de baixo valor unitário –, e importando tecidos, sal e vinhos, o que configurou claramente uma relação de trocas desiguais.

Durante o século XVI, com o estabelecimento da economia-mundo, essa relação econômica intensificou-se, e a inflação provocada na Europa Ocidental pelo afluxo de enormes quantidades de metais preciosos da América tornou a produção de cereais muito atrativa, levando a um aumento de seu cultivo e à generalização do trabalho compulsório camponês, inclusive na Rússia.

A questão central foi que o estímulo econômico que a região recebeu foi externo, incidindo sobre uma área eminentemente rural, carente de grandes cidades, de produção manufatureira significativa, e de um forte componente burguês. E quanto mais esse estímulo cresceu, oferecendo um grande mercado consumidor (em inícios do século XVI, já a Holanda importava 100% de seus cereais da Europa Oriental, que era também responsável por pelo menos 50% das importações cerealíferas da Dinamarca e Inglaterra), mais o poder de coerção dos grandes proprietários de terras cresceu, pela falta de opções que se apresentava aos camponeses. O resultado, perceptível desde inícios do século XVI, foi a generalização do trabalho compulsório no campo, no que tem sido erroneamente chamado de "reação senhorial" ou de "segunda servidão".

Não se tratou em absoluto de um renascimento do sistema funcional, pois ele já perdera desde o século XIV sua característica essencial de funcionalidade. Além disso, o processo de compulsoriedade do trabalho estendeu-se a áreas que nunca o conheceram, nem ao menos marginalmente. Tratou-se de uma nova forma de trabalho compulsório, apenas compreensível dentro da economia-mundo, o *trabalho compulsório em cultivos comerciais*.

Agora, produzia-se para o mercado externo quantidades crescentes de gêneros alimentícios (cereais: notadamente trigo e aveia) e matérias-primas (madeiras, cânhamo, breu, graxa, cera), em grandes propriedades rurais e sob uma forma de trabalho compulsório, o que caracteriza uma economia de tipo colonial.

Embora não houvesse qualquer relação de dependência política, das áreas da Europa Oriental com relação à Ocidental, como no caso americano, a dependência econômica da primeira para com a segunda foi patente, fosse com relação à comercialização externa da maior parte de sua produção, fosse com relação ao transporte dessa produção por mercadores estrangeiros, hanseáticos, holandeses e ingleses.

E essa dependência econômica da Europa Oriental transformou-a em uma região periférica da economia-mundo, no verdadeiro celeiro da Ocidental, e importante fator da acumulação primitiva de capitais.

A Decadência Econômica da Europa Central e Mediterrânea

Se a região mediterrânea já apresentava sinais de enfraquecimento econômico durante o século XV, frente à crescente importância da Europa Atlântica, a Europa Central, por outro lado, graças à produção de suas minas de prata pôde constituir-se em um importante polo econômico nesse mesmo século.

A situação alterou-se no século XVI, com o ingresso maciço de prata proveniente da América Espanhola reduzindo a produção da Europa Central a uma situação marginal, dentro do volume global da oferta do metal. Ao mesmo tempo, esse século marcou a decadência econômica da região, bem como da Europa Mediterrânea, que sofreu uma redução de seu espaço econômico frente ao avanço constante dos turcos otomanos, graças basicamente a dois eventos: a falência dos Habsburgos em conquistar a hegemonia europeia, e a incapacidade dessas regiões em constituir Estados Nacionais.

Enriquecidos pelos metais preciosos de suas colônias americanas, e dominando vastas áreas europeias (Espanha, Hungria, Croácia, Milão, Nápoles, Sardenha, Sicília, e o denominado Sacro Império Romano-Germânico que compreendia as atuais Alemanha, Bélgica, Holanda, Áustria, Silésia, Boêmia, Morávia e Borgonha), os Habsburgos sob Carlos V (1519-1556) e depois sob Felipe I (1556-1598), que herdou os vastos domínios de seu pai, tentaram impor-se hegemonicamente sobre a Europa Ocidental. Os dois soberanos Habsburgos procuravam fazer coincidir as áreas centrais da economia-mundo com seu domínio político, na forma do estabelecimento de um Império universal.

Nesta vã tentativa, Carlos V enfrentou a oposição da França e da Turquia, em uma série de guerras, respectivamente pelo controle do norte da Itália e do Mediterrâneo, além de presenciar a difusão da reforma protestante pelos seus domínios da Europa Central. Felipe II, por seu lado, combateu seguidamente a França, a Inglaterra e o Império Otomano, falhando em derrotar a rebelião da Holanda em sua longa guerra de independência (1568-1648), e em evitar a sistemática pilhagem de suas possessões americanas e das frotas comerciais espanholas, por parte de corsários ingleses, franceses e holandeses.

Ao fim do século XVI, a Europa Central estava reduzida a uma condição periférica com relação à economia-mundo. Encontrava-se dividida internamente entre católicos, luteranos, calvinistas e batistas, e com seus setores burgueses mais dinâmicos profundamente abalados pelas sucessivas falências decretadas pelos soberanos Habsburgos (1557, 1560, 1575, 1596). A Europa Mediterrânea foi sendo relegada a uma condição marginal, fora do eixo comercial mais dinâmico do período, o Atlântico, sofrendo a pressão do Império Turco, e tendo seu comércio seguidamente diminuído pelas pilhagens dos corsários berberes do norte da África. Suas cidades manufatureiras enfrentaram a concorrência crescente dos Estados Nacionais que se constituíram na Europa Ocidental.

Na verdade, foi a incapacidade dessas duas regiões em edificar Estados Nacionais, que agravou sua decadência econômica, relegando-as a uma condição periférica. Se a Europa Central apresentava-se aparentemente unida, sob o Sacro Império Romano-Germânico, na verdade ela estava profundamente dividida, por questões religiosas irreconciliáveis. E a Europa Mediterrânea, por seu lado, fragmentava-se em cidades-Estados rivais, Ligas de Cidades e inúmeros ducados e principados de menor significação, com uma produção manufatureira cara, devido ao controle exercido pelas corporações de ofício, e com uma especialização produtiva em cereais. Dada essa conjuntura, nenhuma das duas pôde fazer frente aos enormes recursos econômicos que os Estados Nacionais (França, Inglaterra, Holanda, e em menor escala Espanha e Portugal) conseguiram mobilizar e pôr em prática, no sentido de transformarem-se em exportadores de manufaturados e em importadores de alimentos e matérias-primas. E dessa maneira exercer controle sobre vastas áreas coloniais, dentro de um complexo sistema de economia-mundo, por meio de uma ativa política de intervenção estatal na economia, o mercantilismo.

AS ÁREAS CENTRAIS DA ECONOMIA-MUNDO

Durante os séculos XVI, XVII e a maior parte do XVIII, vários Estados Nacionais lutam entre si, na área central da economia-mundo – denominada, *grosso modo*, de Europa Ocidental, para nela permanecerem, e melhor realizarem o objetivo básico do sistema econômico: promover a acumulação de capitais.

Não há dúvida de que só essas entidades políticas, denominadas Estados Nacionais, poderiam coordenar os esforços em escala mundial, para promover essa acumulação, que por ser baseada no comércio, fazia-se mais nas áreas periféricas, que propriamente no interior da área central da economia-mundo.

Ocorreu, portanto, um considerável reforço da intervenção estatal na vida econômica, a ponto de dominá-la completamente, paralelamente a uma aberta competição entre os diversos Estados Nacionais. Essa intervenção na economia é geralmente denominada *mercantilismo*, e a competição entre os Estados, de *Guerras de Nacionalismo Econômico*. A maior ou menor eficácia dos Estados em implementar essa política, e em vencer essas guerras, determinou, em última análise, sua permanência na área central da economia-mundo, em uma posição de primazia – Inglaterra –, ou em posições secundárias – França e Holanda –, ou seu deslocamento para uma posição inferior de *semiperiferias* – Espanha e Portugal.

Conjunturalmente, o período passou por três fases distintas, que analisadas separadamente permitem uma melhor visão de sua evolução estrutural, viabilizadora da assunção do sistema econômico capitalista.

A Fase de Expansão do Século XVI

Essa denominada fase de expansão do século XVI, na verdade ocupa mais de um século, estendendo-se de 1501 a 1620. Ela foi a continuação da expansão europeia do século XV, reforçada pelo ingresso maciço de metais nobres das minas americanas, e marcou a "idade de ouro" de Portugal e Espanha.

Essa fase de expansão foi também a época do estabelecimento da economia-mundo, do fortalecimento dos Estados Nacionais, do apogeu do Renascimento, e da Reforma, que mais que os outros fatores foi um claro divisor de águas, entre um mundo mediterrâneo e clássico, e outro atlântico e moderno.

A Reforma – luterana e principalmente calvinista –, libertou as atividades comerciais e bancárias dos entraves que o catolicismo lhes impunha, e deu uma religião aos setores burgueses condizente com sua atividade básica do período – o comércio –, que estimulava o trabalho, a poupança e a acumulação de bens econômicos. Portugal e Espanha, o primeiro graças ao virtual monopólio do comércio de especiarias que exercia no oceano Índico, e à produção açucareira do Brasil – 180 mil arrobas em 1570, 350 mil em 1580 e 1,2 milhão de arrobas em 1600, e a segunda, principalmente à produção das minas de suas colônias americanas, tornaram-se os polos econômicos da economia-mundo.

É importante que se assinale que os países ibéricos não usufruíram sozinhos dessa posição privilegiada. Se firmas comerciais italianas e alemãs sempre mantiveram estreitos laços com a economia espanhola, Portugal, dada sua escassez de capitais – agravada pelo seu ativo comércio oriental–, estabeleceu uma verdadeira sociedade comercial com banqueiros – comerciantes holandeses –, para a montagem do complexo açucareiro do Brasil. Nessa associação, os portugueses encarregaram-se da produção (terras, colonizadores, escravos e primeira refinação do açúcar), e os holandeses do financiamento do empreendimento, de sua comercialização nos mercados europeus e da segunda refinação do açúcar, dividindo ambos o transporte do produto da América para a Europa.

Mas nada ilustra melhor esse período, que a chamada *revolução dos preços*, que a economia-mundo sofreu, em razão do enorme afluxo de ouro e prata da América para a Espanha: não menos que 13 mil toneladas de prata e 170 toneladas de ouro, entre 1503 e 1620.

Essa quantidade de metais preciosos gerou uma inflação sem precedentes, na verdade uma inflação de demanda, onde a expansão dos meios de pagamento superou em muito a oferta global de mercadorias, bens e serviços. Como os preços nominais de todos os produtos tiveram que se elevar, para se adequar à súbita desvalorização da moeda, ocorreu um grande incentivo à produção global, o que revitalizou uma economia em crescimento, mas que tinha até o século anterior, como um de seus maiores obstáculos, uma escassez de meio circulante.

Por outro lado, essa revitalização econômica produziu resultados diversos, dependendo da atividade econômica e da região.

Tomando-se a Europa Ocidental como um todo, pode-se avaliar o crescimento do meio circulante durante o período em cerca de 10 vezes, e o dos preços em cerca de 4 vezes, o que levou a uma concentração da acumulação de capitais.

Os setores mais atingidos foram aqueles que dependiam de uma renda monetária fixa, como os sujeitos à economia senhorial; os que tinham os salários como importante componente dos custos de produção sujeitos a regulamentações associativas, como as corporações de ofícios; as regiões que não possuíam importantes centros manufatureiros, como Portugal e Espanha; e os trabalhadores assalariados de um modo geral.

Ao contrário, os setores mais beneficiados, foram aqueles que produziam livremente para o mercado, quer produtos agrícolas, quer artesanais, sob o sistema manufatureiro doméstico; os que operavam associativamente o comércio exterior europeu, comprando licenças privilegiadas das Coroas ibéricas; e principalmente os que se encarregavam da circulação de mercadorias no interior da Europa.

A revitalização econômica foi particularmente significativa para dois setores. Um deles foi a agricultura europeia que se fazia cada vez mais especializada regionalmente, e empregava crescentes contingentes de mão de obra assalariada; o outro foi o sistema manufateiro doméstico, que devido a sua tríplice vantagem sobre o operado pelas corporações de ofícios, fortaleceu-se muito durante o século XVI. Ele permitia a expansão dos negócios, pela definição prévia do volume da produção; permitia a introdução de inovações técnicas, baixando os custos e aumentando a produção; e possibilitava pagar salários livres, não sujeitos à prévia regulamentação. E o mais importante, do ponto de vista da evolução do sistema econômico, era o fato de o mercador deixar de operar exclusivamente na circulação, passando também a se ocupar da produção.

Ao final dessa fase de expansão mais que secular, seus dois principais polos, Portugal – unido à Coroa espanhola desde 1580–, e Espanha, haviam desperdiçado suas oportunidades únicas. O primeiro, perdia sua posição monopolista no oceano Índico, em razão direta da perda de sua identidade nacional: os holandeses em aberta rebelião contra a Espanha, passaram, desde inícios do século XVII, a atacar o império oriental português. A segunda, depauperada pelas infrutíferas tentativas dos Habsburgos em estabelecer um império universal, sofria ataques seguidos em suas áreas coloniais americanas, por parte de franceses, ingleses e holandeses. A exclusividade com relação à posse do Novo Mundo, que os países ibéricos mantiveram durante o século XVI, perdera-se irremediavelmente.

É muito significativo, que um contemporâneo espanhol à bancarrota de 1575, declarara literalmente: "A Espanha é igual à boca que recebe a comida e mastiga-a apenas para enviá-la de imediato aos outros órgãos, sem reter mais que o leve gosto ou alguns fragmentos que acidentalmente prendem-se aos seus dentes... Ouro e prata nascem nas Índias, morrem na Espanha e são enterrados em Gênova".

A Fase de Depressão do Século XVII

Após uma longa fase de expansão econômica, cujas raízes remontam ao século XV, a economia-mundo registrou no século XVII uma desaceleração geral, conhecida como depressão do século XVII, ou *Fase B* na terminologia econômica que considera a existência de ciclos alternados de expansão (Fase A) e de retração (Fase B).

O que caracterizou essa depressão, da qual a economia-mundo só se recuperará a partir de 1720, além de uma diminuição sensível no volume do comércio, foi a persistência de duas tendências, uma baixista com relação aos preços, e outra altista com relação aos salários.

Embora suas causas determinantes não sejam claras, pode-se alinhar três razões principais: a redução no volume de metais preciosos que a Europa recebeu; a inconsistência de sua recuperação demográfica; e a fraqueza do sistema econômico comercial em autossustentar-se.

O ingresso de metais preciosos americanos na Espanha, única metrópole que possuía colônias mineradoras, declinou constantemente, passando de 2.100 toneladas de prata e 4 de ouro em 1621-1630, para 1.400 de prata e 1,2 de ouro em 1631-1640, e 1.000 de prata e 1,5 de ouro em 1641-1650, alcançando menos de 400 toneladas de prata e 1/2 tonelada de ouro em 1651-1660.

A recuperação demográfica que se processava na Europa, desde a catástrofe provocada pela Peste Negra no século XIV, estava longe de ser constante. Frequentes epidemias de tifo e varíola assolavam várias regiões, expostas também a fomes e guerras. A Alemanha, em virtude da Guerra dos Trinta Anos (1618-1648), teve sua região central inteiramente arrasada, perdendo cerca de 40% de sua população rural. A Espanha teve um recuo demográfico da ordem de 25% durante o século XVII. E em algumas cidades, as perdas causadas por epidemias chegaram a 40% de suas populações.

No entanto, a razão principal parece ter sido o artificial aumento da demanda, durante o século XVI, que para se manter necessitava que o volume do ingresso de metais preciosos se mantivesse constante, e que não houvesse quebras no ritmo do crescimento demográfico. Quando essas duas condições não se cumpriram, o sistema econômico foi incapaz de sustentar a demanda nos níveis anteriores, provocando um desequilíbrio entre a oferta e a demanda globais.

Criou-se uma situação de subconsumo, que inverteu a tendência anterior: os preços caíram e os salários elevaram-se. Embora os preços dos gêneros alimentícios tivessem caído em média 35%, os salários não subiram na mesma proporção, o que não compensou a deflação, uma vez que os preços estavam artificialmente elevados, e o mercado consumidor em vez de aquecer-se, retraiu-se.

Essa retração do consumo forçou uma baixa maior dos preços gerais. Os preços tinham um limite estrutural: os próprios salários que eram componentes importantes dos custos de produção, dado o baixo nível técnico do período. Isso acabou provocando uma diminuição nos lucros, com a consequente retração geral dos negócios. Limitando suas atividades, o produtor diminuía suas compras de matérias-primas e empregava menos mão de obra, agravando o quadro geral, e atingindo duramente o setor comercial.

A principal consequência da depressão do século XVII foi a ampliação dos poderes do Estado, com o reforço do absolutismo político e da intervenção econômica – mercantilismo –, como forma de reativar a economia.

O Mercantilismo

O mercantilismo pode ser entendido como as teorias e as práticas de intervenção estatal na economia. Embora traços mercantilistas possam ser encontrados em períodos anteriores, como nas seguidas proibições inglesas da exportação de metais preciosos do país durante o século XV, ele só se torna norma geral, comum a todos Estados europeus, durante a depressão do século XVII. Uma visão mais teórica dessa depressão permite considerá-la como uma crise de crescimento do sistema econômico comercial. A acumulação de capitais que o sistema efetuava, encontrava-se bloqueada tanto pela permanência de enclaves de economia senhorial, como pela existência das corporações de ofícios. A primeira, embora em acentuado declínio, impedia que o trabalhador rural assalariado se tornasse dominante, enquanto as segundas, submetendo a produção manufatureira a severas limitações e a regulamentações corporativistas, impedia que o trabalho urbano assalariado se desenvolvesse livremente. Além disso, contribuía muito para obstar o pleno desenvolvimento do sistema comercial, o fato de que parcela significativa dos capitais era consumida não produtivamente pela nobreza cortesã e pelo alto clero. Para supe-

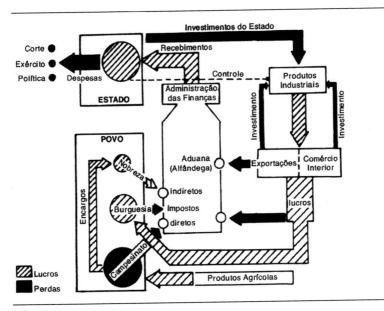

Figura 6 – O sistema mercantilista.
(Fonte: Esquema adaptado do *Atlas Historique*, Librairie Stock, 1968).

121

rar essa situação de bloqueio, o sistema comercial necessitava de apoios extraeconômicos, que só poderiam lhe ser fornecidos pelo Estado, através de uma prática mercantilista: eis aqui o claro sentido da acumulação primitiva de capitais.

A forma mais eficiente de superar esse bloqueio foi a de promover essa acumulação prioritariamente nas áreas periféricas do sistema, pelo estabelecimento de sistemas coloniais.

Houve, portanto, uma clara associação entre a política mercantilista e o desenvolvimento do Estado absolutista, expressa pela tradicional aliança rei-burguesia. Colocando-se acima das diferentes camadas sociais, a fim de promover um equilíbrio entre elas, o rei transforma-se na encarnação do Estado. Necessitando de crescentes recursos, tanto para impor-se aos outros Estados em formação, como para separar-se da sociedade civil, ele incentiva o comércio – o setor econômico mais dinâmico do período –, para poder tributá-lo. Mas assim agindo, promove o fortalecimento dos setores burgueses, desequilibrando o sistema.

E em um segundo momento, quando os setores burgueses fortalecidos pela acumulação de capitais promovida pelo Estado absolutista, transformam-se em classe social – a burguesia –, voltam-se para esse Estado absolutista, baseado em um equilíbrio social não mais necessário, e mercantilista, promotor de uma acumulação primitiva de capitais também não mais necessária, destruindo-o.

Embora não houvesse uma clara sistematização da teoria mercantilista, quatro pontos foram essenciais a sua prática. Na verdade, o primeiro ponto foi fundamental e serve de desdobramento para os outros três.

1. **Metalismo:** é a ideia generalizada de que um país seria tão mais próspero e poderoso, na razão direta da quantidade de metais preciosos que ele possuísse. Derivada da "fome metálica" dos séculos XIV e XV, essa concepção foi reforçada pela observação de que a potência que quase conseguiu se impor hegemonicamente à Europa – a Espanha –, possuía enormes reservas metálicas, devido às minas de suas colônias americanas.

Com a queda do volume de produção das minas americanas, aliada ao entesouramento e à exportação de prata para o Sistema Colonial do Oriente, essa ideia foi ainda mais reforçada a partir da depressão que se inicia em 1620.

122

Por outro lado, entendia-se que o ingresso de metais preciosos fazia baixar as taxas de juros, o que permitia a obtenção de capitais mais baratos, estimulando os negócios. Concepção errônea, no entanto, de que não se davam conta os contemporâneos, como bem o demonstrou o caso espanhol: o acúmulo excessivo de metais provocou uma necessária elevação dos preços, que atraiu mercadorias estrangeiras, fazendo com que o ouro e a prata espanhóis deixassem o país, como pagamentos dessas compras. A prática mercantilista espanhola, conhecida como bulionista (de *bullón*, lingote de metal), preocupando-se em impedir a saída do país de metais preciosos, não conseguiu inverter essa situação.

Se os Estados tivessem suas próprias produções de metais preciosos, o problema estaria resolvido. Mas, como a maioria deles não as possuíam, o ouro e a prata poderiam ser obtidos através do segundo ponto mercantilista.

2. **Balança comercial favorável:** constituída não só pelas importações e exportações de mercadorias, mas também por todos os direitos e compromissos de um país com o exterior (como débitos, créditos, fretes, seguros), o que a transformava na verdade, em um *balanço de pagamentos*.

A ideia básica mercantilista era que o volume das exportações superasse sempre o das importações, que deveria ser o mais reduzido possível; ou seja, deveria exportar o máximo e importar o mínimo necessário. E para que tal acontecesse, o caminho mais fácil era a aplicação de uma *política protecionista*.

O protecionismo era essencialmente tarifário, taxando-se pesadamente as mercadorias estrangeiras, principalmente as com similares nacionais, e incidindo levemente sobre as matérias-primas.

Alguns países, como a França por exemplo, também procuraram evitar a saída de matérias-primas, artefatos bélicos e conhecimentos técnicos. Em 1669, houve a proibição de que artesãos franceses deixassem o país, e de que os artesãos estrangeiros residentes na França voltassem aos seus países de origem. A Holanda, ao contrário, empenhou-se em conseguir um superávit comercial, vendendo indiscriminadamente a todos, até mesmo para seus inimigos: em plena guerra de independência, vendeu navios e munições aos seus adversários espanhóis.

Para se conseguir essa balança de comércio favorável, no entanto, não bastava vedar o mercado interno aos Estados estrangeiros. Era também necessário estimular as exportações, o que se constituiu no terceiro ponto da prática mercantilista.

3. **Nacionalismo econômico**: também imprecisamente chamado de "industrialismo", consistiu no apoio e incentivo à produção manufatureira nacional, não só para que o país se tornasse autossuficiente, mas principalmente para exportar manufaturados aos consumidores estrangeiros. A opção pelo incentivo ao setor secundário foi a mais lógica possível, pois além dos produtos manufaturados obterem preços superiores aos primários, as limitações agrícolas tornavam irregular e não confiável a permanente oferta de excedentes agrícolas.

De um modo geral, houve uma preocupação em se estabelecer uma produção uniformizada e de alta qualidade, mediante regulamentações sobre os tipos de matérias-primas utilizadas, as ferramentas usadas e as especificações para os produtos finais. Por via de regra, os Estados concediam subvenções e monopólios a determinadas manufaturas, consideradas importantes para projetar o prestígio dos artigos nacionais no mercado externo. Às vezes operavam diretamente grandes manufaturas, como no caso das Gobelin francesas, estatizadas por inspiração do ministro das Finanças Colbert (1661-1683). Colbert foi também responsável pela sobrevida das antigas corporações de ofício, colocando-as sob controle estatal e declarando-as de utilidade pública, razão pela qual o mercantilismo francês foi conhecido por colbertismo ou "industrialismo".

Ocorreu também um efeito secundário nessa prática do nacionalismo econômico, a preocupação com o crescimento demográfico. Os Estados incentivaram-no, mediante a isenção de impostos para as famílias com numerosos filhos, visando ao alargamento da oferta de mão de obra, com a consequente redução dos níveis salariais e dos custos de produção. Isso possibilitaria a comercialização dos produtos nacionais no mercado externo, a preços mais competitivos.

No entanto, por mais que quisessem se tornar autossuficientes, e fortes exportadores de manufaturados, os Estados europeus encontravam uma dificuldade básica: certas matérias-primas, por razões geoclimáticas, só poderiam ser produzidas em regiões tropicais fora da Europa. A saída natural tornou-se o quarto ponto mercantilista.

4. **Colonialismo:** além dessa preocupação com as matérias-primas tropicais, o colonialismo apresentou-se como a solução ideal para os Estados mercantilistas. Se as colônias possuíssem metais preciosos, atingia-se diretamente o objetivo metalista, se não, procurava-se produtos que poderiam ser comercializados a bons preços na Europa, atingindo o objetivo de se ter uma balança de comércio favorável.

Os países ibéricos exerciam um virtual monopólio sobre as áreas coloniais até inícios do século XVI (Portugal, com relação às especiarias no oceano Índico e ao açúcar no Brasil; Espanha, com relação à produção de ouro e prata americana). Os demais Estados mercantilistas, com o agravamento da depressão do século XVII, trocam as ações esporádicas de pilhagem sobre as colônias e frotas ibéricas, por um esforço concentrado de ocupação permanente de colônias já instaladas ou se empenham na abertura de áreas ainda não colonizadas, como a costa atlântica da América do Norte. Ademais, estando Portugal e Espanha unidos desde 1580 sob os Habsburgos, seus impérios coloniais acabaram expostos à conquista por parte dos Estados rivais (Inglaterra, França e Holanda) inclusive levando à transformação da antiga aliança comercial Portugal-Holanda, em aberta guerra de agressão.

Essa defasagem temporal de Holanda, França e Inglaterra em constituírem seus impérios coloniais, em relação aos países ibéricos, teve consequências de longo alcance. Portugal e Espanha dedicaram-se à manutenção de seus vastos impérios, que proporcionavam à segunda o acesso direto ao metalismo, e ao primeiro a aparente obtenção de uma balança de comércio favorável, pela comercialização monopolista de gêneros tropicais e especiarias. Isso resultou em seu privilegiamento do setor de circulação econômica. Os demais Estados mercantilistas, não tendo áreas coloniais, e precisando constituí-las em uma fase de depressão econômica, fizeram-no em estreita associação com uma preocupação crescente em organizar seus setores manufatureiros internos, através do nacionalismo econômico. Isso resultou em um equilíbrio entre suas atividades comerciais e de produção, se não no predomínio da última.

A constituição desses novos impérios coloniais foi feita como não o poderia deixar de ser, às expensas dos ibéricos. Franceses, e principalmente ingleses e holandeses reduzem a presença portuguesa no oceano Índico a uma importância secundária. Os holandeses ocupam provisoriamente a Bahia (1624-25) e o nordeste brasileiro (1630-54), e permanentemente algumas ilhas das Antilhas espanholas e a Guiana. Os franceses estabelecem-se nas ilhas de São Cristóvão, São Domingos, Guadalupe, Martinica e Haiti. E os ingleses em Barbados, nas Bahamas, nas Bermudas e na Jamaica. E as áreas atlânticas da América do Norte, nominalmente espanholas mas ainda não exploradas, veem-se ocupadas por franceses, ingleses e holandeses (Nova Amsterdã, a atual Nova York, e áreas ao longo dos rios Hudson e Delaware, tomadas pela Inglaterra em 1667).

Se em um primeiro momento, ocorreu uma implícita cooperação entre Estados "colonialistas tardios", na conquista das possessões ibéricas, ela logo desvaneceu-se, em razão direta das práticas mercantilistas adotadas, cujo resultado foi uma série de guerras entre eles que não se restringiram à Europa.

A Prática Mercantilista na Fase de Depressão

A adoção generalizada do mercantilismo, como uma resposta à depressão do século XVII, com seus pontos de balança de comércio favorável e nacionalismo econômico, jamais poderia levar à cooperação entre os Estados, mas à aberta competição entre eles. Esta competição fez-se não só em termos econômicos, mas principalmente através de guerras, que abarcaram todo o espaço da economia-mundo. No período, economia e política identificavam-se, a economia, quase sempre, ditava as ações da política.

Cronologicamente, essa depressão pode ser dividida em duas fases: 1620-1674 e 1675-1720. A primeira caracterizou-se pelo predomínio holandês, e a segunda pela competição entre Inglaterra e França pela hegemonia dentro da economia-mundo. Essa competição só se definirá em favor da Inglaterra em 1763.

As razões do predomínio holandês devem-se basicamente a uma superior eficiência na esfera da produção agrícola (alta densidade demográfica e introdução de novos métodos agrícolas, triplicaram e em alguns casos quadruplicaram as colheitas) e manufatureira (acesso barato a matérias-primas, predominância do trabalhador assalariado), que levou ao domínio da distribuição comercial, com os consequentes lucros produzidos pelo fato de a Holanda ser o entreposto privilegiado do comércio mundial, e controlar significativas parcelas de seu transporte, comunicações e seguros. A primazia comercial, por sua vez, conduziu ao controle financeiro dos setores bancário e de investimentos.

A Holanda transformou-se no maior fretador marítimo da economia-mundo: por volta de 1660, ela possuía três vezes a tonelagem da Inglaterra, e mais que a tonelagem somada da Inglaterra, França, Portugal, Espanha e Alemanha. O tráfico comercial holandês alcançava todo o espaço econômico da época: o oceano Índico, a África, a América, o Báltico, o Mediterrâneo, e os rios do noroeste europeu.

É significativo que o desafio à supremacia holandesa, tenha partido da Inglaterra, onde Thomas Mun, diretor da Companhia Inglesa das Índias Orientais afirmava já em 1628 que "o valor de nossas exportações pode ser muito maior quando usarmos nossos próprios navios, porque então não apenas apanhamos o preço de nossas mercadorias como valem aqui, mas também os ganhos mercantis, as cobranças de seguro e frete para transportá-las para além-mar".

Passando por um longo processo revolucionário que se estende de 1640 a 1651, onde setores burgueses estabelecem um limite ao absolutismo real, e passam a ter um maior peso no aparelho de Estado, a Inglaterra promulga em 1651, reafirmando-os seguidamente até 1660, os Atos de Navegação. Estipulavam que quaisquer mercadorias só poderiam ser transportadas para a Inglaterra por navios ingleses, ou pertencentes aos países de origem das mercadorias compradas; e definiam um navio inglês, como aquele que tivesse o capitão e 3/4 da população dessa nacionalidade.

O resultado de tal medida foi duas guerras com os holandeses (1652-54 e 1665-67), vencidas pela Inglaterra, e uma terceira em 1672-74, em que Inglaterra e França uniram-se para derrotar a Holanda. A partir de 1675, a Holanda perde sua posição privilegiada de intermediária comercial em nível mundial, e Inglaterra e França dão início a uma secular disputa pelo lugar deixado vago pela Holanda, na que foi chamada "Segunda Guerra dos Cem Anos".

Essa disputa também pode ser vista como o privilegiamento de dois princípios diferentes do mercantilismo – a balança de comércio favorável pela Inglaterra, e o nacionalismo econômico pela França. Embora houvesse um objetivo comum – a acumulação nacional de metais preciosos –, as condições internas dos dois países levaram a Inglaterra a se impor apesar de possuir um território menor do que a França, e uma população três vezes inferior. Houve, por parte da Inglaterra, tanto a maximização da acumulação de capitais, como um crescimento de investimento produtivo.

Na França, a burguesia só consegue ter influência sobre o aparelho de Estado após a Revolução de 1789. Até essa data havia um absolutismo que favorecia os setores improdutivos da sociedade – a nobreza e o clero –, obrigando à permanência de uma rígida estratificação social. Este "não aburguesamento" francês deu ênfase ao nacionalismo econômico revelando um Estado ineficiente, incapaz de reduzir os custos de produção de suas numerosas *fábricas reais* (navios, armas, metalurgias). Grande parte da mão de obra era constituída por marginais e mendigos. E ele ainda tentava se impor hegemonicamente ao continente europeu por meio de custosas guerras. Assim, mesmo após a Guerra de Sucessão Espanhola (1701-1714), quando os Bourbons reinam também sobre a Espanha, o ganho real da França – uma aliança com um país economicamente periférico que já não conseguia mais abastecer adequadamente suas colônias americanas –, não compensou as vantagens obtidas pelos ingleses. Os ingleses conseguiram a posse de Gibraltar, Minorca, Terra Nova, Nova Escócia, e os direitos de *asiento* por trinta anos, para toda América Espanhola.

Na Inglaterra, ao contrário, desde 1689 o absolutismo não mais existe. Os setores burgueses passam a se constituir em classe social – burguesia –, e a ter crescente acesso ao aparelho de Estado. Com o mercantilismo que privilegia a balança de comércio favorável, o Estado acaba incentivando a produção manufatureira, em sua maioria na mão de particulares sob o sistema doméstico, que se concentra ao redor dos grandes portos: Bristol, Londres, Liverpool. Exemplo claro são as relações luso-portuguesas após a restauração da independência portuguesa em 1640, que logo adquirem um caráter de *colonialismo informal*. A série de tratados celebrados em 1642, 1654 e 1661, abre os mercados coloniais portugueses ao comércio inglês – com exceção de alguns gêneros alimentícios conservados como monopólios da Coroa portuguesa. E dão à Inglaterra a exclusividade de fretar navios para um Portugal com cada vez menor tonelagem mercante. O tratado de Methuen, em 1703, transforma Portugal e dependências coloniais em grandes consumidores de tecidos e demais manufaturados ingleses, em troca do estabelecimento de uma baixa taxa alfandegária para a importação dos vinhos portugueses. Ademais, o Estado inglês, mais aburguesado que o francês, pôde, seguindo o pioneirismo holandês, procurar resolver um dos problemas mais graves que dificulta um maior desenvolvimento do sistema comercial, na fase de depressão: a escassez do meio circulante. Em 1696, o Banco da Inglaterra, fundado dois anos antes, a exemplo do que o Banco de Estocolmo fazia desde 1661, ampliou em muito a circulação monetária, com a criação da moeda fiduciária. Os depositantes recebiam uma promessa de pagamento, reembolsável a qualquer tempo ao seu portador, o que permitia que ela fosse transferida sem maiores formalidades, sendo garantida pelo Estado que estava se transformando rapidamente no centro financeiro da economia-mundo. Além de popularizar o uso do *check*, a Inglaterra tornou-se também o centro de uma nova forma de se conseguir substanciais volumes de capital, necessários para operar as grandes companhias comerciais que atuavam em escala mundial – as sociedades por ações –, e de sua contínua capitalização, através de emissões de ações livremente negociadas na bolsa de valores. A primeira verdadeira bolsa de valores, a de Amsterdã, fundada em 1610, foi largamente suplantada pela de Londres a partir de 1666. Isso ocorreu graças, em parte, ao extraordinário sucesso que a Companhia Inglesa das Índias Ocidentais alcançou, permitindo, com suas contínuas emissões de ações e pagamento de crescentes dividendos, uma especulação que alargou em muito o mercado de capitais inglês.

A Recuperação Econômica do Século XVIII

A partir de 1720, a economia-mundo conheceu uma nova fase de crescimento econômico, baseada notadamente em um novo afluxo de metais preciosos da América, e à expansão demográfica europeia. Essa fase de recuperação econômica, que no entanto não foi constante, estando sujeita a crises esporádicas, notadamente no que diz respeito à produção agrícola, marcou de modo definitivo a primazia inglesa no contexto mundial, e possibilitou a concretização na Inglaterra, da assunção do sistema econômico capitalista.

Esse renovado afluxo de metais preciosos americanos provinha das colônias espanholas – notadamente do México –, que manteve uma média produtiva anual de 165 toneladas de prata de 1700 a 1759, e de 365 toneladas entre 1760 e 1780. Também provinha do Brasil, onde a produção de ouro passou da média anual de 6,5 toneladas no período 1710-1720, para 9 toneladas em 1729-1734, mantendo-se em torno de 15 toneladas entre 1735-1755, para fixar-se em 12 toneladas durante 1756-1769, quando declina constantemente, mas ainda mantendo-se acima de 8 toneladas anuais até 1780.

Apesar de alguns problemas localizados, a Europa pôde ter um crescimento demográfico mais constante durante o século XVIII, passando de 120 milhões de habitantes em 1700, para 180 milhões em 1800. Esse crescimento foi mais notável nas Ilhas Britânicas – a Inglaterra havia se unido à Escócia em 1707, e anexado a Irlanda desde 1649 –, que viram sua população passar de 9,25 milhões de habitantes em 1700, para 16 milhões em 1800. Quanto à França, apresentou uma taxa menor, indo de 22 milhões de habitantes para 29 milhões, durante o mesmo período.

Se a prata mexicana acabou sendo drenada preferencialmente para a França, que desde 1714 tornara-se parceira comercial privilegiada da Espanha, os ingleses não deixaram de se beneficiar desse renascimento econômico da América Espanhola, seja através dos direitos de *asiento* (entre 1714 e 1750, não menos que 10 mil escravos foram fornecidos anualmente), seja através de um comércio de contrabando que se fazia cada vez mais ativo. O ouro brasileiro foi concentrado na Inglaterra, devido principalmente ao Tratado de Methuen, que fazia com que desde 1703, a balança de comércio anglo-portuguesa apresentasse crescentes superávits em favor da Inglaterra.

Com a notável exceção de 1780, todo o século XVIII viu uma situação de déficit comercial português com relação à Inglaterra. O pico se dá no ano de 1738, quando se alcança a extraordinária soma de £ 1.098.644, ou seja, quatro vezes o valor das exportações portuguesas. Assim, a assertiva comum de que o "ouro brasileiro financiou a Revolução Industrial Inglesa", não fica tão longe da realidade. O cônsul francês Semonin, em carta datada de 1761, declara que: "Portugal salda sua balança com seu ouro, e essa balança no que se refere à Inglaterra, à Holanda, à Alemanha, e ao Norte, é calculada em cerca de trinta milhões por ano. Esses trinta milhões passam quase totalmente pela Inglaterra, onde permanece a maior parte e o restante se distribui entre outros países fornecedores e credores de Portugal. (...) Ainda que o proprietário do ouro nada tenha a pagar na Inglaterra, ele o envia para lá, seja para vender como mercadoria, no caso de câmbio favorável, seja para trocar peso por peso, o que é um lucro sempre certo".

Essa expansão do meio circulante levou a um impacto inflacionário geral, elevando os preços para se adequarem à nova situação. Isso acabou produzindo resultados diversos na França e na Inglaterra, praticamente selando o predomínio da última.

Em primeiro lugar, a França, com sua estrutura produtiva arcaica, subsidiada em grande parte por um Estado que dissipava porção considerável de sua receita fiscal na manutenção de camadas sociais improdutivas, além de ter um grande e oneroso exército permanente, viveu uma situação de crescente déficit público. O desequilíbrio entre a receita e a despesa do Estado, que era de 36% em 1739, passou a 62% em 1763, e para 67% em 1774, sendo que nesse ano, o exército consumiu 33% do total da receita, as despesas com a corte e com pensões à nobreza 16%, e o serviço da dívida pública 30%. É lógico que tal situação não poderia se prolongar indefinidamente – em 1789, ano da Revolução Francesa –, o déficit público havia chegado a 100%, o que implicava a bancarrota do Estado. O financiamento do déficit tinha que recair sobre os setores burgueses, atrofiados pelo Estado mercantilista, que por sua vez se mostrava incapaz de manter sua prática de nacionalismo econômico já que o peso principal de tal ação recaía sobre ele mesmo, principalmente em um período inflacionário, o que só agravava o déficit público.

Em segundo lugar, a agricultura francesa passou por sérias crises gerais, as mais graves nos anos 1740-41, 1770, 1776-1777 e 1788-1789. Elas sublimaram a tendência de alta dos preços agrícolas, notadamente os dos cereais inferiores, de grande consumo popular (centeio, cevada, aveia), o que desorganizou o mercado interno francês, em um período de estímulo à produção agrícola.

Em terceiro lugar, o crescimento demográfico francês, da ordem de menos de 35% durante o século XVIII, foi insuficiente para compensar a defasagem entre preços e salários – entre 1726-1741 e 1771-1789. Enquanto os preços dos principais produtos agrícolas

Tabela 1 – Comércio mundial aproximado: 1720, 1750, 1780, 1800 (em milhões de libras esterlinas)

País	1720	% do mundo	1750	% do mundo	desde 1720	1780	% do mundo	desde 1750	1800	% do mundo	desde 1780
Grã-Bretanha	13	15	21	15	62	23	12	10	67	22	291
França	7	8	13	9	86	22	12	69	31	10	41
Alemanha	8	8	15	11	88	20	11	33	36	12	80
Rússia	8	9	14	10	75	17	9	21	30	10	76
Áustria	2	2	4	3	100	6	3	50	8	3	33
Itália	3	3	5	4	67	7	4	40	10	3	43
Espanha	10	11	14	10	40	18	10	29	12	4	–33
Portugal	2	2	3	2	50	4	2	33	4	1	0
Escandinávia	2	2	3	2	50	5	3	67	5	2	0
Holanda e Bélgica	4	5	6	4	50	8	4	33	15	5	88
Suíça	1	1	2	1	100	3	2	50	5	2	67
Turquia etc.	2	2	3	2	50	4	2	33	5	2	25
Total: Europa	62		103		66	137			228		66
Europa em porcentagem do total do mundo	70		74			74			75		
Estados Unidos						3	2	33	17	6	567
América Espanhola	10	11	15	11	50	20	11	–67	25	8	25
Colônias Britânicas	2	2	3	2	50	1	5	11	2	1	100
Índia	9	10	9	6	0	10	5	50	10	3	0
Vários	5	6	10	7	100	15	8	50	20	7	33
Total: Fora da Europa	26		37		42	49		32	74		51
Total: Mundo	88		140		59	186		33	302		62

(Fonte: ROSTOW, W. W. *Origens da Economia Moderna*, São Paulo, Cultrix, 1977).

subiram, em média, 56%, os salários apenas 17%. E também não foi possível concentrar capitais nas mãos dos setores burgueses, que enfrentavam uma concorrência com um Estado que era responsável direto por parte significativa da produção manufatureira. Os aumentos dos salários acabaram pressionando os custos da produção manufatureira, reduzindo os lucros e impedindo o alargamento do mercado consumidor, uma vez que o trabalho assalariado ainda não era predominante no setor agrícola.

E em quarto, a derrota francesa frente à Inglaterra, na Guerra dos Sete Anos (1756-1763), fez com que a primeira perdesse partes consideráveis de suas possessões coloniais – na América, o Canadá e a Luisiânia a leste do rio Mississipi, e na Índia, todos os seus territórios, à exceção de alguns pontos de apoio de menor importância. A perda de extensas áreas coloniais limitou em muito o comércio externo francês, que inclusive sofreu um forte abalo em um dos setores mais lucrativos do período – o tráfico negreiro –, pela conquista inglesa do entreposto francês na África, o Senegal (que retorna à França em 1783). Não há dúvida de que o envolvimento francês na Guerra de Independência da América do Norte – com o envio de exércitos, frotas e recursos financeiros, de 1778 a 1781, como forma de se desforrar da derrota sofrida frente aos ingleses –, agravou em muito as precárias condições econômicas do Estado francês, precipitando sua falência administrativo-financeira em 1789.

Na Inglaterra, ao contrário, a pressão inflacionária do século XVIII produziu resultados completamente diversos, e permitiu a passagem do sistema econômico-comercial para o capitalista.

Primeiro: o mercantilismo inglês sempre teve sua ênfase na obtenção de uma balança de comércio favorável, como já o expressara lapidarmente Thomas Mun: "... os meios comuns de aumentar nossa riqueza e tesouro são pelo comércio exterior, pelo qual devemos observar essa regra: vender anualmente aos estrangeiros mais em valor do que consumimos do que é seu". De modo que o esforço do Estado se concentrou na realização desse objetivo, permitindo que o setor produtivo inglês se desenvolvesse muito mais livremente que o francês, e buscasse maximizar esses lucros, via maior produtividade e baixos custos. Isso explica o porquê das corporações de ofícios terem praticamente desaparecido durante a depressão do século XVII, sendo substituídas pelo sistema manufatureiro doméstico. Agora, durante a renovada expansão comercial do século XVIII, os enormes lucros auferidos, que tendiam a se concentrar nas mãos da burguesia, foram reinvestidos na esfera produtiva, buscando uma maior produtividade frente ao alargamento do mercado consumidor que se processava. O resultado foi o fornecimento de novas e mais eficientes ferramentas aos produtores independentes, por parte dos burgueses proprietários das manufaturas. Esses produtores deixavam de ser independentes – trabalhando sob encomenda e donos de suas próprias ferramentas – e se transformavam em meros assalariados. O lógico passo seguinte também visando à maior produtividade e redução de custos, foi a concentração destes produtores assalariados em um só local de trabalho, onde utilizavam as matérias-primas e as ferramentas fornecidas pelos proprietários das manufaturas, ocasionando o nascimento do sistema fabril capitalista.

Segundo: enquanto os preços dos produtos agrícolas elevavam-se e a França passava por seguidas crises agrárias, a Inglaterra viveu um notável processo denominado *Revolução Agrícola*, que consistiu basicamente em três fatores: inovações técnicas, alteração na estrutura da propriedade fundiária e aumento de produtividade.

O secular hábito de se deixar parte da terra agricultável anualmente em pousio, para que recuperasse a fertilidade, foi abandonado em favor do plantio de forrageiras, nabo e batata (originária da América). Essas colheitas permitiam a recuperação dos fatores nutrientes do solo, preparando-o para o próximo cultivo de cereais, além de fornecer alimentação para o gado durante o inverno. Os pastos foram mais bem cuidados, permitindo o crescimento dos rebanhos e maior volume de adubo animal, que passou a ser largamente utilizado, juntamente com vários adubos minerais extrativos. Finalmente, algumas máquinas que facilitavam o trabalho nos campos, como a semeadora mecânica, foram adotadas.

Essas inovações técnicas foram acompanhadas por uma geral e fundamental alteração na estrutura da propriedade fundiária. O movimento dos *enclosures* (cercamentos) iniciado em princípios do século XV, consistiu no apossamento, por parte dos grandes proprietários, das terras comunais. Os pastos e bosques, principalmente, indispensáveis à complementação das rendas e da subsistência dos camponeses foram cercados e incorporados às propriedades fundiárias e determinou-se o fim dessas áreas comunais. Nesse movimento, a crescente necessidade de ampliação das áreas de pastagens de gado bovino e ovino foi paralela aos momentos de elevação dos preços agrícolas, tendo se intensificado nos anos 1729-1730, 1742-1743, e principalmente a partir de 1750, quando mais de 300 mil hectares de terras comunais foram cercados. O resultado final desse processo foi tanto o desaparecimento dessas áreas comunais, como o recuo acentuado das pequenas propriedades, com a cristalização de grandes propriedades rurais, onde os camponeses passaram a ser empregados como mão de obra assalariada. Por outro lado, a combinação de inovações técnicas e ampliação das áreas de pastagens, que o movimento dos *enclosures* personifica, gerou um excedente de mão de obra rural, que acabou sendo canalizado para os centros urbanos, e empregado no nascente sistema fabril.

Por fim, o efeito conjugado das inovações na técnica agrícola, e da predominância de grandes propriedades rurais trabalhadas com mão de obra assalariada, implicou um notável aumento da produtividade da agricultura inglesa que, na média, sofreu uma elevação *per capita* de 25%, entre 1700 e 1750. De 1710 a 1795, o peso médio do carneiro passou de 17,5 quilos para 36,8 e o do boi de 161 para 368 quilos, enquanto a média da produção de leite por vaca, que era de 765 litros anuais em 1750, atingiu 1.350 litros por volta de 1800.

Em resumo, os resultados mais palpáveis dessa *Revolução Agrícola* para a Inglaterra, na fase de expansão do século XVIII, foram a criação de um mercado interno estável, um impulso para o crescimento demográfico, e a liberação de mão de obra rural para o setor fabril que se consolidava. Esses resultados, por sua vez, refletem a passagem para uma economia agrícola capitalista, onde o trabalhador é assalariado e a propriedade fundiária está concentrada; e a produção aumenta pela incorporação de inovações técnicas que elevam a produtividade real.

Terceiro: o enorme crescimento demográfico que a Inglaterra apresentou, durante o século XVIII, da ordem de mais de 70%, possibilitou o alargamento da oferta de mão de obra, barateando-a, em um momento em que os preços se elevavam. Isso possibilitou maior concentração de capitais nas mãos de uma burguesia, que se fazia cada vez mais presente não só nos setores produtivos urbanos, mas também na área agrícola. Nesse crescimento demográfico, a contribuição da Irlanda foi fundamental: sua população passou de 2,5 milhões de habitantes em 1700, para 5,25 milhões cem anos depois. Como sua estrutura econômica, basicamente rural, não conseguia absorver tal crescimento, ela rapidamente transformou-se em uma região periférica dentro do espaço econômico das Ilhas Britânicas, fornecendo maciços contingentes de mão de obra para as áreas urbanas inglesas. Isso pressionou os salários reais ainda mais para baixo, durante um período inflacionário, acelerando a acumulação de capitais por parte da burguesia

E quarto: a vitória de 1763 fez da Inglaterra a primeira potência econômico-política de uma economia-mundo em fase de expansão. Isso acabou consolidando sua conquista de mercados privilegiados para a compra de seus manufaturados, e o fornecimento de produtos primários. As exportações inglesas que haviam dobrado de valor entre 1720 e 1760, dobraram mais uma vez entre 1760 e 1795; enquanto os produtos manufaturados que em 1700 representavam 32% das importações inglesas, caíram para 17% em 1773. E se após a Guerra de Independência Norte-Americana (1776-1783) a Inglaterra perdeu parte significativa de suas possessões coloniais na América – embora conservasse o Canadá e as Antilhas –, isso pôde ser compensado pela mudança estrutural que ela operou no Sistema Colonial do Oriente, notadamente na Índia a partir de 1763. Vedando o mercado indiano à França – que como Portugal e Holanda manteve apenas uma presença marginal, conservando poucos entrepostos comerciais de menor importância –, a Inglaterra pôde ampliar sua dominação sobre uma Índia politicamente dividida, e executar uma verdadeira política de espoliação. De tradicional exportadora de tecidos de algodão e importadora de metais preciosos (que entesourava) acabou se transformando em compradora de tecidos ingleses pagos com suas reservas de ouro e prata. Isso se consolidou após 1793, com a sistemática e intencional destruição da tradicional atividade manufatureira têxtil indiana.

A fase de expansão da economia-mundo durante o século XVIII, além de elevar a Inglaterra à posição de potência predominante na área central de seu espaço econômico, permitiu que internamente ela concretizasse as condições necessárias à assunção do sistema econômico capitalista. A acumulação primitiva de capitais foi maximizada no limite, concentrando-se nas mãos de uma classe burguesa, proprietária dos meios de produção. A maioria de sua população viu-se de posse de apenas uma mercadoria – a força de trabalho –, sendo compelida a vendê-la a fim de garantir sua sobrevivência material, dentro de uma economia que identificava bens econômicos com mercadorias.

Em algum momento, após a década de 1760, o sistema comercial cede lugar ao capitalista, com o advento da forma de produção que assegura sua reprodução natural, a fabril. Em 1776, Adam Smith com a publicação de sua obra *A Riqueza das Nações*, ataca violentamente os monopólios e as condições privilegiadas de mercado, refletindo a realidade de que o desenvolvimento econômico não mais necessitava do trabalho compulsório e dos sistemas de monopólio. O Sistema Econômico Comercial cumprira lapidarmente sua função.

6. O SISTEMA ECONÔMICO CAPITALISTA

"A difusão geral de manufaturas em um país infunde um novo caráter em seus habitantes. E visto ser esse caráter formado sobre um princípio de todo desfavorável ao indivíduo ou à felicidade geral, produzirá os males mais lamentáveis e permanentes, a menos que sua tendência seja contrabalançada por interferências e diretrizes legislativas. O sistema manufatureiro já estendeu a tal ponto sua influência sobre o Império Britânico, que realizou uma mudança essencial no caráter geral da massa da população."

Robert Owen, Observations on the Effect of the Manufacturing System, *1815*

Durante as últimas décadas do século XVIII, na região que se havia tornado dominante dentro da área central da economia-mundo – a Inglaterra –, o sistema econômico comercial foi superado pela implantação de uma nova forma de produção – a *fabril*. Esse tipo de produção permite o crescimento do volume através do aumento da produtividade, via introdução contínua de inovações técnicas, ao mesmo tempo em que assegura a reprodução do capital, dentro da própria esfera produtiva. A adoção dessa forma fabril de produção marca a assunção do sistema econômico capitalista.

É importante que se assinale que a reunião de vários trabalhadores em um mesmo local, para efetuarem uma tarefa produtiva, com matérias-primas e ferramentas que não lhes pertencem – o que em última análise sintetiza uma fábrica –, poderia ter ocorrido em qualquer época, como de fato ocorreu em algumas. Nas cidades helenísticas e em Roma durante a escravidão clássica houve esse tipo de organização assim como nas "fábricas reais" durante o mercantilismo francês, embora aí não se configurasse o sistema capitalista. Para que tal acontecesse, duas pré-condições foram absolutamente necessárias: a concentração dos meios de produção (capital, terras, ferramentas, etc.) nas mãos de uma única classe social – a burguesia; enquanto a classe que se viu excluída da propriedade desses meios de produção – o proletariado – viu-se compelida a vender a única mercadoria cuja posse lhe restou: sua *força de trabalho*. Força de trabalho é a capacidade de realizar determinada tarefa, livremente, no mercado, a fim de garantir sua sobrevivência.

Ao contrário de todos os outros sistemas econômicos aqui analisados, e mesmo dos que escapam ao âmbito dessa obra (como os da América pré-colombiana, e os denominados "asiáticos" da Índia e da China), o capitalismo prescinde totalmente da compulsão do trabalho. Ele não opera sua extração de excedente econômico, nem se apropriando do *produtor* – como na escravidão –, nem do *trabalho do produtor* – como na economia dominial. Tampouco apropria-se dos resultados do trabalho do produtor – como na economia senhorial. O capitalismo extrai excedente dentro do *próprio processo de produção*, de um produtor livre, através da diferença de valor, que esse produtor recebe pela venda da mercadoria força de trabalho, em relação às mercadorias que essa força de trabalho produz.

Essa forma de extração do excedente econômico, denominada mais-valia (P1), faz com que não exista relação alguma entre o valor que o produtor recebe e o valor que ele cria. Na verdade, o valor que o produtor recebe pela venda de sua força de trabalho – denominado *salário* –, corresponde ao necessário para garantir apenas sua própria reprodução.

E a essa extração de excedente dentro do processo de produção soma-se outra, que ocorre na esfera do consumo. Como o produtor não recebe parcelas das mercadorias que ele produz, mas uma soma em dinheiro, ele precisa utilizar esse dinheiro para comprar as mercadorias, a fim de poder consumi-las, uma vez que no capitalismo não existem bens econômicos que não sejam mercadorias. No entanto, não o faz pelo valor que elas possuíam quando de sua produção, mas sim pelo que terão após passarem pela esfera da distribuição e chegarem à do consumo, agregando sobrepreços.

Um simples raciocínio matemático ilustrará bem esse ponto. Se valor em moeda do salário de um trabalhador corresponde a 10, e das mercadorias que ele produziu a 50, quando o produtor for comprá-las para seu consumo, seu valor será de 100, o que reduzirá o valor de seu salário real a apenas 5.

Essa dupla extração de excedente econômico que o capitalismo opera, explica a necessidade de o produtor ser livre e despossuído dos meios de produção, com a implicação de sua transformação em assalariado (a mais barata das formas de trabalho), ao mesmo tempo em que assegura a reprodução do capital no âmbito do próprio ato de produzir. Em um sistema como esse, o volume da produção pode ser aumentado. Não horizontalmente, pela incorporação de mais trabalhadores e maior área produtiva, mas verticalmente, pela introdução de inovações técnicas que permitem que a produtividade se eleve, utilizando-se o mesmo número de produtores com igual dimensão física da área usada para a produção. E o que é fundamental, como qualquer inovação técnica implica o aumento da produtividade, sua introdução fará automaticamente que se amplie a diferença em valor, entre o que o produtor recebe e o que ele produz. Eis a razão fundamental da forma fabril de produção ser característica do capitalismo, e não ser adotada, senão quando duas pré-condições foram realizadas: a concentração dos meios de produção nas mãos da burguesia, e a constituição do proletariado com sua força de trabalho como única mercadoria vendável.

Por outro lado, o capitalismo não realiza o pleno emprego. Ao contrário, ele leva à formação do que se denomina *exército de reserva de mão de obra*, que é constituído por trabalhadores mantidos desempregados, ou mesmo por produtores ainda não completamente destituídos dos meios de produção, localizados principalmente nas áreas rurais. Sua constituição obedece a um duplo propósito: permitir a rotatividade da mão de obra, barateando os salários e dificultando a formação do proletariado em um bloco coeso, e também garantir uma reserva estratégica para a futura expansão do sistema, ou para seu reforço em épocas de retração da demanda.

O desenvolvimento do sistema capitalista em sua "juventude" (finais do século XVIII-1913), será visto neste capítulo, dividido entre os dois momentos distintos de inovações tecnológicas por que ele passou, bem como na análise privilegiada da industrialização em alguns países, e em considerações sobre a teoria e a prática econômicas que lhe são características.

A REVOLUÇÃO INDUSTRIAL INGLESA

A chamada *Primeira Revolução Industrial* ou com mais propriedade *Revolução Industrial Inglesa*, foi um acontecimento restrito à Inglaterra, que realizando melhor que os outros países da área central da economia-mundo, a acumulação primitiva de capitais, pôde criar condições para o *take off* que permitiu a introdução contínua de inovações técnicas e da forma fabril de produção. Esse pioneirismo da Inglaterra foi fundamental para que ela se mantivesse, durante todo o século XIX, como a nação líder de uma economia-mundo bastante ampliada, e não mais comercial, mas industrial e capitalista.

O caráter verdadeiramente revolucionário desse processo, que levou o homem a tornar-se independente das forças da natureza, para realizar suas tarefas produtivas, localiza-se na força motriz. Até então, qualquer mecanismo tinha sua propulsão dependente ou da força humana e dos animais, ou das forças naturais – vento e rios; tal situação mudou radicalmente entre 1769 e 1782, com a introdução da máquina a vapor por James Watt. Embora conhecido desde a Antiguidade como fonte de energia, o vapor de água nunca fora utilizado prática e economicamente. Sua adoção como fonte de força motriz tornou a fábrica uma realidade palpável. E expandiu em muito o setor de transportes – as ferrovias são uma "invenção" viabilizada pela máquina a vapor – além de permitir um notável aumento na produção mineira, principalmente de carvão e ferro. Seu efeito mais permanente e radical, no entanto, foi o de possibilitar ao homem estabelecer a duração dos ciclos produtivos, sem maiores considerações para com as forças da natureza, que agora podiam ser contínuos, melhor se adequando às flutuações da demanda. Com o controle sobre uma fonte de energia que permitia ciclos produtivos praticamente ininterruptos, a burguesia pôde realizar a passagem de uma forma de produção que ainda privilegiava a habilidade individual do artesão – a manufatura –, para a fabril também denominada com muita propriedade de *maquinofatura*. Esta subordinava o produtor à máquina e permitia o emprego de grandes contingentes de mão de obra rapidamente treinada em simples e repetitivas tarefas.

Em termos de produção, a Revolução Industrial Inglesa caracterizou-se por um tripé: a indústria têxtil, a siderurgia e a mineração de carvão.

Quando se fala em indústria têxtil, pensa-se imediatamente na do algodão. Embora a tradicional produção de tecidos de lã continuasse ativa, sendo mesmo favorecida por inovações técnicas e pelo notável aumento dos rebanhos ovinos ingleses, foi a de tecidos de algodão que melhor representou o caráter revolucionário da produção fabril. Com a difusão da "lançadeira volante" (*flying shuttle*) na década de 1760, ocorreu um descompasso entre a fiação – mais lenta –, e a tecelagem – mais rápida. Isso levou à adoção de seguidas inovações técnicas (*spinning Jenny* em 1767, *water frame* em 1769, *mule* em 1774), que com o tear mecânico de Cartwright, inventado em 1785, harmonizaram os tempos das diversas etapas da produção dos tecidos de algodão. Esta produção foi totalmente mecanizada e transformada na primeira atividade realmente fabril, com a introdução da máquina a vapor na mesma década de 1780.

A identificação da indústria têxtil algodoeira com a mecanização plena, inaugurou a fase capitalista de produção, baseada no emprego da máquina – rápida, regular, precisa e incansável –, permitindo um enorme crescimento da produção a menores custos. Desde 1805 o dia de trabalho foi ampliado nas fábricas com a introdução da iluminação a gás, e fazendo da indústria algodoeira o setor líder da economia inglesa. Beneficiada com a existência de um grande mercado consumidor, uma vez que a maior concentração populacional mundial dá-se em áreas de clima tropical –, a exportação de tecidos de algodão corresponde em 1830 a 50,8% do total das exportações inglesas.

A siderurgia, por seu lado, conheceu notáveis progressos durante o período. Três inovações técnicas aumentaram em muito a capacidade produtiva dos objetos de ferro: sua fundição com coque, a pudlagem e a laminação adotadas na década de 1780, e o jato de ar quente (*hot blast*) inventado em 1829. Além de seu uso em máquinas e ferramentas, generalizou-se o emprego do ferro em pontes, tubos, materiais de construção, utensílios domésticos e implementos agrícolas, fazendo sua produção elevar-se de 250 mil toneladas anuais em 1806, para 500 mil em 1820 e 700 mil em 1828. Mas foi a expansão das ferrovias, que deu um extraordinário impulso para a atividade siderúrgica. Às primeiras estradas de ferro comerciais (a linha Stockton-Darlington inaugurada em 1825, e a Liverpool-Manchester em 1830), somou-se na década de 1840, na Inglaterra, a construção de uma rede ferroviária de 6 mil milhas de extensão em 1850, o que fez a produção de ferro alcançar 2 milhões de toneladas no mesmo ano.

A mineração do carvão – o combustível básico para a máquina a vapor –, acompanhou essa expansão, embora não tenha sofrido qualquer processo significativo de mecanização. Isso determinou a elevação contínua do número de mineiros, tendo sua produção de 16 milhões de toneladas anuais em 1830, aumentado para 50 milhões em 1850. O comentário de um visitante alemão à cidade de Manchester em 1835, "observamos centenas de fábricas com cinco ou seis pavimentos, cada qual com uma chaminé colossal a seu lado, exalando negro vapor de carvão", retrata fielmente uma Inglaterra transformada pela Revolução Industrial. E assinala um fator fundamental trazido pela forma de produção fabril: a preponderância da cidade sobre o campo. A fábrica concentrou as ferramentas e a mão de obra nos núcleos urbanos, obrigando a rede de transportes a orientar-se a partir deles – para abastecê-los de matérias-primas e escoar sua produção de industrializados –, e desenvolvendo extraordinariamente todo setor de bens e serviços. A cidade transformou-se no centro produtor e consumidor de toda a economia, relegando o campo a uma posição economicamente secundária. A própria cidade de Manchester teve sua população de 17 mil habitantes em 1760, decuplicada para 180 mil em 1830. Por volta de 1850, várias cidades industriais inglesas possuíam cerca de 300 mil habitantes – Bradford, Liverpool, Leeds, Sheffield, Birmingham, Bristol –, e Londres concentrava 4 milhões de habitantes em 1880. Uma vez desencadeado, esse processo de urbanização que a fábrica provoca torna-se irreversível; a Inglaterra vê sua população rural, que representava 52% em 1851, baixar para 31% em 1881, e para apenas 22% em 1911.

    É lógico que os custos sociais dessa transformação estrutural foram enormes, recaindo sobre as camadas menos favorecidas. A generalização do pagamento de salários semanais aos trabalhadores rurais (nas cidades eles eram pagos muitas vezes diariamente, dado o grau de miséria a que viram-se reduzidos), cortou os antigos vínculos que uniam o produtor à terra. O trabalhador viu-se transformado em componente acessório à produção, podendo ser substituído a qualquer tempo sem prejuízo desta. Houve uma aceleração da migração para as cidades industriais, onde qualquer inovação técnica ampliava imediatamente o mercado de trabalho. Sempre existiu, porém, pelo menos até 1850, uma defasagem em relação à oferta e à demanda de mão de obra da indústria, o que manteve os salários bastante baixos. No setor têxtil por exemplo, enquanto entre 1820 e 1845, o valor de sua produção cresceu cerca de 40%, as despesas com a folha de pagamento elevaram-se em apenas 5%. Essa situação se agravou com o emprego disseminado de mulheres e crianças, que realizando o mesmo trabalho que um homem, recebiam salários inferiores. Longas jornadas de trabalho, de 14 e até de 16 horas diárias, seis dias por semana; remuneração no nível da subsistência; habitação em cortiços sem as mínimas condições higiênicas; e constante situação de desemprego de um ou mais membros das famílias operárias, levaram o viajante americano Colman a referir-se a sua viagem às cidades industriais inglesas em 1845, nos seguintes termos: "Natureza humana esmigalhada, defraudada, oprimida e esmagada, lançada em fragmentos sangrentos por toda face da sociedade. A cada dia de minha vida agradeço aos Céus não ser um pobre com família na Inglaterra".

Não há dúvida de que o proletariado inglês procura meios de atenuar essa brutal espoliação a que é submetido, sem no entanto, conseguir resultados significativos, até o fortalecimento do movimento sindical (*Trade Unions*) durante a segunda metade do século XIX. Passando pelos espontâneos movimentos de destruição de máquinas – vistas como responsáveis pelo desemprego –, no final do século XVIII, pela agitação revolucionária dos anos 1816-1819 e 1825-1832, e pela tentativa de conquistar o poder político (movimento cartista), o proletariado consegue alguns avanços. As jornadas de trabalho são reduzidas para 12 horas diárias para o trabalho infantil nas indústrias têxteis em 1833. É proibido o trabalho feminino e infantil subterrâneo nas minas de carvão em 1842 e é fixada uma jornada diária máxima de 10 horas para o trabalho de mulheres e crianças em todas as fábricas, em 1847.

A mais acurada teorização acerca da estrutura interna do sistema capitalista (que sustenta que a crescente exploração da classe operária levaria o sistema a crises sucessivas, até uma crise final, quando o operariado tomaria o poder instalando outro sistema econômico – o socialista) foi esboçada por Karl Marx e Friedrich Engels na obra *Manifesto Comunista* (1848), e sistematizada em *O Capital* (1867). Esses autores vivenciaram as transformações sociais que a Revolução Industrial causou à Inglaterra.

A SEGUNDA REVOLUÇÃO INDUSTRIAL

Se o conjunto das inovações técnicas que permitiram a implantação do sistema fabril com o advento do capitalismo, nas últimas décadas do século XVIII, restringiu-se à Inglaterra, o novo conjunto de inovações técnicas que surge a partir da segunda metade do século XIX estende-se a vários países da Europa (França, Holanda, Bélgica, Itália, Alemanha), aos Estados Unidos e ao Japão. Amplia muito a área central da economia-mundo, e estabelece uma acirrada competição entre esses países.

Esse novo conjunto de inovações, denominado de *Segunda Revolução Industrial*, trouxe profundas alterações ao sistema econômico capitalista, mudando sua organização e estrutura, e levou-o da "infância" à "adolescência". Dos produtos dominantes durante a Revolução Industrial Inglesa, apenas a estrada de ferro continuou recebendo um notável impulso, ampliando-se continuamente. O ferro deixou de ser um produto industrializado, para se transformar em matéria-prima para o aço. O vapor de água foi substituído pela eletricidade e pelo petróleo, como fonte de energia. A indústria química permitiu a crescente independência industrial das matérias-primas naturais. A fábrica conheceu seu apogeu com a introdução da *linha de produção*. O capital concentrou-se em escala jamais imaginada. A ciência tornou-se matéria auxiliar da técnica. E a administração dos negócios adquiriu um caráter científico.

A ferrovia, popularizada na Inglaterra como um meio de transporte eficiente – rápido e barato –, fez com que pela primeira vez na história, o transporte terrestre sobrepujasse o fluvial, em que pese o grande número de canais artificiais que se constroem no país, dotando-o de uma rede navegável que integra todas as suas bacias hidrográficas. Em 1913, a rede ferroviária inglesa alcançava 23 mil quilômetros, enquanto Alemanha, França, Rússia e Estados Unidos, partindo praticamente de zero por volta de 1840, apresentavam às vésperas da Primeira Guerra Mundial, respectivamente 62 mil, 48 mil, 67 mil e 540 mil km de ferrovias.

A siderurgia substitui o ferro pelo aço, como material industrial básico, graças a contínuas inovações técnicas. Em 1856, Henry Bessemer fabricou pela primeira vez aço, passando uma corrente de ar através de ferro em estado de fusão. Em 1864, com o processo

Martin, que transforma ferro em aço em um forno de revérbero, a sucata de ferro e aço pôde ser reaproveitada. E em 1878, o processo Thomas retém o fósforo encontrado no minério de ferro predominante na Bélgica e Alsácia-Lorena, e presente em algumas regiões da Inglaterra e Estados Unidos, permitindo que ele seja utilizado economicamente na produção de aço. Como resultado desses novos processos, a produção de aço aumentou, entre 1880 e 1913, quinze vezes na Alemanha, e mais de dezessete vezes nos Estados Unidos.

No campo da energia, a substituição do vapor pela eletricidade e pelo petróleo representou um avanço sem precedentes. O primeiro grande passo para a utilização prática da energia elétrica deu-se em 1831, com o dínamo de Faraday, que transformava energia mecânica em elétrica. Sua utilização em larga escala, no entanto, só ocorreu a partir de 1866, com os aperfeiçoamentos efetuados por Siemens. Paralelamente, o uso da eletricidade como fonte de iluminação, tornada possível por Thomas Edison em 1879, com sua lâmpada incandescente de filamento durável, difundiu-se a partir da década de 1890. Essa difusão se deu graças à invenção do cabo elétrico, que permitiu sua transmissão a longa distância, o que foi feito pioneiramente na Alemanha.

O uso do petróleo como fonte de energia tornou-se viável com a invenção do motor a combustão interna por Nikolaus Otto em 1876. Em 1880 foi aperfeiçoado por Karl Benz – o combustível era inflamado por meio de uma faísca elétrica. Em 1884, Gottfried Daimler utilizou gasolina como combustível, e em 1897 Rudolf Diesel substituiu a gasolina por óleo cru. Em 1885, os primeiros automóveis são produzidos comercialmente pelas empresas Daimler-Maybach e Benz, e em 1908 Henry Ford nos Estados Unidos, com o barateamento causado pela produção em massa, marcou a era do automóvel. As unidades passaram a ser vendidas aos milhões. No entanto, foi a invenção de Diesel – que tanto um combustível, como um tipo de motor, ainda hoje continuam sendo conhecidos por seu nome – que superou em definitivo o uso do vapor como fonte de energia. Essa inovação foi largamente utilizada em locomotivas, navios e toda sorte de máquinas industriais.

Se a máquina a vapor deixara o homem independente das forças da natureza, durante a Revolução Industrial Inglesa o aparecimento da indústria química produziu um impacto muito maior nas relações homem-natureza. A partir de sua instalação, as matérias-primas puderam ser produzidas artificial e sinteticamente, tornando o homem totalmente independente da natureza. Países que não possuem jazidas de determinados produtos, ou cuja condição geoclimática não permite o cultivo de plantas tintoriais, podem agora, graças à indústria química, *criar* esses produtos artificialmente. Anilinas, ácidos, tecidos e corantes sintéticos, alcaloides, explosivos, essências, medicamentos e plásticos são produzidos em grandes volumes, por essa nova indústria que "imita a natureza".

A produção fabril, por outro lado, recebe um enorme impulso, com a introdução da linha de produção. Sua adoção permite uma extrema especialização do trabalho, ampliando muitas vezes a produção, e barateando sensivelmente os custos unitários dos produtos industrializados. O exemplo mais marcante de seu emprego é o fornecido por Ford nos Estados Unidos, que pôde, graças à produção em série que ela propicia, baratear o custo de seu automóvel modelo T, de 950 para 250 dólares por unidade, em 1908.

Foi o aparecimento da indústria química, e a adoção da linha de montagem, que provocaram uma das principais características da Segunda Revolução Industrial: a mudança na composição do capital. Os enormes custos envolvidos na implantação de ambas, bem como o longo tempo necessário para o retorno do investimento, levaram à proliferação das sociedades anônimas, com a associação de capitais. Também liquidaram as pequenas e médias empresas (características da Revolução Inglesa) por sua incapacidade de fazer face a uma concorrência que se fazia pelo volume e pelos baixos custos unitários dos produtos. E acabaram por colocar essas novas indústrias, tão necessitadas de grandes aportes de capital, na dependência do setor bancário. Já durante as duas últimas décadas do século XIX, os bancos passam a exercer o controle majoritário sobre vastos complexos industriais, sem terem vínculos diretos com as atividades produtivas. A esse novo tipo de empresa capitalista, denominado *holding*, soma-se também outra alteração na composição do capital, que tende cada vez mais a se tornar *monopolista*.

A livre concorrência entre as empresas, pela conquista do mercado consumidor, faz naturalmente com que o "capital maior engula o capital menor", concentrando-o. Esse capital concentrado, por sua vez, pelo domínio que ele exerce sobre o mercado, dada a ausência de concorrência, faz com que ele possa maximizar seus lucros, estabelecendo nesse sentido os preços e controlando a oferta. Esse capital monopolista manifesta-se pela constituição de dois tipos de empresas, os *trustes* e os *cartéis*. Os primeiros são acumulações verticais de capitais, que controlam a oferta de determinado produto, desde as fontes de matérias-primas, passando pelos processos de fabricação, até sua comercialização. Os segundos, são acumulações horizontais de capitais, que controlando apenas parte do setor produtivo, levam as diferentes empresas especializadas em suas diversas etapas, a associarem-se a fim de impedir a concorrência e controlar os mercados.

Nesse mundo novo de capitais concentrados em larga escala, a ciência é orientada para pesquisar metodicamente e descobrir inovações técnicas, que permitam um aumento da produtividade dos processos fabris. As grandes empresas passam a reinvestir partes de seus lucros na manutenção de técnicos pesquisadores, criando verdadeiras escolas de ciências aplicadas. Os tempos da pesquisa empírica e dos esforços individuais – que nos legaram a palavra *engineer*, significando indiferentemente maquinista, metalúrgico e engenheiro –, estavam definitivamente superados. A ciência tornara-se um esforço concentrado e metódico, para o avanço da técnica.

E também o gerenciamento dos negócios passa a adquirir um caráter técnico-científico, com o aparecimento de administradores e gerentes profissionais, o que leva à separação entre a propriedade e a direção das grandes empresas. Um exemplo perfeito, tanto da subordinação da ciência à técnica, como da administração profissional, foi fornecido por Frederick W. Taylor (1885-1915), com seus métodos que procuravam obter um máximo de rendimento produtivo por operário. Esse *scientific management*, que na verdade nada mais era que a implantação de rigorosos procedimentos de trabalho, que subordinavam o operário ao ritmo das máquinas, foi também adotado por Henry Ford, na produção de seus automóveis, com notáveis resultados.

Finalmente, uma consideração teórica a respeito dessa concentração de capitais, característica da Segunda Revolução Industrial, faz-se necessária. Não se deve adjetivar o capitalismo de industrial ou de financeiro, sob pena de estar-se referindo a sistemas econômicos diferentes. O sistema econômico em questão é o capitalista, que não sendo estático, nem tendo seu desenvolvimento de forma linear, apresentou, durante os diversos momentos por que passou, ênfases maiores ou menores nos vários setores econômicos (na produção em um primeiro momento, e no financiamento da produção em um segundo momento), quanto à capacidade geradora de lucros, sem que sua reprodução natural, viabilizada pela forma fabril de produção, deixasse de ocorrer dentro do próprio processo de produção. O que equivale a dizer que se o capital comercial foi responsável pela concretização de condições viabilizadoras do capitalismo, o capital industrial impulsionou-o durante sua "infância", e o capital financeiro nutriu-o durante sua "adolescência". E quanto à concentração de capitais, deve-se sempre ter em mente, que ela faz parte da própria dinâmica do capitalismo, tendo sido necessária no nível da classe social para que ele se constituísse, dando-se depois no interior da própria classe que acumulara capitais, até as duas últimas décadas do século XIX, e passando então a se dar no nível nacional. A única diferença que existe, nessas diversas etapas, é o crescente volume em que a concentração de capitais ocorre, uma vez que o capitalismo viabiliza o desenvolvimento econômico – crescimento prolongado e contínuo, baseado na acumulação de capitais e no progresso técnico.

A INDUSTRIALIZAÇÃO FORA DA INGLATERRA

Enquanto a Inglaterra foi durante muitas décadas a única nação realmente industrializada do mundo, os demais países continuaram predominantemente agrários, com a maioria da sua população produtiva presa economicamente ao setor primário. A razão principal dessa defasagem pode ser colocada no fato de serem suas burguesias nacionais fracas e desarticuladas para poderem influir politicamente em seus Estados com sucesso, a fim de orientá-los economicamente a seu favor. Na verdade, se a França conheceu uma Revolução Burguesa em 1789, não foi senão a partir de 1804 que seu governo tomou certas medidas de favorecimento à burguesia como criação do Banco da França, construção de novas estradas, remodelação dos portos, e incentivos à mecanização da produção. Ela se vê politicamente bloqueada em 1815, tendo que esperar mais 15 anos para assegurar seu controle sobre o Estado francês. Ademais, muitos países europeus só aboliram definitivamente o domínio senhorial sobre as populações rurais em 1848 (Espanha, Hungria e norte da Itália) e a Rússia em 1861. A Holanda, por outro lado, permaneceu dominada pelos franceses de 1792 a 1814, tendo os seus recursos transferidos para a França, enquanto suas possessões coloniais foram atacadas e em alguns casos anexadas pela Inglaterra.

Dessa forma, entre 1792 e 1815, grande parte da Europa Ocidental foi sujeitada pela França, vivendo um período de guerras constantes e de dificuldades econômicas. O único resultado prático disso foi a introdução do processo de obtenção de açúcar através da beterraba, devido às dificuldades de se manter o tráfico colonial atlântico. E entre 1815-1848, a atuação do Congresso de Viena impediu o fortalecimento burguês, favorecendo a existência de Estados arcaicos que privilegiavam segmentos sociais improdutivos.

Além disso, as várias flutuações cíclicas que alternam fases de crescimento com fases de estagnação econômica, agiram no sentido de dificultar a industrialização dos países europeus. Assim, a fase A que se estende de 1790 a 1814, devido à existência de uma economia de guerra, favoreceu apenas a Inglaterra – e os Estados Unidos em menor escala –, consolidando sua Revolução Industrial. A fase de depressão de 1815-1847, obriga a Inglaterra a enormes esforços internos, como a adoção de medidas livre-cambistas e a difusão das ferrovias, o que acaba penalizando as economias ainda em grande parte agrárias do continente europeu. A nova fase de crescimento econômico de 1848 a 1873, impulsionada pela exploração aurífera da Califórnia e da Austrália, coincide com o fim dos principais entraves à industrialização continental que, no entanto, deve enfrentar a concorrência de uma Inglaterra industrializada há um século, e senhora de vastas possessões coloniais que lhe garantem tanto mercados consumidores seguros, como fontes abastecedoras de matérias-primas. E a fase B que se estende de 1874 a 1896, marca duas características básicas da industrialização da Europa Continental: a intervenção estatal, e a precoce existência do capital monopolista. De fato, se os 25 anos da fase anterior de crescimento econômico foram suficientes para eliminar os entraves sociopolíticos à constituição de fortes burguesias nacionais, permitindo a formação crescente de mercados internos representativos, eles foram insuficientes para a consoli-

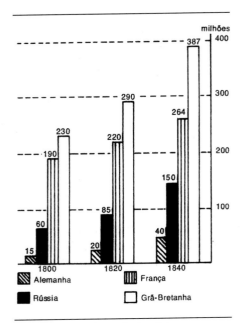
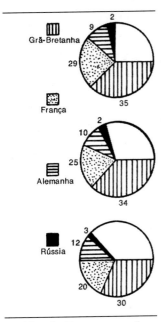

Gráfico 1 – Produção Industrial (em milhões de libras esterlinas).

Gráfico 2 – Porcentagem da Produção Industrial Mundial.

(Fonte: Adaptados de *Atlas Historique*, Librairie Stock, 1968).

dação de um processo de industrialização, dada a exiguidade de capitais disponíveis e a existência de concorrência interna. Assim, os países europeus (e também o Japão), só conseguem sua industrialização plena – e no caso da Alemanha com maior sucesso que a Inglaterra –, durante uma fase de depressão econômica, aliando à intervenção do Estado o capital monopolista

A ausência da industrialização não implicava que esses países não fossem capitalistas, ou que estivessem sujeitos a qualquer outro sistema econômico. A partir do momento em que o capitalismo se constitui, nas últimas décadas do século XVIII na Inglaterra, ele passa a ter uma abrangência plena, dentro do espaço da economia-mundo que se constituíra desde o século XVI. O que ocorre é que pequenas parcelas dessa economia-mundo tornam-se áreas centrais do sistema capitalista. Isso acontece com a Inglaterra por mais

151

de um século, enquanto os demais países permanecem periféricos, atuando no sentido de favorecer a área central, graças à existência de um desenvolvimento desigual e de uma relação de trocas também desigual (esse ponto será retomado com maiores detalhes no capítulo 7). O que a industrialização traz a um país, não é portanto sua inclusão no sistema capitalista, mas simplesmente sua admissão na área central desse sistema.

Alguns casos nacionais, pela sua relevância ou especificidade de industrialização durante a Segunda Revolução Industrial, merecem um tratamento à parte, como os que se seguem.

A Alemanha

A Alemanha, que só completa sua unificação nacional em 1870, é o exemplo mais perfeito de industrialização segundo as características da Segunda Revolução Industrial. Antes de 1860, os Estados alemães eram basicamente agrários, com cerca de 60% de sua população ativa empregada no campo, e tendo como áreas industriais apenas a região do Ruhr e o Saxe, onde se concentravam as atividades siderúrgicas e têxteis. Por volta de 1913, a Alemanha é a maior nação industrial da Europa, produzindo mais aço que a Inglaterra, e ocupando o primeiro lugar em nível mundial, na produção de produtos químicos, corantes sintéticos e equipamentos elétricos. Só perdia a primazia para os Estados Unidos, na produção mundial de máquinas-ferramentas.

Esse notável desempenho só se torna compreensível, pelo papel desempenhado pelo Estado líder da Alemanha, a Prússia. Concentrando as áreas alemãs mais desenvolvidas economicamente – particularmente a região do Ruhr – o Estado prussiano, que sempre teve um caráter marcadamente militarista, enceta a unificação alemã, subordinando toda sociedade a seus objetivos estratégicos de transformar-se em grande potência.

Dessa forma, aproveita-se da existência do *Zollverein*, a união aduaneira entre os Estados alemães para, em 1854, orientá-lo a seu favor. Promove uma política de favorecimento à industrialização e força um êxodo rural que não existia devido ao sucesso da agricultura de exportação, praticada pelos outros Estados alemães. Por meio de guerras contra a Dinamarca,

Áustria e França, completa a unificação da Alemanha em 1870, tornando-a a potência dominante da Europa Central.

Ciente de que os capitais originários das atividades agrícolas e da indústria têxtil e siderúrgica são insuficientes para promover uma industrialização nos moldes requeridos pela Segunda Revolução Industrial, o Estado joga todo seu peso a fim de viabilizá-la, atuando como produtor e grande consumidor (forças armadas, administração, serviços públicos).

O setor bancário reduz-se a seis grandes conglomerados financeiros, agindo em estreita associação com o banco estatal (*Reischsbank*). As ferrovias são em grande parte nacionalizadas, passando a existir uma tarifa unificada para o transporte de mercadorias por todo o território alemão. A marinha mercante, onde duas companhias respondem por 40% da frota, passa de 640 mil toneladas em 1870, para 5 milhões de toneladas em 1913. Gigantescos cartéis são encorajados pelo Estado, com maciços investimentos e isenções fiscais, com a formação de conglomerados ainda hoje comumente conhecidos, como Krupp (aço, materiais bélicos), Daimler-Benz (motores, veículos), Maybach-Diesel (motores), I. G. Farben (produtos químicos), e Siemens (materiais elétricos).

Ainda de maior alcance, foi a ação estatal em sistematizar a prática do *dumping*, assegurando a solidariedade entre todos os cartéis. O *dumping* consiste em manter duas escalas de preços para um mesmo produto, uma mais alta para o mercado interno, e outra mais baixa para o externo, de modo que o consumidor nacional subsidie as exportações, garantindo sua ampliação.

Além desse papel preponderante do Estado – que graças a seu secular caráter militarista, fazia a disciplina ser universalmente aceita, com a consequente submissão da liberdade individual ao interesse coletivo, o que favoreceu a instalação pacífica da sociedade de massas que a industrialização propiciou –, três outros fatores devem ser mencionados para explicar esse extraordinário avanço alemão. Em primeiro lugar, a crescente importância dada ao ensino das ciências aplicadas, o que permitia a formação de um grande número de técnicos qualificados. Não só o Estado, através do ensino público, mas também as empresas individualmente, incentivaram muito o ensino técnico e a pesquisa científica. As indústrias Krupp, por exemplo, chegaram a ter em seus quadros funcionais, um corpo de cientistas maior que o de qualquer universidade, às vésperas da Primeira Guerra Mundial. Em segundo lugar, as tradicionais relações comerciais que a Alemanha mantinha com a Europa do Leste e Central (Áustria, Hungria, Rússia), serviram como base sólida para a expansão de suas exportações após a industrialização. E finalmente, a vitória de 1870, com a aquisição da Lorena à França, região cujas jazidas de ferro chegaram a suprir a indústria alemã de aço com 3/4 de sua matéria-prima.

A Itália

Também tendo alcançado sua unificação nacional em 1870, a Itália serve como exemplo de uma ação estatal diferenciada, no sentido de viabilizar sua industrialização. Na verdade, existiam duas Itálias. Uma Itália do Norte, com uma agricultura progressista, com um sistema bancário desenvolvido, e com uma indústria centrada nas cidades de Milão (têxtil e metalúrgica), Turim (mecânica e têxtil), Gênova (têxtil e construção naval) e Veneza (têxtil), ligadas por uma razoável rede ferroviária. E uma Itália do Sul, atrasada, essencialmente rural, com apenas uma grande cidade, Nápoles, que no entanto concentrava mais uma atividade comercial, que propriamente industrial.

O Estado líder dessa Itália do norte, o Piemonte, promove desde 1859 o processo de unificação nacional, que se completa em 1870, promovendo uma acomodação dos interesses contraditórios das regiões norte e sul. A unificação é feita com o compromisso de que as estruturas de poder local do Sul não serão afetadas, nem ele será objeto de industrialização.

Dessa forma, o Sul passará a ser um fornecedor de mão de obra barata para as indústrias do Norte, de matérias-primas e de investimentos, pois os grandes proprietários de terras canalizam seus lucros para os bancos do Norte, enquanto a industrialização pode avançar bastante, nesse espaço econômico nacional alargado e sem concorrências regionais. Essa união de interesses entre a burguesia e os grandes proprietários de terras, que permitiu a unificação italiana e viabilizou sua industrialização, selou o desenvolvimento posterior do país: ainda hoje, enquanto a indústria concentra-se no Norte, o Sul permanece essencialmente rural.

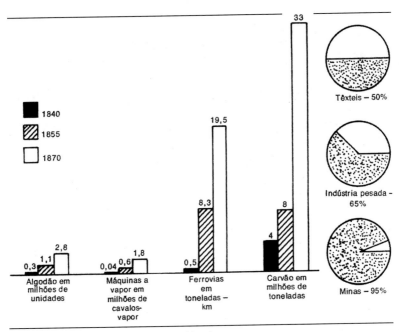

Gráfico 3 – Parte da Prússia na Indústria.
(Fonte: Adaptado do *Atlas Historique*, Librairie Stock, 1968).

Após a unificação, o Estado apoiou o crescimento industrial através de uma ativa política de expansão colonial, na África e no Mediterrâneo. Além de alargar os mercados consumidores e fornecedores de matérias-primas, essa política apresentou uma solução para o considerável crescimento demográfico do Sul, que mesmo o Norte não tinha condições de absorver em sua ampliada industrialização.

Os Estados Unidos

Única área que tendo sido colônia, durante os séculos XVII e XVIII, conseguiu ascender a uma posição central dentro da economia-mundo capitalista, os Estados Unidos merecem uma análise particular.

Independentes em 1781, e tendo reafirmado sua independência com a Guerra de 1812-14 com a Inglaterra – motivada pelos

155

impedimentos que os ingleses faziam ao comércio com a França napoleônica e suas dependências –, os Estados Unidos mantêm até 1860 a dicotomia herdada de seu passado colonial: um Norte com uma agricultura diversificada, uma pujante produção manufatureira, e uma atividade comercial desenvolvida; e um Sul agrário, monocultor, escravista e exportador de matérias-primas. Durante a primeira década do século XIX, os Estados Unidos empreendem uma sistemática expansão para o oeste, comprando territórios, expropriando seus vizinhos ou simplesmente ocupando vastas áreas de dispersa população indígena. Transformam-se em 1848 em um país continental, que se estende do Atlântico ao Pacífico, e vê sua população aumentar de 9,6 milhões de habitantes em 1820, para 31,3 milhões em 1860, principalmente devido à imigração europeia. Esse notável crescimento geodemográfico permite a criação de um mercado interno, que impulsiona o Norte para uma mecanização progressiva de sua produção, acentuando seu caráter urbano e industrial. Para que o Norte efetivamente se industrializasse, era necessário que uma política protecionista fosse efetivada, e que a escravidão existente no Sul fosse abolida, transformando os ex-escravos em mão de obra assalariada, barateando essa mão de obra e alargando o mercado consumidor. Como os interesses econômicos do Sul – que produzia essencialmente para o mercado externo –, fossem a manutenção da escravidão e do livre-cambismo, um choque tornou-se inevitável. Com a Guerra de Secessão (1861-1865), o Norte que concentrava 71% da população e 92% da produção industrial do país, impõe-se a um Sul arruinado pelo esforço de guerra. Abole a escravidão e garante as condições para seu crescimento econômico, com uma industrialização caracterizada pela presença de grandes trustes e cartéis (Carnegie, Ford, General Electric, Westinghouse).

A industrialização americana, que se acelera brutalmente após 1870, é baseada na formação de um pujante mercado interno, que faz com que os Estados Unidos exportem apenas 10% de sua produção industrial, enquanto na Inglaterra a proporção é de 52%. País continental, dotado de vastos recursos naturais, de regiões diversificadas que permitem grande variedade de cultivos, e de capitais que tendem a se concentrar pela ação dos trustes e cartéis, os Estados Unidos têm sua população de 39,5 milhões de habitantes em 1870, elevada para 97 milhões em 1914, em grande parte pelo afluxo de 24 milhões de imigrantes.

No início do século XX, os Estados Unidos produziam 9,5 milhões de toneladas de petróleo, 10,6 milhões de fardos de algodão, 13,5 milhões de toneladas de aço, 28,8 milhões de toneladas de minério de ferro, 262 milhões de toneladas de carvão, 106 milhões de quilos de ouro e 1.545 milhões de quilos de prata, transportados por uma rede ferroviária de 294 mil quilômetros.

O Japão

O Japão, pouco tocado pelo Ocidente durante o período da expansão ultramarina europeia, e vivendo um rigoroso isolamento desde o século XVII, desenvolveu um sistema econômico próprio, baseado na imposição de pesados encargos em espécie ao campesinato, e na existência de oficinas e manufaturas estatais. Em 1854, tendo sido obrigado a abrir seus portos ao comércio exterior, por força dos canhões da frota do Comodoro Perry, o Japão foi a única nação afro-asiática atingida pela nova onda colonizadora capitalista (o imperialismo), que conseguiu passar de área externa a área central da economia-mundo.

Este processo, conhecido como Revolução Meiji, inicia-se em 1868, e caracteriza-se por ter transformado o Japão, de país basicamente agrário em industrializado, e de mais que provável área colonizada em área colonizadora, através da atuação do Estado.

Em primeiro lugar, com uma verdadeira revolução nas relações de produção agrárias. O campesinato tem comutadas as prestações em espécie devidas aos proprietários de terras, em troca do pagamento, em dinheiro, de 1/3 do valor das colheitas ao Estado. A necessidade de comercializar ao menos parte da colheita anualmente, para o pagamento desse imposto rural, que tem seu valor fixado pelo Estado, tomando como base os anos de maior produtividade, provoca em poucos anos um notável êxodo rural, que aliado a um crescimento demográfico constante (menos de 35 milhões de habitantes em 1873, para 45,5 milhões em 1903), força a constituição de uma abundante oferta de mão de obra.

Em segundo lugar, com a compensação dos grandes proprietários fundiários pela perda das rendas de suas terras, em forma de participações nas manufaturas estatais ou em ações dos bancos que se constituem sob o incentivo do Estado. Isso sela uma sólida e duradoura aliança entre as classes economicamente fortes e o Estado.

Em terceiro lugar, com o incentivo à vinda de técnicos estrangeiros para trabalharem nas manufaturas estatais, com o envio de "jovens promissores" para estudarem nas escolas de ciências aplicadas europeias, e com a sistemática cópia de máquinas e processos industriais ocidentais.

Em quarto lugar, com a venda, a preços subsidiados, das principais empresas estatais, a grupos nacionais (Mitsui, Mitsubishi), que podem operar internamente em nível monopolista.

Em quinto lugar, com uma política externa militarista/expansionista, às custas da Coreia e da China, que além de assegurar a conquista de áreas coloniais, torna o Estado, internamente, um dos maiores consumidores de produtos industrializados, pela necessidade de manutenção de consideráveis exército e marinha de guerra.

Com esse apoio estatal direto, a industrialização do Japão torna-se uma realidade. Sua produção de carvão amplia-se de 600 mil toneladas em 1875, para 13 milhões de toneladas em 1904, enquanto suas produções de ferro-gusa e de aço, elevam-se de 26 milhões e 1 milhão de toneladas, respectivamente, em 1896, para 145 milhões e 69 milhões de toneladas em 1906. O aspecto mais notável desta industrialização japonesa, patrocinada pelo Estado, pode ser visto na evolução de sua marinha mercante: se em 1893, apenas 7% das suas exportações e 9% das importações eram transportados em navios japoneses, em 1903, esses totais elevaram-se respectivamente a 40% e 35%, acompanhando o crescimento de sua tonelagem, que se elevou de 120 mil para 1 milhão e 150 mil toneladas.

A QUESTÃO DO LIBERALISMO ECONÔMICO

Tradicionalmente, a questão da intervenção do Estado nas atividades econômicas tem sido apresentada de uma forma dicotômica. Considera-se o período mercantilista como o apogeu do intervencionismo estatal, em oposição ao período que se segue à Revolução Industrial Inglesa, visto como o domínio da concepção econômica do *laissez faire, laissez passer*, com a instalação do Estado economicamente liberal.

Na verdade, uma análise acurada da política econômica dos diversos países industrializados parece mostrar que o liberalismo econômico foi mais uma teoria elaborada e difundida pelos economistas da denominada Escola Clássica, que a atuação prática dos diferentes Estados.

O fato de que países como a Alemanha, a Itália e o Japão só conseguiram suas industrializações através do constante apoio e incentivo estatal, é indiscutível. Agora, também nos Estados Unidos, tidos como o paraíso da livre iniciativa e dos mercados isentos de entraves e/ou privilégios por parte do Estado, é preciso que se atente para o importantíssimo papel que ele representou. Se a industrialização em escala continental dos Estados Unidos baseou-se essencialmente na constituição e aprovisionamento de seu mercado interno, isto só se tornou possível pelo estabelecimento precoce de uma rígida política protecionista. A partir de 1816 – período de depressão que se segue ao fim do impulso provocado pelas Guerras Napoleônicas –, as tarifas de importação norte-americanas refletem um claro sentido protecionista. Estabelecem direitos que variam de 7,5 a 30% *ad valorem*, chegando à tarifa Walker de 1864, que classificava os produtos importados em três categorias, com direitos alfandegários diferenciados: produtos de luxo, com 100%, de semiluxo com 40%, e comerciais com 30%. Após a Guerra de Secessão em 1865, quando o país efetua seu notável impulso industrial, o protecionismo permaneceu constante, mantendo tarifas diferenciadas para as matérias-primas não produzidas internamente – que tiveram sua taxação sensivelmente diminuída –, e para os produtos industrializados, pesadamente taxados.

Uma política protecionista, como forma mais segura e mesmo necessária para poder se promover a industrialização nacional, foi atitude comum durante o período em questão, muito antes do ingresso de vários países na área central da economia-mundo, e da nova fase B que se inicia em 1784. Mesmo no Brasil, que tenta na década de 1840 um processo de industrialização – embora sem sucesso, apesar da disponibilidade de capitais que a extinção do tráfico negreiro cria a partir de 1850 –, a base do empreendimento é uma política protecionista, que eleva os direitos alfandegários sobre as importações de 15% para 60%. O ministro Alves Branco, referindo-se em 1844 à lei tarifária que leva seu nome, declarou que o objetivo era "não só preencher o *déficit* do Estado, como também proteger os capitais nacionais já empregados dentro do país em alguma indústria fabril, e animar outros a procurarem igual destino".

O único país que teve uma política de livre comércio e tomou medidas concretas para adotar o liberalismo econômico foi a Inglaterra. Mas ela pôde fazê-lo, devido ao controle político que exercia sobre vastas áreas do globo, e também por possuir uma série de Tratados de Comércio que lhe proporcionavam vantagens em relação aos outros países, o que na prática negava a própria essência do liberalismo econômico. Os Tratados de Comércio e Navegação com o Brasil são um ótimo exemplo: celebrados em 1810, quando o Brasil ainda era uma colônia de Portugal, foram seguidamente renovados, vigindo até 1843, e estipulavam uma tarifa preferencial para as importações de produtos ingleses da ordem de 15% *ad valorem*, contra 16% para os produtos portugueses e 24% para os dos demais países.

Internamente, o liberalismo inglês manifestou-se por uma série de reformas que se iniciam em 1823-25, com a redução dos direitos sobre os produtos industrializados. Em 1842-46 elas são reforçadas com a redução em níveis insignificantes dos direitos sobre as matérias-primas, e com a abolição das *corn-laws*, que protegiam os plantadores ingleses de cereais da concorrência estrangeira. E em 1849, culminam com a revogação dos Atos de Navegação, exceto para o comércio de cabotagem em torno das Ilhas Britânicas e para o tráfego com suas possessões coloniais.

O liberalismo econômico adotado pela Inglaterra, que nunca foi total, mantendo uma flexibilidade e áreas que se constituíam em mercados privilegiados, baseava-se no fato de ser a Inglaterra a primeira nação industrializada do mundo, e possuir uma marinha mercante de dimensões colossais. Isso implicava necessariamente o estabelecimento de uma relação de trocas desiguais com os demais países e encobriu uma ativa intervenção estatal nas relações capital-trabalho, em proveito do primeiro.

O aspecto mais marcante dessa intervenção do Estado, mostra-se nas mudanças efetuadas nas Leis dos Pobres. Desde o século XVII, os camponeses pobres que não encontrassem trabalho, eram confinados em *workhouses* localizadas em suas paróquias de origem, onde efetuavam trabalhos manuais em troca de sustento. Em 1795, aboliu-se a obrigação de as paróquias – rurais em sua grande maioria –, albergar os indigentes, fazendo com que eles se precipitem para os núcleos urbanos em processo de industrialização, onde se transformam em mão de obra barata. A Lei de 1795 possibilitou a constituição de um exército de reserva de mão de obra, livremente deslocável, de acordo com as necessidades da indústria local, vivendo em condições de permanente desemprego, e ocasionalmente utilizado em subempregos, recebendo salários que não asseguravam nem as mínimas condições de subsistência. Em 1848, existia 1 milhão e 400 mil indigentes na Inglaterra, e 2 milhões de pobres precariamente mantidos por diversas instituições de caridade, quase todas religiosas. A emigração para as áreas coloniais inglesas é a saída para os mais afortunados: de 10 mil a 30 mil emigrantes por ano, de 1816 a 1820, e 280 mil só em 1850.

A situação tende a mudar em 1906, com a criação dos *labour exchanges* nas principais cidades industriais da Inglaterra, para regulamentar os conflitos entre o capital e o trabalho, e com uma legislação que cria aposentadorias operárias, e proteção às doenças e ao desemprego. Isso reflete uma clara intervenção do Estado, devendo-se exclusivamente à necessidade de se ampliar o potencial de compra do mercado interno inglês, frente à crescente concorrência do exterior, que ameaçava a posição de liderança da Inglaterra, levando mesmo setores do Partido Conservador a proporem energicamente a adoção de uma política protecionista.

A flexibilidade desse liberalismo econômico adotado pela Inglaterra reflete-se no papel que seu Banco desempenha nos momentos de depressão da economia. A partir de 1845, o Banco da Inglaterra pratica uma política de juros baixos, e de pequena taxa de descontos para os títulos comerciais, o que permite que seu setor produtivo industrial não seja tão penalizado pela conjuntura desfavorável. E embora a maior parte dos investimentos e empréstimos ingleses no exterior seja efetuada por bancos particulares, o Estado não deixa de apoiá-los, quer financeiramente, quer através de atitudes políticas, principalmente após 1870, em razão da nova conjuntura que o capitalismo atravessa: o imperialismo.

7. O NOVO COLONIALISMO

"O povoado ganhou roupas e um pouco de sal, mas não as pessoas que fizeram o trabalho. Nossos chefes ficaram com as roupas; os trabalhadores não ficaram com nada. O pagamento foi uma toesa de tecido e um pouco de sal, para cada cesta de borracha, mas foi dado ao chefe, nunca aos homens. A colheita das vinte cestas de borracha costumava durar 10 dias, ficávamos o tempo todo na floresta, e quando demorávamos éramos assassinados. Tínhamos que penetrar cada vez mais longe no mato para encontrar as seringueiras, ficávamos sem comida, e nossas mulheres tinham que abandonar a cultura dos campos e das hortas. Morríamos de fome."

Roger Casement, Os Diários Negros *(relatório do cônsul britânico a respeito das atrocidades no Congo Belga, em 1903)*

A economia-mundo com suas áreas centrais, periféricas e externas, praticamente não sofreu alterações durante a maior parte do século XIX, a não ser a quebra dos laços de dependência política das Américas portuguesa e espanhola com suas respectivas metrópoles europeias, e o contato com esporádica ocupação europeia das regiões da Oceania (Austrália, Nova Zelândia e arquipélagos do Pacífico Sul). A Europa continuava concentrando as áreas centrais do sistema econômico, com a primazia incontestável da Inglaterra; a América continuava sendo sua área periférica por excelência, juntamente com as regiões da Europa Mediterrâneo-Oriental; e a África e maior parte da Ásia ainda eram áreas externas, com diminuta importância econômica para o sistema como um todo.

A única exceção a esse quadro, foi a dominação britânica da Índia, sistemática a partir da década de 1790, que por volta de 1858 havia reduzido o subcontinente à dependência política inglesa, exercida diretamente pela Coroa, ou por meio de principados hereditários nominalmente independentes. O controle sobre a Índia foi importantíssimo para o arranque industrial inglês, pela sistemática destruição da secular manufatura indiana de tecidos de algodão, centrada nas comunidades aldeãs, e sua substituição pelos tecidos fabricados na Inglaterra. Isso permitiu a inversão da tendência que sempre caracterizou as relações comerciais Europa-Oriente: a troca de metais preciosos por produtos tropicais. O ouro e a prata, entesourados na Índia, passam a se dirigir em quantidades crescentes para a Inglaterra, em pagamento dos tecidos de algodão importados, enquanto os camponeses, impedidos de continuarem sua tradicional e complementar atividade manufatureira, são compelidos a trabalhar nas grandes plantações de juta e de chá, ou são submetidos a um regime extorsivo de pagamento de altas rendas rurais – 1/3 das colheitas, que faz da fome e dos surtos epidêmicos uma realidade constante. Qualquer análise que se pretenda acurada do *liberalismo inglês*, durante sua Revolução Industrial, não pode deixar de mencionar essa artificial criação de um mercado consumidor de produtos industrializados, feita agressivamente pelo Estado.

A partir de 1870, a situação das áreas externas da economia-mundo inverte-se. Elas passam a constituir suas principais áreas periféricas, em detrimento das antigas, canalizando os investimentos dos países da área central, e sendo partilhadas com sua divisão em impérios coloniais, no processo denominado *imperialismo*. Na virada do século não existe região alguma no globo, que não esteja submetida, em maior ou menor grau, a uma relação de trocas desiguais com os países industrializados. A economia-mundo atinge realmente uma abrangência mundial, como o expressou o presidente norte-americano Henry Cabot Lodge em 1895: "As grandes nações estão rapidamente absorvendo todos os lugares não aproveitados da Terra; como uma das grandes nações do mundo, os Estados Unidos não devem ficar fora dessa tendência".

As razões dessa extraordinária expansão devem ser buscadas no desenvolvimento natural do sistema econômico capitalista, ou seja, na sua passagem da "infância" para a "adolescência".

O CAPITAL MONOPOLISTA

Os tempos da livre concorrência pertencem aos primeiros estágios do capitalismo, quando diversas empresas competiam umas com as outras pela conquista dos mercados consumidores, produzindo segundo processos diferenciados, e vendendo seus produtos por preços variáveis. Logo, esse universo de múltiplas empresas tendeu a se reduzir, principalmente em virtude da introdução de alguma inovação técnica no processo produtivo, o que desequilibrava a relação custo de produção/preço de venda, pelo aumento da produtividade. As empresas favorecidas por uma maior produtividade, passaram a praticar uma "concorrência desigual", cujo resultado foi a exclusão das demais do mercado, ou seu crescente endividamento junto às instituições de crédito, que pela sua disseminação e pouco volume de capital disponível, tornam-se altamente vulneráveis a qualquer retração do mercado. Em 1793, existiam 280 bancos provinciais na Inglaterra, cifra que se elevou para 800 em 1810. A brusca queda no nível da atividade econômica, que se inicia em 1815, prolongando-se até 1847, selou o destino das pequenas e médias empresas, e operou uma notável concentração no setor financeiro. A multidão de pequenos bancos provinciais foi absorvida pelos conglomerados comerciais de grande porte, que tinham condições de efetuar operações de financiamento a longo prazo. Na década de 1830, todos os grandes bancos ingleses estão constituídos pela prática de incorporar as casas bancárias menores, e pela fusão dos *merchants banks*, que se dedicavam exclusivamente a financiar o comércio internacional: *London and Westminster Bank* (1834), *London Joint-Stock Bank* (1836), e *Union Bank, London and County Bank* e o *Commercial Bank*, todos em 1839.

Dessa forma, o capital naturalmente concentrou-se, segundo a clássica forma do "capital maior engole o capital menor". Foi auxiliado pela conjuntura negativa, que produziu uma constante queda nos preços dos produtos industrializados, e terminou por levar à extinção as firmas menos sólidas ou com uma baixa produtividade. A indústria têxtil do algodão, por exemplo, viu os preços de seus tecidos baixarem em cerca de 3/4, entre 1830 e 1850, enquanto sua capacidade produtiva decuplicou no mesmo período, ajudando a provocar uma baixa nos preços. Isso transformou o mercado indiano em sua "tábua de salvação", na medida em que 2/3 de sua produção eram exportados, e os Estados europeus elevaram em muito as tarifas de importação dos tecidos ingleses, como forma de estimular sua própria produção nacional, em um período depressivo.

Se essa tendência de concentração do capital já era visível na primeira metade do século XIX, o advento das inovações técnicas que precipitam a Segunda Revolução Industrial, tornam-na irreversível. Com a explícita ajuda do Estado ou não, os processos produtivos caros e de longo retorno acabam por fazer da concentração de capitais, a forma padrão necessária para a continuidade do processo capitalista de produção. A Segunda Revolução Industrial produziu, portanto, uma fusão entre dois setores já bastante concentrados, o produtivo e o financeiro. Criou as *holdings*, controladoras de trustes e cartéis, que se formam à medida que a concorrência interna vai sendo rapidamente eliminada pela introdução de novas técnicas e processos produtivos, que elevam a produção industrial reduzindo ao mesmo tempo seus custos unitários.

Nesse processo, o capital torna-se rapidamente monopolista, podendo determinar os preços finais dos produtos, uma vez que ele controla de forma absoluta, as várias etapas da vida econômica, ou seja, a produção, a distribuição e o consumo. Grandes conglomerados, ingleses, alemães ou franceses, indiferentemente, têm o domínio em nível nacional, sobre um determinado produto. Por exemplo, é a mesma *holding*, que controla a extração e a venda de uma matéria-prima (minério de ferro), que possui as unidades produtoras da mercadoria básica (aço), e que controla também sua transformação final em outras mercadorias (trilhos, locomotivas, navios, automóveis, máquinas-ferramentas).

Esse domínio absoluto que o capital monopolista tem sobre a oferta, faz com que sua reprodução se dê às mais altas taxas de lucro, ampliando a concentração, ao mesmo tempo em que o aumento de produtividade decorrente das inovações técnicas determina que a demanda relativa do trabalho sofra uma redução, em um período de acentuado crescimento demográfico. A população europeia eleva-se de 180 milhões de habitantes em 1800, para 265 milhões em 1850, atingindo 390 milhões em 1900.

Esse notável crescimento demográfico, que deveria funcionar como um incentivo para o alargamento do mercado interno, foi anulado pelas mais que precárias condições a que a classe operária se viu submetida. Essas condições só tenderam a se agravar, tanto pelo crescimento da oferta de mão de obra, como pela racionalização do trabalho que as novas condições técnicas propiciaram, resultando no desemprego ou na emigração. Na década de 1870, cerca de 350 mil pessoas emigram a cada ano, e na de 1890, 700 mil anualmente; descontando-se os emigrados que retornaram, de 1870 a 1913, mais de 25 milhões deixaram a Europa.

O capitalismo esgotara sua capacidade de manter o desenvolvimento econômico baseado unicamente nos mercados internos nacionais. No entanto, os mercados externos tradicionais encontravam-se com problemas, pois algumas áreas estavam se industrializando, e concorrendo acirradamente em um mercado já encolhido, com o apoio de seus Estados, através de uma política protecionista e de generalização da prática do *dumping*.

Tanto o protecionismo como o *dumping* agravaram sobremaneira a situação geral. Para que as taxas de lucro não despencassem, recorreu-se ao desemprego e à redução das horas de trabalho, uma vez que havia sobra de capitais e uma retração do mercado externo. Na década de 1870, as taxas de juros europeias não superavam os 3%.

O IMPERIALISMO

A solução natural para o sistema econômico capitalista, aparentemente bloqueado, foi a transformação das áreas externas (Ásia e África) em áreas periféricas da economia-mundo, através do processo denominado imperialismo.

Essas novas áreas periféricas deveriam se transformar em fornecedoras de matérias-primas e de mão de obra não especializada, e em importadoras de produtos industrializados, de capitais e de excedentes populacionais. Ou seja, através da exploração dessa periferia, o capitalismo poderia recompor o poder de compra das populações das áreas centrais, duramente penalizadas pela prática do *dumping*, e pela crônica situação de desemprego, gerada tanto pelo contínuo crescimento demográfico, como por uma economia de mão de obra causada pela introdução de processos produtivos que elevavam brutalmente a produtividade.

Dessa forma, era fundamental para os países industrializados assegurarem-se de grandes porções dessa nova periferia. Isso explica tanto a rapidez como essas áreas foram ocupadas, como o caráter sempre belicoso que acompanhou a ocupação. Não só com rela-

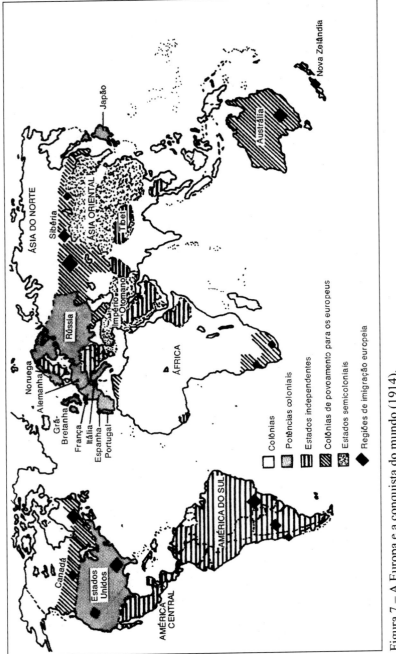

Figura 7 – A Europa e a conquista do mundo (1914).
(Fonte: Mapa adaptado do *Atlas Historique*, Librairie Stock, 1968).

ção aos nativos, mas também entre as nações industrializadas, que acabaram vivendo um claro período de *paz armada*, quando não de guerra aberta.

A presença europeia na África, que em 1870 se reduzia à Argélia e a pontos de apoio franceses no Senegal e no Gabão, às faixas costeiras das antigas colônias portuguesas de Angola e Moçambique, a algumas possessões espanholas e inglesas, e à área da atual África do Sul, já em inícios do século XX, era total. Com exceção da Libéria e da Etiópia, todo o continente se encontrava partilhado por portugueses, espanhóis, belgas, italianos, alemães, franceses e ingleses, principalmente pelos dois últimos. Na Ásia, o processo não foi diferente. O continente e os arquipélagos do Pacífico estavam ocupados por franceses, ingleses, alemães, norte-americanos, holandeses, japoneses e russos.

E as áreas que conservam sua independência, como os impérios otomano e chinês, estão submetidas a toda sorte de pressões para efetuarem concessões econômicas, e cedem pela força, seguidas parcelas de seu território às potências imperialistas. O avanço russo pela Ásia Central, que alcança a costa do Pacífico, por outro lado, insere-se em um contexto anterior ao que provoca o imperialismo. Vem desde meados do século XIX, pela contínua ocupação dos vastos espaços siberianos, e é motivado basicamente pela busca estratégica de um porto de "águas quentes", utilizável durante todo ano. No início do século XX, quando a Rússia experimentava um princípio de industrialização, sustentado por capitais estrangeiros, suas ambições territoriais colocam-na em rota de colisão com o Japão, que se expandia continuamente às custas da China, provocando a Guerra Russo-Japonesa de 1904-1905. A derrota russa barra a continuidade da expansão do Japão, levando-o a uma posição ímpar: único país de população não europeia, industrializado e imperialista.

Posição ímpar, porque no caso do Japão as justificativas ideológicas que procuravam explicar esse avanço dos europeus sobre o mundo – e que foram plenamente aceitas sem maiores críticas pelas populações das áreas imperialistas –, veiculavam concepções como "a missão do homem branco" ou "a possibilidade de levar a civilização aos selvagens", ou mesmo "a incapacidade dos nativos em se autogovernarem". Significativamente, a imprensa in-

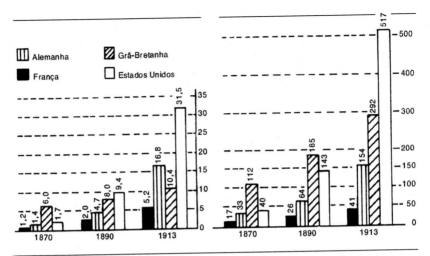

Gráfico 4 – Produção de Ferro Bruto (em milhões de toneladas).

Gráfico 5 – Produção de Carvão (em milhões de toneladas).

(Fonte: *Atlas Historique*, Librairie Stock, 1968).

glesa criou o estereótipo do "galante japonesinho", que combinava coragem e boa conduta, polidez e energia incansável, quando da celebração do Tratado de Aliança Anglo-Nipônica em 1902.

Os Estados Unidos, primeira colônia no mundo a conquistar sua independência, justificam sua guerra com a Espanha em 1898, que lhes trará as áreas coloniais de Guam, Porto Rico e Filipinas, pela revolta do povo cubano contra a opressão espanhola; e a anexação do arquipélago do Havaí em 1901, pelo expresso pedido de seus cidadãos mais proeminentes, para se colocarem sob um governo liberal e civilizado.

Não há dúvida de que Cecyl Rhodes, notório entusiasta do Império Britânico, e cujo nome até poucos anos atrás designava um país africano, embora sem ter a exata dimensão de suas palavras, estava coberto de razão quanto à causa básica do imperialismo: "Estive ontem em East End e assisti a uma reunião de desempregados. Ouvi discursos frenéticos. Não havia senão um grito: pão! pão! Revivia toda a cena, sonhando, e me sentia cada vez mais convencido da importância do imperialismo. (...) Se quereis evitar a guerra civil é preciso que vos torneis imperialistas".

169

Ao estabelecer seu domínio sobre todas as regiões do mundo, o capital monopolista internacionalizou a economia, fazendo com que dois setores se tornassem fundamentais: os investimentos de capital e os transportes. Se até 1880 os capitais concentravam-se na Europa, sendo investidos prioritariamente nos seus países em expansão ou mesmo periféricos, a partir dessa data o quadro sofreu uma mudança radical. As regiões periféricas da economia-mundo (Ásia, África e América), passaram a ser o destino privilegiado dos investimentos de capital, que se concentraram nas indústrias extrativas, comunicações, transportes, distribuição de matérias-primas, empréstimos públicos a governos, projetos de urbanização e serviços públicos (energia elétrica, gás e transportes coletivos). A Inglaterra liderou esse movimento, tendo fornecido, no início do século XX, cerca de 50% dos capitais investidos/emprestados às áreas periféricas da economia-mundo. Seguiram-na, em ordem de importância, França, Alemanha, Estados Unidos, Bélgica, Suíça e Holanda.

O setor de comunicações/transportes tornou-se também peça fundamental da política imperialista. Cabos submarinos ligavam todos os continentes, enquanto as linhas telegráficas expandiram-se extraordinariamente; as distâncias encurtaram com a abertura dos canais de Suez (1869) e do Panamá (1913), enquanto a difusão da ferrovia pode ser considerada como a força isolada que mais influiu no desenvolvimento do período, atingindo todas as áreas continentais que apresentassem significação econômica.

Investimentos de capital mais alargamento do setor de comunicações/transportes, acabaram por transformar o comércio mundial em multilateral, com os déficits de uma determinada área correspondendo a excedentes em outras. A Inglaterra, por exemplo, no início do século XX, possuía um grande excedente comercial com a Índia, enquanto mantinha déficits comerciais com os Estados Unidos e a Europa Ocidental. A Índia, por sua vez, tinha superávits com essas regiões. Maior exportadora de capitais, a Inglaterra desempenhou também um papel relevante no comércio mundial, possuindo a maior marinha mercante do mundo, tanto em número de navios, como em tonelagem. E se ela acumulava anualmente déficits em sua balança de comércio, pela não adoção de uma política tarifária protecionista, seu balanço de pagamentos apresentava sempre superávit, devido ao volume de suas exportações invisíveis (lucros provenientes dos investimentos imperialistas e renda advinda dos serviços de frete marítimo e seguros). Paralelo a esse comércio multilateral, consolidou-se um padrão de estabelecimento de débitos, característico da concentração do capital monopolista através da prática imperialista. Os países produtores de bens primários exportavam-nos para os da área central, obtendo assim divisas para pagar os juros dos investimentos em ferrovias, minas, infraestrutura e dos empréstimos públicos, que naturalmente provinham desses países centrais. Os saldos eram utilizados na importação de industrializados, ou os mais que prováveis débitos, saldados com novos empréstimos. Naturalmente, a estabilidade da taxa de câmbio era fundamental para que tal transferência de capitais funcionasse sem maiores problemas. Por isso a insistência da Inglaterra – a maior exportadora de capitais –, em manter o padrão-ouro, adotado desde 1774. Isso tornava praticamente nulos os riscos dos investimentos, uma vez que as moedas eram cotadas por taxas de ouro, o que significava que elas representavam uma quantidade certa do metal. O padrão-ouro foi adotado pela Alemanha em 1873, pelos três países escandinavos em 1875, e pelos restantes países europeus entre 1878 e 1892. Na virada do século, à exceção da Etiópia e da China, bimetalistas, todos os países haviam adotado o monometalismo do ouro. Os Estados Unidos, grandes produtores de prata, adotaram-no em 1900, o que reflete a sua crescente participação no comércio internacional.

Como os investimentos de capital foram direcionados para as matérias-primas e produtos primários desejados pelos países industrializados, o imperialismo implicou também uma especialização produtiva em nível mundial. Isso deu aos países periféricos uma falsa noção de *progresso*, uma vez que eles não eram capazes de manter seu desenvolvimento econômico, sem maciças importações de capital que se dirigiam prioritariamente para baratear e racionalizar o escoamento de seus produtos primários (ferrovias, portos, eletricidade). E isso só agravava sua situação de dependência.

Entre 1900 e 1914, os produtos primários correspondiam a 2/3 de todas as mercadorias em circulação no comércio mundial. Fica evidente o grau de dependência das regiões periféricas sob o imperialismo. Isso se acentua quando se atenta para as especificidades produtivas nacionais: Índia, Ceilão e China eram responsáveis por 80% das exportações mundiais de chá; o Brasil, por quase 60% das de café; Cuba e Indonésia, por 65% das de açúcar; o algodão vinha do Egito e da Índia; a lã da Austrália e da Argentina; o minério de cobre do Chile, Peru e México; o estanho da Bolívia e da Malásia; e o petróleo de Bornéu e da Indonésia. No entanto, e isto foi fundamental, o volume não correspondeu ao valor, pois todas as exportações das áreas periféricas (América Latina, África, Ásia e Oceania), representaram 21,7%, em média, do valor total das exportações mundiais durante 1896 a 1900, subindo para 26,3% em 1913.

O país mais favorecido nessa fase do imperialismo, foram os Estados Unidos, uma vez que além de nação industrializada eram grandes produtores de matérias-primas. Sua participação nas exportações mundiais se elevou de 11,7% para 14,8%, entre 1896 e 1913, enquanto a Inglaterra apresentou uma queda de 16,3% para 13,1% no mesmo período.

AS FORMAS DO IMPERIALISMO

A preponderância dos países industrializados sobre os produtores de matérias-primas, forçando o estabelecimento de relações de trocas desiguais entre eles, e dando à economia-mundo uma abrangência realmente mundial, ocorreu em um período de depressão econômica geral, que se estendeu de 1873 a 1896. E foi justamente esta fase B – que está associada à incapacidade do sistema capitalista, agora caracterizado por uma concentração monopolista de capitais, em manter a mesma taxa de crescimento anterior –, que marcou o ritmo extremamente rápido com que a ocupação das novas áreas periféricas ocorreu. Na passagem dos séculos XIX/XX, uma fase A fortalece-se. Ela é um dos primeiros resultados concretos produzidos pela política imperialista, que teve fatores conjunturais favoráveis, como o aumento da produção de ouro (com as descobertas das minas do Colorado, Alasca e África do Sul), de 5.200 milhões de onças em 1881-1890, para 10.165 milhões em 1890-1900; ou como a completa modernização da agricultura inglesa e alemã, com o uso intensivo de adubação química e maquinário agrícola.

E qualquer dúvida com relação ao papel intervencionista que o Estado desempenhou nesse período do capitalismo desaparece, quando se atenta para o caráter da Conferência de Berlim em 1884/85, que procurou definir os critérios da partilha do continente africano. São os Estados, as potências imperialistas, que procuram se pôr de acordo, e não as empresas individuais, mesmo as que tendem a se identificar com seus Estados nacionais, como a Krupp alemã ou a Michelin francesa. O capitalismo precisa do explícito apoio dos Estados que abrigam suas concentrações monopolistas, que fazem da prática imperialista não só uma questão econômica, mas também política, competindo uns com os outros pela conquista de pontos estratégicos ao redor do mundo. O capital podia estar se internacionalizando, mas ele ainda não era internacional.

Nesse espaço ampliado de rivalidades nacionais, a ação concreta do imperialismo deu-se por duas formas, e caracterizou quatro tipos de dominação colonial.

O Imperialismo Informal

O denominado imperialismo informal caracteriza-se pela ausência de dominação política sobre as áreas periféricas. Essas áreas conservam sua situação de países independentes, mas têm sua economia voltada para o mercado externo, produzindo as matérias-primas que interessam aos países industrializados, e caindo em uma verdadeira dependência econômica com relação a esses países centrais. Essa dependência é agravada pelos maciços investimentos de capital estrangeiro, que em certos casos chegam a desnacionalizar totalmente certos setores de sua economia.

Geograficamente a ação informal do imperialismo concentra-se na América Latina. Ela está independente desde a década de 1820, quando passa a ter seu comércio externo "monopolizado" pela Inglaterra, que lança as bases do imperialismo informal. Esse imperialismo se configura a partir de 1860/70, com a entrada em cena de franceses, e logo depois de alemães e norte-americanos, buscando melhores taxas de lucros para seus investimentos de capital.

Pode-se considerar a América Latina como formada por três grupos de países exportadores de produtos primários: os de clima temperado, os de clima tropical, e os de minerais.

O primeiro, é representado pelo Uruguai e Argentina, que concentram sua produção exportadora na carne, primeiro refrigerada e depois congelada (as exportações argentinas crescem de 27 mil toneladas em 1890 para 376 mil em 1914). É criado um padrão diferenciado de crescimento econômico entre as regiões ligadas à atividade pecuária (litoral da Argentina), onde se concentram os investimentos de capital estrangeiros, principalmente ingleses, e as regiões cuja produção competia com as importações feitas pela área da pecuária (têxteis, bebidas, açúcar, tabaco). O grupo político-econômico ligado à economia exportadora, amparado pelos capitais externos, prevaleceu, a partir de 1860, impondo uma política de livre-cambismo, tanto na Argentina como no Uruguai, onde o interior do país era controlado pelo Partido Blanco, dos produtores rurais, enquanto os setores ligados ao comércio controlavam o Partido Colorado.

O segundo engloba o Brasil, Colômbia, Equador, América Central e o Caribe, exportando basicamente café e cacau. Nesses países, a estrutura socioeconômica é montada a partir do produto exportado. No Brasil, por exemplo, o café estimula o aparelhamento do setor portuário, a implantação de ferrovias, e uma urbanização localizada, cujos serviços públicos (energia elétrica, gás, transportes coletivos) são operados por concessionárias estrangeiras. Se nos países desse grupo os investimentos de capital dos quais os empréstimos governamentais são parcela importante, também são predominantemente de origem inglesa, o peso que os Estados-Unidos passam a ter, principalmente no Caribe e na América Central, a partir de 1890, merece tratamento à parte.

Apoiados na Doutrina Monroe (1823), que procurando preservar a independência das antigas colônias espanholas frente à tentativa de recolonização por parte de sua ex-metrópole, pregava o princípio da *América para os americanos*, os Estados Unidos vão exercê-lo ao pé da letra, estabelecendo um verdadeiro "mercado exclusivo" para seus investimentos. A frase de Theodore Roosevelt – presidente norte-americano de 1901 a 1909 – "fale macio e use um porrete" –, reflete de maneira exemplar o domínio que os Estados Unidos passam a exercer sobre a área em questão. Em muitos casos ultrapassa os limites do que se pode considerar como uma prática imperialista informal. Foi o caso do incitamento à rebelião interna na Colômbia, por grupos que formam um novo país (Panamá), que os Estados Unidos prontamente reconhecem. Esse novo país recebe a cessão da soberania na região em que se construirá, com capitais norte-americanos, o canal do Panamá, em 1903. Foi também o caso do controle das finanças da República Dominicana, durante 1905-1907, como penhor de empréstimos não saldados ou a ocupação militar da Nicarágua e o controle sobre suas receitas alfandegárias, em 1911, até o pagamento integral dos empréstimos contraídos junto a bancos privados norte-americanos.

A esses abertos atos de intervenção, deve-se somar a constituição do denominado enclave bananeiro, caracterizado pelas vastíssimas plantações de propriedade da *United Fruit Company*, que se estendem por Honduras, El Salvador e Costa Rica, fazendo desses países nada mais que meros apêndices econômicos dos Estados Unidos.

O terceiro grupo, formado pelos países exportadores de produtos minerais, é composto pelo México, Chile, Peru, Bolívia e Venezuela. Nele, a demanda internacional por matérias-primas industriais intensificou o investimento de capitais estrangeiros. Isso levou à constituição de grandes unidades de produção pertencentes a empresas europeias e norte-americanas, com a desnacionalização do setor mais dinâmico de sua economia. A concentração de inovações técnicas e grandes volumes de capital, isolou esse grupo das demais atividades econômicas, ao mesmo tempo em que lhe deu um reduzido fluxo salarial e impediu-o de contribuir para a formação de um mercado interno forte e articulado. No Chile, que em 1876 era responsável por 62% da produção mundial de cobre, a desnacionalização econômica ocorre em pouco mais de meia década, a partir de 1882, com a anexação de regiões boliviano-peruanas muito ricas em nitrato, com o brutal afluxo de capitais estrangeiros, principalmente ingleses.

O caso do México é lapidar para o aclaramento desse processo de dominação indireta. Após a guerra com os Estados Unidos em 1848, que lhe custou a perda de mais da metade de seus territórios originais, e da intervenção da França em 1863, que lhe impôs um imperador estrangeiro, o México só conheceu estabilidade política sob a ditadura de Porfírio Diaz, de 1876 a 1911. Esse período de estabilidade política coincidiu com uma era de "progresso" econômico, que colocou o país inteiro sob o domínio de uma restrita oligarquia e do capital norte-americano. O Estado de Morelos, responsável por 85% da produção mexicana de açúcar tornou-se propriedade de não mais que trinta famílias de *ha-*

175

cendados, e as vinte famílias que "possuíam" o Yucatã utilizavam índios maia e iaqui como escravos, em suas enormes plantações de juta. Empresas norte-americanas controlavam 3/4 das minas e fundições mexicanas. Corretoras de terras recebiam concessões de milhões de acres. Imensas áreas de territórios petrolíferos eram cedidas, a preços irrisórios, a particulares norte-americanos. Nesse período, o notável crescimento das linhas ferroviárias, de 691 quilômetros em 1876, para 24 mil e 700 km em 1911, não foi feito de modo a integrar economicamente o país, mas sim segundo os interesses das companhias norte-americanas que construíram a maior parte delas. O rumor que corria por volta de 1910, de que os *gringos* possuíam mais do México que os próprios mexicanos, estava longe de ser um exagero.

O Imperialismo Formal

Diversamente do informal, que preserva a independência política dos países sobre os quais atua, o imperialismo formal reduz as áreas periféricas sob seu controle a uma verdadeira situação de colônias, que além de dependentes político-economicamente dos países industrializados, passam a pagar pelos custos de sua colonização, em nome da *missão civilizadora do homem branco*. Isso torna sua ocupação altamente rentável.

A formalização do controle colonial sobre os países da Ásia e da África, produz uma completa desnacionalização dos setores mais produtivos de suas economias, artificialmente desenvolvidos para abastecerem um mercado externo, e que escapam a qualquer controle por parte das elites nativas, enquanto garante a segurança dos maciços investimentos efetuados.

Sua localização geográfica nos países de população não europeia da Ásia e África, reforça em nível ideológico a justificativa do *fardo do homem branco*, que "deixando a família e o conforto do lar, dedica-se filantropicamente a civilizar os selvagens", mesmo que para tal tenha que puni-los, como se educasse uma criança rebelde. O que não impede, no entanto, que os investimentos dos países colonizadores sejam dirigidos exclusivamente para setores que possibilitem retorno econômico, e não para áreas como educação, saúde, saneamento, que são literalmente ignoradas. O caso da

Índia é esclarecedor: surtos de fome e epidemias causadas por absoluta falta de condições higiênicas, vitimaram 5 milhões de pessoas em Madras e Bombaim em 1876-78, 2 milhões nas Províncias Centrais em 1899-1900, 4,5 milhões em Bombaim em 1905-1910, sem que a administração britânica tomasse qualquer providência concreta, a não ser lamentar o fato. Estabelecimentos educacionais de níveis médio e superior, inexistiam nas colônias, sendo sua elite induzida a enviar seus filhos aos países metropolitanos, para educá-los segundo os padrões europeus, o que acabou por produzir uma aculturação das camadas coloniais mais progressistas, reforçando o processo de dominação.

Pode-se classificar as colônias afro-asiáticas formadas pelo imperialismo em quatro tipos diversos, menos por diferenças em sua situação de periferia explorada, e mais pela forma como a dominação política foi exercida.

1. Colônias de enraizamento: caracterizam-se por uma maioria de população de origem europeia, que praticamente ignorava as populações nativas – quando não as exterminava. Apresentavam um baixo índice de concentração demográfica. Serviram basicamente para receber os excedentes populacionais dos países da área central, que nelas criaram uma nova atividade econômica voltada para o mercado externo.

Bastante próximas de sua mãe-pátria, pela origem comum de suas populações dominantes, não obstante não deixam de conservar um caráter colonial, pela falta de autonomia política, pelos investimentos externos centrados na infraestrutura que viabilizava uma economia de exportação, e pela especialização da produção.

Os exemplos-padrão de colônias de enraizamento, foram a Austrália e a Nova Zelândia, grandes exportadoras mundiais de lã, que receberam, como o Canadá, os excedentes populacionais ingleses. A Austrália viu sua população passar de 1 milhão e 600 mil habitantes em 1870, para 4 milhões e 900 mil em 1914.

2. Colônias de enquadramento: uma minoria dirigente europeia impôs-se sobre grandes populações nativas, controlando posições-chave na administração, justiça e forças de segurança (polícia e exército).

Este foi o padrão para a maioria das colônias africanas e asiáticas, instalado onde havia Estados muito pouco articulados, ou meras organizações de base tribal. Os custos da administração direta foram largamente compensados pela exploração impiedosa do trabalho dos nativos, e pela espoliação de seus recursos naturais, enquanto os investimentos concentraram-se na viabilização de uma estrutura econômica exportadora

O exemplo mais perfeito de colônia de enquadramento foi fornecido pela Índia Britânica, onde menos de 5 mil funcionários ingleses eram responsáveis pelo controle de 300 milhões de indianos, pela guarda de suas fronteiras, pela administração de seu território e pela supervisão de sua economia.

3. Protetorados: constituíram-se na forma mais "inteligente" de dominação colonial, onde os colonizadores preservavam oficialmente os poderes locais, exercendo uma dominação indireta, mas não menos eficaz, pela cooptação das elites nativas. Com a preservação aparente dos poderes nacional e regional nativos (mantendo nos seus cargos, reis, imperadores, sultões), as populações locais continuaram a exercer funções de segurança pública e fiscais, sob a supervisão de oficiais europeus, o que deu à dominação colonial, a seus olhos, um caráter de invisibilidade.

Normalmente implantados onde já existiam Estados mais organizados, foram exemplos de protetorados, o Marrocos, o Egito e a Indochina (as regiões de Tonquim e Anã, que compreendem o atual Vietnã, além do Laos e do Camboja).

A atuação francesa na Indochina é marcante no sentido de exemplificar como se processava a exploração colonial sob um protetorado. Enquanto as propriedades da elite governante local foram intocadas, enormes áreas foram cedidas a companhias francesas para a exploração de seringais, onde a população nativa era empregada em regime de semisservidão. Paralelamente, a administração francesa indireta controlava os "três burros de carga" da receita estatal: a exploração do sal, e a produção e distribuição do álcool e do ópio. Cedidos a companhias francesas em sistema de monopólio esses "três burros de carga", produziram 30% a mais entre 1899 e 1903, subindo mais 14% entre 1904 e 1912, enquanto só o sal teve seu preço elevado em 450% entre 1897 e 1907.

4. Áreas de influência: são regiões ainda independentes, onde as potências coloniais competem umas com as outras, no sentido de obter concessões econômicas – investimentos de capitais, construção de ferrovias, portos exclusivos, e mesmo cessão de territórios –, procurando demarcar entre elas suas respectivas áreas de atuação exclusiva. Basicamente, essas áreas de influência restringiram-se ao Império Otomano (concorrência teuto-britânica), à Pérsia ("dividida" entre a Inglaterra e a Rússia), e à China. A China, com uma vasta extensão territorial e grande população, desenvolvera um sistema próprio que permitia a uma oligarquia rural explorar o trabalho de várias centenas de milhões de pessoas. Possuía uma pirâmide burocrática formada por funcionários e administradores imperiais, amparada ideologicamente pelo imobilismo do pensamento confucionista, no topo da qual existia um imperador que governava por um "mandato do Céu". Até inícios do século XIX, o impacto europeu sobre a China foi superficial, restrito a algum comércio feito com suas regiões litorâneas, já que o governo chinês considerando o contato com os europeus inútil e nocivo, impunha severas restrições a sua atuação. Foi a Inglaterra que principiou a alterar esse estado de coisas, dada a necessidade de encontrar um mercado para a crescente produção de ópio em suas possessões indianas. As chamadas Guerras do Ópio (a primeira em 1839-1842, e a segunda em 1857), resultaram em derrotas chinesas, e em sua contrafeita aquiescência em ceder Hong Kong à Inglaterra, abrir vários portos ao comércio externo e permitir a navegação pelo rio Yang-Tsé. Mesmo sob este avanço britânico a China ainda escapava, de certa forma, ao domínio imperialista, uma vez que em 1850 seu comércio exterior registrava um superávit. Suas exportações eram 2/3 maiores que suas importações, e os ingleses precisavam cobrir essa diferença com o contrabando de ópio e de lingotes de ouro.

A partir da década de 1870, a China realmente sente a pressão do imperialismo. Seu território é dividido em áreas de influência das diversas potências, tornando a autoridade do governo central menos que nominal em grande parte de seu território. A revolução de 1911, que derrubou o império, proclamando a república na China, encontrou o país esquartejado: a Mongólia Exterior e o Sinkiang eram russos, o Iunã era francês, o vale do Yang-Tsé era inglês, o Shantung era alemão, e o Fuquiã e a ilha de Formosa eram japoneses. Os norte-americanos, que chegaram tarde, buscavam compensar o tempo perdido, insistindo em uma Política de Portas Abertas. Na verdade, foram a posição norte-americana e as rivalidades entre as potênciascolonizadoras, que impediram que a China se transformasse em um protetorado ou em uma colônia de enquadramento. De qualquer forma, o domínio imperialista sobre a China foi total. Compreendeu desde cidades inteiras que escapavam à jurisdição chinesa sendo consideradas concessões internacionais (como Xangai), como enormes inversões de capital. Essas inversões vieram sob a forma de empréstimos para o governo ou como investimentos privados em infraestrutura portuária, comércio marítimo, minas, estradas de ferro e fábricas. Houve ainda o chamado "Protocolo de 1901", que estabelecia o controle das alfândegas chinesas diretamente por dois bancos (*Banque de l'Indochine* e *Hong-Kong and Shangai Bank Co.*). O excedente, após os descontos dos juros dos empréstimos, era revertido ao Estado chinês por decisão do corpo diplomático, que acabou se transformando no árbitro da política na China.

AS FORMAS DE TRABALHO SOB O IMPERIALISMO

Estendendo a economia-mundo capitalista a todas as áreas geográficas do globo, o imperialismo, além de estabelecer ritmos de crescimento econômico diferenciados entre elas, conviveu com diversas formas de trabalho, presentes nas áreas periféricas.

O trabalho assalariado – característica essencial do capitalismo –, era a forma de trabalho dominante, senão a única nas colônias de enraizamento. Na América Latina, o trabalho escravo africano vigorou até 1888 no Brasil. A escravidão indígena foi dominante em certas áreas do México. Em vastas regiões agrárias da América Central, da Colômbia e do Peru, as populações camponesas entregavam parcelas de sua produção agrícola aos proprietários de terras. Na África, as tradicionais formas de extração do excedente econômico permaneceram intocadas no interior do continente. Como no Congo Belga, por exemplo, onde cada aldeia em obrigada a entregar à administração colonial cotas determinadas de produtos e mesmo de trabalho; ou na África Oriental Alemã, onde a organização socioeconômica tribal foi preservada, enquanto as aldeias pagavam impostos em espécie, e certas tribos forneciam cotas de homens para integrar as forças de segurança coloniais. Na Ásia, enquanto a China conservou suas massas camponesas presas

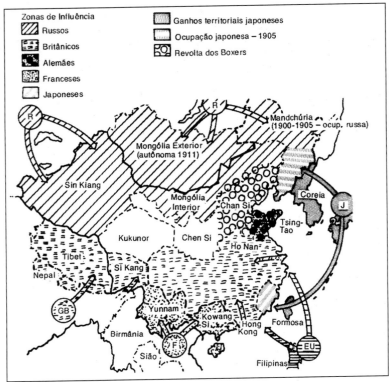

Figura 8 – A penetração dos estrangeiros na China até 1912.
(Fonte: Mapa adaptado do *Atlas Historique*, Librairie Stock, 1968).

ao ancestral sistema de dominação oligárquico, na Conchinchina (colônia de enquadramento francesa) o trabalho semisservil nas grandes plantações de propriedade de companhias francesas, foi a norma comum. Por que tantas formas diversas de extração do excedente econômico, que comportavam vários graus de compulsão do trabalho puderam conviver lado a lado com o trabalho assalariado, nas áreas periféricas? E por que também, quando os Estados imperialistas forçaram a difusão do trabalho assalariado em suas áreas de atuação colonial, fizeram-no de forma a não implicar um significativo alargamento do mercado consumidor, dada a baixa remuneração que sempre o caracterizou?

Porque não importava como fossem as relações de produção nas áreas periféricas, desde que seu vínculo econômico com as áreas centrais implicasse *relações de troca de tipo capitalista*. Em outras palavras, desde que os resultados dos processos produtivos se transformassem em mercadorias, e nessa forma fossem apropriados pelas áreas colonizadoras, a maneira como elas foram produzidas deixa de ter importância capital. E mais, para que a produção se viabilizasse, maciços investimentos de capital eram necessários, não só nos próprios setores produtivos, mas também na construção de uma intrincada infraestrutura de transportes e comunicações. Uma vez pronta, essa infraestrutura criava de imediato uma demanda nova e permanente de toda uma gama de bens e serviços, que por sua vez implicava novos investimentos de capitais, que naturalmente só poderiam se originar de onde eles estavam altamente concentrados: dos países industrializados.

Fosse sob o imperialismo informal, fosse sob o formal, o controle direto de minas, plantações ou fábricas foi precedido da penetração de capitais, primeiro para incentivar a circulação de produtos primários, e depois para criar uma infraestrutura que diminuísse seus custos de distribuição. O caso inglês é patente: possuindo o maior império colonial do mundo, que se estendia por todos os continentes, construindo mesmo um espaço geográfico próprio "onde o sol nunca se punha", importava mais mercadorias do que exportava, apresentando, no entanto, um superávit no balanço de pagamentos, devido, principalmente, aos juros dos seus investimentos de capital em seu espaço colonial.

O que o capitalismo fez, sob a prática imperialista, foi solucionar de imediato os dois problemas principais que atingiam suas áreas centrais: o excesso de capitais e o excedente populacional. O alargamento do mercado consumidor de produtos industrializados se daria como decorrência, tanto da presença imperialista nas áreas periféricas, como do melhor nível de remuneração salarial nas áreas centrais. O exemplo da China é esclarecedor. Abri-la, mesmo que à força, ao comércio internacional, não era suficiente para estabelecer uma relação de trocas desiguais em favor das áreas centrais. Era preciso que ela recebesse grandes volumes de capital, para então, devido à amortização dos empréstimos e ao atendimento da demanda interna que esses capitais criaram, constituir-se realmente em uma economia dependente.

Embora à primeira vista possa parecer haver um paralelo entre a quebra dos monopólios coloniais nos tempos da Revolução Industrial Inglesa, e a inserção das periferias afro-asiáticas na economia-mundo sob a ação do imperialismo, os dois processos, na verdade, são essencialmente distintos e tipificam dois momentos particulares da evolução do capitalismo.

No primeiro, não existiam capitais em excesso. A produção industrial constituía-se basicamente de artigos de largo consumo. O setor terciário era incipiente. Havia uma certa dose de concorrência interna e o setor financeiro dependia dos bons resultados do setor produtivo, que encontrava extrema dificuldade em realizar lucros, em virtude do bloqueio continental (1806) que fechava aos produtos ingleses, os mercados europeu e americano. Portanto, abrir esses mercados era questão de sobrevivência para a área central do capitalismo – que na época se confundia com a Inglaterra –, a fim de que eles absorvessem os estoques de mercadorias que se acumulavam. O viajante inglês John Mawe, testemunha ocular dos acontecimentos de 1808, quando os portos brasileiros são abertos à Inglaterra, conta em seu clássico *Viagens ao interior do Brasil*, que chegou tal volume de mercadorias inglesas que logo o mercado ficou abarrotado. Havia, mesmo, artigos impossíveis de serem utilizados nos trópicos, como patins de gelo, fornalhas e espartilhos de barbatana de baleia, mostrando claramente que a questão básica era encontrar um mercado alternativo para os bens de consumo.

No segundo momento, ao contrário, existiam capitais ociosos. A indústria de bens de capital era uma realidade, o setor terciário equivalia em importância ao secundário, o capital tornara-se monopolista em sua composição, e os setores financeiro e produtivo estavam identificados sob uma mesma direção empresarial. Era fundamental, portanto, que os capitais encontrassem espaços de investimento nas novas áreas periféricas que se incorporavam ao sistema. E através desses investimentos criassem uma demanda ampliada de bens de capital e de serviços, que por sua vez, naturalmente levaria ao alargamento do mercado consumidor de bens originários das indústrias de transformação. A fórmula encontrada pelos países industrializados, que se fez presente em todas as áreas colonizadas, foi a construção de ferrovias. Além de absorverem enorme volume de capital as ferrovias, ampliavam a exportação de bens de capital, e criavam uma demanda permanente de bens e serviços. Paralelamente, a instalação de ferrovias levava à necessária modernização de certos setores de infraestrutura, o que gerava novos investimentos de capital, enquanto o barateamento dos fretes e a maior facilidade de distribuição incentivavam o mercado de bens de consumo.

Na América do Sul, onde as ferrovias praticamente inexistiam antes de 1870, elas são rapidamente implantadas a partir dessa data, ligando o Chile, Peru, Argentina e Brasil (22 mil km em 1914, formando uma verdadeira rede na região produtora de café). Na Índia, em 1913 uma rede de mais de 54 mil km corta o país, e na China os 15 mil km de ferrovias existentes em 1911 representam concessões russas, alemãs, francesas e inglesas. Os japoneses constroem estradas de ferro ligando os portos ao interior da Coreia, que anexaram em 1910. Os russos cortam a Manchúria com um ramal de sua estrada transiberiana, que se estende de Moscou a Vladivostok. Na África, por volta de 1914, as ferrovias estão presentes nas colônias francesas da Tunísia/Argélia/Marrocos, Senegal e Costa do Marfim, com uma linha ligando o porto de Djibuti a Adis-Abeba, capital da ainda independente Etiópia; e nas colônias inglesas de Egito/Sudão, Quênia, Nigéria. Vários ramais ligam a África do Sul às Rodésias do Sul e do Norte; e no Congo Belga e nas colônias alemãs de Togo, Camerum, Sudoeste Africano e África Oriental, estradas de ferro ligam os portos às áreas produtoras do interior.

Dessa forma, a ligação que as áreas periféricas mantêm com as áreas centrais, nesse novo colonialismo, tipifica uma relação de trocas de tipo capitalista. Envolve investimentos de capital, exportação de bens de capital, incentivo ao setor de bens e serviços, e compra e venda de produtos primários e de produtos originários do setor secundário, em favor das áreas centrais. A relação que se estabelece é uma relação de trocas desiguais, sem que haja necessidade, de imediato, de transformar todas as formas de trabalho nas áreas periféricas, em assalariadas. Não são os estoques de mercadorias acabadas que estão altíssimos nos países industrializados, são seus capitais que concentrados em nível monopolista, estão ociosos. A transformação do trabalho nas áreas periféricas em dominantemente assalariado, será obra do sistema capitalista em sua "idade adulta" (tratada no capítulo 10).

A SOCIEDADE DE MASSA

A incorporação das novas áreas periféricas (África, Ásia e Oceania) e o domínio sobre a mais antiga (América Latina), realizados pelo imperialismo, tiveram como resultado nas áreas centrais, principalmente em seus centros mais dinâmicos (Inglaterra, Alemanha e Estados Unidos), um notável alargamento do mercado de bens de consumo e de bens e serviços. Em sequência, constituiu-se o que se denominou *sociedade de massa*, que nada mais é senão a popularização do consumo, com a formação de amplos mercados cujos principais componentes eram os trabalhadores assalariados.

Foi a sistemática exploração das áreas periféricas, que permitiu a recomposição salarial do operariado industrial, com a redução das jornadas de trabalho sem perdas no salário real, aliada ao surgimento de um trabalhador mais técnico – e portanto melhor remunerado. Isso foi consequência da Segunda Revolução Industrial e do enorme desenvolvimento do setor de bens e serviços – que fez surgir o que é comumente classificado como *classe média*. São os responsáveis diretos pela constituição de um enorme mercado consumidor nos países industrializados, que se consolida nos últimos anos do século XIX e primeiros do XX. Na Inglaterra, por exemplo, enquanto os preços de venda de mercadorias importadas (chá, toucinho defumado, carne congelada, comidas enlatadas) caíram 40% entre 1880 e 1900, os salários subiram 11% entre 1880 e 1890, e mais 11% entre 1890 e 1900. E na Alemanha, a emigração que foi de 1 milhão e 342 mil pessoas entre 1881-1890, caiu para 528 mil entre 1890-1900, para chegar a meros 18 mil e 500 indivíduos em 1912. Era sinal de que os países industrializados haviam conseguido absorver produtivamente suas populações – que não paravam de crescer –, graças aos "subsídios" que as áreas periféricas forneciam.

A constituição dessa sociedade de massas, com seu enorme mercado interno, pode ser vista como reflexo de uma série de fatores: a existência de uma ampla e concentrada população urbana; um aumento nos gastos da classe trabalhadora em geral; um acréscimo do tempo dedicado ao lazer; notáveis melhorias nos sistemas de transporte coletivo; uma grande expansão no volume de propaganda comercial.

A maior parte desses fatores estava ligada entre si, e impulsionava-se mutuamente; como o aumento das horas dedicadas ao lazer e o desenvolvimento dos cinemas (cerca de 3.500 na Inglaterra em 1914); a surpreendente proliferação da propaganda comercial em jornais populares de circulação diária (que se difundem por sua vez, junto a revistas de anedotas e de mexericos, durante a primeira década do século XX), em tapumes, nos maços de cigarros, nas estações de estradas de ferro e nos ônibus; e a abertura de grandes cadeias de lojas de departamentos que serviam a uma clientela vasta e de médio poder aquisitivo.

A sensível melhora nos sistemas de transporte coletivo, com a motorização dos ônibus e a construção de metrôs – o de Londres data dos primeiros anos do século XX –, levou as classes trabalhadora e média a gastar suas crescentes horas de lazer fora de casa, em exibições esportivas, espetáculos musicais e sessões de cinema. Isso impulsionou o desenvolvimento da propaganda e a circulação de jornais e revistas baratas, como o observou acidamente George Grissing em seu romance *New Grub Street*, "a imensa nova geração que está saindo das escolas públicas, os jovens e moças que sabem apenas ler, (...) precisam de algo que os distraia nos trens, nos ônibus e nos bondes".

O que os primeiros anos do século XX viram nos países industrializados foi a cristalização de um enorme mercado consumidor de produtos baratos e de bens e serviços populares, impulsionado pela propaganda comercial, com sua notável aptidão de criar novas necessidades de consumo. O cigarro foi popularizado por maciços investimentos em propaganda, que venderam a ideia do "hábito elegante", inclusive para as mulheres, em substituição ao caro charuto, a ponto de as fábricas de cigarro, que em 1890 absorviam apenas 5% das importações inglesas de fumo, passarem a 40% em 1900.

O sistema econômico capitalista parecia, no final de sua "juventude", plenamente realizado. Estendera-se a todas as partes do mundo, e constituíra em sua área central um pujante mercado consumidor alimentado por uma população assalariada em crescimento, enquanto sujeitava sua área periférica a uma relação de trocas desiguais, que só contribuía para sua autorreprodução.

8. O TESTE DO CAPITALISMO

"Permita-me declarar minha firme crença de que a única coisa que devemos temer é o próprio temor. Os mercadores fugiram de seus tronos no templo de nossa civilização. Agora podemos restaurar esse templo para as antigas virtudes."

F. D. Roosevelt, em seu discurso de posse em 4 de março de 1933

No período que se estende de 1914 a meados da década de 1950, o sistema econômico capitalista passou por uma série de eventos conjunturais que, somados, refletem uma crise de crescimento: sua passagem da "juventude" para a idade "adulta". Ao mesmo tempo, esse período submete-o a um verdadeiro teste, experimentando sua solidez e articulação interna, através de duas guerras mundiais, dois períodos de reconstrução econômica, uma longa década de profunda depressão econômica geral, e a diminuição de seu espaço geográfico pela implantação de soluções econômicas alternativas (analisadas no capítulo seguinte).

Esse período marca também o fim da hegemonia europeia sobre a economia-mundo, com sua substituição pelos Estados Unidos. E, mais significativamente ainda, o fracasso das tentativas de imposição de posições dominantes pela via do imperialismo, encetadas pela Alemanha em 1914-1918 e em 1933-1945, pelo Japão em 1931-1945, e por Inglaterra, França e Itália durante as décadas de 1920-1930. Ao final da década de 1940, o imperialismo formal esgotara-se, menos pela difusão das ideias libertárias de "esquerda", e mais pelo desenvolvimento natural do sistema capitalista, que pode prescindir da dominação direta das áreas periféricas para manter seu crescimento autossustentado.

E ainda, durante o período em questão, as duas tendências que se consolidaram a partir da Segunda Revolução Industrial, o intervencionismo estatal e a concentração monopolista do capital, assumem importância capital no sentido de auxiliar o sistema a superar sua crise de crescimento, que será mais bem compreendida quando dividida nos dois conflitos mundiais, e nas fases de reconstrução que lhes seguiram.

A PRIMEIRA GUERRA MUNDIAL

Embora uma série de motivos político-ideológicos tenha levado as nações europeias à formação de dois blocos antagônicos de alianças militares, as razões subjacentes da Primeira Guerra Mundial (1914-1918) foram de ordem econômica. A busca agressiva por mercados de investimentos privilegiados, e o enorme crescimento econômico da Alemanha que ameaçava transformá-la na potência hegemônica europeia, forneceram as razões primárias para o que pode ser denominada de *guerra para uma redivisão de mercados* em nível mundial.

O impacto da Grande Guerra sobre o sistema capitalista foi brutal. Durante quatro anos as principais nações industriais europeias se enfrentaram em uma guerra sem tréguas, da qual participaram também o Japão e os Estados Unidos a partir de 1917. Ela envolveu todas as suas dependências coloniais e terminou com a distinção entre civis e militares (provocou cerca de 6 milhões de baixas fatais de civis). Desorganizou o comércio internacional, provocou destruições sem precedentes, deslocou a área central do sistema capitalista da Europa para os Estados Unidos e causou o colapso dos Impérios Russo (onde se procura desde 1917 uma alternativa ao capitalismo) e dos multirraciais, Austro-Húngaro e Otomano.

Em mais de um sentido, a Primeira Guerra foi um verdadeiro divisor de águas: o mundo nunca mais será o mesmo depois dela, e as raízes tanto da depressão da década de 1930, como da Segunda Guerra Mundial podem ser encontradas na forma como os vencedores (notadamente Inglaterra e França) impuseram a paz aos vencidos, particularmente à Alemanha.

Uma vez que os desdobramentos de ordem militar fogem ao escopo desta obra, deve-se analisar a Grande Guerra especificamente quanto a seu aspecto econômico. E notadamente o crescente papel que o Estado passa necessariamente a desempenhar no ordenamento da atividade econômica.

Os preparativos bélicos dos diversos países envolvidos estavam praticamente prontos. Desde 1910 vivia-se na Europa uma situação de "paz armada". Os preparativos de ordem econômica, no entanto, eram inexistentes, pois pensava-se que a guerra seria de curta duração. Os aliados (Inglaterra, França e Rússia) esperavam que os recursos alemães logo se esgotariam, enquanto estes e seus aliados (Áustria-Hungria e Império Otomano), apostavam em uma rápida vitória através de uma fulminante ofensiva contra a França. Já em fins de 1914, no entanto, o conflito engolfara praticamente todos os continentes e transformara-se em uma luta econômica entre os aliados e o bloco alemão, obrigando o Estado a intervir na economia a fim de assegurar alguma possibilidade de vitória.

A Economia de Guerra

Mobilizar todos os fatores de produção nacionais e dirigi-los no sentido de maximizar sua produtividade, é o sentido mais claro que se pode ter da chamada *economia de guerra*, que os países beligerantes experimentam durante o conflito, alguns como a Alemanha, desde 1914, e os demais durante seu desenrolar. De qualquer forma, a partir de 1915, a estratégia dos aliados é sufocar o bloco alemão através de um bloqueio total ao seu comércio exterior. Isso provoca a represália alemã de bloquear a Rússia nos mares Báltico e Negro e principalmente de impedir o tráfico marítimo inglês por meio da guerra submarina. Os países procuram se tornar autossuficientes, e produz-se uma notável aceleração na produção em massa, na mecanização industrial, na centralização das empresas, na emissão monetária e no controle do Estado sobre a economia como um todo.

Na Alemanha, que teve seu comércio exterior duramente atingido, caindo suas exportações para 1/3 e as importações para 2/3 do que eram em 1913, apesar de seu crescente intercâmbio com os países neutros, Holanda, Dinamarca, Suécia e Itália (até 1915, quando se agrupa com os aliados), o dirigismo estatal é precoce. Já em 1914 é criado o *Kriegs-Rohstoff-Abteilung* (departamento de matérias-primas para a guerra), que efetua uma política de direcionamento das matérias-primas para a indústria de armamentos, organiza a exploração nos territórios ocupados, incentiva a descoberta de novos métodos produtivos e, principalmente, desenvolve a utilização de substitutivos para as matérias-primas mais raras, apoiado na enorme indústria química alemã. Também são criados organismos estatais como os Escritórios de Exportações, Escritórios de Importações, e várias "Companhias de comércio de guerra", que se apoiam nos cartéis já existentes.

Franceses e ingleses, com sua estrutura econômica mais descentralizada, são obrigados a constituir vários comitês, agências e comissões (*consortiuns* e *Control Boards*), para regular a produção e distribuição de alimentos, matérias-primas, armamentos, e locação de mão de obra. Em 1917, 94% do total do consumo interno da Inglaterra estava sob o controle estatal, e na França havia 291 órgãos governamentais em 1918, dos quais 80 sob direta dependência do Ministério da Guerra.

A mão de obra foi um problema adicional, com 65 milhões de combatentes (dos quais 9 milhões serão mortos, 7 inutilizados, 5 desaparecidos e 15 feridos). Isso leva ao fechamento de fábricas – também pela escassez de matérias-primas –, e à elevação do número de desempregados. A ação do Estado é mais necessária do que nunca para corrigir as distorções: na Inglaterra, operários não qualificados são largamente utilizados em trabalhos técnicos, e na Alemanha aparece o trabalho obrigatório ("trabalho auxiliar patriótico") para os homens de dezessete a sessenta anos. O trabalho feminino será largamente utilizado, uma vez que para cada combatente deveria haver ao menos três operários civis, diretamente envolvidos no esforço de guerra. Em 1918 havia na Inglaterra 1,3 milhão de mulheres empregadas a mais que em 1914, enquanto na França em 1917 o trabalho feminino é 29% maior que em 1914.

O financiamento do esforço de guerra por outro lado (em 1918 a guerra custava 10 milhões de dólares por hora) obriga o aumento dos impostos e a emissão de bônus públicos. O imposto de renda foi estabelecido na França e Rússia em 1915, e severamente aumentado nos outros países; os ingleses estabelecem impostos de importação com claro sentido fiscal. A Alemanha ampliou em muito a emissão dos "bônus para a Pátria", chegando a financiar 2/3 de suas despesas desta forma. Entre os aliados, os empréstimos interestaduais foram constantes, principalmente por parte dos Estados Unidos.

Os aliados formam um comitê superior para unificar os preços dos produtos estratégicos e definir sobre o aumento de sua produção interna, bem como regular seu fornecimento prioritário, enfrentando a oposição dos agricultores que desejavam reduzir as áreas de plantio de trigo, substituindo-as pelo cultivo de outros cereais mais lucrativos. Na Alemanha, apesar do rígido controle estatal sobre a produção agrícola, e da incorporação da produção das áreas ocupadas (Bélgica, Polônia e Ucrânia a partir de 1917), o racionamento torna-se uma necessidade a partir de 1916, chegando ao fornecimento de meras 2 mil calorias semanais à população civil em agosto de 1918.

A produção bélica, largamente incrementada pelos beligerantes, que elevam seus gastos militares em 70% em média com referência a 1914, demonstra claramente tanto os efeitos da Segunda Revolução Industrial nos países do bloco alemão, como a crescente importância que os Estados Unidos adquirem no cenário da economia-mundo.

O esforço de guerra alemão e austríaco baseava-se totalmente em suas próprias indústrias e capacidade tecnológica. A Alemanha adaptou sua enorme indústria química e suas indústrias de engenharia – diversificadas e atualizadas –, para a produção de explosivos, propulsores, detonadores, obuses, munições e armamentos. Sua indústria de máquinas-ferramentas, a mais moderna e inventiva do mundo, não teve maiores dificuldades em equipar novas fábricas de munições e armamentos em geral.

Tanto a Inglaterra como a França, ao contrário, quando se viram obrigadas a expandir suas indústrias bélicas, constataram que grande parte de seus recursos industriais estava obsoleta, além de carecer de toda uma gama de indústrias mais modernas. Antes da guerra, elas dependiam totalmente da Alemanha quanto a produtos químicos, como anilinas, drogas sintéticas e materiais para processamento fotográfico. E eram justamente as fábricas que produziam anilinas e drogas que poderiam facilmente passar a produzir explosivos. Assim, a Inglaterra teve que criar uma indústria química a partir do nada, com base em patentes alemãs apreendidas. Também com relação aos produtos mais sofisticados da Segunda Revolução Industrial, como rolamentos, magnetos, velas de ignição, máquinas fotográficas e aparelhos ópticos, Inglaterra e França eram parcialmente dependentes de importações alemãs, enquanto suas indústrias de máquinas-ferramentas eram ainda de tipo artesanal, fabricando uma linha restrita de ferramentas em grande parte sob encomenda. O caso particular da França ainda se agravava, pelo fato de a região da Alsácia-Lorena, responsável por 74% do carvão, 81% do ferro e 63% do aço do país, encontrar-se sob ocupação alemã. O resultado foi uma dependência cada vez maior da Inglaterra e da França, com relação à produção especializada da Suíça, Suécia e principalmente dos Estados Unidos. O próprio Ministério das Munições britânico, reconhece isso em duas passagens: "Durante a primeira parte de 1915, de fato, os fornecedores ultramarinos assumiram uma posição de maior importância, uma vez que o Ministério da Guerra se viu forçado a depender deles para o grosso dos suprimentos de obuses exigidos pela campanha de 1916", e "A Grã-Bretanha dependia praticamente dos Estados Unidos para obter material para a fabricação de propulsores para uma vasta proporção de seu material explosivo. Dependia consideravelmente dos Estados Unidos para obter aço para obuses e outros tipos de aço para máquinas-ferramentas". Em pouco tempo, os Estados Unidos assumem um caráter de importância vital para o esforço de guerra dos aliados. Invertem sua posição de tomadores de empréstimos de capital europeu para a de maiores credores da Europa, e experimenta um enorme impulso em sua produção industrial. Assim se manifesta Bernard Baruch, presidente da Federação Americana das Indústrias Bélicas: "Cincinnati é o maior centro de fabricação de máquinas-ferramentas do mundo. Em 1913, o valor total do produto anual dos Estados Unidos era de aproximadamente 50 milhões de dólares. Durante a guerra, no período da nossa entrada (abril de 1917), nossa capacidade produtora mais que duplicou, mas a expansão se deu principalmente na produção de máquinas pequenas e médias – máquinas para a produção de obuses, fuzis, detonadores, etc."

Os Efeitos da Primeira Guerra Mundial

Quando em novembro de 1918 a Alemanha celebra com os aliados um armistício, pondo fim a mais de quatro anos de guerra, seus efeitos sobre a economia-mundo capitalista já eram patentes, antes mesmo que todas as questões fossem regulamentadas pelo Tratado de Versalhes em junho de 1919.

Em primeiro lugar, a Europa perdera sua posição hegemônica para os Estados Unidos, que se viam credores da incrível soma de mais de 4 bilhões de dólares. Essa soma referia-se apenas a empréstimos aos governos dos países aliados, à qual se somava uma reserva em ouro da ordem de 287,5 milhões de libras esterlinas. Além do alto número de mortos, inutilizados e feridos, a Europa sofrera também terríveis danos físicos, que somente no caso francês representavam 8 mil milhas quadradas de terras cultivadas devastadas, e mais de 250 mil edifícios destruídos. Mesmo os países neutros acumularam grandes prejuízos, decorrentes dos efeitos econômicos adversos que a guerra lhes ocasionou. Holanda, Suécia e Suíça contabilizavam perdas da ordem de 149, 95 e 45 milhões de libras esterlinas respectivamente. A tarefa primordial da Europa em 1918, era a da sua reconstrução econômica.

Em segundo, o Japão foi um dos grandes beneficiários do conflito, acumulando uma reserva em ouro no valor de 183 milhões de libras esterlinas. Apoderou-se de todas as colônias alemãs do Pacífico (à exceção do nordeste da Nova Guiné que foi para a Austrália), e sua produção industrial ocupou os mercados que os países europeus eram incapazes de suprir adequadamente: os da China, da Indochina Francesa, a demanda de material bélico da Rússia, os mercados do Chile e Peru, tradicionais clientes alemães, atingiu até os mercados da costa oeste americana, a partir de 1917.

Em terceiro, as enormes perdas das marinhas mercantes, da ordem de 13.007.650 toneladas brutas, das quais 7.756.659 apenas da Inglaterra, desorganizaram completamente o comércio internacional. Vários países periféricos viram-se obrigados a encetar uma incipiente industrialização (como o Brasil, por exemplo, com ênfase nos têxteis) substitutiva das importações que não mais se podia realizar no ritmo anterior à guerra. E passaram a desenvolver suas próprias marinhas mercantes, para transportar produtos primários que tiveram seus preços elevados, em virtude também da concentração europeia em uma economia de guerra. Assim, países como Argentina, Uruguai, Canadá e Austrália puderam acusar saldos consideráveis em seus balanços de pagamentos, em detrimento principalmente de Inglaterra e França.

Em quarto, a contribuição das colônias para o esforço de guerra aliado foi substancial, o que levou suas elites à convicção de que alguma forma de autogoverno seria nelas permitido. Acreditou-se que a prática imperialista nos moldes do pré-guerra necessariamente deveria sofrer alterações em seu rigor. A contribuição da Índia, particularmente, foi de grande importância. Mandou quase um milhão de homens como soldados nas forças britânicas, e viu sua economia ser quase levada à bancarrota, no esforço de subsidiar as despesas de guerra inglesas. Os povos árabes, por seu lado, revoltaram-se contra o domínio turco, incentivados pela promessa franco-britânica de independência após a guerra.

Em quinto, a Rússia desde novembro de 1917 estava sob um governo bolchevique – o que diminuía o espaço geográfico do capitalismo –, que declarou nulas todas as obrigações contraídas pelos governos anteriores (empréstimos, financiamentos, etc.). Esse governo havia chegado ao poder graças, em grande parte, ao seu programa de "Paz e Pão", em razão do insuportável custo que a guerra causava à Rússia: sua economia com fraca base industrial obrigara o país a substituir máquinas e equipamentos, por homens, o que lhe custara 1 milhão e 700 mil baixas fatais militares e 2 milhões de civis.

E em sexto, havia a convicção geral entre os aliados de que as Potências Centrais – particularmente a Alemanha –, pagariam pelos colossais danos que a guerra causara, a fim de restaurar a antiga prosperidade europeia. Nesse sentido, parecia ser perfeitamente natural, a tomada definitiva das colônias alemãs, e a apropriação de suas patentes industriais, além da divisão dos territórios do Império Otomano que se desagregara, entre os países vencedores, como uma forma de "justa recompensa".

Na verdade, a combinação desses efeitos refletia uma mudança estrutural do sistema econômico capitalista, embora a maior parte dos contemporâneos não se tivesse dado conta. Mais do que nunca, o Estado fazia-se necessário para operar a reconversão econômica que a paz impunha. A produção europeia para exportação fora reduzida em 50% com referência a 1913; as antigas linhas de comércio estavam desarticuladas; as marinhas mercantes bastante reduzidas e a massa de soldados a ser desmobilizada precisava ser produtivamente empregada. E o Estado também era necessário

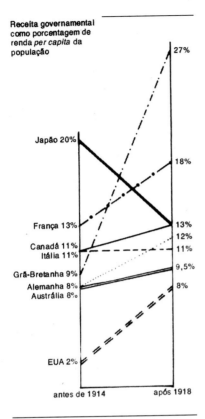

Gráfico 6 – Aumento nos impostos pessoais.

(Fonte: Adaptado de *História do Século 20 – Enciclopédia Semanal*, São Paulo, Abril Cultural, s/d).

para assegurar que as vantagens obtidas durante a guerra fossem preservadas – particularmente no caso do Japão e das colônias de enraizamento inglesas.

O problema básico, no entanto, era que o instrumento mais adequado até então empregado pelo sistema capitalista para assegurar o desenvolvimento econômico – o imperialismo –, estava sendo bloqueado em sua plenitude pelas crescentes resistências das áreas periféricas. E mais importante ainda, pela incapacidade das áreas centrais europeias em retomar, de imediato, seu antigo nível de disponibilidade de capital e de produção industrial. Em 1918, a produção de artigos básicos era inferior, em todos os países europeus, aos índices de 1913. A produção europeia reduzira-se nesse período em 25% do seu volume global. O custo da guerra foi equivalente a oito anos de crescimento econômico normal, e os resultados da guerra traduziam-se pela inexistência de locomotivas, pela falta de máquinas nas fábricas e nas prateleiras vazias das lojas.

Dessa forma, foi natural que os vencedores da guerra procurassem recompor suas economias fortemente abaladas às custas dos derrotados. Isso ocasionou uma série complementar de problemas. O Império Austro-Húngaro, que representara uma estrutura de unidade econômica ao longo do vale do Danúbio, desagregara-se, dando lugar a pequenas nações (Áustria, Hungria, Iugoslávia, Tchecoslováquia). Com fortes sentimentos nacionalistas essas nações procuravam impor-se umas às outras, criando uma vasta área de

195

instabilidade político-econômica. A ela se somavam a Romênia e a Polônia, também beneficiadas com o desmembramento do Império dos Habsburgos. O Império Otomano viu-se reduzido à atual Turquia, onde teve que enfrentar movimentos separatistas de suas minorias étnicas (armênios e curdos) e intervenções de franceses, italianos e gregos, que o dividiram em áreas de influência, só recuperando sua integridade territorial em 1922, após custosas campanhas. As demais áreas sob dominação turca foram repartidas pela França (Síria e Líbano) e pela Inglaterra (Palestina e Iraque). O restante da península Arábica viu-se sob a influência inglesa. Isso resultou no ressentimento da Itália, excluída da partilha, e na efervescência do nacionalismo árabe, que obriga a França a intervir militarmente para impor seu domínio sobre a Síria e o Líbano. Restara a Alemanha, sobre quem recairia o peso da reativação econômica europeia, pois se bem que derrotada, ela não sofrera danos materiais, não tendo sido invadida, e conservando intacta sua infraestrutura econômica.

Além da perda de suas colônias e de alguns territórios europeus (Alsácia-Lorena para a França e Prússia Ocidental e Posnânia para a Polônia), a Alemanha viu-se obrigada a ressarcir todos os danos provocados pela guerra – as chamadas reparações, que além da cessão de navios, equipamentos, recursos naturais e propriedades no exterior, alcançavam a astronômica cifra de 132 bilhões de marcos-ouro. A única forma de a Alemanha efetuar esses pagamentos, era através da reativação de sua produção industrial, que também restabeleceria o nível dos estoques esgotados e forneceria mercados e capital para seus vizinhos do sul e do leste. A forma como esses encargos foram impostos à Alemanha, marcaram toda a trajetória econômica da década de 1920, sendo a grande responsável pelo mais forte abalo que o capitalismo sofreu; a depressão da década de 1930.

Quando o mundo procurava recobrar o fôlego para se dedicar à tarefa de sua reconstrução econômica, ocorreu um surto epidêmico. Foi provocado por um vírus só identificado em 1933, denominado de *gripe espanhola*, registrando mais vítimas fatais que a guerra de 1914-1918. Tendo seu auge em 1919, a epidemia alastrou-se pelo mundo todo, causando cerca de 27 milhões de mortes. A maioria delas ocorreu na África, Índia e China, e nas regiões europeias muito devastadas pela guerra, que abrigavam populações carentes de alimentos e medicamentos, no que foi chamado com propriedade as "sobras da colheita da guerra".

A DÉCADA DE 1920

Em mais de um aspecto, os anos que separam o armistício alemão de 1918 da crise norte-americana de 1929, podem ser considerados como o balizador mais seguro das mudanças estruturais por que o sistema capitalista passava, em sua crise da passagem da "juventude" para a "idade madura". Com seu espaço geográfico reduzido, o capitalismo assistiu à luta de sua área central originária – a Europa –, para recobrar sua antiga posição hegemônica sobre a economia-mundo. Apoiava-se basicamente no reforço de uma prática que apresentava suas primeiras fissuras – o imperialismo –, e para a qual lhe faltavam tanto os necessários recursos de capital, como os volumes de produção industrial. Apoiava-se também na apropriação de recursos de uma Alemanha que, se pretendia, continuasse economicamente dependente e comprometida prioritariamente com a recuperação econômica de seus antigos adversários.

O novo centro da economia-mundo por seu lado – os Estados Unidos –, atravessando um período de notável prosperidade, devido mais aos créditos acumulados no período da guerra junto aos países aliados, que a um alargamento real de seu mercado consumidor interno, tentaram manter sua produção industrial nos mesmos níveis do período bélico, se não mesmo aumentá-la, mesmo que para tal, tivessem que financiar seus consumos interno e externo, com os capitais que acumularam em nível de se tornarem ociosos.

Em outras palavras, a década de 1920 pode, à primeira vista, parecer um período de recuperação e mesmo de crescimento econômico, mas sua prosperidade foi *artificialmente* mantida. Quando os Estados Unidos viram-se impossibilitados de continuar a sustentar seus níveis de consumo interno, por uma absoluta escassez de capitais que se haviam transformado em estoques ou em investimentos externos, a economia-mundo mergulhou em sua crise mais grave, para a qual a solução ultrapassava os mecanismos "clássicos" de controle.

A década de 1920 presenciou notáveis progressos tanto no sentido de controlar a "oferta" em níveis supranacionais, de certos produtos considerados estratégicos, como no de racionalizar a produção. Os principais produtores europeus de aço (França, Alemanha, Bélgica, Luxemburgo, Tchecoslováquia, e mesmo Áustria e

Hungria) constituem o Cartel Internacional do Aço em 1926, fixando cotas trimestrais de produção. E a estandardização da produção com a redução do número de formas e modelos industriais fez com que nos EUA, o coeficiente de produtividade da indústria automobilística crescesse 31% e o da metalúrgica 35%. No entanto, essas medidas não foram suficientes para garantir o desenvolvimento autossustentado do sistema capitalista. Ao contrário, o crescimento econômico dos anos 20 apoiou-se totalmente em mecanismos artificiais de sustentação da demanda, ou em práticas imperialistas que apresentavam notável desgaste, além de privilegiar exageradamente os componentes rivais em nível nacional.

A Europa e os Anos 20

O primeiro problema com que a Europa se deparava no início da década de 1920, era o de retornar ao padrão-ouro, abandonado durante o período de guerra. Embora em 1913 o ouro representasse apenas 10% da circulação monetária total, contra 83% de títulos e depósitos bancários, ele era ainda usado como referência básica para as taxas de câmbio. O abandono do padrão-ouro que as circunstâncias da guerra obrigaram, levou os preços a variarem segundo as condições internas de cada país e a inflação passou a depender do balanço de pagamentos.

Na visão dos economistas "clássicos", o retorno ao padrão-ouro era necessário para a normalização das transações internacionais, e para garantir a atuação livre dos mecanismos de mercado. Se um país apresentasse excedentes em seu balanço de pagamentos, o que levaria a uma disponibilidade interna de ouro e à inflação nos preços, bastaria que o governo aumentasse a taxa de redesconto, para que o mercado se ajustasse. As importações cessariam e os preços retornariam ao nível anterior. É interessante que se assinale que o economista John M. Keynes em sua obra *Panfleto sobre a Reforma Monetária* publicada em 1923, criticou severamente essa visão, argumentando que o aumento da taxa de redesconto geraria deflação e por conseguinte, desemprego.

A despeito dessa crítica, o padrão-ouro foi restabelecido, instituindo-se o *gold exchange standard* (nas Conferencias de Bruxelas em 1920 e Gênova em 1922), que permitia aos países emitir moedas sustentadas por títulos e depósitos que possuíssem no exterior. O resultado foi uma forte política emissiva, que abalou a credibilidade do ouro e gerou instabilidade no setor financeiro. O setor tinha agora dois centros não perfeitamente ajustados: Londres e Nova York. Com a crescente importância dos Estados Unidos como centro econômico-financeiro, seu governo funda, em 1915, o Sistema Federal de Reserva, que juntamente com a Bolsa de Valores de Nova York, passa a atrair cada vez mais títulos do mundo inteiro, competindo com Londres, como polo de cotação e empréstimos para toda a economia-mundo. O problema era que a economia norte-americana seria menos afetada pelas flutuações do mercado internacional do que a inglesa. Isso fez com que os dois centros financeiros internacionais não funcionassem na mesma sintonia e o domínio da taxa de juros sobre os empréstimos no mercado de ações, no lado americano, abrisse caminho para a especulação.

Ligado à questão da retomada do padrão-ouro, colocava-se como fundamental para a economia europeia, o problema do pagamento das reparações de guerra por parte da Alemanha. A enorme quantidade de bônus e títulos públicos emitidos sem lastro durante a guerra, aliada à perda de territórios de concentração industrial e de recursos naturais, mais a instabilidade política da Alemanha após sua derrota, acabaram por provocar a virtual ruína de sua economia. Se em 1918 um dólar valia 8 marcos, em 1920 valia 40, em 1921 184, e em 1922 7.350 marcos. A partir daí, a pressão combinada do aumento da massa monetária (de 68 bilhões de marcos em 1920 para 1.280 bilhões em 1922), do crescente déficit público, da crise de reconversão econômica e do custo das reparações, fez a situação fugir completamente do controle. Foram necessários, no outono de 1923, nada menos do que 14 *trilhões* de marcos para comprar um dólar.

Já em finais de 1922, a Alemanha se declarara incapaz de continuar com o pagamento das reparações, o que levou a França (que apostava todo seu futuro econômico nesses pagamentos) a ocupar a região do Ruhr em 1923, para que o fornecimento de carvão garantisse o pagamento da dívida. Os efeitos psicológicos da ocupação e a onda de greves dos mineiros que se segue, tornam a situação insustentável. O marco é abandonado por não valer mais nada, o que diminui mais ainda seu valor e obriga o governo a emitir mais, formando-se um círculo vicioso de efeitos catastróficos.

A única solução possível era uma reforma monetária, que dando origem a uma moeda forte, não provocasse, no entanto, uma deflação muito severa. Após alguns planos esboçados mas não postos em prática, uma comissão internacional elabora o *Plano Dawes*, adotado em 1924, que reescalona a dívida alemã, faz suas grandes indústrias endossarem o montante da dívida, cria uma nova moeda o *Deutschmark*, sustentado no padrão-ouro –, e proíbe que ele seja desvalorizado para que possa se estabilizar.

A partir de 1924 a economia alemã retoma seu crescimento, sustentada em grande parte por maciços empréstimos e investimentos de capital norte-americanos (47% do saldo de seu balanço de pagamentos, que se manteve em uma média de 70 milhões de dólares, de 1924 a 1929).

Na prática, porém, o problema do pagamento das reparações continuou insolúvel, pois a Alemanha não exportava mercadorias e serviços para a França e Bélgica em quantidade suficiente para criar um excedente. Mais uma vez, Keynes foi o solitário defensor da posição de que a única solução possível para as reparações, era a ampliação da demanda dos países aliados por produtos alemães.

Resolvidos aparentemente os problemas da estabilidade monetária pela adoção do padrão-ouro, e da economia alemã pela aplicação do *Plano Dawes*, a Europa procura recuperar sua anterior posição de destaque na economia-mundo, com resultados, porém, muito aquém dos almejados. Se em 1929 o volume das exportações inglesas era superior em 15% aos índices de 1913, o da Bélgica 22%, da Alemanha 33% e da França 50%, esta situação reflete na verdade, não uma recuperação econômica, mas um retrocesso, uma vez que o volume das exportações mundiais cresceu em 2/3 no mesmo período, enquanto o Canadá aumentou sua participação em 350%, o Japão em 300% e os Estados Unidos em 200%. Uma série de medidas protecionistas às indústrias nacionais elevou as tarifas de importação dos vários países europeus (18% na França, 41% na Espanha), o que dificultou a expansão dos mercados e acirrou sentimentos nacionalistas, enquanto a taxa de crescimento industrial dos seis principais países europeus não foi superior a 1,4%, o que a colocava abaixo do crescimento demográfico, gerando uma situação de desemprego crônico (a Inglaterra, durante a década de 1920, teve anualmente uma média de 2 milhões de desempregados).

As novas nações que se formaram na Europa Central, desde cedo foram beneficiadas com o auxílio norte-americano como maneira de assegurar seu crescimento econômico. Criado em 1919, originariamente para socorrer as populações ameaçadas de fome, o *American Relief Administration* acabará por fornecer um total de 1.415 milhões de dólares, dos quais 29% em divisas ou em ouro, 8% em bens e 63% em créditos, que permitirá o emprego da massa de soldados desmobilizados. A França por seu lado, manteve uma política inflacionária, e assegurou seu equilíbrio orçamentário mediante adiantamentos de seu Banco Central, apostando que as reparações de guerra resolveriam todos os seus problemas, como insistia seu ministro das finanças Loucheur: "A Alemanha pagará". Se em um primeiro momento ocorreu entre os governos europeus a impressão de que a canalização dos recursos de guerra para a reconstrução, e o auxílio norte-americano, manteriam os níveis produtivo e de preços nos níveis vigentes durante a guerra, o que se percebe é que o rendimento europeu não é mais o mesmo. Os lucros ainda eram baixos, os preços aumentavam e os salários não os acompanhavam, a instabilidade dos investimentos provocava a flutuação dos capitais e dificultava os investimentos governamentais de interesse nacional, e existe um processo de proletarização e desemprego que atinge as classes médias, pondo em risco a solidez da sociedade de massa e seu largo consumo, tanto na Inglaterra, como na Bélgica e Alemanha.

O outro pilar da economia europeia, por seu lado, também não se comportava mais como no período pré-guerra. A França é obrigada a manter-se pela força militar em suas novas áreas da Síria e Líbano, e na Indochina a década de 1920 pauta-se pelo renascimento do sentimento nacionalista vietnamita, com uma série de greves, passeatas de protesto e incipientes movimentos de rebeldia militar. Em 1919 o Ocidente é sacudido pelas manifestações chinesas contra os acordos coloniais do Tratado de Versalhes e a presença do Japão em seu território. Na Índia, após o massacre de Amritsar em 1919, quando 379 homens, mulheres e crianças são mortos pelos ingleses durante uma manifestação pacífica, a presença inglesa não mais será aceita consensualmente. Surgem movimentos de aberta rebeldia e de resistência pacífica de Mahatma Gandhi. A Inglaterra é obrigada a conceder independência a seus ex-domínios do Canadá, Austrália, Nova Zelândia e África do Sul, graças em grande parte ao auxílio que eles lhe prestaram durante a guerra, reconhecendo que a ligação que mantinham entre si, devia-se apenas ao símbolo de uma coroa comum. E mesmo os países sujeitos ao imperialismo informal, veem a presença econômica europeia diminuir; Argentina e Brasil, por exemplo, adquirem durante os anos 20, 64% e 50% de suas importações na Europa, contra 80 e 60% em 1913.

Em resumo, sem o afluxo de capitais norte-americanos, a Europa é incapaz de aumentar tanto suas exportações como suas importações, para equipará-las aos níveis do período de pré-guerra.

Os Estados Unidos Durante a Década de 1920

Enquanto a Europa declinava, os Estados Unidos apresentaram durante os anos 20 uma notável prosperidade, que à exceção do período 1920-22, ligado à crise de reconversão do pós-guerra, manteve-se até 1929. Significativo desta era de prosperidade, é o fato do controle estatal sobre a economia ter-se reduzido consideravelmente, levando ao renascimento do liberalismo econômico, quando ele já se encontrava morto e enterrado na Europa, enquanto a concentração de capital avançou em passos prodigiosos, a ponto de no final da década, 50% dos capitais estarem nas mãos de não mais que 200 sociedades anônimas, enquanto os principais setores econômicos encontravam-se controlados por gigantescos trustes, como o aço, a produção de automóveis, a indústria química e os bancos.

Esse período de prosperidade que permitiu aos Estados Unidos assumirem o primeiro posto na área central da economia-mundo capitalista, foi denominado de *Golden Twenties*, *Prosperity Decade* ou *New Era*. Refletiu-se no chamado *american way of life*, em que um em cada seis americanos tinha automóvel por volta de 1929, e os bens de consumo duráveis ou semiduráveis (geladeiras, fogões, rádios) atulhavam as novas casas dos subúrbios das cidades industriais, que se construíam às centenas de milhares.

As razões que permitiram esse notável crescimento podem ser encontradas na taxa de acumulação de capital e investimentos – cerca de 20% do PNB durante 1919 a 1929 – e no crescimento demográfico, da ordem de 106 para 123 milhões de habitantes no mesmo período, embora a imigração tenha sido severamente limitada pelas leis de 1921 e 1924 principalmente por temor da penetração ideológica socialista. E também, substantivamente, na enorme expansão do crédito: dada a disponibilidade de capitais, as compras a crédito tornaram-se ao mesmo tempo respeitáveis e familiares a todos. Comparados à Europa, os Estados Unidos haviam se transformado no paraíso. Seu crescimento interno foi acompanhado pelo reforço de sua posição hegemônica mundial, sendo em 1926-1929, responsáveis por 42,2% da produção mundial de industrializados, primeiros produtores mundiais de carvão, eletricidade, petróleo, aço e ferro fundido, metais não ferrosos e fibras têxteis artificiais, e acumulando seguidos superávits em seus balanços de pagamentos, devido a sua condição de primeiro exportador mundial.

No entanto, essa prosperidade escondia sob a superfície graves problemas estruturais, como baixa taxa de lucros, alto grau de concentração de renda e razoável nível de desemprego, que quando maximizados dariam origem a uma crise sem precedentes.

Durante os anos 20, a taxa de desemprego variou entre 7 e 12% da força de trabalho, e enquanto o salário nominal cresceu, o real declinou, o que se deve em grande parte a um grande aumento da produtividade na produção industrial, que dispensava uma maior absorção de mão de obra. O número de trabalhadores manteve-se constante durante o período, ao mesmo tempo em que a produção fabril cresceu 30%.

A concentração de renda, por outro lado, fazia com que apenas 5% da população recebesse 1/3 do rendimento pessoal global, enquanto não mais que 10% dos empregados no setor gerencial de bancos e escritórios (os *white collars*), conseguiam manter suas famílias apenas com seus salários, dispensando os de suas mulheres. Não foi por acaso, que o trabalho feminino elevou-se em 22% de 1921 a 1928.

A atividade agrícola encontrou dificuldades durante toda a década, devido à superprodução e a consequente baixa dos preços, o que ocasionou grandes variações regionais, com os agricultores do extremo oeste e do nordeste conseguindo uma renda *per capita* de 921 e 881 dólares respectivamente, em 1929, e os do sudeste apenas 365 dólares. Os agricultores e a população urbana conviveram com grandes diferenças de renda, o que fez com que as regiões rurais americanas abrigassem populações virtualmente em regime de subsistência, principalmente no sul, onde o problema racial agravava as condições dos trabalhadores negros. Na Carolina do Sul, por exemplo, um dos mais pobres estados americanos, a renda *per capita* de seus agricultores era de 129 dólares e a de seus trabalhadores industriais de 412 dólares, mais de três vezes maior. Enquanto isso, em rude contraste, os fruticultores da Califórnia conseguiam 1.246 dólares anuais.

Dessa forma, a prosperidade estava longe de ser partilhada equitativamente. As desigualdades já grandes da sociedade norte-americana haviam se aprofundado durante a década. Em 1929, cerca de 60% das famílias americanas auferiam rendas anuais inferiores a 2.000 dólares, nível compatível apenas com as necessidades mais prementes da vida.

Em nível mais profundo, também, a economia norte-americana tinha problemas estruturais. A base de sua extraordinária expansão concentrou-se na produção de bens de consumo duráveis e semiduráveis para o mercado interno. Isso pressupunha um contínuo alargamento desse mercado, fosse por uma melhor distribuição de renda, fosse por um aumento constante do salário real. Tal porém não ocorreu. O mercado não acompanhou o ritmo da produção industrial. Isso gerou uma acumulação de estoques que só poderiam ser comercializados mediante o recurso, cada vez mais intenso, ao financiamento do consumo. A taxa de lucro permaneceu baixa e os capitais se exauriram paulatinamente. Já no verão de 1929, percebendo que no setor configurava-se uma *crise de superprodução*, a indústria automobilística cortou suas compras de matérias-primas (borracha, aço, vidro, etc.). Isso iniciou uma reação em cadeia, uma vez que a indústria de base era dominada pela de consumo de bens, respondendo o setor automobilístico pelo consumo de 15% da produção total de aço norte-americano. A retração da indústria de automóveis, um dos setores industriais líderes, desnudou o frágil equilíbrio da economia americana. Os especuladores começaram a se retirar do mercado acionário, fundamental para a captação de recursos e para a manutenção da imagem de prosperidade da economia como um todo. Causaram um prejuízo somente na Bolsa de Nova York, de 25 bilhões de dólares entre setembro e novembro, contra um PIB de 100 bilhões em 1929. E demonstraram que uma economia que

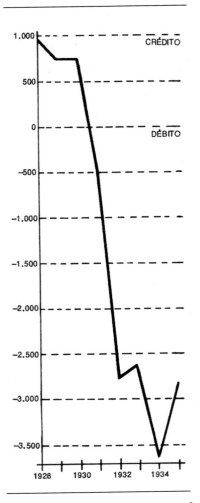

Gráfico 7 – Finanças do governo federal – Superávit ou déficit (cifras em milhões de dólares).
(Fonte: Adaptado de *História do Século 20 – Enciclopédia Semanal*, São Paulo, Abril Cultural, s/d).

baseava seu desempenho na produção de bens de consumo de massa, necessitava da existência do pleno emprego para garantir uma taxa razoável de retorno do investimento, e de uma melhor redistribuição de renda interna. Não podia, indefinidamente, ser subsidiada tanto pelo financiamento indiscriminado ao consumo, como por uma crescente captação de recursos via participação acionária, que desde 1926 deixara de levar em conta o valor patrimonial das empresas, ou mesmo sua projeção de lucros futuros, para se basear simplesmente na crença irracional de que "o valor das ações deveria necessariamente subir, pois a economia estava em expansão". Isso deu lugar a uma onda desenfreada de especulação, agravando ainda mais o problema, uma vez que recursos que deveriam ser destinados ao consumo, foram drenados para a estéril especulação acionária. Paralelamente às crises de superprodução e subconsumo que se delineavam, a política de investimentos norte-americana no exterior, peça capital de sua expansão na década de 20, assentava-se, porém, sobre bases precárias. O saldo positivo da balança de pagamentos ao final da guerra, e os crescentes superávits que se realizavam ano após ano, não foram amortizados através de um aumento do volume de

205

importações. Foram reinvestidos como empréstimos de capital a curto prazo. E particularmente no caso europeu – que recebeu mais de 80% dos saldos anuais do balanço de pagamentos durante 1924 a 1929 –, transformaram-se em investimentos do setor público, de longa maturação e lento retorno. Se os Estados Unidos se vissem impelidos a recambiar seus vultosos investimentos de capital, não somente a atividade econômica diminuiria na Europa – o melhor mercado americano –, mas a disponibilidade em dólares desapareceria da noite para o dia. Os resultados seriam desastrosos para a produção e o comércio internacionais como um todo, especialmente para os Estados Unidos, que se veriam ao mesmo tempo sem capitais e sem compradores para suas exportações.

A Crise de 1929

A 3 de setembro de 1929 a Bolsa de Valores de Nova York atingiu os índices mais elevados que jamais seriam vistos nos vinte anos seguintes, para apenas algumas semanas depois, ser palco da mais devastadora crise que o sistema capitalista passou, através dos desdobramentos do que se chamou o *crack* de Wall Street.

Um sentimento geral de otimismo e confiança no sistema americano, fez com que o público em geral acreditasse que o preço das ações e demais títulos continuasse a subir indefinidamente, o que tornava imperativa a compra, para se poder usufruir da era de prosperidade. Se até fevereiro de 1928 a alta do preço dos papéis seguiu, *grosso modo*, o aumento assinalado dos lucros das empresas, a partir dessa data, ela foi sustentada apenas pela onda especulativa. Essa onda era encorajada por afirmações otimistas de homens de negócios e autoridades governamentais, como a do presidente Coolidge em 4 de dezembro de 1928 de que "nenhum Congresso dos EUA jamais reunido (...) se viu com uma prosperidade mais agradável que essa que parece agora", que serviu para prontamente restaurar a confiança, abalada pelo colapso do setor de construção civil em meados de 1928.

As frágeis bases sobre as quais se assentava a era de prosperidade norte-americana são ainda mais fragilizadas pela corrida especulativa, que de 1923 a 1926 fez as transações na Bolsa de

Nova York subirem de 236 para 451 milhões de títulos, enquanto o preço médio de 25 títulos representativos subiu 54%. Em 1927 atinge-se 577 milhões de títulos transacionados. De 1926 a 1929, o preço médio das ações comuns subiu 300% e os empréstimos das corretoras que financiavam especulação a curto prazo cerca de 240%, enquanto emprestar de bancos a curtíssimo prazo para especulação em papéis a juros de 12%, tornava-se prática generalizada. Durante o ano de 1928, as ações da *Radio Corporation of America* subiram de 85 para 420 pontos, sem nunca ter pago dividendos; as da *DuPont* de 310 para 525, da *Montgomery Ward* de 117 para 440, e as da *Wright Aeronautic* de 69 para 289.

Havia-se chegado a um ponto em que os compradores não mais levavam em conta o valor intrínseco dos títulos, procurando aumentar seu patrimônio pela simples posse de ações quaisquer. Isso naturalmente supervalorizava todos os papéis. Nessas condições, mesmo as ações das empresas mais sólidas encontravam-se supervalorizadas, e as de segunda linha haviam atingido preços injustificáveis, muito além de seu valor patrimonial ou de sua capacidade de remunerar, através de dividendos, os capitais aplicados. Essa situação, reflexo nítido das condições artificiais do crescimento da economia norte-americana durante a década de 1920, não poderia prolongar-se indefinidamente: seu ponto de equilíbrio rompeu-se em outubro de 1929.

A partir de 19 de outubro, as vendas de ações começaram a atingir níveis preocupantes. 3.488.100 ações trocaram de mãos e a isso se seguiu uma aceleração no volume de vendas, com a consequente queda em seus preços. 6.091.870 ações foram transacionadas dia 21, e 6.075.120 no dia seguinte, com a média dos índices industriais caindo de 415 para 384 pontos dia 23.

A "Quinta-Feira Negra", 24 de outubro de 1929, foi marcada pelo pânico e pela desordem, quando 12.894.650 ações foram negociadas. A intervenção dos grandes bancos ligados às operações da Bolsa (*National City Bank, Chase Manhattan Bank, Guaranty Trust Company, Bankers Trust Company* e *J. P. Morgan and Company*) para compor um fundo comum destinado a sustentar o mercado através de compras maciças, apenas adiou o estouro até segunda-feira, dia 28, quando 9.250.000 foram transacionadas e os índices industriais desceram mais 49 pontos. Terça-feira, 29 de outubro, foi o dia mais devastador do mercado de ações, quando 16.410.030 ações foram vendidas, e as médias industriais caíram 43 pontos, anulando todo crescimento do ano anterior.

O sonho de prosperidade norte-americano revelara-se, afinal, um pesadelo, embora a grande maioria da nação continuasse a acreditar que as bases de sua economia fossem suficientemente sólidas para suportar o que parecia ser um estrago circunstancial e passageiro. Como o atestam as palavras do presidente Hoover, no dia 25 de outubro de 1929: "o negócio fundamental deste país, ou seja, a produção e a distribuição de bens de consumo, está desenvolvendo-se em bases sólidas e prósperas".

O *crack* da Bolsa de Valores de Nova York foi o resultado natural de uma década de desenvolvimento econômico, em que as curvas da oferta e da demanda cada vez mais se afastaram, sendo seu ponto de equilíbrio artificialmente localizado através do brutal financiamento ao consumo. Os Estados Unidos representavam, em 1929, 45% da produção industrial mundial, e 12,5% das importações mundiais, além de terem até essa data literalmente sustentado, através de investimentos de capital e empréstimos, a recuperação europeia. Assim, os efeitos da crise estendem-se ao restante da economia-mundo, mergulhando-a em mais de uma década de depressão econômica, da qual ela só se recuperará plenamente no período de reconstrução que se segue à Segunda Guerra Mundial, e que marca o fim da crise do sistema capitalista em sua passagem da "adolescência" para a idade "adulta".

A GRANDE DEPRESSÃO

Gravemente afetados em sua sustentação financeira, os Estados Unidos são obrigados a reimportar seus capitais. Enquanto de 1927 a 1929, os empréstimos americanos para o exterior foram de uma média anual de 978 milhões de dólares, em 1932 são retomados 251 milhões de dólares. Como a maior parte desses capitais estava investida em setores de longa maturação, sua súbita exigência provocou o colapso do sistema financeiro europeu, com a falência de vários bancos durante 1931, entre eles o importante *Credit-Anstalt* de Viena. A retirada dos capitais da Alemanha e da Inglaterra forçou o abandono do padrão-ouro, com as moedas flutuando de acordo com o balanço de pagamentos, o que fez com que a libra esterlina chegasse a 30% da paridade de dezembro de 1931.

Os balanços de pagamentos dos diversos países, por seu lado, estavam sofrendo bruscas reduções, devido à adoção geral de uma série de medidas protecionistas, adotadas pelos Estados Unidos já em 1930. Essas medidas diminuíram brutalmente as exportações mundiais –, as americanas foram de 5,3 bilhões de dólares em 1929 para 1,6 bilhão de dólares em 1934.

O repatriamento dos capitais americanos que não se conseguiu efetuar no volume necessário, mais a drástica redução do montante de suas importações, além de arruinar a economia europeia e a da América Latina, provocou a falência de 8.812 bancos americanos de fins de 1931 até inícios de 1933, caracterizando uma depressão mundial sem precedentes.

Os efeitos da depressão para os norte-americanos foram particularmente severos. De 1929 a 1933, o PNB caiu de 104,4 para 56 bilhões de dólares, o que equivale a uma redução da ordem de 46%. A produção industrial caiu 50%, com a de equipamentos ficando 75% menor. Enquanto o investimento bruto passou de 16 para 1 bilhão de dólares, registraram-se 110 mil falências comerciais. A renda *per capita* caiu de 685 para 495 dólares e as rendas brutas do setor agrícola de 11,9 para 5,3 bilhões de dólares. Os preços dos produtos agrícolas caíram 55%, o custo de vida 31% e os preços dos bens de produção 26%, o que configura uma grave crise deflacionária, que se agrava pela atitude tímida do governo Hoover em intervir para controlar a crise.

Embora defendendo a regulamentação da concorrência desenfreada e de certas empresas de interesse público, Hoover ainda acreditava que a economia se ajustaria pelas "leis naturais do mercado". Isso o levou a vetar um programa federal de auxílio aos desempregados proposto pelo Congresso, e a insistir em um "acordo de cavalheiros" entre empresários e sindicatos para que não houvesse, de um lado, desemprego e redução de salários, e de outro, greves e resistências a um congelamento dos salários, o que acabou por se mostrar inviável.

O desemprego passou de 1,5 para 13 milhões de pessoas, jamais descendo a menos de 7 milhões até 1940, o que equivalia a 25%

da força de trabalho. Os salários caíram em 60%, e o total da renda da mão de obra de 53 para 31,5 bilhões de dólares entre 1929 e 1933. Uma onda de pobreza varreu os Estados Unidos. Houve um brutal aumento das favelas em torno dos centros industriais; a maior parte dos trabalhadores somente encontrava empregos de meio-expediente; e houve a generalização da subalimentação e da agitação social.

O desemprego tornou-se uma constante nos países europeus, alcançando, em 1932, 5,2 milhões de pessoas na Alemanha, e 3,5 milhões na Inglaterra em finais de 1931.

A produção mundial como um todo recuou, com a produção de aço passando de 120,4 milhões de toneladas para 50,4 e a de petróleo de 206,3 para 180,5 milhões de toneladas, entre 1929 e 1932. A América Latina foi particularmente afetada, sofrendo entre 1928 e 1932, uma redução de 2.954 para 1.039 milhões de dólares em suas exportações, e de 2.453 para 619 milhões de dólares em suas importações.

As primeiras medidas realmente eficazes contra a depressão foram adotadas nos diferentes países a partir de 1932/33. Refletem um fundo comum: a fundamental intervenção do Estado para a solução dos problemas econômicos, com o reforço de seu papel onde ele já era tradicional (Alemanha, Japão) e sua instauração onde persistia uma tradição liberal, como nos Estados Unidos e Inglaterra.

Embora as variantes da política intervencionista sejam de nítido caráter nacional, o que revela uma incompreensão de que a crise não era particular ou mesmo regional, mas sim do próprio sistema econômico, uma série de medidas foram de caráter comum: protecionismo alfandegário, desvalorização monetária, subvenções governamentais a empresas privadas e aumento dos gastos públicos. *Grosso modo*, essa política intervencionista, ou reação à Grande Depressão, pode ser dividida em duas principais atuações práticas: uma que preserva os Estados Democráticos, embora limitando-os nos níveis social e econômico, e outra que resulta na instalação de Estados Autoritários, onde o indivíduo é subjugado aos interesses coletivos de nítido cunho nacionalista.

Reação à Grande Depressão:
O Neoliberalismo

O termo *neoliberalismo* foi usado para designar a prática econômica que privilegia o intervencionismo estatal, para corrigir distorções impossíveis de serem superadas pelos mecanismos de mercado. Não se constitui em um claro rompimento com o pensamento econômico "clássico", mas em uma adequação às novas teorias de Keynes, em um momento de crise – e portanto passageiro. Assim a definiu seu maior executor, o presidente norte-americano Franklin D. Roosevelt: "experimentação corajosa e persistente", embora declarasse que "é preciso um controle do governo sobre a agricultura, a indústria e os transportes, ou melhor, uma colaboração, não uma associação visando a lucros, mas uma associação tendo por objetivo a aplicação de um plano de conjunto".

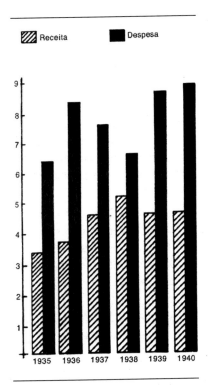

Gráfico 8 – Governo federal americano – Receita e despesa (bilhões de dólares).
(Fonte: Adaptado de *História do Século 20 – Enciclopédia Semanal*, São Paulo, Abril Cultural, s/d).

É significativo que Keynes houvesse localizado as raízes da Depressão em uma demanda privada inadequada, o que implicaria se criar uma demanda maior fornecendo meios para as pessoas gastarem, e considerar o auxílio desemprego não como um débito orçamentário, mas sim como um meio para o aumento da demanda e o consequente estímulo à oferta. Além do mais, uma demanda reduzida significava que não haveria investimento suficiente para produzir a quantidade de mercadorias necessárias para assegurar o pleno emprego. Os governos deveriam, portanto, encorajar mais investimentos, baixando as taxas de juros, bem como criando um extenso programa de obras públicas, que proporcionariam emprego e gerariam uma demanda maior de produtos industriais. Logo, a Depressão só poderia ser combatida através de uma combinação de política monetária e despesas públicas, o que equivale a dizer que o governo deveria financiar a recuperação através do déficit público, por meio de uma forte política emissionista, e não procurar equilibrar o orçamento.

A adoção das concepções keynesianas implicaria um rompimento total com as teorias liberais, que mesmo o "revolucionário" Roosevelt não estava preparado para adotar, uma vez que perseguia a ideia de um orçamento público equilibrado. O resultado foi uma solução de compromisso, que se consubstanciou no seu *New Deal*, aplicado a partir de 1933, e cujos resultados plenos não puderam ser visualizados. Desde 1940, a economia-mundo passou pela Segunda Guerra Mundial, o que deu um impulso exógeno às soluções nacionais. De qualquer modo, em 1937 os Estados Unidos passam por uma nova recessão, provocada pelo temor do governo de que a inflação estava se tornando perigosa. Isso faz rever certos programas de obras públicas e adotar medidas deflacionárias, que afetam a constante recuperação do PNB e elevam o número de desempregados no ano seguinte, o que mostra claramente os limites do programa de Roosevelt. É interessante assinalar que no encontro que mantiveram em 1934, Roosevelt considerou Keynes matemático demais, enquanto esse viu o presidente como desapontadoramente analfabeto em matéria de economia.

Para os Estados Unidos, o *New Deal* significou uma série de medidas intervencionistas, saneadoras umas, incentivadoras outras, definidas por Roosevelt, que governou o país de 1933 a 1945, como reflexo de "uma nova concepção dos deveres e das responsabilidades do governo com respeito à economia mundial".

No setor bancário, a *Federal Deposit Insurance Corporation* passou a segurar todo depósito bancário até o teto de 5.000 dólares. Os bancos deveriam constituir uma reserva mínima fixada pelo governo, que adiantou recursos para quase 6.500 bancos considerados sólidos. A concessão de créditos tornou-se mais rigorosa, procurando impedir sua utilização em operações especulativas. E criou-se a *Securities and Exchange Commission*, para supervisionar e fiscalizar as operações de bolsa.

No plano monetário, foram emitidos em pouco tempo 3 milhões de dólares, visando inflacionar a economia para que a elevação dos preços conduzisse à recuperação dos produtores agrícolas e industriais. O entesouramento e a exportação de ouro por particulares foram proibidos. No início de 1933, o padrão-ouro foi abandonado, e de abril de 1933 a maio de 1934, o dólar foi desvalorizado em 41%. Isso provocou a elevação dos preços em cerca de 22%, e deixou as mercadorias norte-americanas com preços competitivos no mercado internacional.

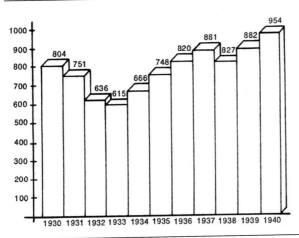

Gráfico 9 – PNB americano *per capita* (cifras em dólares – preços de 1930).
(Fonte: Adaptado de *História do Século 20 – Enciclopédia Semanal*, São Paulo, Abril Cultural, s/d).

No setor agrícola, foi criado o *Agricultural Adjustment Act*, que procurava provocar uma redução da oferta a fim de valorizar os produtos agrícolas básicos. Produtores que deixassem parte de suas terras sem cultivos receberiam indenizações do governo. Mais de 6 milhões de suínos foram abatidos; mais de 4 milhões de fardos de algodão foram destruídos e a produção de trigo e milho foi reduzida em 1/3 no período 1933-1935. Como resultados, a proporção entre os preços agrícolas e os dos bens industrializados passou de 58% em 1932 para 88% em fins de 1935, e a renda agrícola líquida cresceu de 4,3 bilhões em 1932 para 7,6 em 1935 e 9,1 em 1940. Isso representou um crescimento real, mesmo deflacionando-se os valores.

No setor industrial, procurando-se evitar a superprodução, surgiu o *National Industrial Recovery Act*. Visava a pôr fim aos excessos da concorrência, reduzir as horas de trabalho diário, elevar os salários, fixar preços mínimos e estabelecer cotas de produção. Estabeleceu 557 códigos básicos e 208 complementares, regulamentando todos os ramos dos setores industrial e comercial. Enfrentou acirrada oposição por parte de setores mais conservadores, como o Supremo Tribunal Federal que julgou sua regulamentação inconstitucional.

Uma política de grandes obras públicas foi posta em prática. O exemplo mais patente foi a criação da *Tennessee Valley Authority*, que regularizou o curso do rio Tennessee, construiu várias usinas hidrelétricas e recuperou grandes quantidades de terras esgotadas. Por todo o país, abriram-se estradas, construíram-se escolas e hospitais, usinas, barragens e sistemas de irrigação, e procedeu-se à eletrificação das áreas rurais. De 1933 a 1942, 13 bilhões de dólares foram empregados nessa política, tendo-se construído 1 milhão de quilômetros de estradas de rodagem, 77 mil pontes, 285 aeroportos e 122 mil edifícios públicos, criando-se milhões de empregos, quer diretos (pedreiros, engenheiros, arquitetos, eletricistas, marceneiros, etc.) quer indiretos (pessoal administrativo, e ligado aos setores fornecedores de tijolos, telhas, ferro, vidro, madeira, móveis, instrumentos, etc.).

Em um balanço final, o *New Deal* não pôde solucionar todos os problemas da economia norte-americana, justamente por seu sentido emergencial e não de mudança estrutural de mentalidade, como o expressou claramente Roosevelt: "como nação, rejeitamos qualquer programa revolucionário radical. Para uma correção permanente das graves fraquezas em nosso sistema econômico, confiamos em novas aplicações de velhos processos democráticos". De qualquer forma, sua aplicação fez a economia norte-americana retornar a seus níveis anteriores a 1929, nas vésperas da Segunda Guerra Mundial, embora o desemprego jamais tenha sido extinto, persistindo a grande cifra de mais de 8 milhões de desempregados em 1940. Isso só seria solucionado com a passagem para uma economia de guerra.

Em dois outros países, Inglaterra e França, a adoção de práticas neoliberais merecem ainda menção.

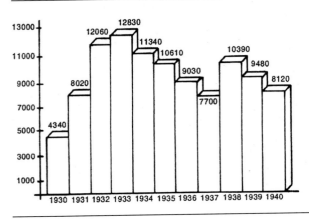

Gráfico 10 – Desempregados nos Estados Unidos (em milhares).
(Fonte: Adaptado de *História do Século 20 – Enciclopédia Semanal*, São Paulo, Abril Cultural, s/d).

Na Inglaterra, os efeitos da Depressão somaram-se aos da crise de reconversão pós-guerra, à volta da libra esterlina à paridade de 1913 (o que encarecia os produtos ingleses), e ao atraso na modernização de seus equipamentos industriais básicos. A partir de 1931, com o Partido Trabalhista no poder, várias medidas são tomadas, como a subvenção estatal à produção de aço, a adoção de um sistema de preços garantidos para a produção agrícola, incentivo para a modernização de equipamentos, que permitiram a recuperação parcial da economia inglesa, reduzindo o número de desempregados de 22% da força de trabalho em 1932 para 7% em 1940. Mas sua balança comercial continuou deficitária, sendo compensada pelas entradas invisíveis de seu balanço de pagamentos, que permitia a acumulação de um excedente.

De maior alcance foram as medidas de política monetária adotadas pela Inglaterra. Tendo abandonado o padrão-ouro em 1931, forçada pela Depressão, acaba formando um "bloco da libra esterlina" pelos acordos de Ottawa de 1932, envolvendo os países da Comunidade Britânica. Segundo os acordos, as tarifas aduaneiras são suspensas no interior da Comunidade, empréstimos são facilitados aos países membros em troca da compra de maquinaria e/ou produtos industrializados ingleses, e o Banco da Inglaterra passa a funcionar como uma espécie de "Superbanco Central" para os bancos centrais do Canadá, Austrália, Nova Zelândia e África do Sul. Com a constituição desse bloco econômico, a Inglaterra deu um passo decisivo para garantir sua recuperação econômica, ao mesmo tempo em que começava lentamente a substituir o controle sobre as áreas periféricas, da prática do imperialismo formal, para a do domínio econômico.

Na França, o grande número de pequenas empresas pouco dependentes de crédito suavizou, em um primeiro momento, os efeitos da Depressão, mas a política deflacionária adotada pelo governo agravou a situação, provocando um notável aumento no desemprego e ocasionando grande número de greves. A ação do novo governo de esquerda, a partir de 1936, seguiu as práticas neoliberais norte-americanas, com o aumento geral dos salários de 7 a 15%, a redução da jornada de trabalho de 48 para 40 horas semanais, e a desvalorização do franco. Os efeitos não foram os mesmos que os observados nos Estados Unidos e na Inglaterra, com o comércio exterior francês sofrendo um recuo real de 33,8%, uma vez que o mercado interno da França não tinha a solidez do norte-americano, não suportando o peso provocado pelas medidas econômicas de caráter social. Isso tornou as mercadorias francesas menos competitivas no mercado mundial.

**Reação à Depressão:
Autoritarismo e Industrialização**

No período do pós-guerra consolidou-se um casamento de conveniência entre as elites latino-americanas (grandes proprietárias de terras) e o empresariado norte-americano. A grande demanda de matérias-primas e de alimentos nos Estados Unidos e na Europa Ocidental, a busca de novos mercados para os industrializados, e a disponibilidade de capitais nos centros financeiros da economia-mundo contribuíram para uma rápida expansão das relações econômicas entre a América Latina e os países industrializados vencedores da Primeira Guerra Mundial. Isso fez a região periférica gozar de um aparente surto de progresso durante a década de 1920, baseado na exportação de matérias-primas e no afluxo de capitais estrangeiros. Não houve maiores preocupações com o desenvolvimento econômico, ocorrendo mesmo um retrocesso com relação à industrialização substitutiva de importações que alguns países iniciaram no período 1914-18, frente à concorrência externa. A exportação de produtos primários forneceu as divisas para financiar importações de luxo. O capital estrangeiro modernizou os centros urbanos e incentivou a produção de matérias-primas. E os empréstimos de capital forneceram também os meios adicionais necessários para embelezar a vida dos grupos de poder tradicionais.

O investimento estrangeiro na América Latina – principalmente em mineração, petróleo, energia elétrica e transportes –, ultrapassou os 2 bilhões de dólares durante os anos 20, enquanto ações emitidas nos mercados financeiros norte-americanos e ingleses, forneceram outros 3 bilhões de dólares, para um investimento que propiciava alto retorno. As empresas de utilidade pública e as corporações mineradoras rendiam 20% ao ano sobre o investimento inicial, e as companhias de petróleo da Venezuela rendiam 50%. As empresas norte-americanas transformaram-se em ávidas colecionadoras de propriedades latino-americanas: a *American and Foreign Power* por exemplo, adquiriu entre 1923 e 1929, companhias de eletricidade, gás, telefone, gelo, água, linhas de bonde e empresas de navegação de cabotagem em onze países. O público em geral subscrevia empréstimos à América Latina com grande entusiasmo, uma vez que os lucros sobre o investimento direto eram livremente transferíveis para fora do país, e os juros sobre as ações eram pagos mediante novas emissões flutuantes de ações no exterior.

O "Dia do Juízo Final" chegou inesperadamente, quando o chão fugiu sob o mercado mundial de bens, entre 1929 e 1930. Em menos de um ano, as exportações latino-americanas caíram 40%, e continuaram a diminuir acentuadamente durante 1931 e 1932, enquanto o fluxo de capitais externos secou completamente. Pela primeira vez, as elites do poder, sobrecarregadas pela enorme dívida externa e com os tesouros públicos vazios, enfrentaram a ira das populações urbanas. O resultado foi um período de constante violência, que durou toda a década de 1930, com a substituição das tradicionais elites por "homens fortes", que enfrentaram a difícil tarefa de recuperar suas economias nacionais em colapso.

Já em 1930, golpes militares ocorrem no Peru e na Argentina, e o Brasil assiste a uma revolução. Em 1931 o presidente do Chile é forçado a se demitir por pressão militar. Em 1933, regimes autoritários instalam-se no Uruguai e em Cuba. A Bolívia passou por uma violenta revolução em 1936, e entre 1930 e 1933 quatro das repúblicas centro-americanas viveram o aparecimento de ditadores militares. Esses novos líderes procuraram impor programas de governo que instituíam legislação trabalhista, reforma agrária, melhoramentos educacionais, assistência estatal para os desempregados e principalmente um amparo estatal à industrialização.

De qualquer forma, não havia muitas opções em aberto, pois com os mercados externos reduzidos a uma fração do que haviam sido, e com grande disponibilidade de recursos naturais e mão de obra ociosa, a industrialização e a procura da autossuficiência econômica pareciam ser os únicos caminhos a seguir, sobretudo para os países que já contavam com alguma base industrial, como México, Brasil, Colômbia e Chile.

A política industrial da América Latina, nos anos que se seguiram à Depressão, consolidou uma aliança de setores militares, burocratas estatais e burguesia industrial. Essa aliança apoiava-se em Estados Autoritários e centralizados, com forte cunho nacionalista, estendia crédito barato aos empresários industriais e proteção tarifária. Criava algumas agências estatais empenhadas no desenvolvimento industrial, através da alocação de grandes volumes de recursos públicos em setores prioritários, como energia elétrica, petróleo e siderurgia. Enquanto a inflação devastava a região, as economias latino-americanas reagiram, com uma miscelânea de medidas de política econômica não ortodoxas, que pelo fim da década produziram alguns resultados palpáveis. Por volta de 1939, a produção industrial de países como o México, o Brasil e o Chile era quase o dobro da cifra registrada às vésperas da Depressão. Essa crescente produção destinava-se inteiramente aos mercados internos, desprovidos de bens de consumo em consequência do rompimento do comércio tradicional com o exterior, e principalmente pela extrema escassez de divisas.

Quando a Segunda Guerra Mundial eclodiu, interrompendo mais uma vez as ligações econômicas da América Latina com a Europa – que voltaram paulatinamente a se estabelecer a partir de finais da década de 1930 –, a região periférica estava muito mais

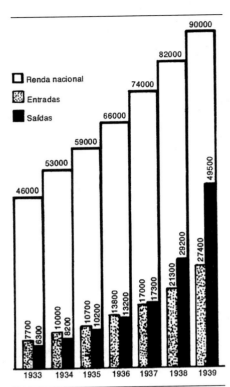

preparada para prosseguir em suas medidas de desenvolvimento voltadas para a industrialização com vistas ao mercado interno, que uma década antes.

Reação à Depressão: Os Estados Autoritários

Gráfico 11 – Entradas e saídas do Reich – 1933-39 – (cifras em milhões de marcos).
(Fonte: Adaptado de *História do Século 20 – Enciclopédia Semanal*, São Paulo, Abril Cultural, s/d).

Enquanto os Estados Unidos experimentavam um reforço no peso do Estado, que no entanto preservou os princípios básicos do regime democrático, e os países da América Latina enveredavam por fórmulas autoritário-nacionalistas de cunho populista, em alguns países europeus e no Japão desenvolveu-se uma forma de Estado autoritário no limite, que se denomina comumente de *fascismo*.

De certa forma, nesses países associou-se as instituições democráticas com o liberalismo econômico (que desde a Primeira Guerra Mundial, pelo menos, só continuava a existir teoricamente). Isso equivalia a considerar a Grande Depressão como o reflexo da falência tanto da democracia como do liberalismo, e colocar a solução para a crise econômica na existência de um Estado forte.

Embora tradicionalmente considere-se apenas como exemplos de Estados fascistas, a Itália (com o fascismo propriamente dito), a Alemanha (com o nazismo), a Espanha (com o franquismo) e Portugal (com o salazarismo), o fenômeno, na realidade, foi bem mais amplo, atingindo o Japão (com o expansionismo militaris-

219

ta), e quase todos os países da Europa Centro-Oriental (Estônia, Letônia, Lituânia, Polônia, Romênia, Iugoslávia, Bulgária, Hungria, Áustria, Albânia e Grécia).

Existiram, sem dúvida, razões particulares para a adoção de regimes autoritários em diferentes países: já tradicional grande peso do Estado na atividade econômica (Alemanha, Japão); a permanência de estruturas socioeconômicas arcaicas (Portugal, Hungria); a insatisfação pelos resultados da Primeira Guerra (Itália, Japão e Alemanha); e a fraca tradição democrática, principalmente nos novos países que se formaram após 1918. *Grosso modo*, porém, pode-se listar quatro raízes principais do fascismo:

1. a crise de reconversão do pós-guerra, que gerou uma enorme massa de desempregados entre os trabalhadores – situação que se agravou sobremaneira após 1930 –, fez com que as ideologias políticas radicais tivessem uma enorme difusão, culpando a democracia pela existência das crises;

2. a proletarização das classes médias, que passam a desejar um Estado forte de tendências militaristas-nacionalistas;

3. a ascensão dos partidos de esquerda, principalmente após a revolução bolchevique de 1917 na União Soviética, e a fundação do *Comintern* em 1919, o que punha em risco a própria existência do sistema capitalista, e fazia com que a luta de classes atingisse um ponto insuportável, segundo a ótica da burguesia e das camadas médias;

4. a redução dos lucros da burguesia financeiro-industrial, que quis se compensar aumentando a exploração dos trabalhadores.

As classes dirigentes tradicionais acabam associando-se aos líderes fascistas. Com seu jargão nacionalista, esses líderes anulam as lutas de classes internas, transferindo-as para um inimigo exterior (que se transforma no bode expiatório de todas as crises e dificuldades), e apelando para o esforço comum patriótico, passam a exercer o poder de forma autoritária. Em uma visão resumida, o fascismo pode ser visto meramente como uma solução capitalista para uma crise do sistema econômico capitalista.

A necessária intervenção do Estado para solucionar os problemas da Grande Depressão, sob os regimes fascistas, assume um papel primordial, apoiando-se em uma pregação nacionalista extremada, e levando ao limite a concentração do capital.

Essa crescente intervenção estatal pode ser melhor vista, quando se analisa três Estados autoritários: a Itália, a Alemanha e o Japão.

Na Itália, o Estado incentiva a triticultura, com a denominada *battaglia del grano*, taxando as importações de cereais e forçando a ampliação das áreas cultivadas. No entanto, o sucesso não foi completo: a partir de 1938, cerca de 20% dos cereais utilizados na fabricação do pão, ainda eram importados. O número de desempregados que em 1932 era de mais de 1 milhão, foi consideravelmente reduzido por um programa estatal de grandes e dispendiosas obras públicas (autoestradas, centros esportivos, monumentos, recuperação de ruínas históricas), pelo rearmamento e pela ampliação do exército. O governo empenhou-se em uma política colonialista, que em 1936 levou à conquista da Etiópia, e à anexação da Albânia em 1939, o que o obrigou a desvalorizar a moeda em mais de 40%, e a criar impostos extraordinários para o financiamento das aventuras imperialistas.

Declarando, em finais de 1933, que o "fascismo enterrava o liberalismo" e que "a economia corporativa era a economia disciplinada e controlada", Mussolini amplia enormemente o controle estatal sobre a vida econômica. A Itália chegou a ter, em 1939, 25% do total de seu setor produtivo diretamente sob controle do Estado, e os cartéis foram tornados obrigatórios para impedir a superprodução. A concentração de capital avançou a ponto de, em 1939, menos de 1% das sociedades anônimas agrupar 50% do capital nacional global, e em 1937 existir 5 mil indústrias a menos que em 1934, com 500 mil operários a mais.

Na Alemanha, o Estado era o principal consumidor e empregador (incontáveis obras públicas, com destaque para a rede nacional de *Autobahnen*), o banqueiro mais importante e o monopolizador do comércio exterior. A economia foi planificada globalmente, com destaque para um intenso programa de rearmamento – principal responsável pela redução do desemprego de 6 milhões em 1933 para menos de 1 milhão em 1936 –, através da adoção dos Planos Quadrienais; o primeiro em 1933-36, e o segundo em 1937-40.

Enquanto os cartéis diminuíam, o Estado incentivou a formação de *Konzern*, uma forma de trustes de participação acionária de empresas no capital de outras empresas, que representam 48,5% em 1933 e 57,4% em 1936 do capital total de todas as sociedades anônimas alemãs. O exemplo mais famoso é fornecido pela *I. G. Farbenindustrie*, que representava 720 milhões de *reichmarks* de capital originário, pagando 340 milhões em salários e tendo uma receita bruta de 700 milhões; e empregava 25% do pessoal de toda indústria química alemã. Essa enorme concentração de capital fez com que o número de empresas diminuísse 9% entre 1932 e 1937, enquanto o número de operários e os investimentos cresceram significativamente.

O Estado nazista impediu, já em 1934, que os lucros das empresas estrangeiras fossem exportados, o que, aliado ao aumento das taxas alfandegárias de 8,1% em 1929 para 29,2% em média em 1937, deu um impulso adicional para a recuperação econômica. O Governo também alimentou a ideia de tornar-se autossuficiente, financiando diretamente as indústrias produtoras de matérias-primas consideradas básicas para o fulcro da atividade econômica alemã: o rearmamento.

Com respeito ao comércio exterior, a ação estatal foi fundamental, auxiliada pela recuperação da produção industrial e pela presença do *Reichsbank*, que controla toda a política de concessão de créditos do sistema bancário privado. Acordos com países menores de base agrícola são seguidamente celebrados. Por eles a Alemanha fornecia industrializados em troca de cereais, gêneros alimentícios e matérias-primas. Logo, constitui-se uma *área de influência* alemã nos Bálcãs e na Europa Central – fortalecida pela anexação da Áustria em 1938 –, que coloca os países da região em uma estreita dependência econômica com relação à Alemanha. De 1934 a 1938, as importações alemãs da Bulgária passam de 22 a 58%, da Grécia de 19 a 32%, da Iugoslávia de 16 a 50%, da Turquia de 15 a 51%, e da Hungria de 20 a 48%. As exportações para a Alemanha crescem no mesmo período, de 30 para 63,5% na Bulgária, de 8,5 para 50% na Iugoslávia, de 13 para 47,5% na Turquia, e de 12 para 50% na Hungria, tipificando uma relação que se poderia considerar como uma forma de imperialismo informal.

No Japão, o governo adota uma política expansionista-militarista, como forma de recuperação econômica e de acesso a matérias-primas vitais, que eleva as despesas bélicas de 31% do orçamento em 1931-32, para 47% em 1936-37. Em 1931, a Manchúria – rica em recursos minerais e em petróleo –, é ocupada, transformando-se no ano seguinte em um protetorado japonês. Em 1937 uma guerra aberta com a China – que se prolongará até 1945 –, dá ao Japão importantes parcelas do território chinês que, de certa forma, atenuam sua dependência com relação a gêneros alimentícios e determinadas matérias-primas.

Já em 1930 é criado o *Escritório de Racionalização Industrial*, para acelerar a concentração empresarial, notadamente nos setores siderúrgico, e das indústrias mecânica e química, e aumentar a eficiência da produção industrial. Os estaleiros navais, por exemplo, que em 1932 constroem 54 mil toneladas brutas de navios, passam em 1936 a 295 mil toneladas. Os *Zaibatsu*, grandes trustes familiares, são subsidiados, chegando apenas 14 deles em 1939 a controlar 63% dos capitais das sociedades anônimas e 75% do total dos depósitos bancários.

Dominando vastas áreas da China, além da Coreia, Formosa e Manchúria – que em 1934 é rebatizada de Manchukuo, formando um Estado satélite –, o Japão, a exemplo da Alemanha, constitui sua *área de influência*. Essa área de influência é denominada informalmente de Bloco do Iene, que tem suas exportações com destino ao Estado nipônico aumentadas de 20 para 41%, de 1929 a 1938, e passa a importar industrializados japoneses em um ritmo crescente, passando de 24% a 55% no mesmo período.

**Reação à Depressão:
A Segunda Guerra Mundial**

Em mais de um sentido, a política nacionalista-expansionista dos Estados autoritários mais o "preço da paz" de 1918, desembocaram em um curso que fatalmente desencadearia um novo conflito de grandes proporções. No entanto, e isto é fundamental, a Segunda Guerra Mundial deve ser vista como a última tentativa de certos países da área central da economia-mundo em recuperar suas economias pelo estabelecimento de relações imperialistas no estilo do século XIX, e estruturalmente, como a "solução definitiva" para tirar o sistema capitalista da Grande Depressão.

Se a partir de meados da década de 1930 a tendência geral da economia já é de franca recuperação, superando mesmo, a partir de

1937, os índices produtivos de 1929, notadamente na Alemanha, Inglaterra, Suécia e Japão, os problemas básicos estavam longe de ter sido sanados, no sentido de assegurar o desenvolvimento econômico. Por um lado, o aumento da oferta global é artificial, uma vez que é sustentado pela ação estatal e por mecanismos que vão desde a destruição deliberada de estoques impossíveis de serem comercializados (como o café, no Brasil), até o acúmulo de estoques por meio de uma demanda politicamente incentivada (o rearmamento, na Alemanha e no Japão). Por outro lado, a demanda global mantém-se ainda reduzida, uma vez que a taxa de desemprego mundial ainda é alta, representando 11,4% da força de trabalho. Isso permite explicar o crescimento do índice produtivo, que o período conheceu, meramente por melhorias técnicas via maior produtividade, e aproveitamento da capacidade ociosa do maquinário industrial.

Mais grave ainda, a recuperação não é geral, considerando-se todos os setores da economia. A agricultura nunca conseguiu igualar os níveis de 1929, em que pese toda a ação estatal a que o setor se viu sujeito. O comércio mundial também não se recuperara, quer em volume, quer em valor, ficando em média 20% abaixo do que representara em 1929. A Europa, particularmente, sofrera um grave declínio em sua posição dentro da economia-mundo, com sua participação no comércio mundial caindo de 45% em 1929, para menos de 40% em 1938. Com agravante de que a redução maior ocorreu no volume de suas exportações, enquanto seu balanço de pagamentos também registra uma notável queda.

Alguns países haviam ficado insatisfeitos com os resultados da Primeira Guerra. A Alemanha foi privada de suas colônias, de territórios nacionais com forte base industrial e ricos em recursos naturais, e onerada com o pagamento das reparações. A Itália foi impedida de completar sua "unificação nacional" às expensas da Áustria e da Iugoslávia, e bloqueada em seu sonho de construir um império colonial no Mediterrâneo. O Japão foi impedido de converter a China em uma dependência econômica. Os três países enfrentavam dificuldades em assegurar um abastecimento suficiente de produtos alimentícios (Itália), de minerais (Alemanha, notadamente com respeito ao ferro e ao cobre), e de todos esses setores (Japão).

A somatória de todos esses problemas estruturais leva naturalmente os Estados autoritários mais pujantes (Itália, Alemanha e

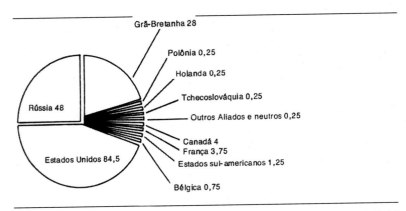

Gráfico 12 – Gastos dos governos – Total dos aliados e neutros: 171,25 (cifras em milhões de libras esterlinas).
(Fonte: Adaptado de *História do Século 20 – Enciclopédia Semanal*, São Paulo, Abril Cultural, s/d).

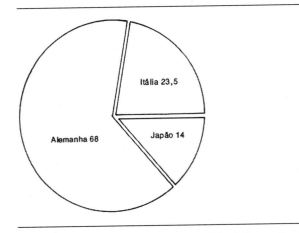

Gráfico 13 – Gastos dos governos – Total das potências do Eixo: 105,50 (cifras em milhões de libras esterlinas).
(Fonte: Adaptado de *História do Século 20 – Enciclopédia Semanal*, São Paulo, Abril Cultural, s/d).

Japão), a empreenderem a solução para seus problemas econômicos pelo estabelecimento de *áreas de influência* e de *protetorados*, na tentativa de tornarem-se autossuficientes dentro de espaços eco-

225

nômicos de tipo colonial. É interessante que em finais da década de 1930, as colônias afro-asiáticas dos países europeus (Inglaterra, França, Bélgica e Holanda) fornecessem apenas 3% do total mundial de matérias-primas, embora ainda fossem um bom mercado consumidor de industrializados e viabilizador de rendimentos financeiros; mas isso não impede que sua posse seja considerada motivo de profunda injustiça por parte dos Estados autoritários. É bastante significativo, que a Itália tenha considerado assumir uma posição de neutralidade na guerra, durante o inverno de 1939/40, em troca da cessão francesa de áreas coloniais – a Tunísia, a costa argelina e Djibuti, embora Mussolini declarasse que "um soldado custa-me mais barato que um desempregado".

Para a Alemanha, a constituição do *Lebensraum*, na Europa Centro-Oriental, com a submissão dos países da região à dominação alemã, sempre teve o caráter do estabelecimento de um espaço econômico fechado, que maximizaria as técnicas industriais modernas e a concentração empresarial, em que pesem as justificativas ideológicas da necessidade de controlar as "raças impuras" e combater o socialismo.

E para o Japão, que desde 1937 empenhava-se em uma guerra "colonial" contra a China, o acesso às áreas produtoras de matérias-primas do sudeste asiático revelou-se sempre de importância capital. Ele se aproveitou da derrota francesa frente à Alemanha em 1940, para ocupar a Indochina Francesa e estabelecer um protetorado informal sobre o Sião.

Também para a Alemanha e para o Japão, cuja recuperação econômica deveu-se em grande parte ao rearmamento, a guerra acabou tornando-se quase uma necessidade econômica. Havia o risco de se desestruturar toda a vida econômica nacional, pela impossibilidade de se consumir os estoques acumulados em tempos de paz. Isso forçosamente desembocaria em uma crise de superprodução, com o consequente colapso da atividade produtiva e aumento brutal do número de desempregados.

A Alemanha começará a guerra com uma nítida vantagem com relação aos aliados, em razão do acúmulo de armamentos e da constituição de um grande exército permanente. Ironicamente não permitiu que sua capacidade produtiva fosse ativada ao máximo, senão a partir do inverno de 1942. Isso não impediu, no entanto, que os alemães reduzissem toda a Europa à condição de aliados ou dominados, à exceção da Inglaterra, e dos neutros (Suécia, Suíça, Espanha e Portugal), penetrando profundamente na União Soviética e atingindo o rio Volga no verão de 1942. A criação do espaço econômico alemão avançou a passos rápidos, tendo sido criada uma série de agências estatais para auxiliar no esforço de guerra, nos territórios ocupados. O *Ofício da Guerra Econômica* apoderava-se dos estoques de matérias-primas e de produtos industrializados, e reativava as indústrias paralisadas pelas batalhas. A *Organização Todt* encarregava-se da construção ou reconstrução de obras militares, e de obras civis que pudessem ser de alguma utilidade militar. A agricultura e o abastecimento foram objeto de especial cuidado, estabelecendo-se em toda Europa ocupada o racionamento e cotas de produção. A indústria alemã, por seu lado, aproveitou-se das conquistas militares para expulsar os investimentos aliados da Europa Oriental, assumindo também o controle acionário das grandes empresas francesas, no que foi seguida pelos bancos alemães que passaram a controlar os grandes estabelecimentos de crédito dos países ocupados. Calcula-se que a *Organização Todt* chegou a empregar 700 mil pessoas em 1943, enquanto as indústrias bélicas dos países ocupados produziam, em 1944, 30% dos armamentos alemães, empregando quase 3 milhões de operários. A essas cifras deve-se adicionar mais de 1 milhão de poloneses, utilizados como mão de obra agrícola compulsória nas áreas rurais da Alemanha, e a ação do *Serviço Nazista de Mão de Obra*, que procedeu ao recrutamento de operários por toda a Europa ocupada para trabalhar nas indústrias alemãs. Essas indústrias, no final da guerra, chegaram a empregar mais de 6 milhões de trabalhadores estrangeiros, o que representava 20% do total da força de trabalho alemã.

O Japão em meados de 1942 se apoderou de um território que compreendia 450 milhões de habitantes e imensos recursos naturais: 95% da produção mundial de borracha, 90% da de quinino, 70% da de zinco e arroz, além de reservas substanciais de petróleo, de bauxita, cromo, cobre, chumbo e estanho. Estabelece nessas áreas seu espaço econômico próprio, que denomina eufemisticamente de *Grande Esfera de Coprosperidade da Ásia Oriental*, seguindo uma política paralela à da Alemanha nas áreas conquistadas. Chega, inclusive, a contar com a colaboração das populações nativas, através de movimentos incentivadores à rebelião contra as potências colonialistas europeias, como a formação de um governo "aliado" nas Filipinas em 1943, e o reconhecimento da independência da Birmânia em 1943, e do Vietnã e da Indonésia em 1945.

Internamente, o governo financiou o esforço de guerra pela emissão de títulos públicos, tendo incentivado o trabalho feminino voluntário tanto na indústria como na agricultura, e estabelecendo o racionamento de alimentos já em 1941.

O que acabou impedindo o Japão de desenvolver as potencialidades econômicas que suas conquistas lhe forneceram, foi a inadequação de sua marinha mercante, que seria fundamental, dada sua condição de país insular. Dispondo de pouquíssimos recursos materiais próprios, o Japão, para manter sua produção de guerra, dependia, em grande parte, de importações, que por volta de 1944 haviam sido drasticamente reduzidas, especialmente pela guerra submarina. Das 6 milhões de toneladas de navios mercantes para alto-mar com que o Japão entrou na guerra, mais os 4 milhões construídas durante a luta, em 1944 só 2 milhões e 650 mil estavam em condições de operar, e em meados de 1945 apenas 1 milhão e 530 mil. Antes de ser derrotado militarmente, o Império Nipônico foi derrotado economicamente, ficando impossibilitado de ter acesso às fontes de matérias-primas e gêneros alimentícios que conquistara.

O resultado foi o racionamento interno de alimentos para o nível da subsistência (2.001 calorias semanais para os trabalhadores especializados, e 1.053 para as mulheres em serviços essenciais), o desaparecimento dos bens de consumo e uma indústria com capacidade ociosa, ao que se deve somar os devastadores ataques dos bombardeiros norte-americanos a partir de 1944.

O que acabou causando a derrota da Alemanha – a Itália desde 1942 tornara-se um "satélite econômico" –, foi a combinação entre a brutal resistência soviética e a extraordinária capacidade de produção norte-americana. Se a União Soviética perdeu mais de 20 milhões de pessoas com a guerra e teve 25% de toda sua propriedade destruída, os Estados Unidos, ao contrário, ficando com seu território incólume, puderam aumentar sua produção em cerca de 50%, de 1940 a 1944.

Já em março de 1941, os Estados Unidos, através da *Lei de Empréstimos e Arrendamentos*, puderam sustentar economicamente os ingleses, que só podiam financiar seu esforço de guerra por meio de uma elevação geral dos impostos, e estavam submetidos a um constante bombardeio aéreo alemão. Durante todo esse ano, os Estados Unidos aumentaram paulatinamente seu nível de produção industrial, mantendo uma atitude benevolente com o fornecimento de material bélico para a Inglaterra, o que lhes valeu a denominação de "arsenal do Ocidente".

A partir de dezembro de 1941, oficialmente em guerra, sua economia volta-se totalmente para a produção bélica. As linhas de montagem das gigantescas indústrias automobilísticas de Detroit foram reformuladas visando à produção em massa de aviões, veículos blindados e bélicos. Entre 1940 e finais de 1944, a produção de aviões militares subiu de 23 mil unidades para 96 mil por ano e a produção de blindados passou de 4 mil em 1940/41 para quase 30 mil em 1943. Novos métodos de construção naval foram postos em prática, a ponto de os estaleiros americanos poderem afirmar que estavam lançando ao mar uma belonave por dia. A tecnologia e a engenharia norte-americanas, aliadas às suas ilimitadas reservas de carvão, ferro e aço, foram ativadas para trabalhar no limite. Entre os anos de 1940-43, o número de trabalhadores passou de 47 milhões para 55 milhões, enquanto a semana de trabalho foi ampliada de 40 para 48 horas.

Também o setor financeiro recebeu notável impulso: até o final da guerra (1945), os Estados Unidos emprestaram 48 bilhões de dólares para seus aliados, sendo desse total, 69% para o Império Britânico e 25% para o restante da Europa.

Em meados da década de 1940, a Grande Depressão parecia para os Estados Unidos, como algo que nunca tivesse ocorrido.

OS PROBLEMAS DA RECONSTRUÇÃO

A Segunda Guerra Mundial, do mesmo modo que sua predecessora, levou a Europa e vastas parcelas da Ásia à exaustão e à destruição. A capacidade de destruição desenvolveu-se em um nível sem precedentes, sem que isso levasse ao encurtamento da guerra. Para pagar a destruição, foram gastas as poupanças governamentais, foram contraídos empréstimos, e as necessidades da população civil passaram a ser satisfeitas no nível mínimo. Paradoxalmente, a guerra aumentou a eficiência econômica: a concentração de esforços na produção de guerra fez surgir novas fontes de mão de obra e de capital, e a tecnologia desenvolveu-se mais rapidamente que nas décadas precedentes.

Se a Primeira Guerra Mundial havia custado 75 bilhões e 77 milhões de libras esterlinas, a Segunda, computando-se as despesas governamentais, as perdas na produção, o valor capitalizado da vida humana, as perdas de bens imóveis e as perdas de bens em navios e cargas embarcadas, chegou ao astronômico custo de 413 bilhões e 250 milhões de libras esterlinas. As baixas fatais provocadas pelo conflito elevaram-se a 37 milhões e seiscentas mil pessoas, e se a Alemanha e o Japão foram ocupados pelos países vitoriosos, perdendo sua autonomia política através da fórmula da rendição incondicional, a situação das nações europeias vitoriosas não parecia nada promissora. Inglaterra e França acumulavam enormes débitos, tinham grande parte de sua base industrial danificada, de sua propriedade imobiliária destruída, e estavam sendo contestadas em suas áreas coloniais asiáticas. Ali os anos de dominação japonesa haviam propiciado o fortalecimento de movimentos nacionalistas, que eram encorajados também pelo novo papel internacional que a União Soviética passara a representar.

A União Soviética, graças aos avanços militares na luta contra a Alemanha, havia estabelecido o controle sobre os países da Europa Centro-Balcânica. Entre 1945 e 1948, forçou a constituição de governos "aliados", na verdade transformando em satélites econômicos, Polônia, Tchecoslováquia, Hungria, Romênia, Bulgária, Iugoslávia (com uma via própria a partir de 1948), Albânia e a parte oriental da Alemanha, enquanto apoiava uma guerra civil na Grécia. Também na Ásia, a presença soviética fazia-se importante: além de subvencionar os movimentos de emancipação colonial, emprestava seu apoio à guerra civil chinesa, que se concluiria em 1949 com a vitória dos comunistas.

A divisão da Europa em uma parte capitalista e outra socialista, agravou ainda mais os problemas do pós-guerra, pois a economia europeia foi dividida em duas unidades econômicas distintas, simbolizada pela Alemanha dividida. Tanto em 1946 como em 1947, a produção industrial e agrícola de todos os países europeus atingiu níveis mais baixos do que antes da guerra, e foi inadequada para suprir as necessidades da população que, apesar das terríveis perdas dos anos de guerra, era mais numerosa do que nunca. As modificações das fronteiras da Europa Oriental, por seu lado, provocaram um movimento de cerca de 30 milhões de refugiados – dos quais 60% eram alemães –, que se derramaram sobre o Ocidental. Ali governos instáveis, particularmente na França e na Itália, eram incapazes de tomar medidas rigorosas que se faziam necessárias para conseguir a recuperação econômica. Não havia capitais suficientes para reconstruir e readaptar as indústrias para a produção em tempo de paz, em meio a uma grande escassez de alimentos, combustíveis e matérias-primas.

A situação da Inglaterra, fiel aliada dos Estados Unidos, era particularmente séria. Apesar de uma ajuda norte-americana de 21 bilhões de dólares, os investimentos ultramarinos no valor de 4,5 bilhões de dólares haviam sido liquidados para pagar os suprimentos da guerra, e no final do conflito, a dívida externa inglesa atingia a soma de 14 bilhões de dólares. O empréstimo especial de 3,75 bilhões, concedido pelos norte-americanos em 1946, proporcionou um alívio a curto prazo, mas pouco pôde fazer no sentido de estabilizar a situação a longo prazo. Do fim da guerra até 1948, os Estados Unidos concederam empréstimos no valor de 4,5 bilhões de dólares à Europa, acrescidos de um crédito suplementar de 6,8 bilhões. Em 1947, porém, o déficit europeu ainda atingia a casa dos 8 bilhões de dólares e sua posição parecia mais instável do que nunca.

As iniciativas norte-americanas de recuperar a Europa Ocidental, via concessão de empréstimos, não estavam produzindo os resultados esperados, em que pesem seus esforços na constituição de um organismo que reorganizasse o sistema monetário internacional. Na reunião de Bretton Woods, já em meados de 1944, criou-se, sob inspiração dos Estados Unidos, o Fundo Monetário Internacional (FMI) e o Banco Internacional para Reconstrução e Desenvolvimento (BIRD). O primeiro encarregar-se-ia de regular a paridade cambial entre as diversas moedas, que deveriam retornar ao padrão-ouro ou à conversão em outra moeda estável – de preferência o dólar –, e viabilizar empréstimos aos países-membros em déficit para financiar a emigração de capitais. O segundo apoiaria a recuperação das economias européia e japonesa.

Os Estados Unidos estavam na posição única de potência hegemônica dentro da economia-mundo capitalista. Isso, no entanto, estava ameaçado de se desagregar tanto pela não recuperação econômica da Europa e pelo início dos movimentos de emancipação colonial afro-asiáticos, como pelo seguido sucesso do "avanço comunista" sobre vastas áreas. Os Estados Unidos viram-se quase obrigados a adotar medidas mais enérgicas e globais a fim de "assegurarem a sobrevivência do sistema capitalista", que se encontrava ameaçado também pela criação de um estado de rivalidade permanente entre aquele país e a União Soviética (a Guerra Fria), de duas "superpotências" que emergiram dos destroços da Segunda Guerra Mundial.

O Plano Marshall

Em junho de 1947 o secretário de Estado dos Estados Unidos, general George Marshall, proferiu um discurso na Universidade de Harvard, que balizou toda atitude norte-americana com relação ao futuro da economia-mundo capitalista. Dizia que "ao lado do efeito desmoralizante em larga extensão do mundo e as possibilidades de distúrbios que surgem como resultado do desespero das populações envolvidas, devem ser visíveis de todo as consequências disso tudo para a economia estadunidense. É lógico que os Estados Unidos devem fazer o que lhes for possível para ajudar a promover o retorno do poder econômico normal do mundo, sem o que não pode haver estabilidade política e nem garantia de paz (...) Tal assistência, e disso estou convencido, não deverá ser uma colcha de retalhos fabricada por várias crises. Qualquer ajuda que esse governo possa prestar futuramente deverá ser uma forma de cura e não um mero paliativo (...) Além disso, governos, partidos políticos ou grupos que procurem perpetuar a miséria de seres humanos a fim de tirar daí proveitos políticos, enfrentarão, por outro lado, a oposição dos Estados Unidos".

Como decorrência dessa política norte-americana, em setembro de 1947 é fundada a *Comissão para a Cooperação Econômica Europeia* (CEEC), que apresentou aos governo dos Estados Unidos um plano de quatro anos de duração, visando à recuperação econômica europeia. Sua adoção, em abril de 1948, sob a denominação de *Plano Marshall*, permitirá a recuperação total da economia europeia, manterá o nível da produção norte-americana do tempo da guerra e, ironicamente, fornecerá as bases para a emergência de uma Europa unificada, como centro da economia-mundo capitalista, três décadas mais tarde.

O programa de recuperação econômica da Europa contido no *Plano Marshall*, comportou quatro objetivos principais: aumentar a produção industrial e agrícola no mínimo até os níveis do pré-guerra; atingir a estabilidade financeira; estabelecer a cooperação econômica entre os países participantes; e resolver o problema do déficit europeu de dólares através do aumento das exportações. De abril de 1948 a junho de 1952, foram distribuídos 13 bilhões e 150 milhões de dólares para a Europa Ocidental, incluindo-se a Iugoslávia e a Alemanha Ocidental.

Em um primeiro momento, o esforço concentrou-se na provisão de alimentos, rações para animais e fertilizantes, objetivando principalmente aumentar a produtividade da agricultura e aliviar a escassez de gêneros alimentícios na Europa. Em seguida, a ênfase passou para as matérias-primas, produtos semi-industrializados, bem como para maquinaria, veículos e combustível. Que 69,7% de todos esses bens, e 98% da maquinaria e dos veículos tenham sido adquiridos dos Estados Unidos, mostra claramente os efeitos indiretos do Plano sobre a economia norte-americana.

Os resultados do programa logo se fizeram sentir, em todos os países, nos mais variados setores: na Inglaterra, contribuiu para a expansão da indústria de construção naval; na Itália, viabilizou extensos projetos de recuperação de terras agricultáveis; na Alemanha, possibilitou a introdução de melhoramentos agrícolas e a reconstrução de sua base industrial. De 1948 a 1950, a produção industrial europeia, como um todo, aumentou mais de 25%, e em todos os países atingidos pelo programa, superou os índices de 1938.

A recuperação econômica europeia, viabilizada pelo *Plano Marshall*, foi também auxiliada por um crescimento demográfico de 4,1% durante a década de 1940, pela planificação econômica e pelos investimentos estatais, e principalmente pela criação da *Organização do Tratado do Atlântico Norte* (OTAN), em 1949.

Englobando todos os países não socialistas da Europa, inclusive a Islândia e a Turquia, mais o Canadá e os Estados Unidos, a OTAN representou a face militar do *Plano Marshall*. E contribuiu decisivamente para a recuperação econômica europeia, tanto pela manutenção da demanda por armamentos, como pelo incentivo ao consumo, que dezenas de milhares de soldados norte-americanos permanentemente acantonados na Europa – a maioria na Alemanha –, naturalmente provocaram.

Em 1952, o *Plano Marshall* havia atingido seus principais objetivos, devolvendo à Europa uma base segura para seu futuro desenvolvimento: à recuperação da capacidade de produção industrial europeia, correspondeu o aumento de suas exportações para os Estados Unidos, fazendo o superávit da balança comercial norte-americana declinar de 10,1 bilhões de dólares em 1947, para 3,6 bilhões em 1952, enquanto seu balanço de pagamentos já acusava déficits desde 1950.

E mais importante ainda, a nova vitalidade econômica da Europa não socialista levou à crescente substituição de políticas econômicas nacionais para organismos de cooperação e planejamento supranacionais. Como, por exemplo, a *União Europeia de Pagamentos*, criada em 1950 para garantir os pagamentos europeus em face da inconvertibilidade de suas moedas; e a *Comunidade Europeia do Carvão e do Aço*, em 1952, composta pela Alemanha, França, Itália, Bélgica, Holanda e Luxemburgo, formada para pôr, nas palavras do ministro francês Robert Schumann, "o conjunto da produção franco-alemã de carvão e de aço sob uma alta autoridade comum, numa organização aberta a todos os países da Europa".

A Recuperação do Japão

Paralelamente ao esforço de construção europeia, a perda da China para o socialismo, em 1949, e a eclosão da Guerra da Coreia em 1950, levaram os Estados Unidos a rever sua política com o Japão. Este país encontrava-se desde o final da guerra sob o controle efetivo do *Comando Supremo das Potências Aliadas* (CSPA), e submetido a um programa estrito que visava destruir para sempre sua capacidade bélica e democratizar suas estruturas sociopolíticas. A partir de 1949, essa política de "castigo e reforma" é aban-

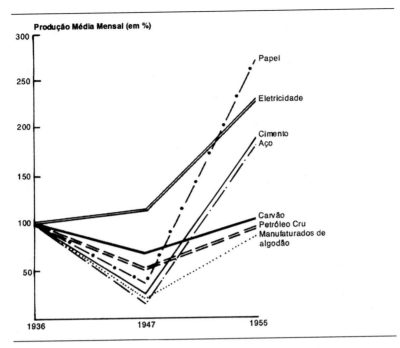

Gráfico 14 – Recuperação econômica do Japão.
(Fonte: Adaptado de *História do Século 20 – Enciclopédia Semanal*, São Paulo, Abril Cultural, s/d).

donada, e o Japão é encarado como um "país aliado cuja economia necessitava de ajuda consistente". Essa mudança, motivada pela ideia de que o Japão poderia funcionar como uma estratégica ponta de lança contra os flancos dos países socialistas, forneceu os meios para transformá-lo em um dos sete países mais ricos do mundo, em inícios da década de 1980.

Inicialmente, a alta inflação que persistia no país, em virtude do enorme volume de bônus que o governo japonês emitira durante a guerra e acabara por arruinar sua estabilidade monetária, foi debelada por meio de uma série de rigorosas medidas postas em prática pelos Estados Unidos, que ao mesmo tempo começaram a investir recursos de capital para o reequipamento da indústria japonesa.

235

Quando se iniciou a Guerra da Coreia em 1950, o Japão tornou-se a principal base de operações das tropas norte-americanas. Logo, as grandes encomendas de material bélico feitas nos Estados Unidos, levaram muitas empresas americanas a estabelecer acordos de cooperação técnica com os industriais japoneses, dando assim origem a várias novas indústrias. Até 1950, as exportações do Japão haviam permanecido bastante reduzidas e o déficit em seu balanço de pagamentos era compensado pela ajuda norte-americana, que de 1945 a 1952, totalizou 2 bilhões de dólares. A partir de 1952, o país passou a receber divisas através dos "gastos indiretos" – despesas militares norte-americanas, gastos dos soldados e civis dos Estados Unidos alojados no país, e rendas provenientes de contratos marítimos. O volume dessas despesas especiais norte-americanas entre 1952 e 1955, foi suficiente para compensar o valor de 1/3 das importações japonesas, em um período no qual suas mercadorias não tinham ainda condições de competir no mercado internacional.

Devido a essas fontes de capital e a uma política de salários baixos, os industriais japoneses (os *zaibatsu* foram reconstituídos em meados da década de 1950) conseguiram efetuar grandes investimentos para reequipar suas indústrias, tanto as pesadas como as de bens de consumo. Houve particular destaque para a construção naval, que em 11 anos assumiu a liderança mundial no setor, sem pôr em risco o balanço de pagamentos do país.

Desde o início da Guerra da Coreia, a produção industrial japonesa cresceu verticalmente e suas empresas ingressaram em uma era de desenvolvimento econômico acelerado. Em 1954 o índice de produção industrial já superava o de 1947, e em 1955-56 era o dobro do vigente em 1935. E em 1955, a renda média individual japonesa, que em 1946 era menos da metade da do período de 1934-36, superou o nível anterior à guerra.

Todo esse desenvolvimento, entretanto, não apagava um problema estrutural – que só seria superado na década de 1960 (no capítulo 9). O Japão era dependente das despesas especiais norte-americanas para sustentar parte importante de seu crescimento econômico. Isso o tornava vulnerável a qualquer alteração na política externa dos Estados Unidos. Além disso, o alto nível dos seus custos de produção industrial tornavam-no um *fornecedor marginal* nos mercados internacionais.

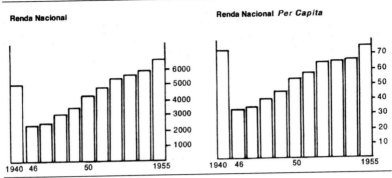

Gráficos 15a e 15b – Recuperação econômica do Japão (cifras em milhões de libras esterlinas).
(Fonte: Adaptados de *História do Século 20 – Enciclopédia Semanal*, São Paulo, Abril Cultural, s/d).

Depois que foi transformado em aliado dos Estados Unidos, o Japão viu-se forçado a fornecer uma parcela do potencial militar colocado à disposição dos interesses ocidentais na Ásia. A resposta japonesa, no entanto, foi extremamente limitada, não ultrapassando com seus gastos para a defesa durante a década de 1950, mais que 1,5% da renda nacional. Isso se revelou uma medida bastante inteligente, economicamente falando, pois permitiu que ele dedicasse quase todos os seus recursos ao desenvolvimento econômico, enquanto sua dependência em termos de defesa, das forças militares norte-americanas, forneceu um impulso adicional a esse desenvolvimento, na forma de "gastos indiretos" das forças militares sediadas em seu território.

Os Efeitos da Reconstrução para o Sistema Capitalista

Nos dez anos que se seguiram ao término da Segunda Guerra Mundial, que em mais de um aspecto pode ser vista como uma tentativa de solucionar "definitivamente" os problemas que a Grande Depressão causava ao sistema econômico capitalista, marcaram-se as bases sobre as quais se assentaria o capitalismo em sua idade "adulta", testado e tendo sobrevivido às suas crises de crescimento.

237

Em primeiro lugar, diferentemente do período pós-1918, não houve *crise de reconversão econômica*. A emergência do estado de Guerra Fria já em 1946 (quando Churchill advertia que uma "cortina de ferro" baixara sobre a Europa Centro-Oriental), e a imposição soviética do bloqueio de Berlim, em março de 1948, determinaram que a hipótese de um confronto entre os dois sistemas econômicos antagônicos, o capitalismo e o socialismo, entrasse na composição da estratégia mundial norte-americana. Consequentemente, a pesquisa e a produção industrial de materiais bélicos foi incentivada continuamente em termos estatais, permitindo que se mantivessem os níveis de emprego e produção do período da guerra nos Estados Unidos.

Se os Estados Unidos viram-se obrigados a empenhar-se na defesa dos países capitalistas – que em seu jargão político eram identificados como componentes do "mundo democrático" –, fizeram-no destinando-lhes o que tinham acumulado no período da guerra, seus capitais, e a presença de suas forças militares. Isso, aliado à necessidade quase total de reinstalação e reconstrução de estruturas industriais destruídas, explica por que países como a Alemanha, o Japão, e mesmo a França e a Bélgica puderam apresentar taxas de produção e produtividade mais elevadas, aproveitando-se dos processos tecnológicos mais modernos, que as da Inglaterra e dos próprios Estados Unidos, a partir de 1955.

Também a existência de um sistema "concorrente", em nível mundial, subordinou o desenvolvimento das atividades econômicas a uma estratégia política global. Isso implicou a consolidação do papel do Estado como *agente regularizador econômico* necessário, e a extrema valorização das técnicas de *planejamento* e *racionalização da produção*, com a emergência do gerenciamento profissional.

Em segundo lugar, as vicissitudes das antigas potências coloniais europeias, entre 1939 e 1945, frente sua derrota militar para a Alemanha (França, Bélgica, Holanda) ou pela ocupação de suas áreas coloniais pelo Japão (Inglaterra, França, Holanda), tornaram a restauração de seu controle sobre as áreas periféricas secundária para os Estados Unidos, a não ser em regiões em que o socialismo parecia triunfar – como na Indochina Francesa por exemplo. Isso levou a uma crescente onda de descolonização, com a emergência de inúmeras novas nações independentes.

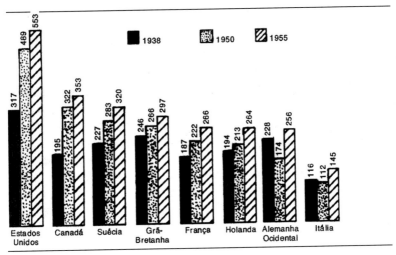

Gráfico 16 – Nível de vida no Ocidente – Renda bruta *per capita* (cifras em libras esterlinas com base nos preços de 1950).
(Fonte: Adaptado de *História do Século 20 – Enciclopédia Semanal*, São Paulo, Abril Cultural, s/d).

O imperialismo formal esgotou-se, sendo substituído ou por uma ajuda econômico-militar norte-americana aos governos "confiáveis" dos novos países (como nas Filipinas), ou pelo patrocínio à constituição de nações capitalistas em áreas altamente instáveis (como o Estado de Israel no Oriente Médio).

Em terceiro lugar, o crescimento tecnológico que a Segunda Guerra incentivou e a reconstrução manteve, aliado à redução da eficiência do capital fixo (característica da maturidade do sistema capitalista), levou a um aumento brutal da produção industrial, superior à capacidade global de consumo, o que exigiu a instauração de sistemas de planejamento meticuloso e a longo prazo, e à emergência de novas técnicas de marketing e publicidade, a fim de aumentar a elasticidade da curva do consumo, com a predominância do setor de bens e serviços sobre a atividade econômica como um todo.

A esse aumento brutal da capacidade produtiva e predominância do setor terciário, correspondeu a instalação das denominadas *sociedades de Bem-estar Social*. O melhor exemplo disso é a Inglaterra, e elas foram implantadas em todos os países capi-

239

talistas da Europa, e em menor escala nos Estados Unidos. Além do pagamento de aposentadorias substanciais e de seguros-desemprego, o Estado passou a subsidiar os serviços de saúde, educação e transportes para toda sua população. As palavras do escritor norte-americano John Gunther ao visitar a Inglaterra, em 1952, são reveladoras: "um britânico não tem que pagar mais do que somas simbólicas pelo médico, dentista, ou pelos remédios; a parcela do orçamento familiar que anteriormente era gasta em serviços médicos, hoje pode ser despendida em outras coisas que vão desde *bacon* até um toca-discos".

É lógico que essa indução ao consumo foi acompanhada por uma melhor redistribuição de renda – via impostos diretos –, e por um aumento *real* dos salários. Sobretudo na Alemanha, na Itália e em menor escala nos Estados Unidos, isso só poderia ser compensado pela crescente exploração das áreas periféricas, mascarada pela mudança no padrão de exportações dos países industrializados. Isso se processa a partir da segunda metade da década de 1950: ao invés de produtos acabados, *know-how* e capitais para operacionalizar a produção.

Antes que se analise o impacto dessas mudanças no sistema capitalista "maduro", caracterizado pela concentração de capital em nível monopolista e sujeito aos efeitos de uma Terceira Revolução Industrial, é interessante que se tenha uma visão da evolução e das características de seu sistema "concorrente", o socialismo.

9. A ALTERNATIVA AO CAPITALISMO

"A teoria da ditadura, segundo Lênin-Trotsky, admite tacitamente que a transformação socialista é uma causa para a qual o partido da Revolução tem no bolso uma receita inteiramente pronta e que não se trata senão de aplicá-la com energia. Infelizmente – ou felizmente, se quiserem – não é assim. Bem longe de ser uma soma de prescrições feitas, que não teriam mais do que ser aplicadas, a realização prática do socialismo como sistema econômico, jurídico e social, é algo que fica completamente envolto nas brumas do futuro."

Rosa Luxemburg, A Revolução Russa, *outono de 1918*

Já a partir de finais do século XVIII, quando o capitalismo se constitui, aparecem as primeiras críticas a sua atuação. A crítica se dirigiu principalmente à exploração a que ele submetia as classes operárias, propondo algumas soluções alternativas, baseadas na "cooperação entre as classes", a que se denomina *socialismo utópico*. São representantes dessa corrente, Saint-Simon, Charles Fourier, Robert Owen, Pierre-Joseph Proudhon, o Socialismo Cristão, o Intervencionismo, o Sindicalismo e também o Anarquismo.

Durante a segunda metade do século XIX, com Karl Marx e Friedrich Engels, inaugura-se o *socialismo científico* (ou marxismo), assim denominado por não ter ficado nem na proposição de uma sociedade ideal, nem comprometido com alguma forma de cooperação interclasses dentro da ordem capitalista. Ao contrário, buscou, a partir da análise do sistema capitalista, os princípios básicos de sua dinâmica, o que permitiria compreendê-lo e agir concretamente no sentido de acelerar sua superação.

Uma vez que essa obra não é uma "História do Pensamento Econômico", omite-se aqui deliberadamente toda a construção da teoria marxista, com exceção do conceito da *Revolução Socialista*. Nas palavras do próprio Marx "a queda da burguesia e a vitória do proletariado são, igualmente, inevitáveis (...) Os proletários nada têm a perder com ela a não ser suas próprias cadeias, e têm um mundo a ganhar. Proletários de todos os países uni-vos!". E a partir dessa Revolução, estabelecer-se-ia uma *etapa socialista*, de transição para o *comunismo*, o objetivo último, onde todas as desigualdades sociais e o próprio Estado desapareceriam. Segundo a lógica marxista, a Revolução Socialista deveria ocorrer onde o capitalismo fosse mais desenvolvido, onde suas contradições internas estivessem mais acirradas, o que na época da elaboração teórica identificava a Inglaterra. Mas, como a primeira Revolução Socialista ocorreu graças a um golpe político, em uma área periférica pouco industrializada – a Rússia –, houve a necessidade de se *construir condições para o socialismo*, recorrendo inclusive ao reforço de certos elementos capitalistas. Isto implicou uma readaptação teórica dos postulados marxistas, que passaram a ser conhecidos como *marxismo-leninismo* (de Lênin, nome de guerra de Vladimir Ilitch Ulianov, líder do Partido Comunista Russo de 1917 a 1924).

Como de 1917 a 1949, a Rússia (União Soviética a partir de 1922) foi o único país não capitalista do mundo é importante que se assinale alguns pontos principais do marxismo-leninismo. As duas tentativas frustradas mais significativas do período foram a de Bela Kun na Hungria em 1918-19, e a revolta *spartakista* alemã de 1919. Desde então revoluções socialistas têm ocorrido apenas em áreas periféricas como China em 1949, Sudeste Asiático a partir de 1954, Cuba em 1959, e países africanos na década de 1970.

O primeiro ponto a ser assinalado é a questão da revolução em um país ainda não plenamente industrializado. Lênin reconhecia que a sociedade russa era de transição para o socialismo: "O único socialismo que podemos imaginar é aquele baseado em todas as lições aprendidas por meio da cultura capitalista em larga escala. Socialismo sem serviços postais e telegráficos, sem máquinas, é uma frase vazia" e "o socialismo não é mais do que o primeiro passo no avanço que se segue ao monopólio capitalista do Estado. Ou dito de outro modo: o socialismo não é mais do que o monopólio capitalista aplicado em proveito de todo o povo e que, por isso, deixa de ser monopólio capitalista". É significativo que para Lênin, a Alemanha aparecesse como o modelo perfeito, maduro para uma passagem direta à sociedade socialista.

O segundo ponto é a extensão da luta de classes ao contexto mundial. Os operários revolucionários russos aliar-se-iam aos trabalhadores explorados dos países coloniais ou semicoloniais, a fim de auxiliá-los em sua luta para livrar-se do capitalismo opressor. Eis sentido da criação, no ano de 1919, da Internacional Comunista, *Comintern*.

O terceiro ponto é a elaboração de um novo tipo de partido político, altamente disciplinado, que deveria servir de guia para as massas, baseado no *centralismo democrático*. Isso implicava uma eleição indireta dos órgãos dirigentes do partido, e em uma direção centralizada, que acabou por colocá-lo em uma posição hegemônica com relação à administração do Estado e às organizações sociais populares.

O quarto ponto a ser assinalado é, em decorrência do que foi exposto, o estabelecimento da *ditadura do proletariado*, que deveria ser transitória, auxiliando a esmagar todas as reações burguesas, enquanto se processasse a transição de uma sociedade capitalista para outra socialista.

Embora Stálin – dirigente supremo soviético a partir de 1927 –, tivesse tentado impor algumas simplificações *dogmáticas* ao marxismo-leninismo (sujeitas à revisão a partir de 1958), que acabaram por levar à constituição de um sistema altamente autoritário e *burocratizado* na União Soviética, elas na verdade não chegaram a descaracterizá-lo. Só o fizeram na questão da opção pela "edificação do socialismo em um único país", que implicou a valorização do conceito da *revolução pelo alto*, realizada graças ao poder do Estado (partido) com apoio das bases (proletariado), para a consolidação das mudanças progressivas rumo à sociedade socialista.

Para uma melhor compreensão da evolução da "alternativa" ao capitalismo, ela será abordada em três tópicos: a via industrializada soviética, a via agrícola chinesa, e os casos particulares de Iugoslávia e Albânia.

SOCIALISMO: A VIA INDUSTRIALIZADA

Durante séculos, a Rússia foi dominada por uma estrita elite de grandes proprietários de terras, que juntamente com uma Igreja nacional, uma burocracia estatal e um corpo de oficiais, originários de estamentos aristocráticos, forneciam a base de sustentação para a autocracia czarista. Após os distúrbios revolucionários de 1905-1907 (motivados em grande parte pela derrota frente ao Japão), ocorreu uma tímida abertura política que beneficiava setores burgueses incipientes e camadas urbanas, com a instalação da Duma. A Duma acabou se revelando, na prática, uma mera aparência de Parlamento, sem forças reais para superar o autoritarismo monárquico.

Se a partir de finais do século XIX a Rússia conheceu um impulso rumo à industrialização – com o apoio do Estado e o ingresso de capitais estrangeiros –, às vésperas da Primeira Guerra Mundial a industrialização estava longe de ter-se completado. O país produzia apenas 4 milhões de toneladas de carvão e 9 milhões de toneladas de petróleo, continuando basicamente a ser agrário. 86% de sua população trabalhava no campo e a produção agrícola era responsável por mais de 60% do produto nacional, enquanto cerca de 780 mil km^2 de terras pertenciam a apenas 30 mil proprietários, e uma mesma extensão de terra estava dividida entre 10 milhões de camponeses.

Foi sobre esse substrato socioeconômico-político que se processou a revolução socialista, o que implicou o fato de a acumulação primitiva socialista ter sido feita às custas da classe camponesa, sob a liderança de uma classe operária extremamente pequena.

Da Rússia à União Soviética

Foi a Primeira Guerra Mundial que levou a economia russa ao colapso, impondo-lhe uma demanda em volume e ritmo que ela se mostrou incapaz de atender. Quinze milhões de homens produtivos foram afastados da indústria e da agricultura. Apenas metade das fábricas existentes estava operando no ano de 1917. Havia fome nas cidades da Rússia Central, enquanto milhares de toneladas de carne, manteiga e trigo apodreciam nas estações ferroviárias da Sibéria. Ocorreu um aumento brutal do papel-moeda em circulação, provocando uma elevação dos preços dos gêneros alimentícios em 300% e dos bens de consumo em 500%, enquanto os salários médios industriais subiram apenas 100%. Ondas de greves foram duramente reprimidas e houve um severo racionamento de gêneros alimentícios. O governo mostrou-se incapaz de mobilizar a produção industrial para a economia de guerra, ao menos para garantir a reposição dos estoques de material bélico gastos em 1914. A situação tornou-se insustentável.

A esse colapso da atividade econômica somou-se uma série de derrotas militares, que custaram a perda de territórios industriais e milhões de homens mortos, feridos ou aprisionados. Somente em 1915, 1,5 milhão de soldados russos foram feitos prisioneiros pelos alemães. O ponto de ruptura deu-se em fevereiro de 1917, quando às greves que se alastravam pela Rússia somou-se a sublevação de guarnições militares: o regime czarista caiu quase sem resistência alguma, sendo substituído por um governo menchevique (burgueses e setores reformistas), no que se chamou de *Revolução de Fevereiro*.

Foi também a insistência do novo governo revolucionário em persistir na guerra, agravando as já deterioradas condições de vida da população, sem conseguir resultados militares satisfatórios, que acabou criando condições para que os bolcheviques (comunistas) tomassem o poder por meio de um levante armado. Desde fevereiro de 1917, tinham minado a vontade combativa dos exércitos compostos por camponeses analfabetos, tanto no fronte como na retaguarda, por meio de uma intensa atividade propagandística baseada em um programa que prometia *Paz, Pão e Terra*. Isso ocorreu em meio a uma situação de total anarquia, em que unidades militares desertavam em massa, linchando seus oficiais, cortando as comunicações, pilhando, violando e incendiando aldeias inteiras.

A insurreição bolchevique de outubro de 1917 (novembro no calendário ocidental), ocorrendo em uma situação de caos que paralisava o país, visava de imediato, não à instalação do socialismo, mas à implantação de um capitalismo dirigido, nos moldes da economia de guerra adotada pelos países em conflito, pela conquista bolchevique dos postos-chave da economia e do controle sobre os sovietes (conselhos de operários, camponeses e soldados). Os primeiros decretos aclaram essa ideia, dizendo que a "transição para o socialismo" se daria "de forma gradual com o consentimento e confirmação da maioria dos camponeses que seguiam os ensinamentos de sua experiência prática e a dos trabalhadores", e proibindo aos comitês de operários "tomar posse da empresa ou dirigi-la" sem a sanção das autoridades competentes, embora lhes assegurasse o "direito de supervisionar a direção" e "assinalar uma produção mínima".

As nacionalizações, da mesma forma, só foram imediatas no setor financeiro, com a estatização dos bancos e sua fusão em um Banco Central, atingindo as indústrias só a partir de maio de 1918, e mesmo assim sob condições específicas. As indústrias que tivessem direta importância para o Estado, as em que seus proprietários se negassem a obedecer o Decreto de Controle dos Trabalhadores, ou as que fossem abandonadas por seus proprietários seriam atingidas. Também só na mesma data, foi declarado o monopólio estatal para o comércio de certos produtos (café, especiarias, tecidos) e para todo o comércio externo. E com exceção das indústrias de base – controladas pelo Subdepartamento do Conselho Supremo Econômico –, as demais foram supervisionadas por Conselhos Centrais que incluíam representantes dos proprietários, dos sindicatos e do governo.

No entanto, essa tentativa de implantar o capitalismo de Estado acabou fracassando. A pressão combinada dos comitês operários, da ala de extrema-esquerda do Partido Comunista e da Guerra Civil, forçaram seu abandono e a adoção de uma fórmula mais centralizada e popular.

Apesar das estritas regulamentações quanto à nacionalização das indústrias, os comitês operários assumiam aleatoriamente o controle de fábricas, que procuravam dirigir da forma como melhor lhes aprouvesse. Das 500 empresas nacionalizadas até junho de 1918, mais de 400 o foram por organismos regionais, em dissonância com as diretrizes do Governo central. Também o Decreto sobre a Terra, que dava aos sovietes locais o poder de redistribuir as grandes propriedades fundiárias confiscadas aos grandes senhores, à família real e à Igreja, isentando os cossacos e os camponeses, produziu uma notável desordem no setor agrícola já duramente atingido, impossibilitando a produção normal de alimentos.

A ala esquerda do Partido, por seu lado, criticava a lentidão das nacionalizações, e a insistência de Lênin em valorizar "setores burgueses", como economistas e engenheiros ligados ao método taylorista de produção e gerenciamento.

A maior pressão, contudo, foi exercida pela Guerra Civil. O governo pôde pôr fim à guerra externa, pela celebração, com as potências centrais, do Tratado de Brest Litovsk em março de 1918, pagando pela paz com a renúncia à Finlândia, Curlândia, Estônia, Letônia, Lituânia, Polônia, Ucrânia e Armênia – as duas últimas áreas posteriormente recuperadas. Desde a primavera de 1918 ele virtualmente perdera o controle de 3/4 do país, onde se instalavam governos antirrevolucionários, com o apoio das potências aliadas Inglaterra, França, Japão e Estados Unidos –, que desembarcaram tropas no leste e norte do território russo, oficialmente para impedir que a Alemanha "se apoderasse dos recursos econômicos do país".

Nessa situação, o rompimento com setores burgueses tornou-se inevitável, mesmo por uma questão de sobrevivência para o governo bolchevique. A 28 de junho de 1918, o Decreto Geral de Nacionalização expropriou todas as empresas com mais de 1 milhão de rublos de capital, bem como as de extração mineral, metalúrgicas, têxteis, de vidro, couro, cimento, comércio de madeira e aparelhos elétricos, e "todas as empresas produtoras de metal que fossem únicas em sua classe na Rússia".

O Comunismo de Guerra

A sobrevivência do Estado bolchevique forçou o governo a abandonar a constituição de um capitalismo de Estado, e a dedicar todas as energias da nação a assegurar a vitória contra os contrarrevolucionários. Eles controlavam as regiões produtoras de metais, óleo, carvão e algodão com apoio armado e financiamento por parte das potências aliadas. O serviço militar obrigatório foi introduzido na primavera de 1918, um amplo programa de preparação de chefes militares foi criado, e milhares de oficiais do antigo exército czarista foram convidados a integrar o Exército Vermelho, enquanto a produção e distribuição globais foram subordinadas às necessidades militares.

Cada quilo de metal, carvão, algodão ou trigo foi contabilizado e empregado segundo um sistema centralizado, de acordo com as necessidades mais prementes. Os camponeses passaram a entregar ao Estado seus excedentes de cereais, antes destinados ao mercado. Métodos coercitivos foram largamente utilizados. O dinheiro foi suprimido dos negócios entre as companhias estatais, e os intercâmbios privados foram proibidos.

Por volta de dezembro de 1920, embora ainda houvesse luta em regiões isoladas e as tropas japonesas permanecessem no país até 1922, o governo bolchevique sobrevivera. Mas o custo fora demasiadamente alto: calcula-se que perto de 20 milhões de pessoas morreram durante a Primeira Guerra Mundial e a Guerra Civil. Os anos de Guerra Civil fizeram a Rússia mais pobre do que nunca. As tropas contrarrevolucionárias, ao baterem em retirada, acabavam com o gado, as provisões e as matérias-primas, além de destruírem fábricas, pontes e estradas. As minas eram inundadas e as máquinas destruídas. O nível da produção industrial caiu para 1/7 em relação aos índices de antes da guerra. As estradas de ferro estavam em um estado deplorável: milhares de locomotivas e vagões imprestáveis e centenas de quilômetros de trilhos inaproveitáveis, com dormentes apodrecidos e pontes destruídas. Durante anos, a população estivera faminta, e no inverno de 1920-21 a produção agrícola estava 1/3 abaixo do nível anterior à guerra. De tempos em tempos os operários especializados e os soldados recebiam carne e manteiga em suas rações, mas o açúcar era considerado um luxo inacessível. Havia escassez generalizada de roupas, sapatos e remédios.

O aumento do papel-moeda em circulação fez crescer a inflação para 300% em 1919 e 400% em 1920, enquanto o salário médio pagava apenas 13 dias da alimentação mensal do operário. O campesinato como um todo, suportara o maior peso imposto pelo comunismo de guerra. Além dos preços dos produtos industrializados subirem com maior velocidade que os dos produtos agrícolas, os agentes da Comissão de Abastecimento recolhiam compulsoriamente a produção agrícola, exceto quantidades mínimas para garantir necessidades de sobrevivência e os plantios seguintes. O confisco de víveres e a diminuição da mão de obra e dos meios de cultivo, forçaram um recuo da área cultivada em 1/2 na Sibéria e em 1/4 nas regiões do Volga e do Cáucaso, enquanto o volume total das colheitas caiu para 1/3, comparado ao índice de 1916.

A excessiva planificação gerava choques, com a divergência entre as ordens do governo central e a execução por parte dos órgãos regionais, enquanto ocorria uma falta generalizada de pessoal técnico-administrativo capacitado. No X Congresso do

Partido Comunista em 1921, Lênin afirmava que "a pobreza da classe trabalhadora nunca foi tão grande e aguda como no período de sua ditadura".

Nessa situação, a aliança camponesa-operária estava rapidamente rompendo-se, com protestos generalizados de camponeses em todos os distritos da Rússia Soviética, que passaram a exigir o direito de dispor livremente de seus excedentes. Em fevereiro/março de 1921, a situação tornou-se insustentável com a rebelião dos marinheiros de Kronstadt, o "orgulho e glória da revolução". Além de uma melhoria das condições materiais, exigiam, de conformidade com operários grevistas de Petrogrado (hoje São Petersburgo), o fim da ditadura do Partido Comunista, através do *slogan* "Sovietes sem comunistas!". Duramente reprimido, seu levante foi um sinal de alerta para os bolcheviques: a base social da Revolução estava rachando, e uma vez ganha a guerra, era necessário ganhar a paz.

Mais uma vez, Lênin vê com clareza a situação, afirmando que "o comunismo de guerra nos foi imposto pela situação de guerra e ruína. Não era nem poderia sê-lo a política que correspondesse às tarefas econômicas do proletariado, mas uma medida de caráter provisório e temporal". A velocidade da passagem para o socialismo, imprimida pelo comunismo de guerra, superara a capacidade econômico-social da Rússia Soviética, tornando-se necessário freá-lo, e mesmo retroceder, para que tal passagem pudesse ser efetuada.

A Nova Política Econômica

A partir de 1921, o Partido sob inspiração de Lênin, revoga as mais radicais disposições do comunismo de guerra, iniciando uma nova fase em que algumas concessões eram feitas ao sistema capitalista, necessárias –, como o disse Lênin "dar um passo para trás, para poder dar dois passos para frente" –, denominada de *Nova Política Econômica* (NEP).

A NEP pretendia oferecer uma solução definitiva para a união dos operários e dos camponeses, que juntos deveriam construir o socialismo em novas condições de paz. E contentar a massa camponesa era de importância vital, uma vez que de uma população total de 137 milhões de habitantes, cerca de 116 viviam no campo.

O partido defrontou-se com o problema de *como* levar adiante uma reorganização socialista da agricultura, em que a maioria dos camponeses possuía pequenas propriedades obtidas após a Revolução de Outubro. Cerca de 88,7% do campesinato era de pequenos e médios proprietários que trabalhavam suas terras diretamente. Se o camponês ganhava a vida com seu próprio trabalho – o que o aproximava do operário –, ele era, ao mesmo tempo, um proprietário individual, que procurava aumentar sua propriedade às expensas dos vizinhos. Também o vínculo econômico entre a cidade e o campo deveria ser reforçado, e a troca de produtos agrícolas por bens industrializados deveria ser feita de maneira a agradar aos camponeses.

Já em julho de 1921, o sistema de apropriação dos excedentes agrícolas foi abandonado, permitindo ao camponês comercializá-los livremente, medida que logo depois foi estendida à indústria. Essas medidas serviram de incentivo ao aumento da produção agrícola. Já em finais de 1922, a NEP erradicara quase totalmente a insatisfação entre os camponeses, fazendo desaparecer os efeitos dos anos de guerra e as lembranças das desapropriações da produção.

No decorrer dos três anos seguintes, as enormes perdas causadas pela guerra e pela fome foram superadas quase completamente. A área de terra cultivada passou de cerca de 10 milhões de acres para 42 milhões. E as plantações mais importantes cresceram vertiginosamente. A colheita de batatas de 1925, por exemplo, superou em 50% a de 1913. Todos os animais, exceto os cavalos, foram repostos.

Se a NEP conseguiu recuperar o nível da agricultura do período anterior à guerra, o potencial dos camponeses estava completamente esgotado: espalhados em pequenas unidades, contando com um nível de produção ainda baixo, com poucos tratores e máquinas agrícolas, e desconhecendo o uso de fertilizantes químicos. Agora, a produção agrícola – e consequentemente, o progresso do país como um todo –, dependia de uma transformação radical na estrutura da propriedade agrária.

De qualquer forma, melhoramentos no campo trouxeram um progresso econômico geral, auxiliados por uma série de medidas liberalizantes: licença para o estabelecimento de pequenas empresas, retorno aos proprietários das fábricas com menos de dez operários, restabelecimento de heranças de até 10 mil rublos-

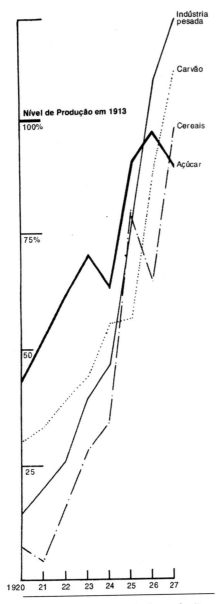

Gráfico 17 – A retomada da produção.
(Fonte: Adaptado de *História do Século 20 – Enciclopédia Semanal*, São Paulo, Abril Cultural, s/d).

ouro, fim da gratuidade dos serviços públicos, abolição do trabalho obrigatório, autorização aos cidadãos para que se deslocassem livremente, fim da remuneração igualitária do trabalho, e a reforma monetária de 1924 que estabilizou o setor financeiro. Aumentou a produção de roupas, sapatos, açúcar, papel, carvão e petróleo. As estradas de ferro retornaram gradativamente ao normal, e aumentavam as fileiras da classe trabalhadora, com os operários que haviam abandonado as cidades impelidos pela fome, agora retornando. Em 1928 existiam mais de 9,5 milhões de operários. De 1921 a 1925, a média do crescimento industrial anual foi de mais de 40%. Em 1926, o PNB superou pela primeira vez o nível de 1913. As fontes de energia cresceram consideravelmente (Lênin chegara a afirmar que comunismo = poder aos sovietes + eletrificação). Foram construídas as primeiras cinco usinas de energia elétrica das trinta planejadas pela Comissão do Estado para a Eletrificação da Rússia (GOELRO), e a primeira usina hidrelétrica foi concluída em Volkhov em 1926. Entretanto houve algumas

251

exceções nesse crescimento positivo: a produção de ferro-gusa, por exemplo, em 1926 correspondia a apenas 56% do volume anterior à guerra.

Não há dúvida de que a NEP permitiu a revitalização de certos elementos capitalistas. A parcela que os comerciantes privados receberam em 1923, correspondia a 8,3% de todo o comércio varejista, enquanto o Estado e as cooperativas mantinham posição dominante no comércio por atacado (77,3% do movimento). Tanto os *kulaks* (camponeses ricos, que se utilizavam de mão de obra assalariada, e representavam cerca de 6,9% do campesinato total) como os *nepmen* (comerciantes ricos) acabaram sendo os grandes beneficiários da NEP, apesar da existência de um rigoroso controle de preços. E se o Estado permitiu que houvesse um mercado livre, limitou a propriedade privada industrial a pequenas unidades produtivas, retendo o monopólio das grandes empresas, não abriu mão do planejamento central da economia e realizou grandes obras que modernizaram a infraestrutura econômica, a exemplo das executadas pela GOELRO.

Economicamente falando, a NEP foi um esforço nacional de reconstrução, que visava sanar os danos que sete anos seguidos de guerra causaram ao país. Sua lentidão em apresentar melhores resultados deve-se, basicamente, a três fatores: uma falta crônica de mão de obra especializada, tanto em nível da produção como do gerenciamento e planejamento, devido ao alto índice de analfabetismo e à emigração de muitos elementos das classes média e alta; isolamento político a que o país se viu submetido (a única exceção foi a Alemanha, que a partir de 1922 assinou um acordo de ajuda mútua econômico-militar, o Tratado de Rapallo), o que lhe impossibilitava a necessária captação de capitais externos, devido aos baixíssimos índices de poupança interna; e instabilidade de uma economia em recuperação, que gerava crises sazonais, como a de 1923, provocada pela disparidade entre os preços dos bens industrializados e dos agrícolas.

O Socialismo Planificado

Em 1928, a União Soviética havia conseguido romper com o passado, eliminando a nobreza fundiária e a burguesia urbana, derrotando a aliança de elementos contrarrevolucionários com os Estados capitalistas, e criando condições para o estabelecimento de um Estado forte e centralizado.

A fase leninista havia completado a reconstrução econômica do país, devolvendo-lhe os níveis produtivos do pré-guerra. Mas a URSS encontrava-se ainda com uma economia predominantemente agrária, na qual os camponeses produziam pouco mais do que necessitavam. O que se exigia agora, era uma espécie de impulso, capaz de dar à economia o ímpeto suficiente para deslanchar num período de expansão até que pudesse garantir a autossuficiência. Para a União Soviética, incapaz de depender de grandes investimentos de capital estrangeiro para conseguir tal impulso – mesmo porque a partir de 1929 tais capitais não se encontrariam mais disponíveis–, só havia duas soluções possíveis: dar sequência à melhoria gradativa que já estava ocorrendo, ou então lançar um gigantesco programa de investimentos na indústria, a ser financiado mediante redução nos salários dos trabalhadores e a aquisição de produtos agrícolas aos camponeses por preços ínfimos. O modelo stalinista adotado a partir de 1928, nada mais foi que a escolha desta segunda alternativa.

E se ele permitiu que a URSS se transformasse, em pouco menos de duas décadas, na segunda economia industrial em nível mundial, sua adoção implicou coletivização compulsória, reforço do aparelho burocrático do Estado, adoção de medidas coercitivas em larga escala, e implantação de um "capitalismo de Estado".

Os Três Primeiros Planos Quinquenais
(1928-1941)

A "Revolução Industrial Stalinista", em contraste com a Revolução Industrial Inglesa, seria minuciosamente planejada. A *Comissão Estatal de Planejamento*, integrada por uma equipe de economistas e estatísticos, elaborava e enviava os planos para todas as indústrias. Neles, todas as entradas e saídas de material eram minuciosamente controladas e todos os recursos disponíveis deviam ser utilizados da melhor maneira e até o limite máximo de sua capacidade. Em lugar das decisões individuais, a economia seria supervisionada por um grupo de técnicos, sob o controle do partido, com uma visão geral da economia e capazes de fazer opções racionais. O programa básico era o Plano Quinquenal Nacional, grosso volume de dados e metas, que uma vez aprovado pelo partido e pelo Soviete Supremo, passava a ter força de lei.

O Plano Quinquenal I abrangeu o período de 1928 a 1932; o segundo de 1933 até o fim de 1937; e o terceiro, iniciado sob a crescente ameaça de guerra, começou em 1938. Os planos globais subdividiam-se em planos anuais e planos específicos para setores econômicos individuais. Os índices de expansão industrial não tinham precedentes em um país predominantemente agrícola, recém-recuperado dos efeitos deletérios de sete anos de guerra. Os planos eram elaborados com base no máximo desenvolvimento possível da economia num dado período, partindo do pressuposto da integral dedicação dos operários. Os detalhes do plano eram então elaborados de acordo com o que seria necessário para atingir esse objetivo. O planejamento ligava-se, portanto, mais às realizações futuras e menos ao que se havia conseguido no passado.

Pode-se compreender melhor a denominada *Era do Planejamento* na história econômica soviética, quando se atenta para alguns pontos básicos. Em primeiro lugar, a própria natureza dos planos tornava impossível sua realização, mesmo sob condições mais favoráveis. Os planos representavam um ideal, e incluíam pontos como a exploração de recursos minerais ainda não plenamente avaliados – o que, evidentemente, obstava-lhes a realização. Em segundo, deve-se salientar que eles constituíam um meio de superar os obstáculos à industrialização rápida, o que privilegiava o desenvolvimento da indústria pesada e de bens de capital. A produção de bens de consumo seria reduzida à medida que os investimentos eram canalizados para outros setores da economia. Em terceiro, a industrialização foi acompanhada por uma alteração capital na localização das indústrias, visto que o governo soviético deliberadamente lançou-se à tarefa de criar polos de desenvolvimento nas regiões orientais mais remotas do país, ricas em recursos minerais inexplorados. E quarto, desde o princípio da implantação do Primeiro Plano, verificou-se que a estrutura agrária existente impedia a concretização dos objetivos propostos. Assim, o final dos anos 20 e o princípio da década de 1930, presenciaram uma total transformação na agricultura.

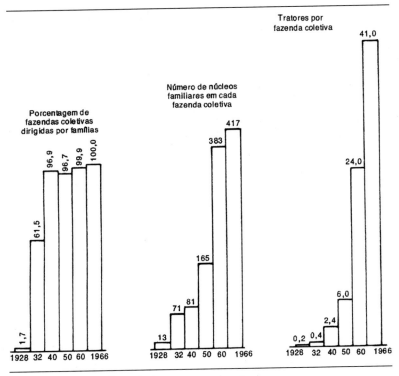

Gráfico 18 – Fazendas coletivas e mecanização.
(Fonte: Adaptado de *História do Século 20 – Enciclopédia Semanal*, São Paulo, Abril Cultural, s/d).

O Plano Quinquenal I foi anunciado pelo Partido Comunista em dezembro de 1927, e compreendia dois projetos, um normal e outro ideal. O primeiro fixava diversas cifras como alvo a atingir, prevendo para tal um prazo de seis anos. Pressupunha que nesse período pudesse ocorrer um insucesso parcial nas colheitas, que o comércio exterior e a importação de capitais continuassem no mesmo ritmo, e levava em conta as enormes dificuldades para elevar a produtividade da mão de obra, particularmente no setor agrícola. O governo soviético, no entanto, adotou o projeto ideal, que demandava índices mais altos de desenvolvimento a serem alcançados em apenas cinco anos, pressupondo colheitas abundantes e uma considerável melhora na produtividade dos trabalhadores. A projetada expansão industrial

255

exigia também uma maciça importação de maquinaria e matérias-primas estrangeiras, pagas com a exportação de produtos agrícolas, o que implicava um considerável aumento no comércio exterior soviético, e uma ampla disponibilidade de capitais externos.

Assim, o Plano Quinquenal I foi iniciado no outono de 1928, e em um ano as cotas e metas de produção foram revistas e aumentadas. Decidiu-se completá-lo até outubro de 1932, adotando-se o lema "O Plano Quinquenal em Quatro Anos". Isso deu início à mistura de exagero, entusiasmo e tremendos êxitos, característica da União Soviética na década de 1930. Esse plano destinava-se a abranger todos os setores da vida econômica, contendo projetos para o desenvolvimento da indústria, da agricultura, dos transportes, do comércio interno e externo, da eletrificação, da construção, da educação e das obras municipais. Os projetos mais completos eram os que tratavam da expansão da indústria pesada, sendo particularmente impressionantes os planos para a edificação de enormes *kombinats* – complexos multi-industriais, abrangendo, por exemplo, usinas eletroquímico-metalúrgicas interdependentes.

O plano visava a uma triplicação na produção de bens essenciais, e uma duplicação dos bens de consumo. O financiamento deveria provir, principalmente, do reinvestimento dos lucros industriais. Assim as indústrias deveriam reduzir sensivelmente seus custos de produção e a produtividade da mão de obra seria forçada a elevar-se rapidamente. O plano visava, de fato, à elevação de 100% na produção individual de cada operário, à qual corresponderia um aumento de 77% no salário real.

A maior falha do plano foi o tratamento dispensado à agricultura. Entendeu-se que as enormes exigências da industrialização rápida poderiam ser satisfeitas pela agricultura, mesmo dentro da estrutura agrária existente. A expansão forçada do trabalho industrial exigia um enorme aumento na produção de gêneros alimentícios comercializáveis, nas exportações de trigo a fim de fazer face às importações essenciais de equipamentos industriais, e nas "safras técnicas" de produção doméstica, como algodão, óleo de sementes de girassol, cânhamo e linho.

Inicialmente, previu-se um aumento razoável das fazendas coletivas – *kolkhozy* –, e das fazendas estatais – *sovkhozy* –, mas a base da produção agrícola continuaria a ser a propriedade particular.

A requisição forçada de trigo dos *kulaks* representou a primeira resposta do governo soviético à falta deste produto em 1928, porém logo se tornou claro que o plano calculara perigosamente mal a situação. Imaginara-se que, à medida que os camponeses percebessem as vantagens materiais das fazendas coletivas, eficientes e mecanizadas, abandonariam suas propriedades individuais, associando-se às coletivas. Quando tal não ocorreu, e os camponeses ainda resistiram às tentativas de confiscar-lhes a produção, reduzindo a área cultivada, o governo desfechou um movimento forçado de ampla coletivização, que em poucos anos alterou a estrutura da economia soviética, e o relacionamento entre o campo e a cidade.

Coletivizar, significava agrupar de 50 a 100 pequenas propriedades rurais em uma única unidade, a fazenda coletiva, do que resultaria uma produção em larga escala. Propriedades agrícolas maiores, dispondo de áreas mais extensas, justificariam a utilização de tratores e de equipamentos mais dispendiosos, como colheideiras e semeadoras mecânicas. Assim, o número de trabalhadores nesse setor seria restringido, e aumentar-se-ia a produção de gêneros alimentícios. Dessa forma, surgiria um excesso de alimentos e um excedente de mão de obra que poderia ser absorvido pelas novas indústrias. Os camponeses, assim liberados, seriam transformados em operários, cujos salários pagariam os gêneros vindos do campo. Ademais, o preço pelo qual o Estado venderia tais gêneros nas cidades seria bem baixo (para que os salários também pudessem ser baixos), embora fossem consideravelmente mais elevados que o preço pago pelo governo às fazendas coletivas que produziam tais gêneros.

Após a adoção da coletivização forçada em algumas regiões no outono de 1929, em janeiro de 1930 ela foi imposta a toda extensão rural do país. O total de *kolkhozy* subiu de 57 mil em 1929, para mais de 211 mil em 1932, e a área por elas cultivada ampliou-se de 10 para 226 milhões de acres. Ao mesmo tempo, o número de *sovkhozy* elevou-se de 1.500 para 4.337, e por volta de 1932 abrangiam 33 milhões de acres de terras cultivadas.

A coletivização acabou integrando o setor rural na estrutura socialista da economia soviética: a indústria fornecia a maquinaria agrícola e os agricultores abasteciam a indústria. O proletariado agrícola que trabalhava nas fazendas coletivas tornou-se tão essencial e indispensável à economia, quanto o proletariado industrial das empresas estatais.

Na prática, contudo, a transição de uma agricultura individualista para uma agricultura coletivista, enfrentou uma resistência tal, por parte dos camponeses, que praticamente lançou o país em uma guerra civil, ocasionando catastróficos prejuízos à agricultura, que em muitos aspectos não seriam reparados até a década de 1950.

A reação dos *kulaks* à aceleração da coletivização a partir de 1929, deu-se de duas formas: reduziram a produção e abateram os animais. Quanto mais o governo acelerava sua campanha, tanto mais aumentava a resistência dos camponeses, e até mesmo os camponeses pobres, receosos de serem tomados por *kulaks* e fuzilados ou exilados, abatiam todo gado que possuíam. A destruição foi de tal vulto, que cerca de 45% do rebanho bovino e 40% do suíno foram destruídos.

Durante o inverno de 1929-30, centenas de *kulaks* foram fuzilados e suas terras expropriadas, enquanto centenas de milhares deles foram deportados para os campos de trabalhos forçados da Sibéria, onde desenvolviam tarefas vitais nas empresas estatais de mineração e madeireiras, bem como na construção de ferrovias. As antigas diferenças entre camponeses pobres e ricos desapareceram, a partir do momento em que o governo passou a encarar todos os dissidentes como *kulaks*.

As próprias fazendas coletivas, por seu lado, revelaram-se deficientes, quando a produção industrial de maquinaria agrícola mostrou-se insuficiente para suprir o número crescente de propriedades coletivas, muitas delas trabalhadas por camponeses hostis. O resultado da coletivização da safra de 1931 foi um tremendo fracasso em várias das mais ricas áreas agrícolas do país. A fome assolou a Ucrânia em 1932 e 1933, e previsões moderadas calculam o número de mortos em 5 milhões e meio.

Em março de 1930, Stálin condenou publicamente os piores excessos e a violência da campanha de coletivização, lançando a culpa sobre o zelo dos funcionários locais e determinando algumas medidas que amenizaram a desesperada situação. As fazendas coletivas foram padronizadas sob a forma denominada de *artel*. Ou seja, mantinham a propriedade comum da terra e dos bens e seus membros continuavam a nela trabalhar, mas eles passaram a receber de acordo com o número de dias de trabalho, podendo utilizar pequenas parcelas de terra para a criação própria de animais de pequeno porte e recebendo ainda a garantia governamental da ocupação permanente da terra. Essas medidas, mais o desenvolvimento da produção industrial de maquinário agrícola, fizeram com que a partir de 1933, o setor apresentasse melhoras. Se antes de 1930 a agricultura soviética utilizava menos de 25 mil tratores e 1 mil ceifadeiras mecânicas, em 1933 os Postos de Máquinas e Tratores tinham sob sua administração 200 mil tratores e mais de 25 mil ceifadeiras.

Foi na indústria pesada que ocorreram os maiores êxitos, enquanto os planos para a indústria leve, agricultura e para elevar os padrões de vida e de produtividade, não passaram de tristes fracassos. A maioria dos setores, mesmo na indústria pesada, não corresponderam às expectativas como, por exemplo, a produção de carvão, de lingotes de ferro, de aço e de produtos químicos. Contudo, foi durante o Plano Quinquenal I que foram lançadas as bases da expansão futura, também com o início de obras importantes, que quando concluídas, possibilitaram acelerar a produção industrial. A mais espetacular dessas obras foi a implantação do gigantesco complexo industrial de Ural-Kuznetsk, enquanto importantes ferrovias foram construídas, e um novo oleoduto ligou os campos petrolíferos do Cáucaso ao mar Negro.

Ao término do Plano I em 1932, o programa de industrialização ainda estava longe da concretização, basicamente devido ao fracasso no aumento da produtividade da mão de obra, e à rápida deterioração da qualidade dos bens produzidos. Isso levou Molotov a declarar: "No decorrer do Plano Quinquenal II, devemos concentrar nossos esforços não no aumento quantitativo da produção, mas na melhora da qualidade dos produtos e no desenvolvimento da produtividade da mão de obra na indústria". Ao mesmo tempo, o excesso de centralização levou a inúmeros exemplos de planejamento ineficiente, e apenas paulatinamente é que se resolveram os problemas de organizar uma enorme economia sob as bases de diretrizes centrais.

O surto de industrialização durante o primeiro plano só foi atingido com tremendos sacrifícios por parte da população, e se o setor rural foi o mais atingido, com os camponeses sendo obrigados sob a coletivização forçada a entregar ao Estado parcelas cada vez maiores de sua produção, os operários industriais também contribuíram com sua cota, trabalhando por mais tempo e ganhando cada vez menos. No que concerne à alimentação, vestuário e moradia, o operário soviético voltou aos níveis vigentes durante o século XIX, e só mediante a introdução de um severo sistema de racionamento, que colocou sob controle estatal todo o comércio varejista, é que a subsistência da população pôde ser garantida.

O sistema de racionamento, por seu lado, foi utilizado como apoio à política econômica. Os operários em postos-chave de indústrias importantes eram favorecidos, e os que se destacavam recebiam como prêmio uma situação melhor em termos de racionamento. O sistema de salário proporcional à produção, difundido pelo plano, aumentou as desigualdades salariais entre diferentes categorias de trabalhadores. O investimento para a indústria, dessa forma, acabou provindo, substancialmente, da redução dos níveis de consumo da população, e comparado à colocação de "um anel de aço ao redor do consumo".

O Plano II foi um pouco mais moderado que o primeiro, e pôde alcançar a maior parte das metas planejadas. Durante sua atuação entrou em operação a primeira etapa do complexo industrial de Magnitogorsk e foi dado início a vários outros gigantescos empreendimentos. A ferrovia Moscou-Donets proporcionou à capital um elo vital com a Ucrânia industrial. Em 1933 foi concluído o canal entre o Báltico e o mar Negro. Em 1936 concluiu-se o metrô de Moscou, e durante 1936-37 foram inauguradas as grandes indústrias de Moscou, Kharkov, Stalingrado, Gorki, Ufa e Sverdlovsk.

O Plano Quinquenal III, iniciado em 1938, teve seu desenvolvimento prejudicado pela ameaça da guerra, impelindo-o para a continuidade do privilegiamento à indústria pesada, ao setor de transportes e à fabricação de armamentos. Dentre os novos projetos completados antes do início das hostilidades em junho de 1941, estavam o canal Moscou-Volga, que dotou a União Soviética de hidrovias comerciais desde o Báltico, ao norte, até o mar Negro, ao sul.

Durante a década de 1930, houve um aumento considerável na produção de combustível, de energia, e nos setores de engenharia e da indústria metalúrgica, em contraste com a produção de bens de consumo, que sofreu apenas um pequeno aumento no período. Houve também, um acentuado declínio dos antigos centros de produção, em favor das novas áreas a leste.

A produção de ferro, aço e petróleo, da Rússia Europeia e a de carvão da bacia do Donets, por exemplo, caíram de 75% em 1929 para menos de 60% em 1938, enquanto as dos Urais, da bacia do Kusnetsk e da Sibéria Oriental, subiram de 20 para mais de 30%. A produção agrícola, uma vez superados os traumas da coletivização forçada, começou a reviver a partir de 1933. Em 1940, o número de tratores em operação elevou-se para 525 mil, e o de colhedeiras mecânicas para mais de 182 mil. Em 1935, o racionamento do pão e outros gêneros alimentícios pôde ser suspenso, e em 1938, as perdas sofridas pelos rebanhos estavam quase cobertas.

Durante a década de 1930, o governo soviético conseguiu realizar um "milagre econômico" de tal envergadura, que para o exterior era muito difícil de ser concebido. De uma sociedade atrasada e predominantemente agrária, o país transformara-se em uma potência industrial de primeira grandeza, capaz de resistir com sucesso à invasão alemã.

Não há dúvida de que o segredo desse sucesso deveu-se tanto ao poder absoluto do Estado Soviético, ao sacrifício deliberado da criação de uma indústria forte de bens de consumo, como também à compensação da falta de mão de obra especializada e de equipamento, pelo trabalho intenso e pela redução geral dos padrões de vida.

A Economia de Guerra (1941-1945)

Invadida pela Alemanha em junho de 1941, em novembro do mesmo ano a União Soviética havia perdido o controle de um território que antes da guerra abrigava 40% de sua população, e que era responsável por grande parte da sua produção de materiais vitais: 63% do carvão, 68% do ferro fundido, 58% do aço e 60% do alumínio, além de 84% do açúcar, e de conter 38% de seu rebanho bovino e 60% do suíno.

Nessas condições, foi extraordinário que a economia soviética não tenha entrado em colapso, e que sua população não se revoltasse contra o autoritarismo do governo. Houve apelos do Estado para a adesão à "Grande Guerra Patriótica", e a evacuação, entre junho e novembro do primeiro ano de guerra, para os Urais, Sibéria e repúblicas da Ásia Central, de 1.523 empresas, 10 milhões de operários e mais de 15 milhões de cargas de fretes de caminhão.

A nova base industrial, conseguida através dos Planos Quinquenais, foi suficiente para manter a economia soviética em condições de absorver os impactos iniciais, e conseguir operar uma reconversão para a produção bélica total, capaz de fornecer os meios para repelir a invasão alemã em uma era de guerra mecanizada, tendo superado seu ponto crítico entre julho de 1941 e outubro de 1942. Nesse período, o PNB caiu a menos da metade, a produção de ferro laminado e de aço foi reduzida em 1/3, e a produção de rolamentos – indispensável para a construção de aviões, tanques e veículos – caiu a menos de 1/20, enquanto a de metais não ferrosos passou a ser 430 vezes menor. Embora a situação melhorasse a partir de finais de 1942, somente em 1945 os níveis industriais voltaram às marcas de antes da guerra; exceto na produção bélica, quando já em inícios de 1943 eram produzidos mais armamentos que o total alemão, embora de qualidade marcadamente inferior.

Na verdade, o país inteiro envolveu-se no esforço de guerra. O auxílio prestado pelos países aliados, em forma principalmente de víveres, veículos, armas e pneus, embora não sendo enorme foi relevante. Isso ocorreu notadamente no caso dos Estados Unidos, que forneceram à União Soviética bens que equivaleram a cerca de 10% da produção soviética de 1942 a 1945.

Todas as pessoas fisicamente capazes não empenhadas em atividades essenciais foram mobilizadas para o trabalho regular nas indústrias de guerra e nas empresas a ela associadas. O trabalho voluntário cresceu e a jornada de trabalho foi aumentada de oito para doze horas diárias. O direito de abandonar livremente o trabalho foi abolido e no setor de transportes introduziu-se a disciplina militar. E uma vez que o número de homens nas fazendas coletivas correspondia, em 1943, a menos que 1/3 do existente antes do início das hostilidades, quase todo o peso da produção agrícola teve que recair sobre mulheres e crianças.

Um rígido sistema de suprimento para a população civil, baseado no racionamento, foi imposto, o que levou o consumo individual a declinar entre 35 e 40% durante os anos de guerra, com relação aos já baixos índices de 1940. É surpreendente que, em 1942, 120 milhões de soviéticos (excluindo os 70 milhões existentes nos territórios sob controle alemão), gastavam menos em bens de consumo que 48 milhões de ingleses.

Além da perda de mais de 20 milhões de pessoas durante os anos de guerra, e das destruições causadas pelo desenrolar das batalhas, a União Soviética teve ainda que suportar a sistemática destruição efetuada pelos exércitos alemães em retirada, a partir de 1943. Calcula-se que 1/4 de toda a propriedade soviética tenha sido destruída durante a guerra – 17 mil cidades, 70 mil vilas, 31 mil fábricas, 84 mil escolas, 64 mil km de vias férreas, bem como foram mortos 45 milhões de cavalos, cabeças de gado e suínos, enquanto aproximadamente 25 milhões de pessoas ficaram desabrigadas.

Em finais de 1945 a população total soviética era de 170 milhões de habitantes, quando em 1941 essa população era quase de 190 milhões. Isso reflete de maneira exemplar o preço pago pela vitória, principalmente quando se atenta para a queda do índice de produtividade industrial, que baixou de 100 (1940) para 58 (1945), apontando a carência de mão de obra especializada.

*Planos Quinquenais IV e V
(1945-1955)*

Vitoriosa em 1945, a União Soviética tinha que se dedicar à tarefa premente de reconstruir o país, e de operar a reconversão de sua economia para a produção em tempo de paz. Assim, a Comissão Estatal de Planejamento (GOSPLAN) elaborou o quarto plano (1946-1950), que tinha como objetivos: reconstrução; recuperação e aumento dos níveis de produção; incremento à indústria de bens de consumo; e aumento do nível técnico mediante o incentivo à educação.

Os resultados obtidos não foram negligenciáveis: o índice dos bens de produção cresceu 128%, o dos bens de consumo 98% e o de bens agrícolas 84%. As indústrias da área ocidental, completamente destruídas pela guerra, foram reconstruídas, e as da área oriental puderam operar a reconversão. Iniciou-se a exploração dos recursos minerais do norte soviético, e grandes usinas hidrelétricas foram instaladas ao longo do rio Volga. Não há dúvida de que o sucesso (a GOSPLAN declarou o plano cumprido em pouco mais de quatro anos) foi viabilizado, em parte significativa, pelas reparações que a União Soviética recebeu de seus antigos inimigos: Hungria, Bulgária, Romênia e especialmente a Alemanha, em bens e em equipamentos industriais. Indústrias alemãs, como por exemplo o complexo *Zeiss* de Jena – produtor de aparelhos ópticos de precisão –, foram desmontadas e transportadas para a União Soviética juntamente com operários altamente especializados. Ferrovias foram desmontadas e utilizadas para reconstruir as estradas de ferro soviéticas. Durante 1946, antes que a Guerra Fria elevasse as tensões entre os antigos aliados, várias fábricas especializadas em áreas sob ocupação americana e britânica, especialmente no Ruhr, foram também desmanteladas e enviadas para os soviéticos. E à medida que os partidos comunistas dos países do Leste Europeu assumiam o controle de seus governos, tratados preferenciais de comércio bilateral foram estabelecidos. Ocorreu também a criação das chamadas *Companhias Acionárias Soviéticas* (SAGs), que nada mais eram do que empresas estatais – onde a participação soviética era sempre de 50% –, que controlavam importantes setores industriais.

Por outro lado, o governo foi obrigado a executar uma reforma monetária, para debelar uma pressão inflacionária – que se mostrou significativa entre 1946-50 –, devido ao excesso de rublos em circulação que a guerra provocara. Nas palavras oficiais isso "criava uma inflação nos preços de mercado e uma exagerada demanda de bens, aumentando as oportunidades de especulação". A reforma monetária também serviu para abandonar uma já completamente obsoleta tabela de preços, com preços do período 1926-27, largamente superada pelo enorme crescimento dos setores industriais e de engenharia.

A reforma monetária de 1947, porém, reduziu a dívida interna do Estado, e determinou que os camponeses perdessem uma parte importante dos benefícios de que puderam usufruir durante a guerra. Naquela ocasião a estrita supervisão sobre as fazendas coletivas foi em parte atenuada, o que acabou possibilitando o aparecimento de um "mercado livre" para os produtos agrícolas.

Se o Plano conseguiu atingir seus objetivos gerais, no que diz respeito ao setor agrícola ele falhou, e a produção real ao seu término, era 30% menor que a meta estabelecida. A escassez de mão de obra, tratores, cavalos, combustível, sementes e transporte adequado, mais a reintrodução de uma rígida supervisão centralizada sobre as fazendas coletivas e estatais, fizeram com que se a colheita total de cereais de 1945 fosse de 47,3 milhões de toneladas, a de 1946

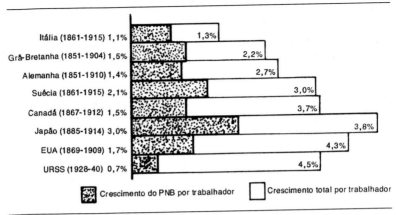

Gráfico 19 – Desenvolvimento econômico comparativo (porcentagem de crescimento).
(Fonte: Adaptado de *História do Século 20 – Enciclopédia Semanal*, São Paulo, Abril Cultural, s/d).

alcançasse apenas 39,6 milhões, enquanto a área total cultivada, que em 1945 representava 75% da de 1940, em 1946 subira para 76%. Não foi senão em 1949 que o racionamento de gêneros alimentícios pôde ser totalmente suprimido, com o governo reduzindo drasticamente, desde 1947, os preços dos produtos agrícolas.

De qualquer forma, é necessário que se atente para o fato de que os êxitos do programa de recuperação industrial estiveram restritos à indústria pesada, com a de bens de consumo sendo relegada a um segundo plano, e incapaz de suprir o mercado com bens modernos. Em 1950, na URSS, havia somente 1.500 frigoríferos e 11.900 aparelhos de televisão. E o crescimento era, na verdade, relativo, uma vez que se a URSS era a segunda potência industrial em nível mundial, sua produção de bens de capital e de certos produtos básicos, como o aço, era muito inferior à norte-americana; e a produtividade *per capita* de seus operários era bastante menor que a dos países industrializados da Europa Ocidental.

O Plano Quinquenal V (1950-1955) representou a retomada dos objetivos do anterior, e a fixação de algumas metas de crescimento, que podem ser vistas como moderadas, segundo os padrões soviéticos. A produção industrial deveria crescer 70% em cinco anos, a renda nacional 60%, os salários reais 35%, e a renda dos camponeses 40%. A agricultura teve fixadas metas mais ambiciosas, com as colheitas de cereais devendo aumentar entre 40-50%, a produção de carne 80-90%, e a de leite 45-50%. Embora 81% dos investimentos fossem concentrados na indústria pesada e nos transportes, procurou-se reduzir a diferença entre a taxa de crescimento da indústria pesada (80%) e da de bens de consumo (65%). Como o anterior, o quinto plano conseguiu seus maiores sucessos no setor da indústria pesada. Na indústria leve o crescimento ficou aquém das metas e os salários reais dos operários sofreram um pequeno aumento, devido a um rebaixamento geral dos preços agrícolas em 1951-52. Isso agravou as condições de produção agrícola, fazendo com que a colheita de cereais do ano de 1952 fosse inferior à de 1940 e apenas ligeiramente superior à de 1913. Essa situação só foi em parte superada nos dois anos seguintes, pela reintrodução do modelo de coletivização compulsória na Ucrânia e nos países bálticos, pela utilização do trabalho de 2 milhões de prisioneiros ex-soldados alemães na produção, e pela abertura de novas áreas de cultivo sob o regime de *sovkhozes*, na Sibéria Ocidental.

Em parte, as dificuldades do cumprimento das metas desses dois Planos foram aumentadas pelo estado de Guerra Fria, o que obrigou o governo soviético a dedicar crescentes parcelas de seu orçamento ao setor militar e às pesquisas atômicas. As forças armadas, que em 1948 possuíam 2,874 milhões de homens, passaram a ter 5,763 milhões em 1955, enquanto as despesas com o setor militar cresceram ano após ano, passando de 79,4 bilhões de rublos em 1950, para 96,4 bilhões em 1951 e 113,8 bilhões em 1952, o que correspondia a quase 1/3 do orçamento anual soviético.

Por outro lado, a recusa da URSS em participar e em permitir que os países socialistas da Europa Oriental participassem do *Plano Marshall*, levou-a, em janeiro de 1950, a modificar as relações comerciais bilaterais que até então mantinha com eles, e a fundar o *Conselho de Assistência Econômica Mútua* (COMECON), que procurava tratar as áreas socialistas como uma zona econômica comum. Com a criação do COMECON, o comércio entre a URSS e os países do Leste Europeu aumentou em pouco tempo de 7 para 80%. Em 1954 organizou-se a coordenação dos diferentes planos econômicos nacionais através da cooperação multilateral, com o objetivo de racionalizar a produção, e introduzir uma divisão de trabalho e de distribuição mais eficiente entre os países membros. Os objetivos básicos eram a constituição de um espaço econômico único com economias complementares, e a adoção de uma padronização cambial.

A URSS logo viu-se beneficiada com tais medidas, uma vez que podia trocar com vantagens os excedentes de sua produção industrial, por gêneros alimentícios, matérias-primas e mesmo por bens industriais especializados da Tchecoslováquia e da Alemanha Oriental.

As Modificações no Modelo (1956-1985)

Após a morte de Stálin, em 1953, e o *interregnum* Malenkov, o XX Congresso do Partido Comunista em 1956 possibilitou a introdução de uma série de modificações no modelo econômico soviético, que acabou numa reação em cadeia, imprevisível para os planejadores estatais.

É importante que se assinale que tais modificações não visavam produzir uma alteração radical no sistema soviético, mas adequá-lo à nova realidade vislumbrada pelos teóricos do Partido; e consistiam basicamente em uma alteração no relacionamento planificação/gerenciamento e em um privilegiamento à produção de bens de consumo e produtos alimentícios, no plano interno, e na substituição do estado de Guerra Fria pela busca de uma *coexistência pacífica* com o Ocidente capitalista, no plano externo.

Dada a estrutura econômica da URSS, ampliar o mercado consumidor interno acarretaria uma imediata queda na renda estatal, no entanto, com uma transferência real de renda do setor público para o privado. Este, se não existisse seria automaticamente criado, mesmo que sob o pseudônimo de *mercado negro*, a não ser que a oferta de bens e serviços fosse mantida, artificialmente ou não, acima de sua demanda global.

Como se verá em seguida, as vias adotadas pela URSS deixaram de levar em consideração que não se pode aumentar o consumo sem oferecer uma quantidade maior de bens e serviços, suficiente para equivaler a artificiais rebaixamentos de preços no varejo, e/ou aumentos reais de salários. Em outras palavras, uma vez que se decide pela ampliação de um mercado consumidor monetarizado, não se pode deixar de levar em conta as variáveis da oferta e da demanda, sob pena de se ter que conviver com uma crise crônica, que planejamento algum, por mais meticuloso que seja, conseguirá sanar. Por outro lado, incentivar o consumo pela imposição de subsídios por parte do setor agrícola, tinha um limite natural, que na URSS estava muito próximo. Toda a acumulação socialista de capital que permitiu a industrialização do país foi feita às suas expensas. A inexistência de um setor financeiro que permitisse ganhos de capital, levava toda a disponibilidade monetária e/ou decréscimo relativo de preços, a atuar no sentido de pressionar ainda mais a ascensão da curva do consumo.

Também a adoção da *coexistência pacífica*, não resultou em um decréscimo das despesas militares. As décadas de 1960 e 1970 presenciaram a rivalidade soviético-norte-americana com relação à "corrida espacial". Sua adoção também implicou a tentativa de superar os padrões capitalistas de crescimento e de bem-estar social, via aumento da produtividade por incorporações de inovações tecnológicas. Isso, afinal, acabou por se revelar um esforço grande demais para o sistema econômico da URSS.

A Era de Khrushchev
(1956-1964)

Secretário-geral do Partido Comunista em 1956, Nikita Khrushchev anunciava as modificações no modelo soviético com as seguintes palavras: "agora que possuímos uma poderosa indústria pesada, desenvolvida em todos os aspectos, estamos em situação de promover rapidamente a produção de bens de consumo". Reflexo dessa tendência, o VI Plano Quinquenal, de 1956 a 1960, destinava cerca de 65% do orçamento para a indústria de bens de consumo, embora também empreendesse a construção de uma terceira base siderúrgica no Cazaquistão e na Sibéria, que quando pronta produziria 20 milhões de toneladas de ferro em barra anualmente.

Já em dezembro de 1956, no entanto, constatou-se que o programa de investimentos que o Plano requeria era impossível de ser realizado, dadas as condições reais encontradas na economia soviética. Assim esse foi o primeiro Plano a longo prazo a ser expressamente abandonado em tempo de paz.

Seu sucessor foi o VIII Plano Setenal, de 1959 a 1965, que punha ênfase na indústria química e se propunha a alterar a situação soviética no campo dos combustíveis, até então orientada para a produção de carvão, com o desenvolvimento da produção de petróleo (que se encontrava abundantemente e a um custo de prospecção/refino relativamente baixo, nas regiões do rio Volga e dos Urais) e de gás natural. O Plano previa também, um aumento a seu término, de 80% na indústria produtora de bens de consumo e de 85% na pesada, o que ao invés de corrigir, tendia a aumentar o desnível entre elas.

O Plano foi precedido por uma ampla reforma em 1958, que extinguiu 25 ministérios centrais, com a criação de 100 conselhos econômicos regionais, depois reduzidos para 47 (os *sovnarkhozes*). E tomou algumas medidas de cunho socioeconômico, como a redução da jornada de trabalho de 8 para 7 horas, com uma semana de trabalho de 5 dias de 8 horas em alguns setores; a redução de 2 horas na jornada de sábado e em vésperas de feriados; a elevação dos salários mínimos (300 rublos para os setores urbanos e 270 para o campo); a melhora no sistema de pensões, e a possibilidade de o operário mudar livremente de emprego. A reforma agiu, também, no sentido de corrigir algumas anomalias no setor de preços, abaixando os do carvão em 5%, os do petróleo e do gás em 10, do ferro e do aço em 10, eletricidade em 13 e fretes ferroviários em 10,5%, a fim de incentivar tanto o aumento da produção de bens de consumo, como de melhorar a qualidade dos produtos industriais.

A agricultura foi objeto de particular cuidado. Os preços passariam a ser ajustados levando-se em conta que os *kolkhozes* deveriam agora vender para o Estado os cereais anteriormente usados para pagamento dos serviços prestados pelas Estações de Máquinas e Tratores, que foram dissolvidas. As cooperativas teriam, também, que comprar seu maquinário, mantê-lo, comprar peças de reposição, combustível, e pagar os salários de seus operadores. Os preços de "mercado" dos *kolkhozes* acabaram situando-se em média, 35 a 45% acima dos preços oficiais, o que demonstra uma tendência de subsidiar os preços dos produtos alimentícios.

Apesar de todas essas mudanças, o VIII Plano não pôde cumprir suas metas, o que acabou causando a queda de Khruschev em 1964. Várias razões podem ser apontadas para seu insucesso.

Em primeiro lugar, uma mudança na estrutura do COMECON, ocorrida já em finais da década de 1950. Foi expressa pela recusa da Romênia em continuar fornecendo à URSS matérias-primas a preços abaixo da cotação do mercado internacional, logo endossada pelos demais países-membros (à exceção da agrária Bulgária). Isso se refletiu, de certa forma, na emergência de movimentos nacionalistas na Polônia (neutralizados pelo cancelamento de toda dívida externa polonesa com a URSS em novembro de 1957, como compensação pelo "valor real dos suprimentos de carvão feitos pela Polônia à URSS nos anos 1946-53", o que nada mais reflete do que uma explícita admissão de subpagamentos); e na Hungria (que necessitou de uma intervenção armada soviética para manter o Partido Comunista no poder). Implicou também o estabelecimento de acordos bilaterais entre a URSS e cada um dos países-membros, o que acabou com sua prévia especialização produtiva, e restabeleceu trocas comerciais a preços de mercado.

Com o fim da "área socialista de mercado" (o COMECON continuou a existir meramente como um órgão consultivo), a URSS voltou-se para as chamadas nações do Terceiro Mundo. O comércio exterior com essas nações se desenvolveu muito, segundo o método de fornecer bens a crédito, a serem pagos pelas tradicionais exportações dos países em desenvolvimento. O resultado foi que em pouco tempo a URSS estava subsidiando suas exportações, quando necessitava de todos os seus recursos de capital para prover seu desenvolvimento interno.

Em segundo lugar, ocorreu uma combinação de erros no planejamento de investimentos e uma carência de progresso técnico, devido, em grande parte, ao não previsto movimento de mão de obra das aldeias. Em todo Plano, um número maior que o previsto de trabalhadores fixou-se nas cidades. Isso superestima a eficiente utilização dos recursos humanos em relação ao aparelho produtivo, e faz crescer em muito a demanda por bens de consumo: no decorrer do VIII Plano, as coisas tornaram-se muito mais complicadas, devido à liberdade dos operários de mudarem de ocupação.

Em terceiro lugar, a expansão dos orçamentos militares – em 30% apenas em 1961 –, e os custos dos programas espaciais e de mísseis, representaram uma pressão enorme sobre o pouco pessoal técnico e o escasso equipamento especializado, que se refletiu na queda contínua da taxa de crescimento industrial. Foi de 16 em 1958, para 13 em 1969, 8 para 1960, 4 em 1961, e estabilizando-se em 5 em 1962-63.

E em quarto lugar, o setor agrícola, como sempre, apresentou os maiores problemas. A reforma de preços de 1958 estava em completo conflito com o Plano, principalmente quanto a sua meta de expandir o rendimento da produção de animais domésticos. Os preços da carne e do leite estavam tão baixos, que só eram produzidos com perdas: quanto maior era o esforço nessa direção, mais pobre o camponês se tornava. Em 1962, esses preços foram elevados em 30%, também na ponta do varejo, o que deu ensejo a protestos generalizados nas cidades. No entanto, nem esse aumento, nem o fato de o intervalo entre os preços por atacado e varejo estarem muito próximos para cobrir as despesas, necessitando de um subsídio, tornaram os preços da produção de animais domésticos atraentes. Também a diferenciação regional de preços não era suficiente para a produção agrícola como um todo: o preço dos cereais era remunerativo no fértil Cáucaso do norte, mas abaixo dos custos de produção no centro e norte do país.

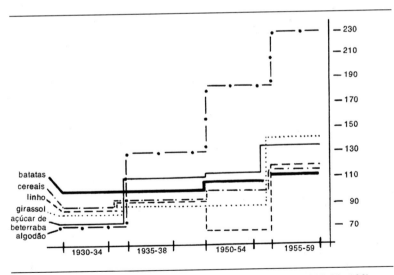

Gráfico 20 – Produção média de cereais por acre na URSS (1925-29: 100).
(Fonte: Adaptado de *História do Século 20 – Enciclopédia Semanal*, São Paulo, Abril Cultural, s/d).

271

O setor mais atingido foi o mais produtivo, o dos *kolkhozes*, que tiveram que pagar muito caro e muito rapidamente pela maquinaria agrícola, sem que os preços pagos pelo Estado cobrissem esses novos custos de produção. O resultado foi um completo corte nos investimentos, e um declínio nos ganhos dos camponeses, discernível já, desde 1957, embora as estatísticas oficiais nunca tenham fornecido dados precisos.

A Era de Brezhnev (1965-1985)

As duas décadas que se seguiram à destituição de Khrushchev, devem ser vistas como a manutenção de um precário equilíbrio entre a implantação de reformas que visavam ampliar a produção de bens de consumo e de gêneros alimentícios, e a velocidade com que essas reformas deviam ser efetivadas. Não há dúvida de que a longa permanência de Brezhnev no poder (nos 6 primeiros anos partilhado com Kossiguin), que se estendeu de outubro de 1964 a novembro de 1982, acabou por favorecer os elementos mais conservadores do *establishment* soviético, freando a velocidade das reformas e tornando o capitalismo de Estado da URSS bastante frágil para atender à crescente demanda interna. Por outro lado, o fato de que os sucessores de Brezhnev não tivessem tido tempo hábil para implantar efetivamente suas próprias diretrizes, só contribuiu para o agravamento das pressões internas da URSS. Andropov permanece no poder de novembro de 1982 a abril de 1984, e Tchernenko até março de 1985.

Em um primeiro momento, ocorreu um reforço do centralismo administrativo, com a extinção dos conselhos econômicos regionais, e o restabelecimento dos ministérios centralizados, com o GOSPLAN novamente feito encarregado único do planejamento a longo prazo. Algumas medidas reformistas porém, foram tomadas simultaneamente, como o relaxamento às restrições para a propriedade privada camponesa de animais domésticos, um aumento geral nos preços dos produtos agrícolas, a fixação de melhores e garantidos pagamentos para os camponeses, e um rebaixamento nos preços do maquinário agrícola e demais insumos.

O planejamento voltou a ser feito de cinco em cinco anos, com restabelecimento dos planos quinquenais – o VIII de 1966 a 1970,

IX de 1970 a 1975, e assim por diante. O ano de 1967 viu uma reforma geral nos preços dos industrializados, que deveria ser uma etapa fundamental na construção do chamado *mercado socialista*. Embora avessos a mudanças muito rápidas, os dirigentes soviéticos tinham a convicção de que reformas deveriam ser implantadas, uma vez que o sistema de planificação era incapaz de ir de encontro à legítima demanda dos consumidores, ou de utilizar, com a necessária eficiência, os recursos de capital destinados a investimentos. E algumas vezes, um aumento relativamente grande no rendimento da produção de bens de consumo era evidência de desperdício: poderia ser simplesmente que um excessivo número de produtos intermediários estaria sendo usado para produzir um determinado volume de bens de consumo. Nem eficiência nem critérios de prosperidade são necessariamente alcançados pelo aumento da tonelagem de aço, cimento e número de máquinas-ferramentas.

Já desde os inícios da década de 1960, novos economistas como Trapeznikov, Nemchinov e, principalmente, Libermann estavam sugerindo mudanças nos métodos de planificação, adoção de incentivos e redução de custos que permitiriam à economia soviética atingir seus objetivos mais racionalmente e com um custo menor que até então. Para tanto, o conceito de lucro voltou a ser básico, não como um incentivo ao investimento, mas como um método para quantificar o sucesso econômico. Dessa forma, o capital deixaria de ser alocado como uma concessão política, acarretando nenhum preço ou custo para a economia como até então, para ser uma variável dependente a ser computada como qualquer outro recurso escasso, através de uma taxa diferencial de lucro. Os preços, segundo essa visão, seriam liberados de sua total e artificial dependência do planejamento, com um bem calculado como caro ou barato porque os planejadores assim decidiram, e mantido inalterado através de todo o processo de produção e comercialização. Agora seria corrigido por um processo que sanasse as distorções, ao invés de aprofundá-las. Ou seja, os preços seriam aproximados de uma expressão de valor, em termos de custos e demanda relativos.

Apesar da grande resistência de elementos mais conservadores do Partido, e de funcionários administrativos, reformas que refletiam essa nova tendência foram implantadas em 1967. As empresas estatais receberam maior autonomia, o número de indicadores de planificação foram diminuídos, e os administradores tiveram mais liberdade para comprar insumos – mesmo os não determinados por planejamento prévio. A importância dos lucros foi reforçada, e um custo de capital passou a ser levado em consideração. Novos preços industriais foram calculados, de forma a deixar margem suficiente às empresas para pagar os custos do capital e acumular maiores lucros. Na prática, porém, os preços continuaram a ser calculados segundo um princípio de "custos maiores", impedindo que ocorresse a flexibilidade requerida para a eficácia microeconômica.

Afinal, as reformas não foram implantadas com a necessária rapidez e eficiência; e, na prática, as novas teorias econômicas acabaram revelando-se inadequadas para a realidade do sistema econômico soviético.

Tomando-se dois exemplos, um sobre o sistema de pagamento de bônus pela redução de custos de produção, e outro sobre o cálculo do valor da produção industrial, ter-se-á uma visão mais real do funcionamento do sistema soviético.

No primeiro, tome-se um produto que há algum tempo vem sendo produzido em massa, sendo popular entre os consumidores, mas que teve esgotados todos os meios de reduzir seus custos de produção. O sistema soviético encoraja a seguinte prática: cessar a produção, e projetar outro modelo mais caro, devido somente a uma razão. Nos próximos anos, quando ele passar de protótipo para a produção regular em série, seus custos cairão, o que habilitará os administradores a receberem bônus pela redução dos custos de produção. Além do natural desperdício que tal sistema encerra, para os planejadores, aparentemente ocorreu uma redução de custos, o que os levará a projetar um deflator de preços para calcular os índices agregados quando, na verdade, deu-se uma mudança para a fabricação de um produto comercializado por um valor maior, e simplesmente por razões estatísticas.

No segundo, o índice utilizado para calcular a produção industrial é construído agregando-se o valor total do rendimento de cada empresa, e então deflacionando-o pelo índice apropriado de preços. Isso significa que o índice será afetado pela divisão do processo produtivo entre diferentes empresas. No caso da fabricação de uma máquina de costura, por exemplo, se ela for feita somente em uma empresa, e custar 100 rublos, haverá um correspondente rendimento bruto de 100 rublos, considerando-se que o combustível e as matérias-primas sejam computados como rendimentos de outra empresa. Supondo-se que a fábrica A produza as partes fixas da máquina, a empresa B os pedais, e a empresa C monte a máquina de costura, o rendimento bruto será algo assim: fábrica A = 60 rublos, B = 25 e C = 100, perfazendo um total de 185 rublos. Claro que isso não afetaria a taxa de crescimento, se o grau em que o processo fosse dividido (integração vertical ou desintegração) permanecesse o mesmo. Mas o sistema soviético tende a encorajar o arranjo acima mencionado, desencorajando a integração, uma vez que as três empresas nomeadas estão ligadas ao mesmo ministério, e o Plano ministerial é expresso em termos de valor do rendimento bruto.

O resultado é que mesmo se os economistas soviéticos considerarem que "o tempo gasto na produção deverá ser determinado pelo grau de utilidade social deste ou daquele produto", na verdade, os preços soviéticos dos produtos industrializados ou agrícolas não refletem condições reais de oferta e de demanda. São, portanto, inadequados indicadores de medida para o rendimento econômico e seu crescimento, embora tenham continuado a ser computados pelos planejadores como válidos para a construção de seu *mercado socialista*.

Lógico que tal prática acabou por se mostrar claramente inadequada, provocando enormes distorções. Elas tiveram que ser corrigidas pelo Estado na forma de preços subsidiados, e deram origem a uma dupla realidade em termos de preços no varejo: durante toda a década de 1970, os preços dos bens de consumo no *mercado negro* (que na URSS equivale ao setor privado da economia) ficaram em média 55% maiores que os oficiais, enquanto os dos gêneros alimentícios chegaram a 40% a mais que seus equivalentes oficiais. Agravando esse quadro, como a qualidade dos industrializados soviéticos sempre foi muito baixa, tornou-se símbolo de *status*, perseguido até por funcionários do baixo escalão, a posse de algum produto ocidental, adquirido com moeda-forte (além do rublo não ser conversível, a taxa oficial de câmbio sempre foi totalmente artificial, supervalorizando-o), fosse através de "importação direta", fosse através de compra nas lojas da cadeia *GUM*, que foram abertas já em finais da década de 1950 em Moscou e nas principais capitais das repúblicas.

A somatória dessas distorções produziu, afinal, um decréscimo no ritmo de desenvolvimento soviético real, durante todos os anos 70. O período foi considerado, mesmo pelos seus planejadores, como sinônimo de *estagnação econômica*, uma vez que a produção de bens de consumo não acompanhou o menor rendimento da indústria pesada, e o setor agrícola, como sempre, mostrou ser o elo mais fraco da corrente.

Os resultados do X Plano Quinquenal (1976-1980) traduziram um crescimento do valor da produção industrial da ordem de 78%. O setor de bens de consumo foi incentivado (a produção automobilística aumentou em 50%, a de produtos alimentícios em 26% e a de eletrodomésticos em 40%), e 75% desse aumento da produção industrial global deveu-se à melhora na produtividade. Os índices, no entanto, ficaram muito aquém das necessidades soviéticas, e bastante abaixo dos apresentados pelos países da Europa Ocidental. A questão fica bastante patente, quando se nota que ao final do XI Plano Quinquenal (1981-85), o setor agrícola ainda empregava cerca de 19% da população economicamente ativa da URSS (P.E.A.), e o secundário 41%. Isso tipificava uma "economia em desenvolvimento", e não um sistema econômico pós-industrial como os do Ocidente capitalista e do Japão.

No setor agrícola, se a produção de cereais elevou-se de 120,5 milhões de toneladas em 1965 para 237 milhões em 1975, ela caiu para 180 milhões em 1976, e aí permaneceu como média anual, pelos oito anos seguintes, fazendo com que a URSS passasse a depender cada vez mais de massivas importações anuais dos USA e do Canadá.

Embora não haja dados muito acurados sobre a dinâmica da estrutura agrícola soviética, a principal razão para sua perda de produtividade e seus seguidos problemas parece ter sido o crescente incentivo à formação de *sovkhozes*, em detrimento dos *kolkhozes*, que sofreram inclusive um grande processo de aglutinação em propriedades maiores, reduzindo seu número de 55 mil em 1959 para 35 mil em 1971, e para cerca de 28 mil em 1985. De particular significado, foi a abertura de cerca de 13 milhões de hectares no norte do Cazaquistão, sul da Sibéria e sudeste da Rússia europeia, efetuada entre 1956-62, quase totalmente sob a forma de fazendas estatais. O problema é que os *kolkhozes* sempre apresentaram uma produtividade maior que seus equivalentes estatais, provavelmente devido a sua própria característica de propriedade coletiva. Em 1971, os *sovkhozes*, sendo responsáveis pelo cultivo de uma área de 94 milhões de hectares, empregavam 840 mil tratores, enquanto os *kolkhozes*, compreendendo 100 milhões de hectares, utilizavam cerca de 2 milhões de tratores. Seja como for, essa dependência soviética do Ocidente capitalista, quanto ao abastecimento de cereais, enfraqueceu a posição da URSS no cenário mundial, e de certa forma foi reveladora de sua incapacidade em manter tanto seu modelo de desenvolvimento autossustentado, como em tentar igualar-se aos países capitalistas em termos de produtividade. E mais do que isso, se a URSS conseguiu que sua área de influência se mantivesse intacta, pela invasão da Tchecoslováquia em 1968, sua tentativa de ampliá-la, com a invasão do Afeganistão em dezembro de 1979, acabou revelando-se um beco sem saída.

A Era de Gorbatchev (1985-?)

Secretário-geral em março de 1985, no 27º Congresso do Partido Comunista em 1986, Gorbatchev anuncia uma era de reformas efetivas no sistema econômico soviético, para "resgatar os verdadeiros valores do socialismo", através de dois mecanismos: a perestroica (reestruturação econômica) e a *glasnost* (transparência na organização política). Disse ele: "Nossos foguetes podem rumar ao encontro do Cometa Halley ou viajar até Vênus com espantosa precisão, mas muitos dos eletrodomésticos soviéticos são de má qualidade (...) A principal deficiência da economia é a falta de estímulo para o desenvolvimento".

Em mais de um sentido, está implícito no posicionamento do líder soviético, que foi a aberta rivalidade internacional com os EUA, em um primeiro momento através da Guerra Fria, e em um segundo pela tentativa de superar os padrões de bem-estar social capitalistas, que impôs a seu sistema econômico uma série de ônus que ele não pode suportar. Como reflexo dessa constatação, pode-se situar a libertação dos dissidentes políticos, o início do desarmamento unilateral – com a autodissolução na prática do Pacto de Varsóvia –, e tentativas reais de reaproximação com o Ocidente capitalista, traduzidas pelas Conferências de Cúpula URSS/EUA em 1987-88, e pela retirada das tropas soviéticas do Afeganistão a partir de março de 1989.

Embora enfrentando sérias resistências por parte dos setores mais conservadores da *Nomenklatura* soviética (membros do Partido, militares e elementos ligados ao complexo industrial-militar), as reformas visando eliminar a corrupção e a incompetência no planejamento econômico, para tirar a URSS da estagnação econômica e criar as bases para uma nova fase de crescimento, vêm sendo implantadas com rapidez. Traduzem-se, principalmente, por uma liberação das empresas do rígido controle ministerial, possibilitando-lhes adequarem sua produção às necessidades do mercado, quanto à qualidade e à quantidade dos bens. E tornando-as autofinanciáveis em um futuro próximo, mediante a opção de venda ao Estado ou diretamente no mercado. Isto é feito por um aumento real nos salários e sua estreita vinculação em níveis reais de produtividade; pela autorização, em 1987, de abertura de pequenas empresas particulares – principalmente no setor de bens e serviços –, embora ainda reservando ao Estado o monopólio da distribuição; pelo incentivo à formação de *joint-ventures* com empresas multinacionais, sob condições especiais, visando a um acesso à tecnologia de ponta; pela permissão de os 27 mil *kolkhozes* desenvolverem atividades econômicas paralelas a sua função principal, formando um regime "semiprivado"; e por uma reestruturação geral dos *sovkhozes*, procurando sua maior eficiência produtiva através da concessão de autonomia gerencial.

As atenções gerais dos analistas têm-se fixado nos efeitos que as reformas provocaram na quebra do monopólio político do Partido Comunista, e no renascimento de fortes sentimentos nacionalistas. Não há dúvidas de que a Rússia, a maior das repúblicas e responsável pela produção de 53% dos cereais, 70% do carvão e 58% do aço da Federação, ocupando 76% de seu território e contendo 51% de sua população, desde 1990 tem um presidente não comunista. Não há dúvidas, também, de que sangrentos conflitos étnicos irromperam em várias regiões do país, e que algumas repúblicas (Letônia, Lituânia, Estônia, Geórgia e Moldávia) proclamaram unilateralmente sua independência. Mas, o verdadeiro desafio que se apresenta para o sistema econômico soviético é conciliar uma economia de mercado com uma prática econômica socialista, baseada na propriedade estatal dos meios de produção. Se a convivência entre empresas públicas e privadas pode revestir-se de um caráter absolutamente pacífico e mesmo complementar, desde que as primeiras desempenhem funções determinadas e não compitam abertamente com as segundas, o que parece ser absolutamente impossível de conciliar dentro do mesmo espaço econômico é a simultaneidade da garantia de pleno emprego e da exigência de maior produtividade. Na URSS o pleno emprego tem sido menos uma variável econômica e mais social, garantido organicamente na medida em que o Estado é o único proprietário dos meios de produção, o que transforma toda a população em assalariada, e remete a questão da determinação dos índices salariais a uma configuração idealizada pelo Plano. Preços e salários de todos os setores econômicos e das várias etapas dos processos produtivos têm sido determinados não em função de seu custo real, mas em razão das necessidades estatais em capitalizar-se para fazer face a programas de investimento planificados. Dessa forma, o sistema econômico soviético não pode conviver com a propriedade privada. Nesta, a variável lucro não corresponde a uma necessidade estatal, artificialmente estipulada, mas à condição de sobrevivência das empresas e se concretiza pela diferença entre o custo de produção e o preço de venda. A maximização do lucro só é conseguida por um aumento real no índice de produtividade, o que torna a exigência de pleno emprego totalmente incompatível com uma maior produtividade.

Em outras palavras, o sistema econômico soviético sempre conviveu com uma baixa produtividade individual, em razão da necessidade de assegurar o pleno emprego. Isso implicava a falta de estímulo para o assalariado procurar melhor seu desempenho. E uma vez que o pleno emprego só é assegurado porque o Estado é o único proprietário dos meios de produção, qualquer resultado produtivo que ultrapasse a cota fixada deixa de funcionar como um possível estimulante para uma maior produtividade, uma vez que também sua comercialização só se fará através de um preço prefixado e por meio de mecanismos controlados pelo Estado.

A questão torna-se bastante clara quando se atenta para o fato de que a existência de preços diferenciados para o volume de produção estipulado como meta para os *kolkhozes*, e para as quantidades que o excedessem, por si só, jamais pôde funcionar como estímulo ao aumento da produção agrícola, mas sim, provocar um incentivo a que os camponeses tentassem comercializar diretamente seus excedentes. Em termos reais, nunca a produtividade da agricultura soviética foi tão alta, como durante o período da economia de guerra (1941-45). Nessa ocasião, ocorreram simultaneamente escassez de mão de obra e de afrouxamento do controle estatal sobre a comercialização da produção das fazendas coletivas. Calcula-se que atualmente na URSS, sobre uma P.E.A. de 125 milhões, exista um *sobre-emprego* de 20 milhões de trabalhadores, que deverá necessariamente ser reduzido para se poder alcançar um aumento real de produtividade. Esses 16% da População Economicamente Ativa deverão ser produtivamente empregados mediante um imediato e colossal programa de ampliação dos setores produtivos soviéticos, cuja demanda de recursos financeiros excede em muito a capacidade atual da URSS, sob pena de provocarem tensões político-sociais insuportáveis para o sistema.

Permitir a existência de uma economia de mercado ainda que limitada, por outro lado, implica alterar radicalmente a questão de como a extração da mais-valia tem sido tratada no capitalismo de Estado da URSS. Não há dúvida de que o assalariado soviético – o que equivale a dizer a totalidade da população da URSS economicamente ativa –, tem alienado parte de seu trabalho e produzido mais-valia. Essa mais-valia não beneficia setor de classe algum, mas sim o Estado, entendido como o concretizador do bem-estar comum, que a redistribui mediante um meticuloso planejamento global da economia. Em uma economia de mercado, preços e salários variam aleatoriamente de acordo com pressões conjunturais, que acabam determinando quanto de mais-valia será concentrada e quanto será redistribuída entre os assalariados. Ou seja, o que o sistema econômico da URSS conseguiu impedir – que a força de trabalho fosse uma mercadoria livremente negociada segundo alterações na taxa de lucro, mediante a constituição de um único empregador e de uma função social para o lucro –, não pode subsistir em uma economia de mercado. Isso implicará a reconstituição de uma sociedade de classes, na qual mesmo o mais alto grau de intervenção estatal não poderá ultrapassar o limite qualitativo que tem marcado a presença estatal na economia soviética através da planificação. Por isso, alguns autores têm se referido ao sistema da URSS como sendo uma "Economia Estatal Planificada".

Nas economias de mercado, a mais-valia é seu impulso primário, e as reformas soviéticas parecem dirigidas para a reintrodução da propriedade privada dos meios de produção. Existe um prognóstico bastante sombrio com respeito à sobrevida do sistema econômico da URSS, na denominada era de Gorbatchev. Apesar das reiteradas afirmações de que "não nos afastaremos um só passo do socialismo", contrapõem-se a isso as palavras do lituano Ramunas Bogdanas: "Nosso socialismo mal completou cinquenta anos, nossos trabalhadores ainda não se esqueceram do que é o trabalho".

SOCIALISMO: A VIA AGRÍCOLA

A proclamação da república na China em 1911, não se traduziu em modernização, nem no fim da dominação estrangeira pela ação do imperialismo formal. Logo o país conheceu um longo período de anarquia militar (1916-30), quando "senhores da guerra" governavam as diferentes províncias e combatiam entre si, impondo-lhe uma quase contínua era de saques e pilhagens. Como reação a esse estado de calamidade e principalmente contra a espoliação estrangeira, são fundados o *Kuomintang* (Partido Nacionalista) em 1912, e o Partido Comunista Chinês em 1921. Durante as décadas de 1920 e 1930, intercalam-se períodos de tréguas tácitas, com períodos de aberta guerra civil, compreendendo episódios como a formação das Ligas Camponesas em 1924-27, o massacre dos comunistas em Xangai em 1927, e a Longa Marcha em 1934-35.

Em 1937, inicia-se a guerra com o Japão, que se acaba confundindo com a Segunda Guerra Mundial, terminando em 1945. Durante a guerra, tanto nacionalistas como comunistas combateram o invasor japonês, movimentando consideráveis forças militares. Isso tornava inevitável um acerto final de contas, que acabou ocorrendo durante a Guerra Civil de 1945-49.

Embora os aliados renunciem em 1943 aos "tratados desiguais" – as concessões econômicas obtidas do governo chinês pela via do imperialismo, tentando fortalecer a posição oficial do governo nacionalista –, este governo nacionalista sempre esteve identificado com um setor urbano "moderno", em um país basicamente rural, com estruturas agrárias muito arcaicas. Em 1947, de uma população total de perto de 580 milhões de habitantes, 86% viviam no campo, e destes, apenas 40% subsistiam com o trabalho em suas próprias terras, enquanto 25% eram obrigados a trabalhar parcialmente em terras alheias, e 35% não possuindo terra alguma, pagavam altíssimos arrendamentos em espécie.

Mao Tsé-tung, um dos fundadores do Partido Comunista Chinês, sempre insistiu no potencial revolucionário do campesinato chinês, após longos anos oprimido por impostos exorbitantes dos senhores de terras ausentes, saqueado por bandidos, espoliado por soldados indisciplinados e reduzido à miséria pelos caprichos das chuvas de outono. Esse campesinato necessitava apenas de liderança. E foi liderança que os comunistas lhe forneceram, nos duros anos de domínio dos nacionalistas durante a década de 1930, e depois na luta contra os japoneses, com a concretização imediata de uma redistribuição de terras nas "áreas liberadas".

O clássico postulado teórico de que o proletariado urbano deveria ser a classe revolucionária sobre a qual o Partido se apoiaria, tanto para deflagrar a revolução como para construir o socialismo, é abandonado pelo Partido Comunista Chinês, desde 1936 sob a liderança de Mao. A estratégia a ser seguida seria a da guerra de guerrilhas sustentada pelos camponeses, uma vez que eles eram os únicos que poderiam, de fato, romper com o sistema global das relações de produção rurais, substituindo-o por outro. Essa inovação deu à via chinesa de construção do socialismo um caráter de verdadeiro movimento de massa, muito mais democrático que o modelo soviético, observável já na composição do próprio exército camponês (a escola da revolução), com a padronização do soldo de soldados e oficiais, e a imposição de tratamento igualitário para homens e mulheres.

Vitoriosos em outubro de 1949, com os remanescentes das forças nacionalistas abandonando o território da China Continental e refugiando-se na ilha de Taiwan (Formosa), proclamando esta como sendo a *China Nacionalista*, os comunistas chineses puderam, afinal, dedicar-se à construção de sua via socialista, após mais de duas décadas de guerra.

A China dos Soviéticos

Havia divergências teóricas com a URSS. E os soviéticos embora tivessem em 1920 renunciado às concessões que herdaram do governo czarista na China, jamais acenaram com a devolução dos territórios chineses anexados por ação do imperialismo russo (região do lago Balkhach, províncias Marítima e do rio Amour, e a Mongólia Exterior, satélite soviético desde 1921). Com os Estados Unidos apoiando e reconhecendo o governo nacionalista de Formosa como o "legítimo governo da China", a China se viu obrigada a alinhar-se com a URSS, inclusive quanto à questão do necessário fornecimento de capitais para a tarefa de recuperação econômica nacional.

De qualquer forma, esse alinhamento nunca foi de caráter absoluto. A Rádio de Pequim em 1957 declarava que "A China não deve confiar nunca na ajuda estrangeira para a industrialização socialista". A URSS, por seu lado, mostrava-se sempre parcimoniosa na concessão de empréstimos. Entre 1950 e 1954, os empréstimos soviéticos à China totalizaram apenas 430 milhões de dólares. Os acordos de ajuda mútua de abril de 1956 e fevereiro de 1959 excluíam a possibilidade de concessão de créditos a longo prazo, e exigiam pagamento imediato, através do aumento da produção industrial.

De qualquer forma, o auxílio soviético foi importante, tanto para o desenvolvimento do programa de industrialização (combustível, energia, siderúrgicas, indústrias químicas e engenharia), como para a ampliação do comércio exterior. Este elevou-se de 15% antes de 1949 para mais de 50% após 1952 (em 1959, cerca de metade das exportações soviéticas de bens de capital destinaram-se à China, que lhes fornecia importantes volumes de minério bruto e bens industriais de consumo).

Cerca de 10 mil técnicos soviéticos contribuíram para que a produção industrial chinesa dobrasse (de 5 para 10% do total do bloco econômico socialista). E a redução das exportações soviéticas em 1957 e 1960, mais o término do serviço dos técnicos no mesmo ano, provocaram uma série de desajustes na economia chinesa.

A cooperação sino-soviética que nunca foi ideal, deteriorou-se a partir de 1958, chegando ao fim em 1963, com o rompimento entre os dois países. A China abandonou os modelos soviéticos de desenvolvimento, que de qualquer modo, jamais adotara de bom grado.

O Período de Reconstrução (1949-1952)

As necessidades de se reconstruir o país impuseram uma socialização progressiva. Os "capitais nacionais" tiveram que ser preservados no setor industrial, que não registrava mais que 3 milhões de operários em 1949, para uma população total de 550 milhões, o que representava apenas 0,55%. Os antigos proprietários passaram a receber do Estado um dividendo de 5% do valor nominal do capital, o que auxiliou a rápida reconstrução, com a taxa de expansão industrial atingindo 27% ao ano.

No setor financeiro, uma nova moeda é criada, o *min p'iao* (em 1955, *yuan*). Os preços e salários são submetidos a um rigoroso controle estatal, e todo setor financeiro passa a ser controlado pelo Estado, que reforma completamente as práticas de tributação.

No setor agrícola, ao contrário, as medidas foram de maior impacto. Promoveu-se uma reforma agrária que confiscou e redistribuiu cerca de 75 milhões de hectares, que correspondiam a 44% das terras cultivadas. Além das instituições estrangeiras e religiosas, que foram completamente expropriadas, a reforma agrária atinge os grandes proprietários absenteístas, mas preserva, de certa forma, os camponeses ricos.

A Lei de 28 de junho de 1950 divide a população camponesa em quatro grupos: os grandes proprietários, os camponeses ricos que possuíam mais terras que aquela em que trabalhavam, os camponeses médios, e os camponeses pobres e trabalhadores agrícolas. O confisco atingiu em cada cantão, as terras, os animais, os implementos agrícolas, as reservas de cereais, e as construções rurais, dos grandes proprietários, mas preservou as terras que os camponeses ricos cultivavam diretamente, expropriando-lhes apenas as que haviam arrendado.

O objetivo primeiro da reforma agrária foi assegurar a propriedade da terra para aqueles que a trabalhavam, sem procurar estabelecer uma igualdade rigorosa, e estimulando a produção agrícola.

Quando a reforma foi concluída em 1952, 300 milhões de camponeses haviam se convertido em pequenos proprietários, pagando um imposto sobre a terra que representava 17% do valor da colheita; 70 milhões de camponeses médios subsistiam, sem modificações em sua situação anterior, e 40 milhões de camponeses ricos, tinham tido suas propriedades reduzidas.

Os resultados da produção agrícola foram decepcionantes. Para uma colheita média global de 139 milhões de toneladas de cereais antes da guerra, apenas 154,4 milhões de toneladas foram colhidos em 1952, provavelmente devido às comoções que uma reforma agrária dessa magnitude acabou naturalmente provocando.

O Plano Quinquenal I
(1953-1957)

Superada a fase de reconstrução, a China entra na da planificação econômica. Além do Plano Quinquenal I, que se concentrou na industrialização, com ênfase para a indústria pesada e de equipamentos (aço, tratores, veículos, e equipamentos elétricos, com a implantação de grandes complexos industriais), os técnicos soviéticos elaboraram um plano com 15 anos de duração, que a seu término teria construído 300 fábricas, trazendo completa independência econômica ao país.

Embora o setor privado tenha sido diminuído consideravelmente, a socialização, compreendida como a extinção da propriedade privada dos meios de produção, não foi completada, uma vez que se considerava ainda fundamental a manutenção de uma aliança com a burguesia nacional.

No setor industrial, foi implantado o modelo soviético. 90% dos lucros das empresas revertiam para o Estado, e os 10% restantes eram utilizados para estabelecer um sistema de prêmios. A direção nomeada devia prestar contas aos comitês do Partido, enquanto a importância das assembleias de operários declinava rapidamente. O crescimento industrial é fixado à alta taxa de 20%, e os preços são estabelecidos por decisão administrativa.

Não há dúvida de que uma centralização administrativa nos moldes soviéticos seria inviável em um país com 600 milhões de habitantes, o que levou os planificadores a dividirem as empresas em dois tipos, em novembro de 1957. As de caráter nacional continuam dependentes dos órgãos centrais, como as que envolvem a defesa nacional, as pesquisas e o setor financeiro. As demais, compreendendo 80% do total, são colocadas sob a supervisão de órgãos provinciais ou mesmo locais, que retêm 20% dos lucros realizados, remetendo o restante aos ministérios centrais. Também sua gestão foi simplificada, com a fixação de apenas quatro índices: quantidades fixadas para os principais produtos, número total de assalariados, volume de despesas salariais e taxa de lucros.

No setor agrícola, por seu lado, ocorre a primeira fase de coletivização da terra, com a introdução de dois tipos de empresas agrícolas. As "cooperativas de primeiro nível", onde apesar da utilização comum a terra continua a ser considerada propriedade privada, recebendo de seu proprietário um aluguel, enquanto 5% da terra cultivável continua destinado às parcelas individuais; e as "cooperativas avançadas", onde a terra é coletivizada sem compensação monetária, embora as parcelas individuais sejam preservadas, desde que não ultrapassem 10% do total de terras disponíveis. A divisão dos rendimentos passou a ser feita considerando-se os dias de trabalho realizado, e mais de 45 milhões de hectares foram distribuídos entre 250 milhões de camponeses. Isso resultou que 80% da produção total fosse consumida, contra apenas 20% passível de comercialização.

No setor da distribuição, são criadas as chamadas "companhias comerciais" ou "postos grossistas", órgãos que estabelecem ligações entre as empresas compradora e vendedora, indicando-lhes as demandas específicas dos mercados e auxiliando-as na elaboração dos produtos.

Os resultados do Plano foram patentes: de 1949 a 1957, o número de operários industriais passa de 3 para 9 milhões. As primeiras críticas aparecem já em 1956, contra a centralização excessiva, mas a massa camponesa, de sua parte, não sente os efeitos benéficos da industrialização, uma vez que ela se concentrara na indústria pesada, relegando a de bens de consumo, enquanto os camponeses resistem à coletivização. Em uma atitude inconcebível segundo o modelo soviético, Mao Tsé-tung incentiva as massas a tecerem críticas à atuação do Partido, na chamada *Campanha das Cem Flores*, em 1957. As manifestações gerais de desagrado ao regime foram tão violentas, que o Partido, para não perder o controle da Revolução, foi obrigado a promover uma repressão às denominadas "críticas burguesas".

*O Plano Quinquenal II
(1958-1962)*

As lições dadas pela "Cem Flores" mostraram que para se romper com o passado e edificar uma sociedade socialista, era necessário impelir uma velocidade muito maior às mudanças. Isso levou os teóricos chineses a conceberem o *Grande Salto para a Frente*, estabelecendo metas que os técnicos soviéticos julgavam impossíveis de atingir.

O Plano Quinquenal II teve suas metas revistas, e fixadas em aumentos de 100% para a produção industrial e em 35% para a agrícola nos próximos cinco anos. 74 mil cooperativas foram agrupadas em 26.400 comunas populares. Visava acabar com a produção camponesa individual, mediante a coletivização compulsória e a divisão do rendimento do trabalho, não mais segundo seu desempenho individual real, mas sim segundo o número de pessoas a serem alimentadas. Teoricamente falando, isso significava passar de uma sociedade socialista, baseada na distribuição *a cada um segundo seu trabalho*, para uma comunista, que daria *a cada um segundo suas necessidades*.

O *Grande Salto para a Frente* significou também uma tentativa de corrigir algumas distorções do Primeiro Plano, que com seu desenvolvimento industrial apenas equilibrou o crescimento demográfico, e ao privilegiar a indústria pesada, condenou os camponeses a continuarem sem o volume de bens de consumo desejado. Para evitar que se aprofundasse o abismo entre o campo e a cidade, com o primeiro pagando os custos da acumulação primitiva socialista, o modelo chinês procurou "atacar em todas as frentes", aumentando os investimentos de 20 para 30% do orçamento nacional. Isso implicava uma redução dos padrões gerais de vida, introduzindo o conceito da utilização das *forças produtivas ocultas* – nas cidades eram as mulheres e as crianças; no campo, os milhões de camponeses que permaneciam inativos durante 50% do ano, nos períodos de entressafra.

Embora as publicações oficiais chinesas o neguem, o *Grande Salto* foi um fracasso completo, desorganizando a economia, provocando graves danos no já precário parque industrial, e ficando muito aquém de suas metas: para o aço, de 18 milhões de toneladas previstas, 13,3; para o carvão, de 380, 347,8; para os cereais, de 525, 270; e para o algodão, de 5, 2,4, em finais de 1959.

Já em dezembro de 1958, as comunas voltam a permitir a utilização de parcelas individuais de terra, abolem os refeitórios e creches coletivos, e reintroduzem a divisão dos rendimentos de acordo com o trabalho individual. Em agosto de 1959, o setor industrial também volta atrás, pois não só os resultados foram muito menores que os esperados, como a qualidade dos produtos impedia sua utilização.

Além da ocorrência de três anos seguidos de problemas climáticos bastante graves (1959-61), que prejudicaram o abastecimento urbano de alimentos e matérias-primas industriais, o plano acabou falhando devido ao uso excessivo das máquinas industriais sem manutenção adequada. Grande número delas foi inutilizado, ocorreu o estrangulamento da rede ferroviária, a partida dos técnicos soviéticos, e principalmente havia um exagero das metas em face da escassez de mão de obra especializada e da incapacidade técnica.

A China dos Chineses

Ao fracasso do *Grande Salto*, seguiu-se uma fase de ajustamento, que durará até 1965, quando se instala uma situação paradoxal. A influência de Mao declina dentro do Partido, frente à ascensão de um grupo técnico-burocrata; quanto mais a China se afastava politicamente da URSS, mais sua economia tendia a seguir o modelo soviético.

A indústria ligeira foi colocada à frente da pesada, para satisfazer as crescentes necessidades da população, e o setor de armamentos foi alvo de especiais cuidados. Os volumes da produção de carvão e de aço, em 1965, retornaram aos índices de 1960, enquanto a produção de petróleo e de adubos químicos superou-os.

Em 1963, cerca de 40% dos operários tiveram aumentos salariais. O sistema de prêmios e as diferenças salariais foram ampliados. O papel dos técnicos foi novamente valorizado, visando a um planejamento mais racional e a um aumento da produtividade industrial. No campo, as comunas populares foram reestruturadas, dando-se ênfase às equipes de trabalho. As indústrias rurais não rentáveis foram extintas, o que permitiu que a produção se recuperasse, e o abastecimento urbano fosse normalizado.

Os comitês do partido mantinham a economia sob um rígido controle, mas seu peso burocrático, cada vez maior, gerava corrupção e a indiferença das massas, enquanto o modelo chinês praticamente desaparecia, sob sua crescente sovietização. Para Mao, era necessário impedir que a China enveredasse pela via do capitalismo de Estado, a exemplo do que ocorrera na URSS. E o único setor que poderia viabilizar tal impedimento, eram as comunas populares já "revolucionadas", onde as assembleias discutiam livremente as normas e os padrões a serem adotados, e os dirigentes eram pressionados a trabalhar no campo, para eliminar a discrepância entre a produção e a direção. Embora as comunas apresentassem alguns problemas, como diferenciações regionais, fraco rendimento do trabalho coletivo em face da parca mecanização, consumo de cerca de 80% do total de sua produção, e inexistência de uma estrutura urbana equivalente, era necessário que elas "revolucionassem" as cidades, mediante a crítica que seus camponeses fariam aos setores mais reacionários do partido, obrigando seus dirigentes à autocrítica, e à volta ao pensamento original de Mao. Esse foi o sentido mais profundo da denominada *Grande Revolução Cultural Proletária*.

A Revolução Cultural e
As Quatro Modernizações
(1966-1977)

De 1966 a 1974, a China foi agitada pelo fenômeno da Revolução Cultural. Centenas de milhares de jovens provenientes das comunas e estudantes universitários, denominados *guardas vermelhos*, percorreram o país inteiro, criticando as camadas dirigentes e abalando as estruturas de poder do Partido Comunista. No plano político-ideológico, ela significou uma luta pelo poder sobre o partido, definida por Mao como um ataque "aos indivíduos em posição de poder que estão enveredando pela estrada do capitalismo". As figuras mais proeminentes do *establishment* foram trazidas perante cortes marciais de estudantes, humilhadas, atormentadas e obrigadas a confessar suas divergências em relação ao pensamento do presidente Mao. É significativo que Chou En-lai, dirigindo-se ao pessoal técnico de uma instituição científica chinesa, declarasse que "nós poderíamos ter-nos livrado dos ofensores através de ação administrativa; teria sido muito mais fácil para nós; mas vocês tinham que aprender por vocês mesmos quem eram eles".

Embora seja difícil recolher informações acuradas sobre os acontecimentos do período (que inclusive presenciou o Plano Quinquenal I, de 1966 a 1970, cujos dados não foram oficialmente publicados), pode-se ver a Revolução Cultural como a tentativa de Mao de sedimentar uma via própria para a construção do socialismo, em uma China antagonizada pelos Estados Unidos e hostilizada pela URSS, e em que, segundo ele, a marcha para o socialismo parara devido a uma aliança de elementos burgueses antigos e novos, que formavam uma nova classe.

Eram membros dessa nova classe, os liberais encarregados da propaganda e da educação, os altos escalões do partido e, principalmente os tecnocratas. Entre esses encontravam-se os economistas que propunham uma série de reformas que levasse em conta mais o mercado e menos a rígida planificação. Isso implicava conceder autonomia para o gerenciamento industrial em planos de produção e em investimentos, o uso do lucro como critério de eficiência, além de tolerar um setor privado mais amplo na agricultura, e várias outras medidas paralelas, associadas ao economista Libermann da URSS.

Enquanto a orientação "libermanista" considerava a redução dos custos de produção como a medida padrão do sucesso econômico, o sistema econômico socialista chinês desconsiderava-o totalmente. Os maoistas opunham-se energicamente a essa forma de racionalidade econômica, argumentando que no caso da China, sua economia deveria basear-se simplesmente no princípio de "desenvolver a produção para assegurar o suprimento".

Atrás do debate teórico, os maoistas estavam convencidos de que no estágio em que se encontrava o desenvolvimento econômico chinês, os custos não eram críticos, dada a abundância de mão de obra disponível. E receavam que a aceitação do princípio do lucro como medida de eficiência econômica, dirigiria naturalmente os investimentos para as áreas da China já desenvolvidas, como a Manchúria, as cidades costeiras e o vale do Yang-Tsé, afastando-os das regiões mais pobres do interior. Isso implicaria permitir que o Leste "decolasse" às expensas do interior podendo, mesmo, criar tensões políticas intoleráveis, uma vez que a principal divisão entre comunistas e nacionalistas fora, em sua origem, uma divisão entre a costa – progressista –, e o interior – rural.

Ao final da década de 1960, parecia claro que os maoistas haviam obtido uma vitória substancial, e ao contrário do que se divulgou no Ocidente, praticamente incruenta, com a consolidação no IX Congresso do Partido em 1968, do princípio da *democracia participante*, que compreendia três pontos básicos.

Em primeiro lugar, a educação passou a ser controlada pela comunidade local, liderada por seus membros mais pobres, como uma garantia de igualdade de oportunidades. Os grupos de liderança controlavam as escolas, pagavam aos professores e determinavam quais os estudantes que receberiam o privilégio de uma educação superior, de acordo com a possibilidade de trazerem de volta para suas vilas e fábricas, seus talentos aperfeiçoados.

Em segundo, a política econômica "libermanista" de organizar as indústrias como monopólios nacionais autônomos, investindo onde as possibilidades de lucro fossem maiores, e levando a cabo nesse contexto tarefas vitais, como por exemplo a mecanização da agricultura, foi substituída pela ideia da comuna, na qual o aparelho econômico do Estado ia sendo colocado a serviço das comunidades locais autônomas, ocupadas no desenvolvimento e na diversificação de sua própria vida econômica.

E em terceiro, as possibilidades de atuação de políticas elitistas foram suprimidas através da "destruição das três grandes diferenças", entre a cidade e o campo, a indústria e a agricultura, e o trabalho manual e o intelectual. A pessoa com autoridade deveria deixar de ser o especialista ou o técnico, para ser o maoista integral: agricultor e operário, guerrilheiro treinado, ativista, político, orador e escritor articulado. Para Mao, a destruição das três diferenças era condição fundamental para a mudança social em um país atrasado como a China, sendo a comuna seu instrumento.

Ironicamente, uma vez impostos seus princípios teóricos, a corrente maoista mais radical empreendeu um recuo prático, reabilitando alguns técnicos e diretores afastados, integrando-os, sob a liderança do "moderado" Chu En-lai, nos comitês democráticos formados por técnicos, soldados e revolucionários, que foram colocados na direção das unidades produtivas.

Nesse período, empreendeu-se o programa das Quatro Modernizações, que previa o desenvolvimento acelerado em quatro setores básicos – agricultura, indústria, defesa nacional e ciência e tecnologia –, sem perder, no entanto, a visão de que os resultados do desenvolvimento deveriam ser nacionalmente distribuídos, com o primado do igualitarismo social sobre a produtividade. A morte de Mao, em 1976, foi fatal para o projeto autônomo criado pelo socialismo isolacionista chinês. Houve um conflito aberto entre o "grupo dos quatro" sob a liderança da viúva de Mao, e a burocracia partidária, que culminou com a vitória desta, o que implicou uma completa revisão das prioridades contidas no modelo de desenvolvimento chinês.

*A Nova Política Econômica
(1978-?)*

Na liderança desde 1976, Deng Xiaoping, consolidando sua posição com o apoio dos setores progressistas do partido, inverteu o princípio maoista de privilegiar o igualitarismo social sobre a produtividade. E lançou um programa econômico desenvolvimentista, que parece rumar rapidamente para a constituição de um capitalismo de Estado que convive com a propriedade privada, e mesmo a incentiva, buscando uma maximização da produtividade, popularizado pela frase "Não importa se o gato é branco ou preto, o importante é que ele apanhe ratos".

As mudanças começaram pela agricultura em 1978, quando o governo iniciou o aluguel de terras a camponeses, para que desenvolvessem seus próprios negócios. Em 1983, cerca de 25 milhões de famílias camponesas já partilhavam essa experiência, o que representava 13,6% do total de famílias camponesas. O método foi padrão. O Estado emprestava numerário para que os camponeses iniciassem um negócio próprio. Contratava a compra de 50 a 70% da produção a preços prefixados, podendo o restante ser livremente comercializado. Insumos como rações, adubos e assistência técnica passaram a ser vendidos pelo Estado, e o trabalho assalariado tornou-se comum. Logo, a renda dessas "famílias empresárias" foi de até 10 vezes maior que a dos camponeses das comunas e das fazendas estatais.

Na indústria, foram implantadas *zonas econômicas especiais*, nas cidades costeiras de Xiamen, Shantou, Shenzen e Zuhai, com infraestrutura montada pelo Estado, destinadas a receber investimentos externos, isentas de impostos por alguns anos e com garantia de remessa controlada de lucros. Elas deveriam pagar salários mais elevados que os vigentes no restante do país. Logo, investimentos para a instalação de indústrias têxteis, eletrônicas e alimentícias afluíram, fazendo com que o investimento de capital externo na China totalizasse 4,6 bilhões de dólares, no período 1978-85; e após 1983, iniciaram-se contratos de exploração petrolífera e formação de *joint-ventures* com grandes empresas multinacionais.

Impôs-se um ritmo de desenvolvimento mais rápido à agricultura e à produção de bens de consumo, que à indústria pesada. Buscou-se, de todas as formas possíveis a produtividade desde a ampliação do poder decisório dos gerentes e administradores locais, e o aumento gradativo das diferenças salariais, até o pagamento por produção realizada, o que possibilitaria a elevação dos salários básicos entre 20 e 25%.

Os objetivos gerais de ampliar o consumo individual e as exportações estão sendo rapidamente concretizadas. Entre 1978 e 1983, paralelamente ao enorme crescimento da produção de bens de consumo, as famílias camponesas puderam diminuir seus gastos com alimentação de 67,7% para 59,3% do total, enquanto suas despesas com habitação passaram de 3,2 a 11,1%. O comércio exterior, por seu lado, viu as exportações chinesas subirem de 2,1 bilhões de dólares em 1970, para 9,7 bilhões em 1978, atingindo em 1985 cerca de 27,4 bilhões de dólares.

AS VARIANTES NACIONAIS

Os países do Leste Europeu, que passaram para o campo socialista em virtude das vitórias militares do Exército Vermelho, tiveram um padrão paralelo de desenvolvimento, reforçado pelo COMECON e sua versão militar, o Pacto de Varsóvia, constituído em 1955.

Após uma fase de ajustamento, que durou de 1945 a 1948-49, em que companhias de seguros, fontes produtoras de energia, minas, metalúrgicas e todas as grandes empresas foram nacionalizadas, as denominadas *Democracias Populares* foram submetidas a um planejamento centralizado. Isso também ocorreu nos planos Quinquenais soviéticos, que à exceção da Tchecoslováquia e da Alemanha Oriental, tiveram que enfrentar a tarefa de promover uma industrialização acelerada em regiões ainda largamente agrícolas. Os resultados foram diversos. Na Polônia, apesar da abundância de recursos naturais (carvão, ferro, zinco), em 1969 a indústria não ocupava mais que 1/3 da força de trabalho nacional. Na Hungria, apesar da necessária importação de 3/4 das matérias-primas, as indústrias químicas e produtoras de plástico avançaram muito. Na Romênia, a abundância de gás natural, petróleo, manganês, cobre e bauxita levaram a industrialização a concentrar-se na indústria pesada, que pôde manter uma taxa anual de crescimento de 8,7%, de 1959 a 1965. Na Tchecoslováquia, a carência de mão de obra e o retardo do desenvolvimento das fontes de energia e do setor de transportes impuseram uma taxa de crescimento anual não maior que 3,8% durante a década de 1960, às áreas muito industrializadas da Boêmia-Morávia. E a Alemanha Oriental pôde alardear sua participação no chamado "milagre alemão". 65,6% de sua força de trabalho estava empregada na indústria e no setor terciário; havia uma produção concentrada de máquinas industriais, produtos químicos, com uma reputação mundial de qualidade em aparelhos ópticos e equipamentos fotográficos, e com o padrão de vida mais alto do bloco socialista.

Em todos esses países, o setor agrícola foi submetido a uma reforma agrária geral. Na Bulgária, 475 mil acres de terras foram expropriados dos monastérios e transferidos para fazendas comunitárias e pequenas propriedades camponesas. Na Polônia, quase 15 milhões de acres, mais de 5 milhões na Tchecoslováquia, quase a mesma quantia na Hungria, e 3 e meio milhões na Romênia foram concedidos a camponeses, ou transformaram-se em fazendas estatais. Na Alemanha Oriental, 8 milhões de acres de terras aráveis e florestas foram divididas entre camponeses pobres ou tornaram-se propriedades estatais.

Como no setor industrial, os resultados também foram diversos. Na Alemanha Oriental, por volta de 1968, 986 mil camponeses eram membros de cooperativas agrícolas que ocupavam 85,7% do total de terras cultiváveis, enquanto 6,7% eram propriedade direta do Estado. Na Romênia, a coletivização completou-se em 1962, com apenas 6% das terras sendo de propriedade privada, e o restante dividido entre fazendas estatais e cooperativas. Na Tchecoslováquia, fazendas estatais ocupavam já em 1955, 3 milhões e 700 mil acres das terras agricultáveis, e fazendas coletivas 11 milhões e 250 mil acres, enquanto as propriedades individuais, menos que um milhão e quinhentos mil. Na Hungria, a coletivização completou-se em 1961, quando 93% das terras passaram a ser cultivadas por 333 fazendas estatais e por 4.566 cooperativas. Na Polônia, o país com a agricultura menos socializada do bloco socialista, e onde a resistência camponesa à coletivização foi mais forte, em 1962 as cooperativas e as fazendas estatais não ocupavam mais que 13% das terras, empregando 2 milhões e meio de camponeses, enquanto os 87% restantes das terras aráveis eram trabalhados por cerca de 3 milhões de pequenos proprietários.

Dois países socialistas, no entanto, desenvolveram variantes nacionais, que merecem menção à parte.

A Iugoslávia

Quando os iugoslavos conseguiram expulsar os invasores alemães e húngaros em 1945, sem a participação ativa do Exército Vermelho, o país estava completamente devastado pelas operações de guerra, e com sua população dizimada por perdas em batalhas, guerra civil e massacres de civis. Desde finais de 1944, no entanto, um governo federal estava estabelecido sob a liderança do Partido Comunista.

Esse governo federal empreendeu a reconstrução do país, mediante um planejamento central, cujas metas foram consideradas muito ambiciosas pelos assessores soviéticos, pois fixavam um rapidíssimo ritmo de crescimento econômico e dependente de grandes aportes de capital. O forte sentimento nacionalista e o orgulho de terem conquistado sua vitória sem ajuda soviética, acabaram levando os iugoslavos a rejeitar a interferência soviética. Em 1949 houve o rompimento entre os dois países e o consequente bloqueio econômico da Iugoslávia por parte de seus vizinhos socialistas. A falta de mão de obra técnica e de recursos financeiros (embora tenham recebido 109 milhões de dólares pelo *Plano Marshall*), conduziram o país a um atraso considerável no cumprimento das metas planificadas, apesar dos esforços governamentais no período 1950-1952, em levá-lo adiante, pela aceleração da coletivização na agricultura e nacionalização do setor industrial e do de bens e serviços.

Em finais de 1952, a impossibilidade de cumprir as metas fixadas, nas condições reais em que o país se encontrava, levou o Partido Comunista a rever seu posicionamento teórico, produzindo uma variante que procurava conciliar o máximo grau de liberdade econômica com o máximo estágio de democracia socialista, para completar a edificação de uma sociedade socialista. Tratava-se, na verdade, de substituir o capitalismo de Estado e as tendências à burocratização, pela *autoadministração operária*.

Conselhos operários escolhidos livremente por todos os funcionários passaram a gerenciar as fábricas, através de um comitê que dirigia a produção, aprovava os pagamentos e os balanços, e fixava as percentagens de capital a serem reinvestidas. Ao mesmo tempo a planificação econômica passou a ser dirigida por comitês regionais, subordinados a um Comitê da Economia Nacional.

A nova organização aboliu a coletivização forçada da terra, que ocorrera entre 1947 e 1952, quando 6.994 cooperativas estatais cultivavam mais de 20% das terras aráveis. Elas puderam ser dissolvidas por deliberação de seus membros, aos quais foi também dada permissão para se retirarem livremente. Em finais de 1953, o número de cooperativas já havia caído para 2.500, enquanto a propriedade rural individual foi limitada em 25 acres.

Como resultado, a situação econômica geral melhorou rapidamente, embora em 1965 ocorresse uma grave crise no balanço de pagamentos, com uma inflação acelerada e o aumento de preços e salários, forçando o governo a desvalorizar o conversível dinar. A partir de 1968, a situação foi corrigida, e assim continuou durante a década de 1970, com a estabilização da moeda e dos preços, e com o aumento da produção agrícola, que permitiu à Iugoslávia deixar de importar trigo.

De qualquer forma, o crescimento econômico fez aflorar as contradições entre as várias repúblicas da federação, aprofundando suas desigualdades econômicas. O Montenegro, a Bósnia-Herzegovínia e a Macedônia passaram a se mostrar hostis à política alfandegária, que consideram liberal em excesso, concorrendo para o rebaixamento de seu já baixo nível de vida e dificultando sua industrialização. Ficavam condenadas a permanecerem basicamente rurais, enquanto a Eslovênia, a Croácia e a Sérvia, as repúblicas mais ricas em recursos naturais e com uma base industrial bastante sólida (principalmente a Eslovênia), tiveram uma redução no papel do governo federal, e uma redefinição do orçamento da Federação, que em princípio beneficiava as repúblicas mais pobres, mediante uma alocação de recursos diferenciada.

A Albânia

As palavras de seu dirigente Enver Hoxha, em 1957, definem perfeitamente o país: "A Albânia é o país mais atrasado da Europa. A indústria é praticamente inexistente, a agricultura ainda primitiva caracteriza-se por resquícios do sistema feudal, e os meios de comunicação estão em um estado lamentável. A situação social, política e cultural do país não é senão o corolário deste atraso".

A partir de 1944, com a expulsão dos invasores alemães, que em 1943 substituíram os italianos – desde 1939 a Itália anexara o país –, uma reforma agrária geral expropria as terras dos grandes proprietários e das sociedades italianas, redistribuindo-as aos camponeses pobres, que no entanto não podem vendê-las nem arrendá-las. Em novembro de 1946, cerca de 155 mil ha de um total de 175 mil são repartidos entre 70 mil famílias camponesas, e os 20 mil restantes destinados às empresas agrícolas do Estado. O Partido, no entanto, via a reforma agrária como simplesmente o primeiro passo para a coletivização total do setor agrícola, seu objetivo final. Esse objetivo foi continuamente perseguido pela execução de planos quinquenais, que em 1976 haviam elevado a participação do Estado no setor agrícola a 98% do total das terras cultiváveis, 19,8% das quais representados por fazendas estatais e 78,2% por diversos tipos de cooperativas.

O problema básico da agricultura albanesa é que o país tem a maior parte de seu solo árido e montanhoso, tornando a produtividade agrícola bastante baixa, apesar de o setor ter recebido cerca de 14,7% do total dos investimentos nacionais de 1951 a 1970, contra apenas 6% para os transportes e comunicações. Em inícios da década de 1980, ainda mais de 60% da população ativa estava empregada na agricultura, embora o setor não correspondesse senão a 35% da renda nacional.

O que fez, no entanto, a Albânia merecedora de uma particular menção, foi seu rompimento com a URSS em finais dos anos 50, e seu alinhamento político com a China, tornando-a o único exemplo contemporâneo de um pequeno país que procurou seu desenvolvimento econômico baseado apenas em seus *próprios recursos*. No caso albanês houve a agravante de uma falta absoluta de capitais e de uma ausência quase total de recursos minerais e energéticos.

Desde 1960 fora do COMECON, a Albânia cessou praticamente todo seu comércio exterior. Isso implicou uma crise de grandes proporções que ameaçava interromper bruscamente seu crescimento econômico, mantido durante a década de 1950 à taxa anual de 2,7%, e sucateou sua parca base industrial, pela falta de peças de reposição e de pessoal técnico. A solução encontrada foi converter as fábricas em produtoras de peças de reposição para o equipamento de procedência soviética, e em centros de aprendizagem e treinamento de mão de obra especializada. Houve também um reforço do controle estatal sobre a economia, que implicou a absorção total da distribuição interna (a fim de criar algum excedente de capital gerado por sobrepreços), e a manutenção de níveis salariais extremamente baixos.

A título de exemplo, uma das maiores fábricas albanesas, a *Traktori* de Tirana, desde 1966 tem-se dedicado integralmente à produção de peças de reposição para os 8.200 tratores existentes no país (que com as 1.200 ceifadoras mecânicas, eram os únicos instrumentos modernos com que sua agricultura podia contar em 1979), tendo projetado somente poder fazê-lo em 1981, e mesmo assim na ordem de 95%.

Não há dúvida de que tal situação explica a razão de, enquanto a população total do país cresceu anualmente a uma taxa de cerca de 2,3%, o número de trabalhadores agrícolas aumentou em mais de 3% ao ano. Isso ocorreu sem que houvesse um crescimento proporcional do número de operários ligados aos setores para-agrícolas, apesar da elaboração de um plano em inícios dos anos 80 (cujos dados não se encontram disponíveis). Esse plano visava desenvolver as indústrias diretamente ligadas à atividade agrícola, como as de fertilizantes, maquinaria e meios de transporte, a fim de "transformar gradualmente a agricultura em um setor industrializado da economia nacional".

A Falência Econômico-Política na Década de 1980

A imposição de um modelo de desenvolvimento econômico que buscava a construção de uma sociedade socialista nos países do Leste Europeu, mesmo no caso das variantes nacionais acima mencionadas, baseava sua legitimidade nos "avanços reais" que estavam sendo feitos rumo a uma sociedade mais igualitária que as do Ocidente capitalista, com o fim das desigualdades socioeconômicas e da divisão entre burguesia e operariado. A questão do desenvolvimento econômico, portanto, revestia-se de importância capital para que o monopólio do poder que os diferentes partidos comunistas exerciam sobre suas esferas nacionais pudesse ser mantido, a ponto de uma grave crise econômica, ou a impossibilidade de satisfazer os anseios populares pela demanda de determinados bens de consumo, trazer imediatamente consequências políticas. O problema político nas *Democracias Populares* era ainda mais delicado, uma vez que elas não passaram a pertencer ao bloco socialista por opção nacional, ou mesmo por revoluções internas, mas através de uma imposição por parte das vitoriosas forças do Exército Vermelho.

E se durante os anos 70, elas pareciam estar acumulando razoáveis índices de crescimento econômico, seu "capitalismo de Estado" apresentava características cada vez mais capitalistas e menos socialistas; como o trabalho sendo remunerado em salários monetários e não em bônus estatais; como a elaboração de um orçamento nacional unificado para equilibrar a oferta e a demanda globais; como as remunerações desiguais, ligadas à produtividade individual; e como a entrega de parcelas do lucro líquido aos diretores das empresas e aos administradores. Em síntese, isso significava o restabelecimento de uma sociedade baseada em diferentes classes sociais, e o mais significativo é que esse crescimento econômico só pôde ser feito através de uma política de baixos salários, onde a diferença de valor não transferida aos operários, servia como subsídio para sustentar o crescimento econômico, cujos resultados não eram distribuídos uniformemente pelo corpo social.

Nesta situação, com os países do Leste Europeu convivendo com seus muito mais ricos vizinhos ocidentais, era natural que as contradições estruturais levassem a um ponto de ruptura, que acabaria implicando consequências políticas de longo alcance.

Os problemas reais começaram na Polônia, com operários ocupando o maior estaleiro do país – o Lênin, de Gdansk –, em agosto de 1980, e pressionando o governo a permitir sindicatos independentes do Partido Comunista. Isso acabou ocorrendo em setembro do mesmo ano. Em dezembro de 1981, o governo declarou o país sob lei marcial, depois que o sindicato *Solidariedade* exigiu que se fizesse um referendo nacional para determinar se a Polônia continuaria socialista. A prisão de líderes sindicais e a aplicação da lei marcial impediu que a situação se deteriorasse durante algum tempo, mas o divórcio entre a direção partidária e a classe operária estava concretizado.

A ascensão de Gorbatchev à liderança da URSS e seu anúncio de realizar reformas estruturais no sistema acabaram provocando uma reação em cadeia por todo Leste Europeu. Na Polônia, em agosto de 1989, pela primeira vez desde 1945, um primeiro-ministro não comunista é eleito no pleito mais livre realizado no país desde aquela data. Em novembro de 1989, o governo da Alemanha Oriental abre todas as fronteiras em direção ao Ocidente, em um processo que culminou em sua queda e na reunificação da Alemanha (ver capítulo 11). Na Tchecoslováquia, o regime caiu em meio a manifestações populares que pediam "eleições livres, democracia e pluralismo partidário". Na Hungria, o próprio governo abandonou a linha socialista, uma vez que, nas palavras de seu dirigente Imre Pozsgay "O sistema não funciona. Temos que começar tudo de novo". Na Iugoslávia federal, os comunistas só conquistam a vitória eleitoral na Sérvia, enquanto nas demais repúblicas, movimentos de forte tendência nacionalista se afirmam. Isso acaba levando à declaração unilateral de independência de duas delas, a Eslovênia e a Croácia. Mesmo na Albânia, o regime é obrigado a prometer eleições livres e mudanças na área econômica.

Waldemar Kuczinski, principal assessor econômico do novo governo polonês, resumiu perfeitamente a situação das *ex-Democracias Populares* na virada das décadas de 1980/1990: "Para nós, não é questão de fazer reformas. Estamos tentando substituir um motor estropiado por outro completamente diferente. O que está acontecendo na Polônia e em todo o Leste Europeu, desde os Alpes até os Urais, é o processo de liquidação do comunismo. Estamos procurando dar a volta por cima de um beco sem saída".

10. O CAPITALISMO NA TERCEIRA REVOLUÇÃO INDUSTRIAL

"Não é preciso ser apologista do capitalismo para admitir a realidade dos fatos, ou seja, que o sistema tenha alcançado, na maioria dos países industrializados, uma taxa de crescimento excepcionalmente elevada nesta última década (de 1960)."
Ernest Mandel, teórico marxista

    Tendo passado por sua crise de crescimento, o sistema econômico capitalista ingressa, a partir da segunda metade da década de 1950, no que se pode denominar de Terceira Revolução Industrial. Menos que o controle da fusão nuclear – que se transformou em importante e barata fonte de energia elétrica a partir de inícios da década de 1960 –, essa Terceira Revolução caracterizou-se pelo emprego, em larga escala, do binômio informática/robótica, que implicou a difusão da *automação* dos processos produtivos dos países centrais da economia-mundo capitalista.

    Pode-se definir *automação* como a utilização de máquinas ou de processos automáticos que executam tarefas com uma reduzida supervisão humana, ou que possuem habilidades específicas além da capacidade do homem. O impacto de tal aperfeiçoamento técnico traduziu-se por um brutal aumento da produtividade em todos os setores da atividade econômica, com a correspondente utilização de um número cada vez menor de operários. Isso acabou implicando um duplo efeito: a concentração de capital em nível monopolista tornou-se quase uma obrigatoriedade para a sobrevivência das empresas, e processou-se em uma escala internacional. E a necessidade de se adotar um planejamento econômico global, para impedir que se criasse um intervalo entre as curvas da oferta e da demanda, revalorizou o papel intervencionista do Estado, nas áreas centrais do sistema.

Essa Terceira Revolução Industrial não provocou sozinha os fenômenos da concentração monopolista de capital, de sua internacionalização e do intervencionismo estatal que, aliás, já eram claramente discerníveis desde o final da Segunda Guerra Mundial. O que sua emergência provocou foi a inevitabilidade de tais tendências se concretizarem, a fim de impedir que o sistema capitalista enfrentasse crises, que dada a existência de um sistema "concorrente", poderiam ter um efeito deletério sobre sua sobrevivência. Ou seja, a crescente necessidade de controlar a atividade econômica – em grande parte gerada pelo enorme aumento do volume da produção global que a *automação* propiciou –, foi respondida em dois níveis: um, pelo Estado (intervencionismo), e outro pelas empresas (concentração). Isso tornou irreversível o processo já desencadeado da internacionalização do capital, seja pela constituição de *empresas multinacionais* (EMN), seja pela formação de *blocos econômicos supranacionais* (Comunidade Econômica Europeia, Associação Europeia para o Livre Comércio, Associação Latino-Americana para o Livre Comércio, etc.).

Essa internacionalização do capital, por seu lado, levou as relações centro-periferia no espaço da economia-mundo a uma mudança radical, com o abandono das antigas práticas do imperialismo formal, e com a adoção de novas formas de exploração, denominadas de *neocolonialismo*. Essa nova forma de exploração implicava basicamente a exportação de *tecnologia* e de capitais. Significativamente, o último ato que se pode classificar de imperialista, no velho estilo, foi o ataque franco-britânico – que contou também com a participação ativa do "representante do imperialismo" na região, o Estado de Israel –, ao Egito, em 1956, como represália à nacionalização do Canal de Suez, que acabou tornando-se inviável por pressão dos governos "não alinhados" e da URSS.

E embora a produtividade dos processos produtivos de mercadorias (fossem bens de consumo, fossem bens de capital) atingisse níveis sem precedentes nos países centrais, ou precisamente por essa razão, o setor da atividade econômica que mais se desenvolveu, tanto em valor como em número de empregados, foi o de bens e serviços. No caso dos Estados Unidos, por exemplo, esse setor empregava, em 1969, cerca de 56% da P.E.A., contra 38% do setor industrial e apenas 6% do agrícola. Na verdade, o que se estava concretizando nessa *era pós-industrial* do sistema capitalista, era um grau de produtividade tão elevado, que volumes cada vez menores de mão de obra, embora bastante qualificada, realizavam volumes cada vez maiores de produção industrial. A opção óbvia, tanto para drenar o excedente de mão de obra, como para transformar em consumo a crescente produção, foi a expansão do setor terciário, com sua enorme capacidade de induzir a novas necessidades de consumo e mesmo de incorporar e desenvolver atividades econômicas novas como, por exemplo, o setor de telecomunicações. É interessante que se reflita sobre o seguinte dado: de 1957 – quando a informática fez sua estreia comercial –, a 1967, o número de trabalhadores de escritório nos Estados Unidos, longe de ter-se reduzido, sofreu um aumento de no mínimo 10 milhões de pessoas.

Em resumo, as duas antigas condições para qualificar um alargamento do mercado consumidor – preço e qualidade –, estavam sendo rapidamente sobrepujadas por um novo elemento, a *propaganda*, que passara a ser o definidor do consumo global. Nesse quadro, uma estreita combinação entre aumentos reais de salários + obsolescência planejada + indução ao consumo, passou a ser de importância fundamental para assegurar o crescimento do capitalismo nas áreas centrais do sistema. O consumo global também passou por um alargamento, pois a concentração monopolista de capital evitou que os conglomerados necessitassem de apoios e de estímulos externos a sua própria realização de lucros para se autofinanciarem. Isso acabou por transformar a massa de gastos com salários em realização imediata de consumo, que ainda foi sujeito a uma ampliação nada desprezível, efetuada através da popularização de seu financiamento, que nada mais era que o comprometimento imediato dos salários futuros.

O problema foi que a combinação *automação* + concentração monopolista de capital + autofinanciamento dos conglomerados, acabou produzindo uma tal disponibilidade de capital, que seu reinvestimento na área central da economia capitalista forçaria o aparecimento de um excedente impossível de ser consumido e de uma radical baixa na taxa de juros. Isso poderia pôr em risco todo o sistema, gerando uma crise de proporções ainda maiores que a que se configurou em 1929. A solução foi exportar capitais para as áreas periféricas, que foram incentivadas a promover uma política de industrialização acelerada, em que os processos tecnológicos que já se haviam tornado obsoletos nas áreas centrais, foram largamente utilizados. Configurou-se uma nova fase nas relações centro-periferias.

Para uma melhor compreensão dos mecanismos do capitalismo em sua idade "adulta", optou-se por estudá-lo dentro de três tópicos: o novo papel do Estado, as formas de internacionalização do capital e a formação dos blocos econômicos supranacionais.

O NOVO PAPEL DO ESTADO

Nos anos que se seguiram ao término da Segunda Guerra Mundial, o Estado consolidou-se como o grande responsável não só pela segurança dos cidadãos – seja no espaço socioeconômico seja no sentido político-ideológico –, mas também como participante ativo no processo econômico, deixando de ser um mero "solucionador de crises", para passar a se dedicar à própria atividade produtiva, detendo o monopólio de alguns setores.

Como responsável pela segurança dos cidadãos, o Estado passa a investir no que se poderia chamar de *área do capital social* (educação, saúde, transporte, comunicações, previdência social, etc.), ao mesmo tempo em que se propõe a garantir os investimentos internacionais, frente aos riscos de ordem política.

Como participante do processo econômico, o Estado age na *área do capital produtivo*, dispondo de suas próprias unidades de produção, onde reproduz o processo capitalista de produção, acumulando lucros e extraindo mais-valia. Como exemplos, tem-se a completa nacionalização dos setores de carvão, gás, eletricidade e siderurgia na Inglaterra; de eletricidade, gás, carvão e créditos e seguros na França; e de eletricidade na Itália.

Agindo nesses dois níveis, o Estado não estaria fazendo mais nada que policiar a manutenção do sistema capitalista, impedindo que se acumulassem prejuízos ou ocorressem crises, enquanto suas sociedades passariam a gozar de um melhor padrão de vida e de um menor nível de desemprego.

É significativo que se atente para o fato de que essa superintervenção estatal na economia está, na verdade, procurando suprimir a luta de classes nas formações sociais capitalistas centrais, desorganizando a classe dominada e organizando a classe dominante.

Forma-se um "Estado de classe", em que toda a população se vê como parte da burguesia, gozando de padrões de vida infinitamente superiores aos encontrados nas áreas periféricas. O mais aparente indicador do sucesso de tal objetivo, é a formação da numerosa "nova classe média", os *white-collars* que, na verdade, nada mais são do que operários de gravata. Formando uma camada assalariada e despossuída como a dos operários, os *white-collars* consideram-se, no entanto, membros de uma categoria social diferenciada. Sua composição é bastante heterogênea, passando desde os mais altos escalões administrativos com poder decisório, até os mais humildes, restritos à mera execução de tarefas. São administradores profissionais, gerentes, técnicos, profissionais liberais assalariados – especialmente professores, vendedores e empregados de escritório –, mas todos eles considerando-se como sócios, economicamente superiores a operários e, portanto, membros de uma "outra" classe social.

No mesmo sentido, o crescente papel econômico do Estado fez aumentar em muito a burocracia estatal e a força dos técnicos, vistos também como pertencentes à "nova" classe dos *white-collars*. Tanto o burocrata estatal como o técnico, não seriam mais que as faces da mesma moeda. O primeiro seria o operacionalizador, frio e racional, das teorias e planificações, que o segundo elaboraria, graças ao conhecimento exclusivo da racionalidade e das "leis econômicas". Já em finais da década de 1960, consolidara-se nos países centrais do capitalismo, uma "tecnoestrutura". Seus componentes (os *tecnocratas*), passaram a exercer uma influência decisiva sobre os rumos da economia, apresentando-se como agentes imparciais e apartidários, que tomavam decisões sempre em função do bem comum e visando ao melhor funcionamento do sistema, tendo como referências critérios "científicos".

Dentro desse quadro, que se pode considerar como sendo de economias capitalistas nacionais dirigidas, é importante que se vejam, separadamente, as formas de intervenção do Estado, e sua atuação nas áreas periféricas, para uma maior compreensão.

As Formas de Intervenção Estatal

Criando seus próprios instrumentos econômicos e seu exclusivo parque industrial, o Estado passa a exercer o controle sobre as atividades econômicas propriamente ditas. E o faz, seja por meio de um Ministério encarregado da Planificação Econômica – mesmo que não seja assim denominado –, seja pela necessidade de criação de uma nova legislação, que regule o funcionamento do capital público, estabeleça as formas de seu relacionamento com o capital privado, e que fixe as normas da comercialização da produção estatal, a política de preços e salários, e estabeleça os direitos e deveres dos cada vez mais numerosos funcionários públicos.

É importante que se assinale que a participação do capital público no PNB vem aumentando constantemente nos principais países capitalistas. Em determinados setores (como os militares e financeiros, por exemplo) essa participação tem aumentado mais rapidamente que o índice de crescimento do PNB., o que parece indicar uma tendência de absorção do capital privado, por meio da formação de companhias de capital misto. Também significativas são as intervenções estatais em dois setores: no da tecnologia "de ponta" – principalmente nos setores de transportes, comunicações, pesquisa, energia nuclear, combustíveis e alta tecnologia –, e no estímulo ao investimento privado, tanto associando-se com o capital particular, para a produção de determinado bem que passa a gozar de proteção alfandegária ou de estímulos a sua comercialização, como subsidiando ou concedendo empréstimos a juros baixos para alguns setores econômicos determinados.

Quanto à questão da planificação, sem dúvida que sua existência impede que a economia fique inteiramente à mercê das oscilações da oferta e da demanda – principalmente porque o Estado detém o monopólio produtivo-distributivo de determinados bens. No entanto, querer que o *Plano* substitua completamente o mercado, como afirmam alguns autores, a exemplo do que ocorre na URSS, é proceder a uma generalização abusiva. Na verdade, é precisamente a existência de uma economia de mercado – embora regulamentada em alguns setores –, que explica o maior índice de produtividade e o estímulo ao investimento, que caracterizam os países capitalistas, quando comparados aos socialistas.

Outra forma de intervenção estatal no sentido de reproduzir a economia capitalista, é seu papel como empregador privilegiado. O Estado passa a empregar um número maior de operários, que o equivalente ao setor privado para realizar tarefas idênticas, e pagando melhores salários. Isso acaba funcionando como estímulo direto para o desenvolvimento do sistema, enquanto em períodos de crise, que acarretam uma retração do mercado, o Estado passa a "dissimular" os índices de desemprego, pela contratação de grande quantidade de operários, para a execução de tarefas totalmente subalternas, e muitas vezes não necessárias.

É evidente, que nessa situação, o Estado terá um aumento substancial em suas despesas, mas, nunca como agora, ele pode contar com tantas e tão significativas formas de financiar seus gastos. Isso acaba por transcender seu mero papel de redistribuidor de renda interna. Dentre as principais formas de financiamento do capital público, guardadas as peculiares variantes nacionais, seis parecem poder ser consideradas como de uso comum: 1. por inversões de capital produtivo que gerem excedentes capazes de cobrir as despesas com os "gastos sociais"; 2. pelo aumento da dívida pública interna; 3. pelo aumento dos tributos ou pela criação de novas taxas fiscais; 4. pelo emprego de uma política monetária que controle o câmbio e o comércio exterior; 5. pelo exercício de fortes pressões político-militares, que acabam obrigando outros Estados a desenvolver seus potenciais militares, o que resulta em um aumento da exportação de equipamentos militares; e 6. pelo controle dos organismos financeiros internacionais – como o F.M.I. por exemplo –, o que permite orientar os fluxos de créditos internacionais em função de previsões político-econômicas elaboradas previamente.

Concluindo, deve-se destacar duas outras formas de intervenção estatal, que merecem particular menção. **A primeira**, é a concatenação ciência-tecnologia-guerra, que foi amplamente desenvolvida, chegando a realizar plenamente, pela primeira vez na história, a simbiose entre o Estado – empresário máximo da guerra –, e a pesquisa científica. Os dados falam por si. Em 1962-63, da produção científica global, destinavam-se a fins militares, 52% nos Estados Unidos, 35% na França e 39% na Inglaterra. Em 1968, os países membros da Comunidade Econômica Europeia empregavam mais de 300 mil técnicos e pesquisadores, dedicados exclusivamente a objetivos bélicos. Em 1959 nos Estados Unidos, o Estado absorvia com destinação puramente militar, das demandas globais internas, cerca de 9/10 das peças e equipamentos de reposição para a aviação, 3/5 dos metais não ferrosos, 1/2 dos produtos químicos e dos equipamentos eletrônicos,

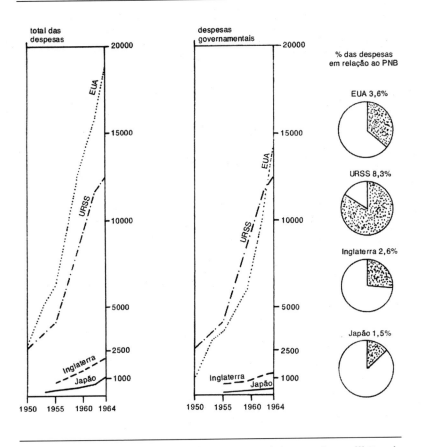

Gráfico 21 – Despesas com pesquisa e desenvolvimento (em milhões de dólares).
(Fonte: Adaptado de *História do Século 20 – Enciclopédia Semanal*, São Paulo, Abril Cultural, s/d).

e mais de 1/3 dos equipamentos de comunicação e dos instrumentos científicos. Em 1969, a proporção de gastos militares por habitante, foi de 393 dólares nos Estados Unidos, 100 na Inglaterra, 123 na França e 90 dólares na Alemanha Ocidental.

O impulso que essa combinação guerra-ciência-tecnologia tem proporcionado à economia dos países centrais do capitalismo, principalmente aos Estados Unidos, pode ser considerado como um dos

309

pilares de seu crescimento industrial, principalmente após a Guerra da Coreia (1949-53) e a aberta corrida armamentista com a URSS. Somente no primeiro ano de implantação do Programa de Defesa Estratégico (A.B.M.), o governo norte-americano, através do Pentágono, estabeleceu contratos com cerca de 3 mil empresas no valor de 190 milhões de dólares, além de 688 milhões anteriormente pagos à *Western Electric Co.*, para a pesquisa e o desenvolvimento do Projeto. E o Programa conhecido como Iniciativa de Defesa Estratégica (I.D.E.), popularmente chamado de "Guerra nas Estrelas", iniciado em 1984, tem como estimativa inicial a incrível soma de 1 trilhão de dólares. A enorme quantidade de recursos que o Estado tem injetado na economia norte-americana, somente para a execução de programas militares, levou à popularização da ideia de que, já em finais da década de 1950, os EUA estavam baseando quase todo seu crescimento econômico na existência de um *complexo militar-industrial*.

E a segunda, é a associação entre os Estados centrais e os periféricos do sistema capitalista, na qual os primeiros fornecem substanciais somas de capital para os segundos, utilizando organismos internacionais como o Banco Mundial (B.M.) ou a Associação Internacional de Desenvolvimento (I.D.A.), aparentemente como uma forma de "ajuda". São os programas *AID* norte-americanos, para que os subdesenvolvidos possam "assegurar um melhor nível de vida às suas populações", e os "em desenvolvimento" possam "concretizar seus esforços de industrialização".

Na verdade, esses programas de "ajuda", nada mais são que formas estatais de estimular as economias centrais do sistema, como já o reconhecia o presidente norte-americano J. F. Kennedy, em discurso proferido no *Economic Club* de Nova York em 1962: "A ajuda externa constitui um método pelo qual os Estados Unidos mantêm uma posição de influência e de controle sobre o mundo inteiro".

Esses programas cumprem, dissimuladamente, três finalidades: 1) Permitem a exportação de mercadorias excedentes, sob condições privilegiadas de preços. É o caso do Paquistão, que em 1966 "perdeu" 60 milhões de dólares dos 500 que havia recebido como "ajuda", simplesmente porque foi obrigado a comprar de empresas norte-americanas, produtos siderúrgicos com preços 40% mais altos que os do mercado mundial. 2) Permitem a exportação de capitais excedentes, e servem como via de consolidação dos monopólios nas áreas periféricas, como o demonstram a formação de várias empresas *joint-ventures* em países asiáticos que receberam programas de "ajuda", como a Índia e as Filipinas. 3) Acabam por reforçar a dependência das áreas periféricas, transformando a "ajuda" em dívidas externas colossais e em um fluxo de capitais com destino aos países centrais. É o caso da América Latina, que entre 1965-66 recebeu 603 milhões de dólares dos EUA, mas lhe efetuou pagamentos da ordem de 350 milhões de dólares referentes a dívidas, e de outros 142 milhões apenas de juros, enquanto no mesmo período, os EUA receberam da América Latina 1 bilhão e 600 milhões de dólares, referentes ao pagamento de *royalties* e de remessas de lucros de suas subsidiárias.

O Estado nas Áreas Periféricas

À semelhança dos países centrais do sistema capitalista, nas áreas periféricas também o Estado, principalmente a partir da década de 1960, passa a desempenhar um ativo papel na direção da economia.

Sejam países que foram sujeitos ao imperialismo formal, e que conquistaram sua independência política na onda de descolonização que se seguiu ao término da Segunda Guerra Mundial – como os situados na Ásia e na África –, ou sejam os da América Latina, seus Estados passaram a constituir monopólios de produção e/ou de comercialização de suas matérias-primas, que em última análise eram o único "capital" de que eles dispunham dentro do contexto da economia-mundo capitalista.

Dessa forma, criam-se monopólios estatais para a produção e comercialização do petróleo, visando apenas obter o controle do mercado interno, na Argentina, Índia e Tailândia. Ou monopólios estatais para a produção de petróleo, nos países que dependiam basicamente de sua exportação para manter suas economias em funcionamento, como a Venezuela, o Irã, o Iraque, a Arábia Saudita e os demais países do Golfo Pérsico. Em 1973, esses países se associaram na Organização dos Países Exportadores de Petróleo (OPEP), procurando impor preços e cotas uniformes para o produto. Em 1975 funda-se o Clube do Cobre, constituído pelos maiores produtores mundiais do metal, que anteriormente já haviam nacionalizado totalmente sua extração, colocando-a em mãos do Estado (Chile, Zâmbia, Peru e México).

Na Ásia, graças à celebração do Pacto do Sudeste Asiático em 1954, e do direto envolvimento militar norte-americano no Vietnã de 1956 a 1973, em nome da "agressão comunista" aos "países livres", a presença dos EUA acabou reforçando os Estados "amigos" com um fluxo constante de dólares, através de programas privilegiados de "ajuda". No continente africano, no entanto, as novas nações que emergiram do processo de descolonização viram-se às voltas com uma série de problemas que compreendiam alta instabilidade política, guerras de agressão contra novos vizinhos e inúmeros processos de guerras civis e tentativas de secessão. Em curto espaço de tempo, suas economias transformaram-se em estruturas bastante frágeis, com alguns países não conseguindo sequer produzir alimentos suficientes para alimentar suas populações. Na América Latina, ao contrário, o Estado pôde fortalecer-se e encetar um esforço concentrado de aparente crescimento econômico baseado em uma industrialização acelerada.

Mesmo submetida à pressão norte-americana por meio da Aliança para o Progresso, após a aberta passagem de Cuba para o bloco socialista em 1960, a América Latina como um todo viu seus Estados encetarem uma política econômica de forte sentimento nacionalista, cujos traços comuns podem ser agrupados em três tópicos: 1) Cumprimento de políticas de crescimento econômico que tentavam promover a modernização de suas estruturas socioeconômicas e políticas. 2) Criação de condições favoráveis à acumulação de capitais e de expansão das grandes empresas privadas. 3) Esforços para anular os desequilíbrios internos que os processos de industrialização e urbanização naturalmente provocavam, e de arbitrar os conflitos entre os novos grupos e forças sociais que sua "modernização forçada" desde a depressão da década de 1930, fizera emergir. De um modo geral, essa maior atuação estatal configurou o domínio de uma burocracia e de uma "tecnocracia" estatais, aliadas com suas incipientes burguesias nacionais, no sentido de garantir alguma estabilidade política e de assegurar uma paz social que pudessem servir de atrativos para as inversões de capital externo.

Dentro desse quadro, assume particular importância a tentativa de promover um rápido desenvolvimento industrial da região. Essa tentativa está fortemente apoiada pelo Estado, segundo um referencial teórico que afirmava que toda economia nacional passa por cinco etapas (sociedade tradicional, transição, decolagem, maturidade e era do consumo de massa). Para a América Latina – a mais antiga área colonial e a que há mais tempo conquistara sua independência política –, as condições da passagem para a fase da decolagem estavam presentes, bastando, para tanto, um esforço decisivo do Estado. Embora essa tentativa de promover o desenvolvimento da região esteja intimamente associada com a CEPAL, e com algumas figuras como a de Celso Furtado para o Brasil, nos inícios da década de 1960, o enorme esforço de modernização foi realmente encetado no período 1969-1979, denominado de "Milagre Brasileiro", quando o país se encontrava sob um autoritário governo militar de direita (o caso brasileiro serve de exemplo padrão para os demais países da região, tanto pelas suas condições, como pelos efeitos que produziu).

O que realmente este esforço concentrado estatal de passar de "país pobre" para "país rico" em poucas décadas, acabou produzindo, foi o de onerar enormemente o Estado. Este se viu compelido a transformar-se em empresário principal e em executor monopolista de extremamente caras obras complexas de infraestrutura de longa maturação econômica, sem dispor de recursos de capital suficientes, a não ser lançando mão abusivamente do endividamento interno. Isso acarretou um impacto inflacionário que se tornou "autossustentado", não havendo, até inícios da década de 1990, sinais concretos de que ele pudesse ser controlado. Houve também endividamento externo levando o país ao retorno a um estágio de "economia colonial", procurando obter por todos os meios superávits em sua balança comercial. Chegou, inclusive, a ter como seu setor agrícola mais mecanizado e "moderno" o exclusivamente dedicado à exportação. Esse retrocesso visava efetuar os pagamentos do serviço da dívida e os compromissos a curto prazo. Mas mesmo estes encargos foram abandonados em fins da década de 1980, passando a existir um estado de moratória unilateral, não oficialmente declarada.

Em resumo, a tentativa latino-americana de ingressar na industrialização, quando as economias centrais do sistema capitalista já viviam em uma era "pós-industrial", por intermédio do único agente que poderia efetuar tal esforço concentrado – seus Estados –, acabou por não as levar ao rompimento dos laços de dependência econômica que sempre mantiveram organicamente, mas ao contrário, refletiram apenas a nova etapa da dependência que o capitalismo, em sua idade "adulta", impôs às suas áreas periféricas, via sua internacionalização.

A questão adquire contornos nítidos, quando se atenta para o fato de que eram as áreas periféricas que, principalmente a partir da década de 1960, estavam transferindo capital para as áreas centrais, sob as mais variadas formas (pagamentos de empréstimos, remessas de lucros, etc.). Os números apresentados pela Aliança para o Progresso são exemplares a esse respeito, principalmente quando se pensa que se tratou de um programa de "ajuda" para a América Latina, com a adicional preocupação estratégica de que ela pudesse ficar imune às atrações do "comunismo". O programa acabou rendendo para os EUA um lucro líquido da ordem de 1,2 bilhão de dólares, dos quais apenas 0,15% foi reinvestido na região.

A INTERNACIONALIZAÇÃO DO CAPITAL

O que a Terceira Revolução Industrial concretizou plenamente, foi uma tendência que já se manifestava desde o final da Primeira Guerra Mundial, de transformar o capital que se concentrava em nível monopolista nas diversas nações do centro capitalista, em *concentração monopolista internacional*, personificando uma nova etapa nas relações centro-periferias.

Com a *automação* dos processos produtivos, a capacidade dos mercados nacionais dos países centrais de absorver os novos volumes com que a oferta global passara a se apresentar, tornou-se bastante inelástica, em que pesem os esforços concentrados da indução ao consumo, do notável alargamento do setor terciário e do novo papel do Estado, passando a ocorrer uma combinação de tendência ao não investimento produtivo com uma disponibilidade de capitais. A solução encontrada pelo sistema foi a de não mais incentivar as áreas periféricas a importarem produtos industrializados, mas a passarem a contar com suas próprias bases industriais, financiadas pelos países centrais, com processos tecnológicos que já se mostravam superados. Isso garantiria uma situação de dependência estrutural, ao mesmo tempo em que permitiria criar um fluxo de retorno de investimentos altamente rentável, que poderia servir para financiar novos avanços tecnológicos. A revista norte-americana *Business Week*, de janeiro de 1969, traz uma afirmação clara sobre a nova relação que se criara: "Para as empresas americanas; a produção das fábricas assinaladas no estrangeiro é agora muito mais importante para satisfazer a demanda dos clientes externos, que as exportações procedentes dos Estados Unidos (...) O que significa que as empresas americanas penetraram nos mercados externos muito mais em razão de sua própria produção no estrangeiro, que devido às exportações de suas fábricas instaladas nos Estados Unidos".

Essa nova relação centro-periferias, que a internacionalização do capital constituiu, acentuou as condições de dependência das regiões periféricas, fixando-as em cinco formas: 1) dependência financeira, sujeitando o sistema monetário internacional e os organismos financeiros às diretrizes dos conglomerados monopolistas; 2) dependência tecnológica, mediante o controle dos processos produtivos de ponta, e escolha das condições em que se processará a transferência de tecnologia mediante o pagamento de *royalties*; 3) dependência comercial, pela internacionalização do consumo, que conduz à formação de um mercado internacional único, controlado pelos monopólios internacionais, reduzindo os vários mercados nacionais a apêndices controlados de um espaço maior; 4) dependência produtiva, pelo estabelecimento de limites ao desenvolvimento autônomo das economias nacionais periféricas, mediante o controle majoritário de suas próprias unidades produtivas; e 5) dependência cultural, internacionalizando os valores da sociedade de consumo, pelo controle dos meios de comunicação de massas, principalmente no que se refere à transmissão e veiculação de notícias e programas de entretenimento.

Como se viu no item "As Formas de Intervenção Estatal" (pág. 306), o Estado nas áreas centrais do sistema foi particularmente ativo em promover essa internacionalização do capital, mas seu principal agente foi um novo tipo de empresa, característica desse período, denominada "multinacional".

As Empresas Multinacionais

A denominação empresa multinacional (EMN), definida por J. Maisonrouge, diretor de uma delas (*IBM World Trade Co.*), como sendo "a empresa, ou antes, o grupo de empresas, cujas atividades, estendendo-se a numerosos países, são concebidas, organizadas e conduzidas em escala mundial", foi comumente adotada durante a década de 1950 para designar os conglomerados monopolistas, principalmente de origem norte-americana, que estenderam suas atividades produtivas por todo o espaço da economia-mundo capitalista, particularmente na área da Europa Ocidental, na esteira do Plano Marshall, e em direção às nações asiáticas que emergiam do processo de descolonização.

De uma maneira geral, essas empresas monopolistas caracterizam-se por possuir uma matriz, sediada nos países centrais do sistema, e uma série de filiais localizadas nos vários países onde atuam. Podem exercer atividades de caráter industrial, comercial e financeiro, simultaneamente, quando podem realizar a etapa completa de circulação do capital: produção e distribuição das mercadorias realizadas em suas próprias unidades fabris, com fontes particulares de capital. No entanto, e isso é fundamental, o que distingue realmente a empresa multinacional de quaisquer outras empresas que em outras épocas operaram com base nas áreas centrais do sistema capitalista, e que lhe dá sua principal característica, é o fato de ela produzir mercadorias em um nível internacional. E o faz de modo tal que em cada um dos países em que possui uma unidade de produção, cria-se uma especialização e elabora-se um elemento da mercadoria final, que é, definitivamente, montada em uma unidade de produção a qual centraliza todos os elementos da mercadoria que foi realmente produzida *internacionalmente*. Isso permite que a multinacional planeje sua produção não apenas levando em conta as características individuais de cada país onde mantém unidades produtivas, mas sim, pese legislações comerciais, trabalhistas e fiscais de cada Estado, objetivando uma forma de maximizar sua taxa geral de lucro, a longo prazo.

A partir de finais da década de 1950, as multinacionais estão, com sua contínua expansão, acelerando em muito a internacionalização do capital. Anualmente os grandes conglomerados estão aumentando a percentagem de sua produção industrial fora dos países que sediam suas matrizes em cerca de 10%, contra um crescimento constante de quase 5% do PNB mundial anualmente. Em 1965 todas as multinacionais norte-americanas apresentavam volumes de vendas mais elevados (somando-se o resultado de suas filiais no exterior), que o apresentado pelas exportações de suas matrizes. É altamente significativo que a existência da empresa multinacional permita alcançar um grau de racionalidade produtiva e de maximização de lucratividade, nunca antes conseguido dentro do espaço da economia-mundo capitalista, meramente orientando as inversões de capital no sentido de melhor aproveitar as reais condições específicas de cada área, evitando distorções e acréscimos na composição dos preços de custo dos diferentes produtores. Assim, a década de 1960 assistiu a uma verdadeira invasão por parte das multinacionais norte-americanas, dos países da Europa Ocidental, uma vez que os salários médios nesses países eram três vezes menores que os pagos nos EUA, para um nível de produtividade equivalente. Da mesma forma, os esforços de industrialização empreendidos pelos Estados latino-americanos, nas décadas de 1960-70, foram acompanhados pela presença de subsidiárias dos conglomerados monopolistas, justamente nos setores da produção de bens de consumo, que eram os que apresentavam uma melhor perspectiva de lucros rápidos, devido à combinação salários baixos + isenções fiscais + financiamento ao consumo + ampliação da infraestrutura produtiva por ação estatal.

Também o advento da empresa multinacional representou uma nova fase nas relações de dependência centro-periferias, substituindo a tradicional exportação de capitais e produtos industrializados, pela inversão direta de capital em setores produtivos. Diferentemente da primeira metade do século XX, quando os investimentos das áreas centrais nas periféricas eram considerados como sendo "de carteira" – operações de ações e financeiras a curto prazo e/ou concessões de empréstimos a empresas privadas –, os realizados através das multinacionais são considerados como *investimentos diretos*. Ou seja, são investimentos em capital fixo e/ou que levem ao controle acionário das empresas produtoras de bens de mercado. Calcula-se, que no período 1960-1975, os investimentos diretos chegaram a representar cerca de 75% do total dos

317

investimentos de capital privado realizados pelos EUA nas áreas asiática, africana e latino-americana.

Em 1971, enquanto cerca de apenas 6% dos investimentos em pesquisa eram realizados no estrangeiro, tomando-se o conjunto das 10 maiores multinacionais norte-americanas, mais de 55% de seu faturamento total era realizado por suas subsidiárias. Fica claro, assim, como os processos tecnológicos que se tornam obsoletos nas áreas centrais, passam a ser utilizados nas periféricas, permitindo um envio constante de pagamentos de *royalties* para as matrizes e fornecendo subsídios para novos avanços tecnológicos. Cada vez mais, parece haver uma tendência para que os investimentos de capital das multinacionais se concentrem na indústria de transformação (bens de consumo), nas áreas periféricas, afastando-se de outros setores como petróleo, minérios e agricultura.

Essa nova tendência pode ser resumida na conquista dos mercados internos de bens de consumo das nações "em desenvolvimento", mediante o investimento direto em unidades produtivas e a alocação de tecnologia já obsoleta, mas ainda bastante produtiva, dadas as condições reais dos mercados locais. Isso acaba permitindo que o setor industrial periférico realize altos lucros, os quais ou são reinvestidos para uma ampliação da produção ou são remetidos à matriz, garantindo, dessa forma, a consolidação do controle sobre o setor mais dinâmico das economias nacionais.

De um modo geral, a América Latina tem apresentado uma queda constante com relação ao direcionamento dos investimentos de capital norte-americanos de caráter privado, comparativamente com outras áreas. Em 1960, ela recebia cerca de 28,3%, caindo para 17,7%, enquanto a Europa Ocidental passou de 20,3% para 32,6% no mesmo período. Esse aparente privilegiamento da Europa Ocidental com relação às áreas periféricas, deve ser entendido em dois níveis. Em primeiro lugar, como uma tentativa norte-americana de reafirmar sua posição hegemônica sobre a economia-mundo capitalista, obtendo o controle das unidades produtivas onde o sistema já caracterizava uma economia central, com suas enormes possibilidades de desenvolvimento via incorporação imediata de inovações tecnológicas. E em segundo lugar, como uma medida de longo prazo, que visava concomitantemente dificultar a elaboração de políticas econômicas nacionais na Europa, e transformar a América Latina em uma grande "área de reserva", para futuras expansões cíclicas do sistema. De mais a mais, a América Latina já estava rapidamente aumentando seu endividamento externo – o que só reforçava sua dependência com relação aos EUA, devido a seus programas nacionais de industrialização acelerada, tentados contemporaneamente pelo Brasil, México e Chile.

Existe uma indagação que automaticamente ocorre, sempre que se aborda a questão das empresas multinacionais: elas seriam um reflexo tipicamente norte-americano, ou podem ser encontradas nos países de centro da Europa Ocidental?, ou mesmo no Japão?

A empresa multinacional, em sua abrangência e em sua diversificação produtiva é, sem dúvida alguma, um fenômeno norte-americano, que faz sua instalação em nível mundial durante o denominado "período de hegemonia dos EUA" – 1945-1973 – quando as demais áreas centrais estavam sofrendo ainda os efeitos da Segunda Guerra Mundial. As cem maiores multinacionais controlavam em 1967, cerca de 49,3% do ativo industrial dos EUA, enquanto o volume de vendas da *General Motors* só era superado pelo orçamento de quatro países capitalistas: EUA, França, Alemanha e Inglaterra. A *ITT* que se especializara na fabricação de aparelhagem telefônica na década de 1920, nos anos 70 fazia-se presente em 35 ramos e em 70 diferentes países; a *Ford*, por exemplo, fabrica motores de trator na Inglaterra, transmissões na Bélgica e caixas de câmbio em Detroit, enquanto em 1971, para 170 grandes multinacionais, as receitas advindas de fora do setor principal representavam 22% do total.

Não que os grandes conglomerados norte-americanos estivessem simplesmente ocupando os espaços vazios em nível mundial. Na verdade, eles puderam fazer uma verdadeira aprendizagem para a multinacionalização, uma vez que os EUA formam um mercado de dimensões continentais, que com suas inúmeras particularidades locais e regionais funcionam como um microcosmo da economia-mundo. Isso acaba permitindo que se desenvolvam flexibilidade operacional e habilidades específicas, sem que se perca a visão global do processo e a direção unificada da empresa.

No entanto, os países da Europa Ocidental, com sua secular tradição colonialista, a partir de meados da década de 1950, com suas economias recuperadas e em desenvolvimento acelerado, passaram rapidamente a imitar o exemplo norte-americano, internacionalizando a participação de seus grandes conglomerados. Apenas a título de ilustração, pode-se considerar como empresas multinacionais de grande porte, as europeias *Royal Dutch-Shell* e *British Petroleum* (Petróleo), *Philips*, *Siemens* e *AEG* (material elétrico).

As Relações Estados-Empresas Multinacionais

Há que se ter sempre presente, que uma vez que as EMN nada mais são que a operacionalização da internacionalização do capital, concentrado em nível monopolista nas áreas centrais do sistema, não há por que haver um conflito orgânico entre os Estados nacionais centrais, e suas expressões econômicas mais significativas, as EMN.

Na verdade, não se coloca o mito da independência das EMN frente a seus Estados hóspedes de matrizes. Isso implicaria atrelá-los a suas diretrizes mercadológicas, como meros executores dependentes de políticas econômicas de âmbito mundial. Nem se coloca uma completa fusão entre os Estados centrais e suas empresas multinacionais, que acabaram por dividir seus mercados internos em áreas monopolistas e estatal, eliminando toda competitividade e permitindo a existência residual de um pequeno setor concorrencial. O que ocorre é o estabelecimento de uma estreita relação de associação entre o Estado – enquanto instrumento de classe –, e a classe que possui e/ou controla os setores básicos da economia.

Dentro dessa firme relação de associação, três formas são predominantes: assistência, promoção e proteção. Pela primeira, os Estados auxiliam as EMN não só por meio de medidas financeiras (particularmente subvenções), mas também tendendo a facilitar sua penetração econômica em outros países, pelo estabelecimento de um vínculo de estreita colaboração entre as EMN e os ministérios do comércio dos Estados que abrigam suas sedes. Por outro lado, cria-se uma série de associações de políticos e empresários, que nada mais reflete que a prestação de serviços por parte do Estado às empresas multinacionais. Destes, pode-se listar o *Committee for a National Trade Policy* (CNTP), fundado em 1953, com o objetivo de reduzir as barreiras tarifárias internacionais e permitir a expansão do capital norte-americano; o *Committee for Economic Development* (CED), que tem por objetivo pressionar os governos estrangeiros no sentido de reduzirem as barreiras comerciais no MEC e nas áreas periféricas; e o *National Planning Association* (NPA), que se ocupa de questões comerciais em geral, e dos vínculos econômico-comerciais entre EUA e Canadá, em particular. Por meio da relação de promoção, os Estados elaboram programas visando favorecer o desenvolvimento dos conglomerados monopolistas em seus países sedes, mas principalmente, oferecendo programas de ajuda financeira para que as EMN se expandam no exterior. De particular importância foi o programa desenvolvido pelos EUA, entre 1952 e 1968, que isentava de impostos os lucros realizados por empresas norte-americanas no exterior, o que em outras palavras, significava que o Estado estava proporcionando a instalação de unidades de produção industrial no exterior, na forma de filiais das EMN norte-americanas.

E pela proteção, as empresas têm seus investimentos de capital no exterior diretamente protegidos pelo Estado. Por meio da emenda *Hicken Looper*, os EUA podem privar de ajuda financeira de origem pública, qualquer país que exproprie uma propriedade de origem norte-americana, sem adequada compensação. A emenda chegou a ser aplicada contra o Ceilão, que havia nacionalizado as companhias petrolíferas norte-americanas e sua aplicação contra o Peru, quando da nacionalização dos poços de petróleo de propriedade da *IPC*, só não se efetivou, graças à aquiescência do governo peruano em indenizá-lo adequadamente em um acordo posterior a 1969.

Também dentro dessa relação de proteção, deve-se incluir o amparo que o governo dos EUA dá aos direitos de propriedade industrial das filiais de empresas norte-americanas no exterior, firmando acordos para garantir patentes, mercados, licenças de fabricação, etc., que faz com que, em última análise, o conhecimento tecnológico "de ponta", continue sendo a mercadoria mais valiosa e protegidas EMN.

Assim, a relação Estado-empresas multinacionais adquire conotações de cooperação, de estabelecimento de políticas que visam a interesses comuns, que podem ser visualizados em dois níveis: interno e externo. Internamente, solidifica-se uma natural aliança entre o estamento tecnoburocrático que administra o Estado e o gerenciamento profissional das EMN, no sentido de evitar crises nas diversas economias nacionais e melhor planejá-las a longo prazo;

externamente, como pode se ver nas relações de associação acima descritas, Estado e EMN acabam completando-se na imposição de uma relação internacional, que acentua a dependência das áreas periféricas com relação às áreas centrais do sistema capitalista.

De mais a mais, as EMN, com raras exceções, não estabelecem verdadeiros monopólios quer em nível nacional, quer em nível internacional, com relação à produção e/ou distribuição de um determinado bem, mas sim, operam em um sistema oligopolista. Isso faz com que algum grau de competição entre elas, para a conquista de melhores porções do mercado consumidor, acabe ocorrendo, com a decorrente valorização do papel do Estado como árbitro entre as EMN e, principalmente, como único agente capaz de implementar políticas econômicas a longo prazo, utilizando simultaneamente todos os recursos nacionais.

Por outro lado, não há dúvida de que as relações EMN-Estados periféricos, pautam-se pela tentativa das primeiras em serem tratadas como verdadeiros "Estados independentes". Isso implicaria uma relação entre iguais, com inevitáveis choques, que algumas vezes chegaram a transcender o âmbito das relações econômicas, como o episódio *ITT*-governo Allende, no Chile de 1973.

A FORMAÇÃO DE
BLOCOS ECONÔMICOS SUPRANACIONAIS

Embora a existência das tensões constantes provocadas pela Guerra Fria, mais as necessidades de reconstrução das economias da Europa Ocidental e do Japão, colocassem essas áreas sob a liderança norte-americana, os EUA não foram capazes de formar, tanto nos anos de aplicação do Plano Marshall, como nos que se seguiram à restauração da capacidade produtiva da Europa Ocidental e do Japão, a partir da segunda metade da década de 1950, um verdadeiro bloco econômico capitalista internacional, que englobasse todas as áreas centrais do sistema.

O que ocorreu foi meramente um grande movimento de investimento de capital e de defesa político-militar, por parte dos EUA. Mesmo exercendo um enorme poder econômico, eles acabaram por ocupar uma posição hegemônica dentro da economia-mundo capitalista em que não se colocava uma relação de dependência implícita, mas de *aliança* com as demais áreas centrais, que momentaneamente passavam por dificuldades. Era uma situação bastante diversa da que a Inglaterra gozou quando das primeiras décadas após sua Revolução Industrial, que a transformou no único Estado central da economia-mundo capitalista. E também diferia da tentativa alemã de construir seu espaço econômico próprio, submetendo realmente todas as áreas dependentes a sua influência, durante 1935-45.

Além disso, colocando-se como obstáculo máximo ao avanço do socialismo em nível mundial, os EUA acabaram por incorrer em atitudes contraditórias, como estimular os movimentos de emancipação coloniais afro-asiáticos, ou opor-se às medidas de caráter colonial tomadas por seus aliados europeus, como na crise de Suez de 1956. Ao mesmo tempo, empenharam-se em sustentar governos ditatoriais em nome de uma atitude anticomunista, envolvendo-se em guerras de caráter marcadamente imperialista, como a que travaram no Vietnã, de 1959-73.

O resultado dessa postura norte-americana foi que em um sistema econômico que se fazia cada vez mais internacionalizado, as duas áreas centrais sujeitas à "ajuda" dos EUA, por volta de meados da década de 1950, já com suas economias reconstruídas, passaram a procurar estabelecer seus próprios espaços econômicos, e em pouco tempo, de esteio ao crescimento econômico norte-americano, transformaram-se em poderosos rivais econômicos. E a Europa Ocidental e o Japão passam a competir com os EUA, não como Estados independentes e autônomos, mas como blocos econômicos coesos, que superam suas rivalidades de caráter nacional, com a constituição de organismos supranacionais que podem colocar todas as potencialidades econômicas dos diversos países em uma única direção, a exemplo de uma mais que gigantesca empresa multinacional.

Toda a evolução estrutural do sistema econômico capitalista, nas primeiras décadas que se seguem à assunção de sua idade "adulta" (1955-90), pode ser resumida na tentativa de constituição de poderosos blocos econômicos supranacionais, que centralizam as áreas tecnologicamente mais desenvolvidas do sistema, impondo às periféricas ritmos diferenciados de crescimento econômico.

Esses blocos supranacionais, nada mais são do que um estágio a mais na internacionalização do capital. Eles representam um esforço de racionalização no sentido de maximizar as potencialidades de lucro, transformando os desperdícios causados por rivalidades nacionais em uma ação planejada e executada em nível "continental". Isso lhe garante uma eficácia muito mais abrangente no nível do sistema como um todo, com a possibilidade de desenvolver, no limite, as potencialidades próprias de cada subárea dentro do bloco. Provoca-se, então, uma total integração econômica entre elas, sem que haja internamente questões de dependência e/ou de desenvolvimento desigual.

Para uma melhor compreensão da evolução da formação desses blocos econômicos, optou-se por uma divisão cronológica que trata preferencialmente do período de hegemonia norte-americana, e de sua posterior contestação por parte dos blocos que se formaram a partir da Europa Ocidental e do Japão.

A Hegemonia Norte-Americana (1955-1973)

Durante essa pouco mais que década e meia, os EUA exerceram uma posição hegemônica dentro do sistema capitalista, praticamente sem encontrar contestação. Isso ocorreu em uma época em que o sistema se apresentava em uma notável fase de expansão, crescendo como um todo ao ritmo médio de 5% ao ano, e sendo capaz de controlar o efeito crítico de suas passagens conjunturais desfavoráveis (crise de Suez, 1956; depressão nas indústrias têxteis e químicas norte-americanas, 1952-54; crise monetária, 1967).

Paralelamente a essa posição dominante norte-americana, os países da Europa Ocidental, formalmente, e o Japão, oficiosamente, organizam entidades e/ou políticas econômicas que levam à formação de blocos supranacionais, aparecendo no horizonte como concorrentes dos EUA, principalmente a partir da década de 1960.

Na área da Europa Ocidental, os Tratados de Roma de 1957, dão origem à Comunidade Econômica Europeia, mais conhecida como Mercado Comum Europeu (MCE), agrupando Alemanha Ocidental, França, Itália, Holanda, Bélgica e Luxemburgo. O MCE estabeleceu que as tarifas alfandegárias entre os países membros seriam extintas, e fixou uma tarifa externa comum, o que levaria a uma completa união alfandegária até fins de 1969. Cada país membro obrigou-se ao cumprimento de determinados objetivos (como, por exemplo, uma política agrícola comum) em certo prazo. Setores como política comercial com relação ao resto do mundo e os transportes deveriam tornar-se comuns para todos os membros, enquanto outros, como política social e monetária, deveriam ser harmonizados de modo a não provocar conflitos entre diferentes políticas nacionais.

O MCE obteve êxito de várias maneiras. A união alfandegária foi realizada dezoito meses antes do previsto, e o comércio entre os países membros quadruplicou, enquanto a importação do resto do mundo duplicou nos 11 anos seguintes a sua fundação. Após difíceis negociações, uma política agrícola comum pôde ser acertada, e alguns países puderam experimentar um notável crescimento econômico, como a Alemanha, que sustentou uma taxa anual de 5,4% de 1958 a 1970.

Pelo seu relacionamento especial com suas antigas áreas coloniais, a *Commonwealth*, e não desejando uma unidade política tão rígida como a do MCE, a Inglaterra e os países escandinavos (Noruega, Suécia, Finlândia) mais a Islândia, a Dinamarca, a Áustria, a Suíça e Portugal, estabelecem, em 1959, a Associação Europeia de Livre Comércio (AELC), visando a uma abertura de novas perspectivas de exportação, pelo estabelecimento de acordos bilaterais de comércio entre os países membros.

Embora o comércio entre os países membros da AELC tivesse, nos primeiros anos que se seguiram a 1959, subido duas vezes e meia, a Inglaterra viu-se exposta à competição do MCE, inclusive dentro da área da *Commonwealth*, o que a levou a pleitear seu ingresso na Comunidade Europeia, por duas vezes, em 1963 e em 1967, sendo em ambas vetada pela França.

A Europa tentava superar, com êxito relativo, suas antigas rivalidades nacionais e caminhar para a constituição de um organismo econômico comum. O Japão, durante o mesmo período, procurava estabelecer uma política coerente e comum com várias áreas asiáticas. Eram elas produtoras das matérias-primas de que ele tanto carecia, ou "enclaves de capital e tecnologia". Esses "enclaves" começaram a se constituir em meados da década de 1960 na Ásia, graças, principalmente, à maciça ajuda norte-americana para "conter o avanço do comunismo", na Coreia do Sul, em Taiwan (Formosa), e em menor escala em Hong Kong.

A característica mais marcante da economia japonesa nesse período foi sua espantosa taxa de crescimento: cerca de 10% anuais, de 1955 a 1962, a mais alta taxa de qualquer país industrializado. No início dos anos 1960, sua renda *per capita* havia se tornado a mais alta da Ásia, e seu crescimento era estimulado mais pelo investimento que pela demanda. O Japão foi capaz de investir os recursos necessários à reabilitação de sua indústria, adotando o controle salarial e dos gastos públicos, enquanto o aumento das exportações, que se situou em mais que o dobro da média anual entre 1954-64, sustentou esse crescimento. Em finais dos anos 1950, o Japão procurou projetar uma mudança na produção industrial, para abranger bens de produção que pudessem ser trocados por matérias-primas e por têxteis nos mercados asiáticos, em que sua indústria pesada poderia ter vantagens em relação à ocidental. Assim, em meados da década de 1960, produtos químicos e de engenharia passaram a representar uma parcela sempre crescente da produção total, enquanto o país tornava-se o terceiro produtor mundial de aço.

No entanto, essa mudança não pôde ser acompanhada pela alteração prevista na pauta das exportações, em grande parte por pressão dos EUA. Isso levou o comércio japonês com o restante da Ásia a um declínio, e o país continuou sendo um privilegiado parceiro comercial dos norte-americanos. A partir de 1966, o Japão deliberadamente aumentou seus investimentos de capital no exterior, preferencialmente na área asiática, mesmo brecando sua notável taxa de crescimento, a fim de poder romper "a dependência informal" que mantinha com a economia norte-americana, principalmente no que dizia respeito a processos tecnológicos de ponta, e a fim de poder constituir seu próprio e privilegiado espaço econômico.

Embora os EUA sentissem, mormente a partir de inícios da década de 1960, a concorrência do MCE e em menor escala a do Japão, o que fazia com que sua taxa de crescimento já inferior a dos seus rivais (cerca de 3,5% anuais), acabasse afetando seu desempenho global, foi, na verdade, sua incapacidade de conseguir um balanço de pagamentos superavitário, por mais de uma década, que acabou expondo seus problemas estruturais. Havia atraso na produtividade e alto custo da mão de obra em relação a seus concorrentes, tornando o país extremamente vulnerável às crises, monetária de 1968 e energética de 1973, e perdendo durante os anos 1970, sua posição hegemônica dentro do sistema capitalista. Teve, assim, que conviver em pé de igualdade com o MCE e com o Japão.

Se a balança comercial norte-americana se manteve superavitária, desde finais da Segunda Guerra Mundial até finais dos anos 1950, seu balanço de pagamentos, ao contrário, manteve-se constantemente deficitário, totalizando, em 1958, um déficit permanente de cerca de 3 bilhões de dólares anuais. Com a queda nas exportações norte-americanas, simultânea à elevação das importações (causada por movimentos conjunturais grevistas em certos setores, como o do aço), que se configura a partir de 1958, o déficit passa a representar claramente uma transferência de reservas de ouro para os países industrializados da Europa Ocidental e para o Japão, gerando um excesso de dólares internacionalmente.

Como desde 1958, graças ao Acordo Monetário Europeu, as moedas voltam a ser conversíveis em ouro, os déficits anuais norte-americanos em seus balanços de pagamentos representam créditos a curto prazo que ameaçam os estoques de ouro dos EUA, fazendo com que suas reservas baixem de 24,6 para 16 bilhões de dólares, de 1949 a 1960 (algo como 62,3% do estoque mundial); enquanto as obrigações externas de curto prazo sobem de 8,2 para 22 bilhões de dólares. Isso acaba obrigando o sistema a conviver com uma inflação permanente, expressa pelo excesso de dólares em circulação e/ou em créditos a curto prazo que se acumulavam em mãos dos demais países industrializados.

Característica dessa etapa de internacionalização do capitalismo, foi o fato de que grande volume desse déficit dos EUA foi utilizado como exportação maciça de capitais para as áreas industrializadas da Europa Ocidental, para programas de "ajuda" aos países do Terceiro Mundo, e para o financiamento de gastos militares na Ásia. Eram todos investimentos que geraram lucros a curto prazo, mas cuja maior percentagem acabou sendo reinvestida *in loco*, consoante a busca de uma maior lucratividade inerente ao sistema, simplesmente agravando a situação externa dos EUA.

A situação caminhou rapidamente para um impasse. Por volta de 1968, os bancos centrais dos países industrializados não desejavam mais acumular dólares, e principalmente houve uma desproporção entre as reservas norte-americanas de ouro e o montante de suas dívidas a curto prazo, transformando a conversibilidade do dólar em impossibilidade prática. A tentativa de buscar uma solução, ainda que temporária, para o problema duplo de déficit norte-americano e inflação crescente, pela Conferência de Estocolmo em 1968, através do estabelecimento dos Direitos Especiais de Saques (DES), que passariam a representar uma extensão dos fundos de reserva à disposição do FMI, não chegou a apresentar resultados. Isso se deveu à crise político-social francesa de maio do mesmo ano, que culminou com a fuga de capitais franceses, e com o desequilíbrio entre as paridades cambiais europeias, resultando na desvalorização do franco em 11,1% em 1969 e na correspondente valorização do marco em 9,3%. Esses movimentos de realinhamento cambial tornaram a posição do dólar insustentável, provocando uma "crise de confiança" na moeda norte-americana, que levou ao inevitável: em agosto de 1971, o presidente Richard Nixon anunciava uma desvalorização de 12% do dólar e o fim de sua conversibilidade.

A partir dessa data, as tentativas de se organizar um novo sistema monetário internacional, baseado em divisas estáveis e possibilidades de conversibilidade, tornaram-se inócuas, tanto diante do problema não resolvido da crescente inflação mundial, como da grande mobilidade com que os capitais passaram a contar, caracterizando plenamente a etapa de sua internacionalização. Em última análise, isso levou ao reforço das áreas que apresentavam superávits em seus balanços de pagamentos: o MEC e o Japão. Os países industrializados passaram a permitir a flutuação cambial, abandonando as taxas quase fixas da segunda metade da década de 1950, o que permitiu uma relativa recuperação do valor do dólar durante 1972, se bem que bastante inferior à recuperação das moedas europeias e do iene.

O golpe final sobre a hegemonia norte-americana veio com o aumento do preço do petróleo pelos países da OPEP em 1973, que mergulhou o país em uma forte recessão, aliada à permanência de uma pressão inflacionária e à manutenção de um déficit em seu balanço de pagamentos, pois os EUA importavam, por volta de 1973, cerca de 30% de suas necessidades globais de petróleo.

MCE: fundada em 1957
AELC: fundada em 1960

Figura 9 – Grupos europeus de intercâmbio.
(Fonte: Mapa adaptado de *História do Século 20 – Enciclopédia Semanal*, São Paulo, Abril Cultural, s/d).

A Emergência do MCE e do Japão (1974-?)

Quando se afirma que o período de hegemonia norte-americana sobre a economia-mundo capitalista encerra-se em 1973, não se está, de forma alguma, teorizando uma crise geral do sistema capitalista, muito menos a emergência de suas "contradições internas", mas simplesmente constatando uma mudança de posição dentro de sua área central.

Se, desde o final da Segunda Guerra Mundial, os EUA colocaram-se como uma "superpotência", chegando a ser identificados como a própria essência do capitalismo, a partir da década de 1970 dois novos concorrentes disputam com ele, muitas vezes em condições bastante vantajosas, o papel de novas áreas centrais, ou melhor, de áreas centrais mais dinâmicas.

O sistema capitalista como um todo absorveu bastante bem os ônus que foram o legado de décadas de hegemonia norte-americana – inflação e desequilíbrio orçamentário estrutural, desemprego e redução espacial da área capitalista. No entanto, toda a década de 1970 viveu uma fase de depressão mundial, que setorialmente se prolongou até 1984.

O impacto do aumento dos preços do petróleo pela OPEP elevou de imediato seu superávit de 8 bilhões em 1973 para 55 bilhões de dólares em 1974, o que significou um déficit de 35 bilhões de dólares para os países centrais e de 20 bilhões para os periféricos não produtores de petróleo. Houve também um aumento na inflação mundial de 14%, com seus efeitos espraiando-se em uma economia altamente internacionalizada, provocando altas nos preços de cereais, e de matérias-primas, e causando um particular crescimento da inflação interna dos EUA e sua entrada em um forte período recessivo em 1974-75. Embora apenas 7,5% do PIB norte-americano represente sua taxa de exportações (contra 23% da Alemanha, 19% da Inglaterra e 11% do Japão), muitas empresas dos EUA tiveram que recorrer aos mercados mundiais, em uma agressiva política de vendas, para poder manter-se em funcionamento, tal o grau de recessão que sua economia atravessava internamente. O resultado, foi uma competição brutal pela conquista de mercados consumidores externos, capazes de compensar os crescentes gastos com a importação de petróleo, envolvendo os EUA, o MCE e o Japão.

Nessa competição, que se prolongou pelos anos 1970, esse superávit acumulado pelos países da OPEP – os "petrodólares" – logo retornou aos países centrais, seja na forma do aumento das importações árabes, seja na forma de investimentos diretos em áreas industriais e de serviços. Ou ainda pelo controle que as EMN exerciam de fato sobre a produção e distribuição de petróleo, o que atenuou a agudeza da fase depressiva nos países industrializados (embora não contribuísse para acabar com a constante pressão inflacionária). E mais importante de tudo, fez com que os países periféricos não produtores de petróleo, tivessem que finalmente, arcar com todos os ônus que a crise energética provocou no sistema capitalista, tanto pela interrupção no financiamento de suas políticas de desenvolvimento industrial acelerado, como pelo encarecimento de suas matérias-primas, única fonte de divisas de muitos deles, em uma época conjuntural de redução de importações por parte dos países industrializados.

Se os EUA conseguiram afinal uma recuperação econômica após os "negros anos 70", basicamente durante a administração republicana de Ronald Reagan (1981-89), que baixou a taxa anual de inflação de 14% em 1981 para 4% oito anos depois, elevando o PIB durante o mesmo período, de 3 trilhões para 5,16 trilhões de dólares, essa recuperação parece assentada sobre bases não muito sólidas. O ponto básico da política econômica adotada foi estimular o crescimento econômico favorecendo a oferta, com incentivos à produção, através de uma política fiscal de redução drástica de impostos, esperando que o montante não arrecadado pelo governo seria destinado ou à poupança ou a investimentos produtivos. E para fazer face ao decréscimo da arrecadação fiscal, o governo diminuiu o tamanho ou extinguiu uma série de agências federais reguladoras das atividades econômicas, ao mesmo tempo em que cortou drasticamente vários programas sociais, que assistiam às populações de baixa renda.

Não há dúvida de que a economia dos EUA conseguiu se recuperar, mas às custas de uma brutal concentração de renda interna, e da constituição de grandes bolsões de pobreza. Isso, somado à permanência de uma menor taxa de produtividade – se comparada aos padrões europeu ocidental e japonês –, deixa a permanente impressão de que a economia norte-americana está às vésperas de uma grave recessão.

O MCE, por seu lado, conseguiu solidificar sua posição na área central do sistema capitalista, durante os difíceis anos 1970 e os quase prósperos anos 1980. Em 1973, a Inglaterra, o Eire e a Dinamarca foram admitidos como países membros; em 1981, foi a vez da Grécia, e em 1986, Espanha e Portugal passaram a fazer parte da comunidade, enquanto acordos de redução de tarifas comerciais foram estabelecidos com a Turquia, Malta, Chipre e mais 19 nações africanas, ex-colônias de países europeus. O objetivo principal de se conseguir a total integração econômica dos países membros, com a eliminação de qualquer entrave ao comércio interno, além da possibilidade de assegurar a livre movimentação de capitais, serviços, mercadorias e mão de obra entre os países associados, apresentando-se como uma força coesa e única no espaço da economia-mundo capitalista, pôde avançar a passos largos. Ao final dos anos 1980, o MCE aparecia como o responsável por 33% da produção mundial de automóveis, 20% da de navios e mais de 20% da de fibras sintéticas, e apresentava um PIB da ordem de 3.790 trilhões de dólares, o segundo mundial, só inferior ao dos EUA.

A resposta japonesa à crise energética dos inícios dos anos 1970, por seu lado, foi a retomada de sua antiga política de intercâmbio de capitais e tecnologia dentro da área asiática do Extremo Oriente, com uma estreita associação com a Coreia do Sul, Taiwan, Hong Kong e Cingapura, as quatro economias denominadas de "modelo exportador". O resultado foi um PIB de 2.348 trilhões de dólares em 1989, com uma taxa de desemprego da ordem de 2,2% – a menor encontrada nos países altamente industrializados. E ainda mais significativo, a permanência da tendência de formação – mesmo que oficiosamente –, de uma associação do tipo "Bloco Econômico do

Extremo Oriente", englobando o próprio Japão, e as demais economias de "modelo exportador". Não foi casualmente, que o Japão concentrou suas nada desprezíveis exportações de capital, durante a década de 1980, na área do Extremo Oriente (em cerca de 2/3 do total), e tem procurado agir conjuntamente aos demais exportadores asiáticos de industrializados, no que diz respeito a questões de estratégia econômica em nível mundial.

É bastante significativo que na esteira dessa tendência de formação de blocos econômicos supranacionais, os próprios EUA tenham, em finais de 1989, formalizado com o Canadá, um Protocolo de Livre Comércio, que contempla o México com um tratamento preferencial em questões econômicas vitais a longo prazo. Isso permite que se visualize com clareza os fundamentos de um "Bloco Integrado Norte-Americano", onde estarão imbricadas três variáveis fundamentais para assegurar um crescimento autossustentado nas próximas décadas, frente à concorrência do MCE e das áreas asiáticas lideradas pelo Japão: concentração de capitais e tecnologia de ponta + recursos naturais abundantes + grande quantidade de mão de obra barata e mercado consumidor passível de brutal expansão.

PROJEÇÕES E PERSPECTIVAS

Em um trabalho dessa natureza, não há espaço para uma conclusão formal. De qualquer modo, pode-se ressaltar algumas tendências mais concretas, com respeito aos prováveis desenvolvimentos do sistema capitalista, à luz dos fatores conjunturais mais recentes.

1. A Europa Ocidental, através do MCE, deverá se constituir no polo mais dinâmico do sistema capitalista durante a década de 1990, não só pela unificação alemã (setembro de 1990), mas também pela perspectiva de absorção como países membros, ou mesmo como países associados, das nações do Leste Europeu, que rapidamente abandonaram o "socialismo" em finais da década de 1980. A unificação alemã, por si só, altera a balança interna do MCE em favor da Alemanha – reforçando-a indiretamente –, na medida em que já era o país que tinha o maior superávit comercial do mundo (em uma proporção *per capita*, 4 vezes mais que os EUA, e 2 vezes mais que o Japão), mantendo uma inflação média anual de apenas 1,2% nos últimos cinco anos.

2. O MCE também parece tender a ser reforçado pela desagregação por que passa a URSS. Os episódios de agosto de 1991, mostram claramente que o sistema "capitalista estatal" soviético está fora de qualquer possibilidade de recuperação. E o rompimento da artificial unidade territorial soviética viabiliza a emergência de novos países, livres de uma direção centralizada em termos de planejamento econômico. Esses fatos maximizarão as possibilidades de constituição de um bloco econômico único, estendendo-se do Atlântico ao Pacífico, ainda que oficiosamente integrado sob o sistema capitalista.

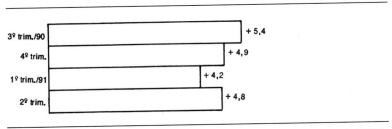

Gráfico 22 – A Alemanha mantém expansão (variação % anualizada do PNB).
(Fonte: Adaptado de *Folha de São Paulo*, de 08/09/91).

3. O enorme reforço que o sistema capitalista recebeu com o colapso soviético, priorizou a Europa do Leste como zona de investimentos de capital, tanto por parte do MCE, como por tentativas de penetração norte-americanas através da atuação das EMN. O resultado provavelmente será duplo: os EUA com seu acordo com o México e o Canadá, estão estabelecendo uma área privilegiada de atuação, como compensação para seu mais que provável declínio econômico na área europeia; a China e o Japão tenderão a aproximar-se mais economicamente, como forma de compensar a crescente influência europeia no sistema econômico mundial.

4. Todos os movimentos de realinhamento, dentro das áreas centrais do sistema capitalista, quer quanto à constituição de blocos supranacionais, quer quanto à priorização de investimentos de capital, estão circunscritos ao hemisfério norte, por uma eventualidade conjuntural. Mas, seu efeito será reduzir as áreas do hemis-

fério sul – particularmente a América Latina –, a meras reservas estratégicas, destinadas a permanecer à parte dos polos dinâmicos do sistema capitalista, nas próximas décadas.

5. Todo o desenvolvimento do sistema capitalista, desde sua origem até as várias crises de seu "crescimento", sempre foi pautado por uma relação diferencial, entre o centro e as periferias, que servia de motor para seu desenvolvimento autossustentado. Portanto, nada mais natural, que em sua idade "adulta", o capitalismo continue a estabelecer essas relações diferenciais, mesmo que com uma extensão mundial, fazendo com que a África e a América Latina passem a constituir a "retaguarda que garantirá a futura ampliação do sistema". Isso quando as condições objetivas das áreas do hemisfério norte mostrarem-se perto de um ponto ideal de equilíbrio, quer quanto à absorção total dos volumes produzidos, quer quanto ao retorno do investimento de capital, quer quanto à oferta global de mão de obra, em um período em que o capitalismo realmente se internacionalizou.

6. Embora haja uma preocupação constante, por parte dos países da área central do capitalismo, em controlar direta ou indiretamente as fontes de matérias-primas, principalmente as consideradas energéticas (como bem o demonstrou o episódio denominado Guerra do Golfo, 1990-91, quando se impediu que um só país controlasse efetivamente uma percentagem considerada estratégica das reservas mundiais de petróleo), paralelamente não se pode desprezar o crescimento dos movimentos ecológicos organizados; o que implicará necessariamente uma reavaliação dos ritmos de crescimento industrial sem maiores preocupações com o meio ambiente.

GLOSSÁRIO

Dada a utilização constante, no decorrer do presente trabalho, de termos técnicos de economia e/ou de economia política, decidiu-se pela elaboração de um glossário, visando facilitar a compreensão de alguns tópicos abordados.

No entanto, este glossário não deve ser confundido com um *dicionário* ou *vocabulário* (geral) *de termos econômicos*. Optou-se simplesmente pela listagem de certos verbetes menos comuns, ou daqueles que poderiam comportar um duplo sentido.

Desta forma, conceitos que foram devidamente "trabalhados" no decorrer do texto, não se encontram aqui listados, da mesma forma que, aqueles que o leitor encontrará, sofreram uma simplificação conceitual, atendo-se meramente ao significado preciso de sua utilização neste trabalho.

Para aqueles que desejem um maior conhecimento dos significados múltiplos destes verbetes, recomenda-se uma consulta a: BELCHIOR, E. O., *Vocabulário de Termos Econômicos e Financeiros*, Rio de Janeiro, Ed. Civilização Brasileira, 1987 (obra recente, que arrola os diversos significados e/ou interpretações que os economistas atribuem aos termos econômicos).

Absenteísmo – hábito de pessoas de posses que gastam seus rendimentos longe do local em que eles foram gerados.

Absenteísta – pessoa que vive distante de suas propriedades. Particularmente aplicável aos grandes proprietários europeus (anglo-franco-holandeses) de plantações na América, durante o Período Colonial (sécs. XVII-XVIII), ou aos latifundiários chineses pré-revolução comunista.

Ação – título que representa uma das inúmeras partes iguais, em que se divide o capital de uma sociedade anônima ou de capital aberto.

Acumulação de Capital – aumento do volume de capital disponível, mediante a sistemática incorporação dos lucros. (...) Primitiva (...): forma de acumulação padrão do sistema econômico comercial dos séculos XIV-XVIII, caracterizando-se por se dar extramercado e compulsoriamente.

Autofinanciamento – capacidade que as empresas possuem de alocarem os recursos de capital necessários às suas atividades produtivas, mediante a não distribuição de lucros realizados.

Bens Econômicos – tudo aquilo que é produzido dentro de um determinado sistema econômico. Os (...) dividem-se em: 1. bens de consumo, aqueles que se esgotam completamente durante sua utilização; 2. bens de capital, aqueles que durante sua utilização produzem outros (...). Os bens de consumo podem ainda ser classificados em: a. não duráveis (ex.: roupas); b. semiduráveis (ex.: móveis); c. duráveis (ex.: veículos), dependendo de seu tempo de vida útil. Como exemplo padrão de bens de capital, pode-se ter as máquinas industriais de uma montadora de veículos.

Bimetalismo – existência simultânea de duas moedas-padrões, baseadas, uma no ouro e a outra na prata, com curso legal dentro de uma economia nacional (ex.: o Império Romano sempre teve um (...) com relação às suas moedas).

Bonificação – distribuição de bônus (títulos, ações, descontos sobre os preços de compra), por parte de uma empresa.

Bônus – prêmios e/ou vantagens extras que as empresas concedem a seus acionistas.

Câmbio – o mesmo que troca; relação comercial de compra e venda de mercadorias ou de moedas; o mesmo que Inter (...). Letra de (...): título que representa o direito de receber determinada quantia em moeda, em um prazo estipulado. (...) Negro: compra e venda clandestina de mercadorias ou de moedas, a preços mais elevados que os oficialmente fixados. Taxa de (...): relação de valor que as diferentes moedas nacionais mantêm entre si; a taxa de (...) pode ser: 1. alta, quando se necessita de uma grande quantidade de moeda nacional para se comprar uma unidade de moeda estrangeira; 2. baixa, quando uma unidade de moeda nacional compra grandes quantidades de moedas estrangeiras. Obs.: A situação 1 é favorável aos países exportadores, enquanto a situação 2 favorece os países importadores.

Capital – quantia acumulada, ou destinada a criar novos valores; volume de moeda destinado à atividade produtiva; valor que representa bens imóveis, máquinas e parcelas monetárias, que se destina à produção de bens econômicos quaisquer. (...) Fixo: parcela que corresponde aos bens imóveis, às máquinas e aos equipamentos produtivos. (...) Variável: parcela que corresponde aos valores em moeda ou em créditos. (...) de Giro: quantia em moeda que as empresas reservam para o financiamento de suas atividades produtivas.

Ciclos Econômicos – movimentos cíclicos que incidem sobre as atividades econômicas como um todo, alternando períodos de crescimento e de estagnação. Os (...) podem ser: 1. de curta duração: 1.a. *decenal* ou de *Juglar*, com duração média de 10 anos; 1.b. de *Kitchin*, que se aplica preferencialmente às economias industrializadas, com duração média de 3 ou 4 anos; 2. de longa duração: 2.a. de *Kuznets*, que duram em média, de 15 a 25 anos; 2.b. de *Kondratieff*, com duração secular, que alterna etapas de expansão – *Fase A* –, com etapas de estagnação econômica – *Fase B*. Pode-se, ainda, identificar os chamados *Interciclos*, quando se alternam períodos de *Fase A*, com outros de *Fase B*, dentro de um mesmo (...) de longa duração.

Circulação – a passagem dos bens econômicos de um para outro: a mudança de proprietário, seja de bens materiais, seja de direitos, ou mesmo de créditos. Velocidade de (...): o tempo que as mercadorias levam para ser vendidas; o tempo que a moeda leva para mudar de mãos.

Concentração – o acúmulo de riquezas em mãos únicas; processo de acumulação de capital e/ou de bens econômicos em mãos de uma única empresa, classe social ou economia nacional. (...) Industrial: a localização geográfica privilegiada de determinada produção econômica (ex.: na Alemanha, a (...) da indústria do aço corresponde ao vale do Ruhr).

Concorrência – situação de mercado na qual os produtores e/ ou comerciantes têm oportunidades idênticas para a concretização de suas atividades econômicas; oferta por parte de diferentes empresas, de bens iguais ou semelhantes; o mesmo que Livre (...). Na verdade, a concorrência sempre foi mais um modelo teórico, que uma realidade, devido às condições privilegiadas que os diferentes produtores/comerciantes, adquiriram através da evolução dos diversos sistemas econômicos.

Contrabando – compra e venda de mercadorias, sem o pagamento dos direitos aduaneiros.

Crescimento Econômico – aceleração geral da atividade econômica; alargamento do volume da produção. (...) Horizontal: aumento do volume produtivo, mediante a incorporação de um maior número de mão de obra, e de maior quantidade de máquinas. (...) Vertical: aumento do volume produtivo, mediante a incorporação de inovações tecnológicas; o mesmo que maior produtividade.

Custos – valores mínimos dos bens econômicos. (...) Fixos: aqueles que permanecem constantes durante vários processos produtivos, ou que não variam de acordo com o volume da produção (exs.: máquinas, navios). (...) Variáveis: os que correspondem ao gasto total em um único processo produtivo, ou que variam de acordo com o volume da produção atingida (exemplos: salários, energia). (...) de Produção: a somatória dos (...) fixos e dos variáveis, durante um mesmo processo produtivo.

Déficit – o excesso de despesa com relação à receita, em um determinado orçamento. (...) Público: os gastos estatais que ultrapassam o volume da arrecadação; o mesmo que Dívida Pública. (...) na Balança Comercial ou no Balanço de Pagamentos: dívida de um país para com outro, resultante de suas transações econômicas desiguais, durante um determinado período (ex.: maior valor das importações que das exportações anuais).

Demanda – ou Procura: quantidade global de mercadorias passíveis de serem adquiridas em um dado período; o tamanho do mercado consumidor.

Deflação – situação de desequilíbrio, na qual existe uma quantidade de mercadorias, bens e serviços, com valores superiores aos da quantidade global de moeda em circulação.

Depressão – redução generalizada do ritmo da atividade econômica; situação em que a produção de mercadorias diminui, o desemprego torna-se maior, o crédito fica escasso, e as transações de compra e venda ficam mais raras, reduzindo-se a artigos essenciais. *Importante*: não confundir (...) com crise. A crise, apesar de extremamente violenta, é de curta duração, e regional ou setorialmente localizada. Já a (...), tem um caráter econômico muito mais abrangente, e uma duração maior; ela corresponde a uma desorganização profunda da atividade econômica (exemplos: fala-se em Crise de 1929, e em (...) da década de 1930). Existe uma velha piada entre os economistas, que ilustra perfeitamente bem esta diferença: "na crise, seu vizinho perde o emprego, na depressão, você perde também".

Despesa – o montante em moeda, necessário para a aquisição de uma mercadoria, ou para a produção de um bem econômico qualquer. (...) Nacional: o montante de gastos de um país, para saldar seus débitos e/ou para financiar sua produção global.

Dinheiro – o mesmo que Moeda.

Direitos – o mesmo que Impostos; parcelas de valor que as autoridades constituídas lançam sobre o custo de produção dos bens econômicos. (...) Aduaneiros ou Alfandegários: taxas cobradas pelos Estados, para que as mercadorias estrangeiras possam ser comercializadas em seus territórios; o mesmo que Impostos de Importação.

Distribuição – o segundo dos três pilares que compõem qualquer atividade econômica completa (Produção – (...) – Consumo); a comercialização das mercadorias, ou a atividade comercial como um todo.

Dirigismo – ou (...) Estatal: situação de absoluto controle de todas as atividades econômicas por parte do Estado; o mesmo que Planificação Econômica (exemplo, o Império Romano, após a Crise do século III; a URSS após 1928).

Economia Política – a ciência de prover as necessidades materiais de uma nação, a fim de produzir uma maior riqueza, tanto para os indivíduos, como para o Estado.

Entesourar – retirar moedas e/ou valores monetários de circulação armazenando-os esterilmente, ou transformando-os em objetos sem valor econômico imediato; prática comum na Ásia (Índia, China e Ilhas das Especiarias), durante os séculos XVI-XVIII.

Escambo – troca de mercadorias por mercadorias, sem intermediação de moeda.

Especulação – aplicação de recursos de capital, visando uma supervalorização; investimento que visa uma grande e rápida diferença entre os preços de compra e de venda. Aplicação de capital em atividade não produtiva.

Excedente Econômico – todos os bens econômicos que o produtor direto, por uma razão ou outra, não consome – ou porque não pode, ou porque não quer; a parcela dos bens econômicos que é passível de comercialização. Extração do (...): a apropriação de quantidades de bens econômicos viabilizadas pelos produtores diretos, por parte dos administradores do processo de produção. Obs.: nos sistemas econômicos não capitalistas, a extração do (...) dava-se sempre extramercado e compulsoriamente; no capitalismo, ela ocorre via mercado e livremente.

Expansão – aumento do ritmo da atividade econômica global; o mesmo que Crescimento Econômico. Obs.: os sistemas econômicos não capitalistas só podem concretizar uma (...), mediante o alargamento geográfico da área produtora, e da incorporação de um maior volume de mão de obra.

Forças Produtivas – o mesmo que Nível Técnico. O grau de interdependência que existe entre as máquinas, ferramentas e utensílios produtivos, de um dado sistema econômico, globalmente considerado, com relação aos homens que os operam.

Formas de Trabalho – as diversas condições sob as quais o trabalho é organizado, dentro dos diferentes sistemas econômicos (exemplos: trabalho servil no sistema funcional, trabalho escravo na Escravidão Clássica). O mesmo que Relações de Produção. (...) Dominantes: as que dão a característica básica dos diferentes sistemas econômicos (ex.: capitalismo – trabalho assalariado).

Inflação – situação de desequilíbrio, na qual existe uma quantidade de moeda em circulação, com valor superior à quantidade de mercadorias, bens e serviços à disposição do sistema econômico como um todo. O contrário de Deflação. Obs.: não confundir (...) com *aumento real de preços*. Em uma conjuntura inflacionária, não são os preços que aumentam, mas é a moeda que perde seu valor de compra, que se *desvaloriza*, em razão direta de sua disponibilidade em excesso.

Insumo – a soma dos fatores de produção utilizados para a produção de um determinado bem econômico.

Instrumentos de Produção – todos os objetos que auxiliam o homem na realização de uma determinada tarefa produtiva (exemplos: máquinas, ferramentas, e mesmo animais, em economias não industrializadas).

Intervencionismo – ou (...) Estatal: atuação do Estado, visando regular de alguma forma as atividades econômicas, ou corrigir alguma distorção setorial. O mesmo que Planejamento Econômico. *Importante*: não confundir (...) com Dirigismo. No (...), a ação estatal é meramente normativa e/ou regularizadora, permitindo que as economias nacionais conservem um grau de independência, com relação à alocação de recursos ou à manutenção de diferentes ritmos de desenvolvimento. De um modo geral, após a Crise de 1929, o (...) tornou-se norma comum em todos os países capitalistas.

Investimentos – ou (...) Produtivo: aplicação de recursos de capital, visando a produção de bens econômicos. Re(...): seguido emprego dos lucros para aumentar a capacidade produtiva:

Juros – o custo do dinheiro. Parcelas que se acrescentam às quantias monetárias emprestadas, representando seu custo. (...) Reais: os que excedem a desvalorização da moeda, em situações inflacionárias. Taxas de (...): os diferentes custos dos valores monetários disponíveis no mercado.

Letra de Câmbio – ordem de pagamento que permite ao portador receber determinada quantia, em local e prazo estipulados.

Liquidez – a facilidade com que uma mercadoria se converte em dinheiro (exemplos: uma caixa de fósforos tem maior (...) que um veículo, e este, por sua vez, menor (...) que um livro).

Lucro – a diferença em valor, entre o custo de produção (ou de distribuição, para o comerciante) e o preço de venda. Taxa de (...): a expressão percentual desta diferença.

339

Máquinas-Ferramentas – ou máquinas operatrizes: máquinas que produzem outras máquinas. As (...) tornaram-se comuns com a Segunda Revolução Industrial.

Matérias-Primas – substâncias essenciais para a fabricação, manufatura ou industrial, de determinados bens econômicos (ex.: a lã e o algodão são (...) dos tecidos). Obs.: alguns bens econômicos podem ser tanto (...), como produtos acabados, dependendo do estágio de produção em que se encontram, sendo chamados de *bens intermediários* (ex.: para a fabricação de chapas de aço, usa-se o carbono e o ferro como (...); mas as chapas de aço são, por sua vez, (...) para a fabricação de navios).

Mercado – a quantidade de mercadorias compradas e vendidas. (...) Interno: o volume da demanda de uma economia nacional. (...) Externo: a demanda de mercadorias fora do local em que elas foram produzidas, nacionalmente falando. (...) Privilegiado ou Reserva de (...): situação de favorecimento ou de exclusividade, para a comercialização de determinada mercadoria, ou de uma empresa com relação às demais; o contrário de Livre Concorrência.

Mercadoria – todo bem econômico que é passível de comercialização. Na verdade, toda (...) é um bem econômico, mas nem todo bem econômico transforma-se em (...). Obs.: no sistema capitalista, esta diferença praticamente desaparece, uma vez que todo bem econômico, não importando sua natureza, é comercializável, ou seja, é uma (...).

Moeda – o mesmo que dinheiro; peça de metal nobre que representa o valor das mercadorias trocadas. (...) fiduciária: bilhetes ou notas bancárias ou de estabelecimentos de crédito, cujo valor depende da confiança geral que o emitente goza (exemplo: cheques, notas promissórias). Funções da (...): 1. servir de valor de troca; 2. servir como medida de valor; 3. servir como reserva de valor.

Monetária – que ela respeito à moeda. Economia (...) ou Economia Mercantil: situação econômica que se caracteriza pelas trocas (compras e vendas de mercadorias), serem feitas normalmente através de moeda.

Monometalismo – situação na qual a moeda é cunhada apenas de um metal nobre (ex.: o (...) de prata, introduzido na Europa pelos carolíngios no século VIII).

Monopólio – situação privilegiada, onde se produz ou comercializa algo, sem competidores (ex.: o (...) que as metrópoles mantinham com suas colônias, no sistema comercial, durante os séculos XVI-XVIII). (...) Estatal: atividade econômica que só o Estado pode desempenhar (ex.: no Brasil, a Petrobrás tem o (...) da prospecção e do refino de petróleo).

Monopsônio – situação em que existe um único comprador para determinada mercadoria (ex.: só as Forças Armadas compram armas de guerra).

Oferta – a quantidade global de mercadorias produzidas e colocadas no mercado para comercialização.

Oligopólio – situação econômica na qual a produção ou a comercialização de determinada mercadoria é restrita a poucas empresas.

Oligopsônio – situação em que um pequeno número de compradores procura determinada mercadoria ou serviço, junto a um grande número de vendedores.

Padrão Câmbio-Ouro – a fixação do valor das diferentes moedas nacionais, em relação a uma quantidade fixa de ouro, relacionando-se umas com as outras. Usado na época do liberalismo econômico, pós-Revolução Industrial inglesa, para facilitar o estabelecimento do valor das transações econômicas internacionais.

Padrão-Ouro – a fixação do valor de uma moeda nacional, em termos de ouro, estabelecendo-se a quantidade de ouro que ela possui, ou fixando-se um preço oficial para a compra do ouro.

Planejamento Econômico – ação, estatal ou de empresas individuais, de procurar atingir determinados objetivos dentro de uma economia nacional, ou de impor-lhe um ritmo de desenvolvimento (ex.: no caso brasileiro, o Plano de Metas do governo Juscelino, 1956-61).

Pleno-Emprego – situação em que todos que desejam trabalhar, com salários vigentes para as tarefas que podem executar, encontrem emprego. Situação que caracteriza plenamente uma Economia de Guerra.

Poupança – excesso da renda global sobre as despesas globais de consumo; a parcela da renda que não é consumida. Quantia que se reserva para uma despesa futura. Obs.: a (...) na maioria das vezes, é um mero adiantamento do consumo; ela só se transforma em capital, *quando* e *se* for investida produtivamente.

Preços – as relações que se estabelecem, em um determinado mercado, entre a moeda e as mercadorias. (...) de Custo: a somatória dos gastos realizados até que as mercadorias possam ser efetivamente vendidas (ex.: custos de produção, de distribuição, amortização do capital empregado, etc.). (...) de Mercado: os (...) pelos quais as mercadorias efetivamente são vendidas. Obs.: No Sistema Colonial Americano dos séculos XVI-XVIII, grande parte dos lucros das metrópoles, vinha do fato de elas comprarem os produtos de suas colônias quase que a (...) de custo, e revendê-los a (...) de mercado.

Processo de Produção – a combinação de tempo, máquinas ou ferramentas, e trabalho, para se criar um bem econômico.

Procura – ou Demanda: a quantidade global de mercadorias que se pode vender, em tempo e local determinados.

Produtividade – medida da relação tempo/custo/trabalho gastos na produção de determinado bem econômico. Aumento da (...): introdução de inovações técnicas que resultem em uma maior produção de mercadorias, a tempo e custos menores que os anteriores.

Produto Interno – Bruto: o valor global, a preços de mercado, das mercadorias, bens e serviços, produzidos dentro de um país; expressa-se pela sigla PIB. (...) Líquido: o valor do PIB descontadas as importâncias monetárias necessárias à reposição do equipamento desgastado no processo de produção.

Produção Nacional – Bruto: o valor global, a preços de mercado, das mercadorias, bens e serviços, produzidos com capital nacional, não importando a localização geográfica das unidades de produção; o PIB, mais as rendas recebidas do exterior; ou o PIB menos as rendas enviadas ao exterior, conforme o caso; expressa-se pela sigla PNB. (Obs.: no sistema capitalista, mais que o PIB, o PNB é o indicador real da riqueza de uma nação. Países como o Japão, por exemplo, têm um PNB cerca de 32% maior que seu nada desprezível PIB – mais de 3,2 trilhões de dólares em 1989). (...) Líquido: o PNB menos os valores necessários à reposição do equipamento gasto durante o processo de produção.

Produtor Direto – aquele que efetivamente contribui com seu trabalho para a produção de determinado bem econômico (ex.: o servo no sistema funcional). Obs.: no sistema capitalista, o termo (...) adquiriu uma enorme abrangência, dadas as características do sistema, a ponto de não ser considerado (...), apenas aquele que sobrevive somente com as rendas geradas pelo capital empregado, não se dedicando a qualquer atividade produtiva, mesmo o gerenciamento e/ou a direção de uma empresa multinacional. No capitalismo, todo aquele que recebe um salário pode ser considerado como um (...).

Produtos Acabados – todos os bens econômicos que podem ser consumidos no estágio em que se encontram, não necessitando mais de qualquer interferência produtiva (ex.: os móveis de madeira, mas não as tábuas).

Relações de Troca – o conjunto das transações de compra e venda, de um país ou região, com outros. (...) Desiguais: o intercâmbio, entre países, de mercadorias de valor unitário bastante diferenciados (ex.: venda de matérias-primas e compra de produtos industrializados).

Renda – a quantidade monetária em valor, que se recebe pela atuação em alguma atividade produtiva, ou pelo emprego de capital (exs.: o salário é a "(...)" que se recebe pela venda da força de trabalho; o lucro de uma empresa é a (...) de sua atividade produtiva; o recebimento do aluguel é a (...) que a aplicação de capital possibilitou). O volume de moeda que se pode consumir, sem que ocorra empobrecimento e/ou endividamento. (...) Líquida: o montante de moeda disponível, para o consumo, ou para investimento. (...) Nacional: o mesmo que Produto Nacional Líquido.

Salário – a quantia de moeda que se recebe pela venda da força de trabalho. O conceito de (...) está ligado ao capitalismo, na medida em que a força de trabalho acabou se tornando a *única mercadoria* que o trabalhador possui, e assim, ele é obrigado a vendê-la em troca do recebimento do (...), para poder prover suas condições mínimas de *subsistência*. *Importante*: no capitalismo, existe uma diferença em valor, entre o (...) que o operário recebe, e as mercadorias que ele produz; esta diferença – sempre em prejuízo do trabalhador –, chama-se *mais-valia* (P1), e é uma característica fundamental da maneira como se opera a acumulação de capital, dentro do sistema capitalista.

Setor – Público: área de atuação privilegiada do Estado (ex.: no Brasil, a geração e o fornecimento de energia elétrica); empresas estatais globalmente consideradas. (...) Privado: área de atuação do capital particular; o conjunto das atividades econômicas nas mãos das empresas particulares.

Setores Econômicos – os diferentes níveis em que se classifica a atividade econômica; 1. (...) Primários: a agricultura e as indústrias extrativas, minerais ou não; 2. (...) Secundários: a indústria e a construção civil; 3. (...) Terciários: os bens e serviços. Obs.: a construção civil é considerada uma atividade econômica secundária, na medida em que ela opera tipicamente como uma "indústria de transformação". Ela recebe matérias-primas (tijolos, cimento, etc.), e realiza produtos acabados (casas, edifícios, etc.).

Em uma abordagem mais genérica, dentro do sistema capitalista, toda atividade econômica que não for de caráter agrícola ou industrial, pertence aos (...) terciários (saúde, educação, segurança, finanças, etc.),

Sistema Econômico – ou Modo de Produção: uma dada relação entre as forças produtivas e as relações de produção, temporal e geograficamente definidas. *Importante*: os (...)s não são estáticos; ao contrário, eles se modificam profundamente com o correr do tempo, de acordo com as alterações que naturalmente se produzem entre seus dois fatores. Quando estas alterações ameaçam o equilíbrio desta relação, o (...) entra em crise, e provavelmente acabará substituído por outra relação diferente, ou por outro (...). Obs.: nos (...)s abordados aqui, os únicos que apresentaram uma *tendência natural* a permanecerem inalterados, foram os do capítulo 1 (as Civilizações Hidráulicas – da Mesopotâmia e do Egito, e as Comerciais – de Creta e a Fenícia).

Stock – a quantidade de mercadorias à disposição de uma empresa, em um determinado momento. (...) Global: o mesmo que oferta. (...) Monetário: a quantidade de moeda à disposição do mercado, calculado somando-se os valores em moeda real (dinheiro representado por cédulas e moedas), e em moeda fiduciária; a disponibilidade em dinheiro, em um dado momento, para o consumo e para investimento.

Subconsumo – situação de desequilíbrio, na qual a demanda real é menor que o necessário para prover as necessidades mínimas de subsistência (ex.: no sistema funcional, em anos de más colheitas, os servos viviam uma situação de (...); na década de 1920 nos EUA, a massa assalariada viveu um momento de (...), dirigindo sua renda preferencialmente ao investimento em ações, que à satisfação de suas necessidades diárias).

Superprodução – situação de desequilíbrio, na qual a oferta global é maior que a capacidade de absorção da demanda global. O sistema capitalista convive normalmente com uma situação de (...), a ponto de seus críticos da escola marxista verem na (...) uma de suas contradições internas. Na verdade, o capitalismo tem enfrentado suas crises de (...), elevando o salário real em suas áreas centrais (o que equivale a deprimi-los nas áreas periféricas), ou criando novas necessidades de consumo, via política de marketing; ou via eclosão de guerras regionais (a Guerra do Golfo de 1991, pode ser tomada como um exemplo padrão, de reativação de uma economia nacional, ameaçada de recessão).

Tarifas – ou Impostos; valores que as autoridades constituídas lançam sobre os preços das mercadorias. (...) Aduaneiras ou Alfandegárias: impostos cobrados para a permissão da comercialização de mercadorias estrangeiras, dentro de um dado país; o mesmo que (...) ou Impostos de Importação.

Valor – o preço em moeda de determinada mercadoria. (...) de troca: o preço de mercado de uma mercadoria. (...) de uso: a utilidade que determinado bem econômico tem para o homem, independente de sua comercialização.

Velocidade de Circulação – O número de vezes nos quais a moeda muda de mãos; o volume de transações comerciais em um período determinado. A (...) é usada normalmente para mensurar a vitalidade de uma economia nacional, no sistema capitalista; economias com grande (...) são consideradas economias "saudáveis", ou em fase de expansão. Usa-se indiferentemente (...) ou (...) da Moeda.

343

ORIENTAÇÃO BIBLIOGRÁFICA

Ao invés de elaborar uma listagem exaustiva de obras, optou-se por relacionar algumas seletivamente, julgadas básicas para a elaboração do presente trabalho e/ou que permitissem ao leitor uma complementação e aprofundamento das questões abordadas. Em vista disso, procurou-se, sempre que possível, citar traduções, e acrescentar breves comentários esclarecedores.

I – METODOLOGIA E ABORDAGENS TEÓRICAS

BOBER, S. *Los Ciclos y el Crecimiento Económico*. Buenos Aires, Amorrortu ed., 1971.

CHAUNU, P. *Histoire Quantitative, histoire sérielle*. Paris, Armand Colin, 1978.

GEBRAN, P. (coord.) *Conceito de Modo de Produção*. Rio de Janeiro, Paz e Terra, 1978.

HINDESS, B. & HIRST, P. *Modos de Produção pré-Capitalistas*. Rio de Janeiro, Zahar, 1976.

KULA, W. *Problemas y Metodos de Historia Económica*. Barcelona, Península, 1973.

MARX, K. *O Capital*. Rio de Janeiro, Civilização Brasileira, 1968-74, 6 v.

SCHUMPETER, J. *History of Economic Analysis*. Nova York, Harper and Row, 1954.

The Integration of Economic Theory and Economic History, número especial *The Journal of Economic History*, XVII, 1957.

VILLAR, P. Pour une meilleure compréhension entre économistes et historiens. Histoire quantitative ou économetrie rétrospective?, *Revue Historique*, CCXXIII, 1963, pp. 293-312.

II – TEORIA ECONÔMICA E OBRAS AUXILIARES

BELL, J. F. *História do Pensamento Econômico*. Rio de Janeiro, Zahar, 1976.

CIVITA, V. (ed.) *Os Economistas*. São Paulo, Abril Cultural, a partir de 1982, 47 v. (traz trechos selecionados e comentados, dos mais significativos economistas, desde Adam Smith).
DAUMAS, M. (dir.) *Histoire Générale des Techniques*. Paris, PUF, 1962, 4 v.
McEVEDY, C. & JONES, R. *Atlas of World Population History*. Middlesex, Penguin Books, 1978 (ótimo trabalho sobre a evolução da população mundial, desde a pré-História).
PARIAS, L-H (dir.) *Historia General del Trabajo*. Barcelona, Grijalbo, 1965, 4 v.
ROLL, E. *História das Doutrinas Econômicas*. São Paulo, Nacional, 1977.

III – HISTÓRIA ECONÔMICA

CIPOLLA, C. M. (ed.) *The Fontana Economic History of Europe*. Londres, Colins/Fontana, a partir de 1973, 6 v.
LUZZATO, G. *Storia Economica dell'Etá Moderna e Contemporanea*. Padova, CEDAM, 1948-50, 2 v.
POSTAN, M. M. (ed.) *The Cambridge Economic History of Europe*. Cambridge, CUP, 2ª ed., a partir de 1971,8 v. (obra fundamental de referência, escrita por especialistas nos diversos períodos; como a da Fontana, compreende desde o século IV d.C. até a década de 1950).
VASQUEZ de PRADA, V., *História Econômica Mundial*. Porto, Civilização, 1972, 2 v.

CAP. 1 – OS PRIMEIROS SISTEMAS ECONÔMICOS

CLARK, G. *L'Europe préhistorique, les fondements de son économie*. Paris, Payot, 1955.
CHILDE, V. G. *O que aconteceu na História*. Rio de Janeiro, Zahar, 4ª ed., 1977 (embora em certos sentidos superado, permanece um clássico estudo do desenvolvimento das condições materiais de existência durante as primeiras épocas).
CULICAN, W. *O Comércio Marítimo*. Lisboa, Verbo, 1966.
GARELLI, P. e NIKIPROWETZKY, V. *O Oriente Próximo Asiático*. São Paulo, Pioneira/EDUSP, 1982, 2 v.
LEVY, J. P. *L'Économie Antique*. Paris, PUF, 1969.
SANTANA CARDOSO, C. F. *Antiguidade Oriental: Política e Religião*. São Paulo, Contexto, 1990 (bom trabalho atual sobre as primeiras civilizações urbanas; mostra como nas áreas de rega-

345

dio funcionou a coação político-religiosa para a extração de excedente).

TOUTAIN, J. *La Economía Antigua*. México, UTEHA, 1959.

CAP. 2 – A ESCRAVIDÃO CLÁSSICA

ANDERSON, P. *Passages from Antiquity to Feudalism*. Londres, Verso, 1974 (um dos mais originais trabalhos sobre a estrutura e a dinâmica do sistema escravista; de consulta obrigatória).

CAVAIGNAC, E. *L'Économie grecque*. Paris, Plon, 1951.

DUNCAN-JONES, R. *The Economy of the Roman Empire*. Londres, CUP, 1974.

FINLEY, M. I. *Slavery in Classical Antiquity*. Londres, Heffer, 1968.

JONES, A. H. M. *The Later Roman Empire (284-602)*. *A Social, Economic and Administrative Survey*, Londres, OUP, 1964, 3 v. (obra de consulta obrigatória).

MICHELL, H. *The Economics of Ancient Greece*. Cambridge, CUP, 1957.

NICOLET, C. *Rome et la Conquête du Monde Méditerranéen*. Paris, PUF, 1977, 2 v.

REMONDON, R. *La Crise de l'Empire Romain*. Paris, PUF, 1970 (embora não tendo a abrangência de Jones, é uma boa síntese sobre o período).

VIDAL-NAQUET, P. & AUSTIN, M. *Economies et Sociétés en Grèce Ancienne*. Paris, Armand Colin, 1973.

WESTERMANN, W. L. *The slave system of Greek and Roman Antiquity*. Filadélfia, American Philosophical Society, 1955.

CAP. 3 – O SISTEMA ECONÔMICO FUNCIONAL

BAUTIER, R-H. *A Economia na Europa Medieval*. Lisboa, Verbo, 1973.

DOEHAERD, R. *Le Haut Moyen Âge Occidental: économies et sociétés*. Paris, PUF, 1971 (a melhor síntese atual sobre o período).

DUBY, G. *L'Économie Rurale et la Vie des Campagnes dans l'Occident Médiéval*. Paris, Aubier, 1962, 2 v.

_____. *Guerreiros e Camponeses*. Lisboa, Estampa, 1980 (original ensaio sobre as condições materiais dos séculos V a X).

FOURNIAL, E. *Histoire Monétaire de l'Occident Médiéval*. Paris, Fernand Nathan, 1970.

FOURQUIN, G. *História Econômica do Ocidente Medieval*. Lisboa, Edições 70, 1981.

_____. *Le Paysan d'Occident au Moyen Âge*. Paris, Fernand Nathan, 1972.

HEERS, J. *Le Travail au Moyen Âge*. Paris, PUF, 1968.

LATOUCHE, R. *Les Origines de l'Économie Occidentale*. Paris, Albin Michel, 1970.

LEWIS, A. R. *The Northen Seas; shipping and commerce in northern Europe, 300-1100*. Princeton, PUP, 1958.

LOMBARD, M., "A evolução urbana durante a Alta Idade Média". In *Revista de História*, XI, 1955, pp. 47-71.

_____. "O ouro muçulmano do VII ao XI Século. As bases monetárias de uma supremacia econômica". In *Revista de História*, VI, 1953, pp. 25-46 (defende a posição de que o comércio exterior europeu se revitalizou a partir do século VIII, com as importações de ouro muçulmano).

LOPES, R. *O Nascimento da Europa*. Lisboa, Cosmos, 1965.

PINSKY, J. *O Modo de Produção Feudal*. São Paulo, Brasiliense, 1980 (traz uma boa seleção de textos de época).

PIRENNE, H., *Maomé e Carlos Magno*. Lisboa, Dom Quixote, 1970 (sua clássica tese de que a Europa se ruralizou a partir do fechamento do Mediterrâneo pelos árabes não se sustenta mais; de qualquer forma, vale compará-la com a posição de Lombard).

REZENDE Fº, C. B. *Guerra e Guerreiros na Idade Média*. São Paulo, Contexto, 1989 (estudo da funcionalidade socioeconômica do guerreiro medieval).

SLICHER VAN BATH, B. *Historia Agraria de Europa Occidental (500-1850)*. Barcelona, Península, 1974 (obra de fôlego sobre a agricultura europeia; válida principalmente para os séculos VI-XVI).

WHITE JR., L. *Tecnologia Medieval y Cambio Social*. Buenos Aires, Paidos, 1973 (estudo bastante original sobre o impacto socioeconômico de inovações técnicas).

CAP. 4 – O SISTEMA ECONÔMICO COMERCIAL

CHAUNU, P. *L'Expansion Européenne du XIII au XV Siècle*. Paris, PUF, 1969.

CIPOLLA, C. *Money, Prices and Civilization in the Mediterranean World*. Princeton, PUP, 1956.

DAUPHIN-NEUNIER, A. *Histoire de la Banque*. Paris, PUF, 1968.

DOLLINGER, Ph. *La Hanse*. Paris, Aubier, 1964,
GIMPEL, J. *A Revolução Industrial na Idade Média*. Rio de Janeiro, Zahar, 1977 (estudo do impacto das inovações técnicas sobre a formação social medieval).
HEERS, J. *L'Occident aux XIV et XV Siècles – Aspects économiques et sociaux*. Paris, PUF, 1970 (boa síntese sobre as transformações do período).
Le GOFF, J. *Marchands et Banquiers du Moyen Âge*. Paris, PUF, 1972.
LOPEZ, R. *A Revolução Comercial da Idade Média*. Lisboa, Presença, 1980.
_____ e RAYMOND, I. W. *Medieval Trade in the Mediterranean World*. Nova York, Norton & Co., s/d (coletânea de documentos comentados; trabalho fundamental para qualquer estudo mais preciso sobre o período).
LUZZATO, G. *Storia Economica d'Italia; il Medioevo*. Firenze, Sansoni, 1973.
PERROY, E. "As crises do século XIV. As origens de uma economia contraída". *In Revista de História*, VII, 1953, pp. 255-72.
RENOUARD, Y. *Les Villes d'Italie de la fin du X siècle au début du XIV siècle*. Paris, SEDES, 1970 (trabalho de fôlego sobre as transformações socioeconômicas das cidades italianas).
SAPORI, A. *Le Marchand Italien au Moyen Âge*. Paris, SEVPEN, 1952.

CAP. 5 – A MODERNA ECONOMIA-MUNDO

ANDERSON, P. *Linhagens do Estado Absolutista*. Lisboa, Afrontamento, 1984.
ASHTON, T. S. *Economic Fluctuations in England, 1700-1800*. Oxford, Clarendon Press, 1959.
BALL, J. N. *Merchants and Merchandise; the expansion of trade in Europe, 1500-1630*. Londres, Croom Helm, 1977.
BOXER, C. R. *O Império Colonial Português*. Lisboa, Edições 70, 1977.
_____. *The Dutch Seaborne Empire, 1600-1800*. Nova York, Knopf, 1965.
CARANDE, R. *Carlos V y sus Banqueros*. Madri, Sociedad de Estudios y Publicaciones, 2ª ed., 1965 (clássico estudo sobre as finanças dos Habsburgos).
CHAUNU, H. & P. "Économie Atlantique, économie-monde". *In Cahiers d'histoire mondiale*, I, 1, 1953, pp. 91-104.

_____. *Seville et l'Atlantique*. Paris, SEVPEN, 1956-60, 12 v. (clássico trabalho sobre o comércio da América Espanhola com sua metrópole).
DEYON, P. *O Mercantilismo*. São Paulo, Perspectiva, 1973.
DOBB, M. *A Evolução do Capitalismo*. Rio de Janeiro, Zahar, 1965 (trabalho fundamental sobre a desagregação do sistema funcional e emergência do comercial, sobretudo no caso inglês).
GODINHO, V. M. *L'Économie de l'Empire Portugais aux XV et XVI Siècles*. Paris, SEVPEN, 1969.
GUNDER FRANK, A. *Acumulação Mundial, 1492-1789*. Rio de Janeiro, Zahar, 1977 (de leitura obrigatória; sistematiza todo processo de acumulação primitiva de capital).
HAMILTON, E. J. *American Treasury and the Price Revolution in Spain. 1501-1650*. Cambridge, HUP, 1945 (primeiro estudo sistemático do impacto dos metais americanos na economia europeia.)
HECKSHER, E. *La Epoca Mercantilista*. México, Fondo de Cultura Económica, 1943 (obra clássica sobre o mercantilismo).
MAURO, F. "Toward an 'Intercontinental Model': European Overseas Expansion Between 1500-1800". *In Economic History Review*, XIV, 1, 1961, pp. 1-17.
_____. *Le XVI Siècle Européen: aspects économiques*. Paris, PUF, 1966 (boa síntese sobre os problemas econômicos europeus durante o primeiro século do estabelecimento da economia-mundo).
MEILINK-ROELOFSZ, M. A. *Asian Trade and European Influence in the Indonesian Archipelago between 1500 and about 1630*. The Hague, Nijhoff, 1962.
NOVAIS, F. *Portugal e Brasil na Crise do Antigo Sistema Colonial*. São Paulo, Hucitec, 1979 (de leitura obrigatória para a compreensão dos mecanismos da economia colonial).
PANNIKAR, K. M. *A Dominação Ocidental na Ásia*. Rio de Janeiro, Paz e Terra, 1977.
PRODANOV, C. C. *O Mercantilismo e a América*. São Paulo, Contexto, 1990.
ROMANO, R. *Os Mecanismos da Conquista Colonial*. São Paulo, Perspectiva, 1973.
WALLERSTEIN, I. *The Modem World-System – Capitalist Agriculture and the Origins of the European World-Economy in the Sixteenth Century*. Nova York, Academic Press, 1974 (obra fundamental para a formulação teórica do conceito de economia-mundo).
_____. *The Modem World-System – Mercantilism and the Consolidation of the European World-Economy, 1600-1750*. Nova

York, Academic Press, 1980 (de leitura obrigatória para a compreensão dos mecanismos da acumulação primitiva de capital, dentro das práticas mercantilistas.)
WILLIAMS, E. *Capitalismo e Escravidão*. Rio de Janeiro, Americana, 1975 (primeiro estudo sistemático da acumulação de capital propiciada pela escravidão americana).

CAP. 6 – O SISTEMA ECONÔMICO CAPITALISTA

ARRUDA, J. J. de A. *A Revolução Industrial*. São Paulo, Ática, 1989 (a síntese mais recente sobre a Revolução Industrial inglesa).
ASHTON, T. S. *A Revolução Industrial*. Lisboa, Europa-América, 1971.
CHECKLAND, S. G., (ed.) *The Poor Law Report of 1834*. Middlesex, Penguin, 1974 (análise acurada do mecanismo de criação de mobilidade da mão de obra inglesa).
CLAPHAM, J. H. *Economic Development of France and Germany, 1815-1914*. Londres, 1977.
DEANE, Ph. *A Revolução Industrial*. Rio de Janeiro, Zahar, 1973 (um estudo que já adquiriu contornos clássicos sobre a Revolução Industrial Inglesa).
GORDON, B. *Economic Doctrine and Tory Liberalism, 1824-1830*. Londres, Macmillan Press, 1979 (bom trabalho sobre as contradições entre discurso liberal e as práticas intervencionistas).
HENDERSON, W. O. *The Rise of German Industrial Power, 1834-1914*. Londres, Temple Smith, 1975 (o melhor trabalho recente sobre o desenvolvimento da industrialização alemã; de leitura obrigatória para um aprofundamento no tema).
HILL, Ch. *Reformation to Industrial Revolution*. Middlesex, Penguin,1969.
JONES, P. *An Economic History of the United States since 1783*. Londres, Routledge and Kegan, 1969.
KEMP, T. *Industrialization in nineteenth century Europe*. Londres, Logman, 1969.
PASTERMADJIAN, H. *La Segunda Revolución Industrial*. Madri, Tecnos, 1960.
RIOUX, J. P. *A Revolução Industrial*. Lisboa, Dom Quixote, 1973.
ROSTOW, W. W. *Etapas do Desenvolvimento Econômico*. Rio de Janeiro, Zahar, 1961 (embora bastante criticado teoricamente, passou a ser uma obra de referência obrigatória; a sucessão obrigatória das diversas etapas de desenvolvimento que influenciaram os teóricos da dependência é formulação sua).

THOMPSON, E. P. *The Making of the English Working Class*. Middlesex, Penguin, 1968 (o mais completo estudo sobre o desenvolvimento do operariado inglês; além dos aspectos socioeconômicos, aborda fatores psicológicos na formação da mentalidade da classe operária).

WHITSON FETTER, F. *The Economist in Parliament: 1780-1868*. Durham, Duke University Press, 1980.

CAP. 7 – O NOVO COLONIALISMO

BARAN, P. *A Economia Política do Desenvolvimento Econômico*. Rio de Janeiro, Zahar, 1967.

BARRAT BROWN, M. *A Economia Política do Imperialismo*. Rio de Janeiro, Zahar, 1978 (trabalho fundamental para o entendimento dos mecanismos do imperialismo; traz uma abordagem crítica dos diversos posicionamentos teóricos).

GOLLWTIZER, H. *O Imperialismo Europeu*. Lisboa, Verbo, 1969.

GRAHAM, G. S. *The British Empire*. Londres, Thames and Hudson, 1970 (boa compilação factual).

GRIERSON, E. *The Imperial Dream*. Londres, Collins, 1972.

GUNDER FRANK, A. *Capitalismo y subdesarollo en América Latina*. México, Siglo XXI, 1978 (um trabalho já clássico sobre os efeitos do desenvolvimento desigual).

HODGART, A. *The Economics of European Imperialism*. Londres, Edward Arnold, 1977.

LUXEMBURGO, R. e BUKHARINE, N. *Imperialismo e Acumulação de Capital*. Lisboa, Edições 70, 1976 (duas visões conflitantes, de teóricos marxistas a respeito dos mecanismos e da função do imperialismo dentro do sistema capitalista).

MILIBAND, R. *O Estado na Sociedade Capitalista*. Rio de Janeiro, Zahar, 1972.

SÁNCHEZ, J. A. *El Imperialismo Capitalista*. Barcelona, Ed. Blume, 1977 (profundo esforço de desenvolvimento teórico das diversas etapas históricas do imperialismo).

VILLA, J. M. V. *Teorias del Imperialismo*. Barcelona, Anagrama, 1976 (exposição sucinta das diversas posições teóricas a respeito do funcionamento do imperialismo).

WOLFE, M. (org.) *The Economics Causes of Imperialism*. Londres, Wiley, 1972.

CAP. 8 – O TESTE DO CAPITALISMO

ALDCROFT, D. H. *The European Economy, 1914-1970*. Londres, Croom Helm, 1977.

ALFORD, B. W. *Depression and recovery – British economy growth, 1918-1939*. Londres, Macmillan, 1972.

ARTAUD, D. *Le New Deal*. Paris, Armand Colin, 1970.

BETTELHEIM, C. *La Economia Alemana bajo el Nazismo*. Madri, Fundamentos, 1973, 2 v. (obra fundamental sobre o desempenho e sobre as ligações políticas da economia alemã no período 1933-45).

CROUZET, M. *The European Renaissance since 1945*. Londres, Thames and Hudson, 1970 (boa visão de conjunto dos problemas europeus pós-Segunda Guerra Mundial).

ELLSWORTH, P. T. *Economia Internacional*. São Paulo, Atlas, 1968.

GALBRAITH, J. K. *A Crise de 1929*. Lisboa, Dom Quixote, 1974.

GUERIN, D. *Fascismo y Gran Capital*. Madri, Fundamentos, 1973 (fundamental para a compreensão da orgânica ligação entre o fascismo e o capitalismo).

KINDLEBERGER, C. P. *The World in Depression, 1929-1945*. Londres, Allen Lane, 1973 (bom estudo sobre as transformações da economia-mundo capitalista na era da depressão mundial).

MILZA, P. *De Versailles à Berlin, 1919-1945*. Paris, Masson, 1979 (visão sintética da economia europeia no período entre guerras).

NERE, J. *La Crise de 1929*. Paris, Armand Colin, 1969.

PERKINS, D. *The new Age of Franklin Roosevelt, 1932-1945*. Chicago, CUP, 1957.

POTTER, J. *The American Economy between the World Wars*. Londres, Macmillan, 1974.

ROBBINS, L. *The Great Depression*. Nova York, Macmillan, 1964.

SIMIAND, F. *Les Fluctuations Économiques de Longue Période et la Crise Mondiale*. Paris, Alcan, 1952.

SOLOMON, R. *O Sistema Monetário Internacional, 1945-1976*. Rio de Janeiro, Zahar, 1979.

TAYLOR, A. J. P. *From Sarajevo to Potsdam*. Londres, Thames and Hudson, 1966.

CAP. 9 – A ALTERNATIVA AO CAPITALISMO

BROWN, J. F. *The new Eastern Europe: the Krushchev era and after*. Londres, Thames and Hudson, 1966.

CARR, E. H. *A History of Soviet Russia: The Bolshevik Revolution; The Interregnum; Socialism in One Country; Foundations of a Planed Economy*. Middlesex, Penguin, a partir de 1950, 10 v. (obra clássica sobre as primeiras décadas da URSS).

CARRIÈRE, P., et alii. L'Albanie: développement d'une agriculture socialiste et méditerranéenne. Montepelier, CNRA, 1979 (importante trabalho sobre as transformações da agricultura albanesa; uma das poucas publicações não oficiais sobre o país).

ECKSTEIN, A. China's Economic Revolution. Londres, CUP, 1977.

ENGELBORGHS, M. La China Rural: de las Aldeas a las Comunas Populares. Barcelona, Fontanella, 1975 (bom trabalho sobre as transformações econômicas da China rural; estende-se até o final da década de 1970).

FISCHER-GALATI, S. Eastem Europe in the Sixties. Nova York, Academic Press, 1974.

HODGMAN, D. Soviet Industrial Production, 1928-1951. Cambridge, HUP, 1954 (bom estudo sobre as reais realizações da indústria soviética).

JASNY, N. Soviet Industrialization, 1928-1952. Chicago, CUP, 1961.

KORBONSKI, A. Politics of Social Agriculture in Poland. Nova York, Harper and Row, 1965.

LI, C. Economic Development of Communist China. Berkeley, University of California Press, 1959.

MANDEL, E. Control Obrero, Consejos Obreros, Autogestión. México, Ediciones Era, 1974 (importante trabalho baseado em estudos de casos de controle efetivo operário sobre as fábricas; trata de várias experiências em diversos países, desde 1917).

MARCZEWSKI, J. Planification et Croissance Économique des Démocraties Populaires. Paris, Albin Michel, 1956, 2 v. (estudo abrangante sobre os efeitos da planificação econômica no Leste Europeu).

NETTL, J. P. The Soviet Achievement. Londres, Thames and Hudson, 1977.

NOVE, A. An Economic History of the USSR. Middlesex, Penguin, 1972 (a melhor síntese recente sobre a evolução da economia soviética).

ROBINSON, J. The Cultural Revolution in China. Londres, Penguin, 1969.

SIGURDSON, J. Rural Industrialization in China. Cambridge, HUP, 1977 (ótimo trabalho sobre o esforço concentrado da via chinesa de industrialização).

ZANINOVICH, G. The Development of Socialist Yugoslavia. Berkeley, University of California Press, 1968.

ZAUBERMAN, A. Industrial Progress in Poland, Czechoslovakia and East Germany, 1937-1962. Londres, Penguin, 1964.

CAP. 10 – O CAPITALISMO NA TERCEIRA REVOLUÇÃO INDUSTRIAL

AMIN, S. *La Acumulación a Escala Mundial – Crítica de la teoria del subdesarollo*. Madri, Siglo XXI, 1971 (ótimo trabalho teórico a respeito dos mecanismos do capitalismo em sua fase "adulta"; dedica particular atenção às áreas periféricas).

BARAN, P. & SWEEZY, P. *Capitalismo Monopolista*. Rio de Janeiro, Zahar, 1974.

BERTIN, G. *As Empresas Multinacionais*. Rio de Janeiro, Zahar, 1978 (bom trabalho sobre a formação e o funcionamento das EMN).

BOCCARA, P. *Estudos sobre o Capitalismo Monopolista de Estado*. Lisboa, Estampa, 1978.

CARDOSO, F. H. & FALETTO, E. *Dependência e desenvolvimento na América Latina*. Rio de Janeiro, Zahar, 1977 (estudo já clássico sobre a dependência tecnológica e o atraso econômico estrutural da América Latina).

FIORAVANTI, E. *El Capital Monopolista Internacional*. Barcelona, Península, 1976 (trabalho de leitura obrigatória, a respeito das estruturas do capitalismo "adulto").

GALBRAITH, J. K. *O Novo Estado Industrial*. São Paulo, Pioneira, 1977.

MILLIBAND, R. *O Estado na Sociedade Capitalista*. Rio de Janeiro, Zahar, 1972.

MOISY, C. *O Complexo Militar-Industrial Americano*. Lisboa, Dom Quixote, 1972 (de leitura obrigatória para qualquer abordagem mais minuciosa da estrutura econômica dos EUA após 1945).

O'CONNOR, J. *The Fiscal Crisis of the State*. Nova York, St. Martin's Press, 1973 (o autor desenvolve o posicionamento da função do Estado como complemento passivo à atuação das EMN).

QUANDEN, G. *O Neocapitalismo*. Lisboa, Via Editorial, 1978.

SANTOS, T. *Imperialismo e Corporações Mundiais*. Rio de Janeiro, Paz e Terra, 1977 (de importância fundamental para a compreensão do papel das multinacionais dentro do capitalismo "adulto").

TAVARES, M. C. *Da Substituição de Importações ao Capitalismo Financeiro*. Rio de Janeiro, Zahar, 1978 (boa análise dos esforços de industrialização das áreas periféricas).

VERNON, R. *Les Entreprises Multinationales*. Paris, Calmon-Levy, 1972.

WESSON, R. G. *A Nova Política Externa dos Estados Unidos*. Rio de Janeiro, Zahar, 1978.

WESTERGAARD, J. & RESLER, H. *Class in a Capitalist Society*. Middlesex, Penguin, 1975 (ótimo trabalho sobre a dissolução do conceito de classe social nas sociedades industrializadas).

WRIGHT MILLS, C. *A Elite do Poder*. Rio de Janeiro, Zahar, 1975 (obra em que o autor consagra a expressão *white-collars*).

O AUTOR NO CONTEXTO

Cyro de Barros Rezende Filho nasceu em São Paulo, Capital. Estudou Administração de Empresas na Fundação Getúlio Vargas e História na FFLCH/USP, da Universidade de São Paulo. Morou alguns anos em Londres, onde intercalou estudos de economia europeia contemporânea com longas viagens pela Europa, inclusive a Oriental e pelo Oriente Médio.

Em 1988 transferiu-se para Taubaté, em São Paulo, onde leciona História Econômica Geral, Formação Econômica do Brasil e Desenvolvimento Socioeconômico, na Unitau, Departamento de Economia, Administração e Ciências Contábeis.

Em 1994 defendeu tese de doutorado com o instigante tema "História Militar – Alta Idade Média" na Universidade de São Paulo e, em 1998, deu início à Livre Docência no NAIPPE/USP.

É autor dos livros *Guerras e guerreiros na Idade Média*; *Roma: a presença da guerra*; *Guerra e poder na sociedade feudal*; *Cidades medievais* e *História econômica geral*.

É membro da Economic History Society.

CADASTRE-SE

EM NOSSO SITE,
FIQUE POR DENTRO DAS NOVIDADES
E APROVEITE OS MELHORES DESCONTOS

LIVROS NAS ÁREAS DE:

História | Língua Portuguesa
Educação | Geografia | Comunicação
Relações Internacionais | Ciências Sociais
Formação de professor | Interesse geral

ou
editoracontexto.com.br/newscontexto

Siga a Contexto
nas Redes Sociais:
@editoracontexto